日商簿記1級 だれでも解ける過去問題集　刊行に寄せて

日商簿記1級の試験において、"理想の過去問題集"とはどんな本だろうか。

これを考えるとき、1級の合格者の特徴をとらえておく必要があります。

⑴ 難易度が高くない問題は確実に正解させている

⑵ 満点で合格する人はまずいない（難問をすべて正解しているわけではない）

このような状況で過去問題集には「確実に点数を獲得しなければならないところ」、「合格のためには正解したいところ」（逆に、「そうではないところ」）が把握できる、そんな機能が望まれます。

そこで、今回の『日商簿記1級　だれでも解ける！過去問題集』は、次のように制作しました。

〈商業簿記・会計学〉"ヨコ解きができる"

過去問題の中から、現金預金なら現金預金だけ、有価証券なら有価証券だけと**論点ごとに（横断的に）**問題を抜き出し、さらに**2級レベルの内容から、1級の難問に至るまで**、難易度順に問題を並べました。

この 'ヨコ解き' によって、論点ごとに実力を確認しながら自然と実力をアップさせていくことができ、また、苦手な内容でも「合格に必要なところまでは解ける」ように編集しました。

〈工業簿記・原価計算〉"部分解きができる"

大きな総合問題が1つ出題されることが多い工業簿記・原価計算の対策として、重要テーマの過去問題を「**2級レベルで確実に正解できる設問**」、「**合格のためには正解すべき設問**」さらに「**これができれば合格確実となる設問**」に段階的に分解しました。

この '部分解き' によって、総合問題の構造を知り、無理なく実力をアップさせることができます。

合理的に、合目的に、論理的に、かつ短期間でみなさんに合格していってもらいたいと思う我々が、現時点のノウハウを結集し、これまでにない過去問題集に仕上げました。

ぜひ、この過去問題集を使って、夢の1級に合格し、自分の人生をより良くし、さらに**周りの人の幸せに貢献できるようになって**いってもらえれば幸いです。

☆第2版から第3版への主な改訂点☆

商業簿記・会計学

第2版（旧版）では146回本試験までヨコ解きとして改題し、147回から159回本試験のうち重要問題をヨコ解きに改題して追加しました。

また、第2版に掲載した問題のうち現在の出題傾向にマッ〜〜を削除しました。

追加した問題：28問　　削除した問題：13題

工業簿記・原価計算

直近では費目別計算（特に材料費会計）を重点的に問う問題の出題頻度が高いことを考慮し、「テーマ5 費目別計算」に材料費会計に関する問題を追加しました。

ネットスクール株式会社　代表　桑原 知之　2022年3月

本書の特長

① 過去問に挑戦する受験生のみなさんへ

　本書（特に第1部と第2部）は、日商簿記1級の過去問に**はじめて挑戦**しようとする受験生のみなさんを主な対象としています。

　これまで、はじめて挑戦したときの受験生には、想像以上に点が取れなかったことにショックを受け、ただテキストの最初からのインプット学習に戻り、やがて再挑戦しても結果はあまり変わらず…という方が多く見受けられました。

　本書は、**過去問をどのように活用すれば、得点力が飛躍的にアップする**かという問いに対するネットスクールの答えとして執筆されました。よって、**すでに過去問に挑戦したことがある**方にとっても、全く新しい過去問題集となっています。

② 商業簿記・会計学は　重要テーマのヨコ解き！

　『ヨコ解き』とは、過去問での各論点の出題を横断的に解くことです。

　例えば、計算問題での**有価証券**については、次のように**本試験から有価証券に関する部分だけを抜粋**した問題を**難易度順**に解いていきます。

※第○回は、本試験での出題回を示しています。

ヨコ解きの効果

①　**積み上げ学習効果**……論点別、難易度順の問題演習により、現時点の自分のレベル（会計処理の理解度、得点力）が把握しやすい！

②　**出題傾向分析効果**……それぞれの論点の中でも問われやすいところなどを実感できるため、①と相まってその後の復習計画が立てやすい！

③　**一点集中学習効果**……特に、苦手な論点について、集中的な学習が効果を発揮し、短期間で得意な論点に変わることも！

ヨコ解きの進行状況を確認するために、カバー裏に「進捗管理シート」を用意致しました。ご活用ください！

❸ 工業簿記・原価計算は　重要テーマのステップアップ攻略！

『**ステップアップ攻略**』とは、過去問のある総合問題を素材として、〈**問1の解答だけを求めるようなシンプルな問題→問2〜問4についての問題→最後の問5についての問題**〉というように**段階的**に再構成した問題を順番に解くことで、総合問題に対応する実力を身に付けることです。

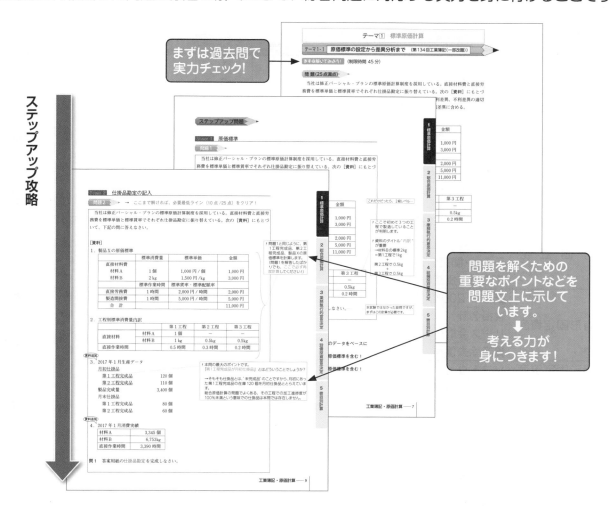

❹ 本試験 問題に挑戦！（タテ解き）

　本書で学習した後は、過去問題集のタテ解きとして『日商簿記1級　講師が選んだ過去問題集』、そして次の検定試験の出題を予想した予想問題として『ズバリ！1級的中　完全予想模試』をご利用ください。

商業簿記　本試験の出題傾向

項　目	頻度	137回	138回	140回	141回	
損益計算書	5					
貸借対照表	1					
残高試算表	6		●	●	●	
本支店会計	3	●				
連結会計	3					

決算整理事項等		頻度	137回	138回	140回	141回	
特殊商品販売他	委託販売	1					
	割賦販売	0					
	未着品売買	1					
	売価還元法	2		●			
	棚卸資産評価損	12		●	●	●	
	商品売買(仕入単価の算定)	2					
金銭債権	貸倒懸念債権	6		●			
	破産更生債権等	2				●	
	債権譲渡	1				●	
有価証券	売買目的有価証券	3			●		
	満期保有目的債券	7	●		●	●	
	子会社・関連会社株式	3			●	●	
	その他有価証券	9	●		●	●	
有形固定資産	250%・200%償却法	10	●	●	●	●	
	減損会計	1			●		
	リース会計	7		●	●		
	資産除去債務	4			●	●	
無形固定資産	ソフトウェア	2					
負債性引当金	退職給付引当金	7		●			
社債	社債償却原価法	5			●	●	
	社債抽選償還	2				●	
	新株予約権付社債	4		●			
資本会計	剰余金の配当等	3					
	自己株式	3					
	ストック・オプション	4			●		
純資産・デリバティブ・税効果会計	外貨換算会計	7	●	●		●	
	為替予約	6	●	●			
	デリバティブとヘッジ会計	1				●	
	新株予約権	2					
	税効果会計	5			●		
連結会計	資本連結	3					
	成果連結	2					
	包括利益	1					
その他	会計上の変更及び誤謬の訂正	4		●	●		

▨▨▨は3回以上出題されているものです。過去出題の頻度が高く、最近出題されていないものに気をつけましょう！

	143回	144回	146回	147回	149回	150回	152回	153回	156回	157回	158回	159回
	●		●				●	●		●		
									●			
		●				●					●	
				●								●
						●			●		●	

	143回	144回	146回	147回	149回	150回	152回	153回	156回	157回	158回	159回
		●										
						●						
								●				
	●	●	●	●		○	●	●		●		●
				●						●		
	●			●		●					●	
											●	
		●				●						
		●				●					●	●
		●										
	●		●			●						
		●		●			●	●		●		●
	●		●	●				●				
						●				●		
			●				●					
	●		●				●	●		●		●
							●	●			●	
							●					
	●							●			●	
	●					●	●					
	●								●	●		
		●		●					●			
		●				●					●	
		●		●		●				●		
		●							●			
	●		●				●					
					●				●		●	
					●				●			
					●							
			●				●					

○：会計学での出題

(5)

会計学　本試験の出題傾向

理　論　問　題	頻度	137回	138回	140回	141回	
正誤問題	4					
語句記入問題	10	●	●	●		
語群選択問題	2				●	
記述問題	1					

計　算　問　題		頻度	137回	138回	140回	141回	
有　価　証　券	売買目的有価証券	0					
	満期保有目的債券	1					
	子会社・関連会社株式	1					
	その他有価証券	1					
有形固定資産	圧縮記帳	3					
	250%・200% 償却法	0					
	減損会計	2					
	資産除去債務	2	●				
	ファイナンス・リース	3					
無形固定資産	ソフトウェア	1					
負債性引当金	退職給付引当金	2					
社　　　債	新株予約権付社債	0					
資　本　会　計	分配可能額	2			●		
	自己株式	1					
	ストック・オプション	1					
デリバティブ	デリバティブとヘッジ会計	1					
連　結　会　計	資本連結	5				●	
	成果連結	4				●	
	在外子会社	1					
	税効果会計	2				●	
	包括利益	3		●		●	
	持分法	1					
キャッシュ・フロー会計	営業活動：直接法	1			●		
	連結キャッシュ・フロー	1			●		
企業結合・事業分離	吸収合併等	2					
	株式交換・株式移転	2	●				
	事業分離・共同支配企業の形成	3					
そ　の　他	税効果会計	4					
	工事契約	1					
	会計上の変更・誤謬の訂正	2					

○：商業簿記で出題

143回	144回	146回	147回	149回	150回	152回	153回	156回	157回	158回	159回
			●					●		●	●
●		●		●		●	●	●		●	
					●						
					●						

143回	144回	146回	147回	149回	150回	152回	153回	156回	157回	158回	159回
								●			
								●			
								●			
	●				○			○			
				●					●		
							●				
					●	●			●		
											●
	●			●							
											●
					●						
									●		
		●									
●	●				●		●				
	●						●		●		
●											
●											
							●				
						●					
				●	○						
									●		
			●	●							●
			●		●		●	●			
●											
	●									●	

工業簿記　本試験の出題傾向

項　　　目	頻度	137回	138回	140回	141回	
費目別計算	9			●	●	
個別原価計算	1					
部門別計算	2					
総合原価計算	5	●				
標準原価計算	7		●			
理論問題	13	●	●		●	

論点（主に計算問題）		頻度	137回	138回	140回	141回	
費 目 別 計 算	材料費・労務費・経費等	9			●	●	
個別原価計算	指図書別原価計算（ロット別を含む）	1					
	仕損・作業屑の処理	1					
部 門 別 計 算	配賦基準（単一基準・複数基準）	2					
	配賦額の計算（実際配賦・予定配賦）	2					
	補助部門間の用役授受	2					
総 合 原 価 計 算	仕損・減損の処理（度外視法・非度外視法）	5					
	工程別総合原価計算（累加法・非累加法）	2	●				
	追加材料の投入（終点・途中点・平均的投入）	1					
	組別総合原価計算	1	●				
その他の総合原 価 計 算	連産品	1					
	副産物	1					
標 準 原 価 計 算	原価標準の設定	5		●			
	原価差異の分析	5					
	勘定記入（シングル・プラン、修正パーシャル・プラン）	2					
	配合差異・歩留差異	2		●			
	差異の追加配賦	1					
	標準工程別原価計算	1					
そ　の　他	本社工場会計	2			●		

○：原価計算で出題

	143回	144回	146回	147回	149回	150回	152回	153回	156回	157回	158回	159回
				●	○		●	●	●	●	●	
				●								
			●								●	
	●			○		●	●					
		●	○		●			○		●		●
	●	●	●	●		●	●		●	●	●	●

	143回	144回	146回	147回	149回	150回	152回	153回	156回	157回	158回	159回
				●	○		●	●	●	●	●	
				●								
				●								
			●								●	
			●								●	
			●								●	
	●			○		●	●				○	
							●					
	●											
				○								
				○								
					●		○				○	●
		●	○		●			○				●
		●										●
												○
		●										
												●
					●							

原価計算　本試験の出題傾向

項　　　　目	頻度	137回	138回	140回	141回	
直接原価計算・CVP	10	●	●		●	
予算管理・事業部制	7		●		●	
意思決定会計	7			●		
戦略的原価計算	6					
理論問題	12	●	●	●	●	

項　　目	論　　　　点	頻度	137回	138回	140回	141回	
原価・営業量・利益関係の分析	CVP分析	6		●		●	
	安全余裕率・経営レバレッジ	2					
直接原価計算	固定費調整	1					
	直接標準原価計算	4		●			
	直接原価計算による損益計算書	2	●				
	直接原価計算と全部原価計算	3	●	●			
最適セールス・ミックス	共通制約条件ふたつ（LP）	1					
予　算　管　理	企業予算の編成	4					
	予算実績差異分析	3		●			
事業部の業績測定	事業部長と事業部の業績測定（ROI、RI）	1				●	
	内部振替価格	2					
業務執行的意思決定会計	注文引受可否の意思決定	1					
	その他の意思決定	2					
設備投資意思決定会計	新規投資・追加投資	2			●		
	取替投資	1					
	キャッシュ・フロー予測	3			●		
	タックスシールド	2			●		
	資本コスト	1					
投資案の評価	正味現在価値法	4			●		
	内部利益率法	3					
	その他の評価法	1					
戦略的原価計算	活動基準原価計算	5					
	品質原価計算	2					
	原価企画	2					

○：工業簿記で出題

	143回	144回	146回	147回	149回	150回	152回	153回	156回	157回	158回	159回
				●		●	●	●		○	●	●
		●				●	●	●				●
	●	●		●		●		●		●		
	●		●		●			○	●	●		
	●	●	●		●				●	●	●	●
	143回	144回	146回	147回	149回	150回	152回	153回	156回	157回	158回	159回
				●			●			○	●	
				●			●					
						●						
						●		●		○		
												●
						●						
										●		
						●	●			○	●	
								●		○		
		●										●
						●						
	●			●								
		●										
		●						●				
		●						●				
		●										
		●										
		●						●		●		
		●						●		●		
										●		
			●		●	○		○	●			
	●			○								
					●				●			

CONTENTS

第1部　重要テーマ　ヨコ解き！編

商業簿記・会計学
問　題

★表紙カバーの裏の**進捗管理シート**を活用して計画的に学習を進めましょう！

| 問題 1 | 有価証券 （第125回本試験改題） | A | 5分 | ➡ 解答112ページ |

次の決算整理前残高試算表および資料にもとづいて，答案用紙の決算整理後残高試算表を作成しなさい。なお，当期は×7年4月1日から×8年3月31日までである。

なお，税効果会計は法定実効税率30％とする。

決算整理前残高試算表　　　　　　　（単位：千円）

売買目的有価証券	380	受 取 配 当 金	35
満期保有目的債券	980	有 価 証 券 利 息	30
その他有価証券	600		

Hint!
1. 満期保有目的債券の償却は，前T/Bの簿価をもとに行う場合は残存年数を用い，取得原価をもとに行う場合は償還期間を用いる。

2. 税効果を適用する場合の税率に注意する。

資料 決算整理事項

1. 有価証券の内訳

	取得原価	帳簿価額	時　価	保有目的
A 社 株 式	400千円	380千円	420千円	売買目的
B 社 株 式	600千円	600千円	640千円	その他
C 社 社 債	970千円	980千円	—	満期保有目的

⑴　その他有価証券については，税効果会計を適用する。

⑵　C社社債は，×6年4月1日に，額面総額1,000千円の社債を取得したものであり，利率は3％，利払い日は毎年3月末・9月末の2回，償還期間は3年である。額面額と取得原価の差額は，金利の調整部分と認められ，償却原価法（定額法）を適用している。

答案用紙

決算整理後残高試算表　　　　　　　（単位：千円）

売 買 目 的 有 価 証 券	（　　　）	繰 延 税 金 負 債	（　　　）
満 期 保 有 目 的 債 券	（　　　）	その他有価証券評価差額金	（　　　）
そ の 他 有 価 証 券	（　　　）	受 取 配 当 金	（　　　）
		有 価 証 券 利 息	（　　　）
		有 価 証 券 評 価 益	（　　　）

計算問題

1 有価証券

2 固定資産

3 退職給付

4 社債

5 貸倒引当金

6 為替予約

7 純資産

8 ソフトウェア

9 現金預金

10 税効果会計

11 商品の評価

12 成果連結

13 包括利益・資本連結・

14 事業分離・企業結合・

15 持分法

16 商品売買

問題 2	有価証券 （第137回本試験改題）	A 10分 → 解答112ページ

　次の決算整理前残高試算表および資料にもとづいて，答案用紙の決算整理後残高試算表を作成しなさい。なお，当期は×7年4月1日から×8年3月31日までである。

　税効果会計は，考慮外とする。為替レートは1ドルあたり，前期首90円，前期中平均92円，当期首95円，当期末100円，当期中平均98円である。

Hint!
その他有価証券は、期末時価合計（時価が無いものを除く）がB／S価額となる。

決算整理前残高試算表　　　　　　　　（単位：円）

満期保有目的債券	75,525	有 価 証 券 利 息	800
その他有価証券	66,900	為 替 差 損 益	1,000

資料 決算整理事項

1．有価証券の内訳は，次のとおりである。その他有価証券の評価差額は，全部純資産直入方式による。満期保有目的債券については，償却原価法（定額法）による。

	取得原価	期末時価	券面額	備　　考
A社株式	20,000 円	22,000 円	—	その他有価証券
B社株式（外貨建）	300 ドル	350 ドル	—	その他有価証券 取得時のレート1ドル93円
C社社債（外貨建）	795 ドル	795 ドル	800 ドル	当期首に取得 満期保有目的債券 当期末から4年後の期末が償還日
D社株式（外貨建）	200 ドル	80 ドル	—	当期首に取得 その他有価証券 時価が著しく下落し，回復の見込みは不明

答案用紙

決算整理後残高試算表　　　　　　　　（単位：円）

満期保有目的債券	（　　　　）	その他有価証券評価差額金	（　　　　）
その他有価証券	（　　　　）	有 価 証 券 利 息	（　　　　）
投資有価証券評価損	（　　　　）	為 替 差 損 益	（　　　　）

次の決算整理前残高試算表および資料にもとづいて，答案用紙の決算整理後残高試算表を作成しなさい。なお，当期は×7年4月1日から×8年3月31日までである。

[解答上の注意]

1　為替相場は，1ドル当たり，前期末100円，当期首100円，当期末110円，当期中平均106円である。

2　税効果会計を適用する場合の法定実効税率は30％である。繰延税金資産と繰延税金負債は相殺してはならない。

Hint✐

1. 有価証券の減損処理に係る税効果の適用の有無は，問題文の指示に従う。

2. 税効果の目的は税前利益と法人税等の対応であるため，損金不算入の評価損を計上して税前利益が変動した場合には法人税等調整額で調整する。

決算整理前残高試算表　　　　　（単位：千円）

売買目的有価証券	4,400	有価証券利息	50
満期保有目的債券	990		
その他有価証券	2,800		
関連会社株式	1,500		

資料　決算整理事項

1．決算整理前残高試算表に計上されている有価証券の内訳は，次のとおりである。

種　類	分　類	帳簿価額	期末時点の市場価額	備　考
Ａ株式	売買目的有価証券	3,500千円	4,200千円	―
Ｂ株式	売買目的有価証券	9千ドル	10千ドル	―
Ｃ国債	満期保有目的債券	990千円	1,000千円	注1
Ｄ株式	その他有価証券	2,800千円	3,000千円	注2
Ｅ株式	関連会社株式	1,500千円	―	注3

注1　償却原価法（定額法）採用，期間5年，翌年度末に満期日を迎える。券面額は1,000千円。

注2　その他有価証券の評価に際しては，税効果会計を適用する。全部純資産直入法による。

注3　Ｅ社の財政状態は著しく悪化しており，期末現在におけるＥ社の純資産額は2,400千円である。当社の所有割合は，25％である。税効果会計を適用する。

答案用紙

決算整理後残高試算表　　　　　（単位：千円）

売買目的有価証券	（　　　　　）	繰延税金負債	（　　　　　）
満期保有目的債券	（　　　　　）	その他有価証券評価差額金	（　　　　　）
その他有価証券	（　　　　　）	有価証券利息	（　　　　　）
関連会社株式	（　　　　　）	有価証券評価損益	（　　　　　）
繰延税金資産	（　　　　　）	法人税等調整額	（　　　　　）
関連会社株式評価損	（　　　　　）		

計算問題

1 有価証券
2 固定資産
3 退職給付
4 社債
5 貸倒引当金
6 為替予約
7 純資産
8 ソフトウェア
9 現金預金
10 税効果会計
11 商品の評価
12 成果連結
13 包括利益 資本連結・
14 事業分離・企業結合・
15 持分法
16 商品売買

問題 4　有価証券　（第159回本試験改題）　B　7分　➡ 解答114ページ

次の決算整理前残高試算表および資料にもとづいて、答案用紙の決算整理後残高試算表を作成しなさい。なお、当期は×7年4月1日から×8年3月31日までである。

為替レートは1ドルあたり、当期首115円(前期末も同じ)、当期末110円、当期中平均114円である。税効果会計は適用しない。

Hint♪
1. 問題文の指示が無くても時価の著しい下落がないかをチェックする。
2. B社社債について、前期末に決算時レートで換算替えをしている。

決算整理前残高試算表　（単位：千円）

満期保有目的債券	？	有 価 証 券 利 息	330
その他有価証券	？	為 替 差 損 益	1,000

資料 決算整理事項

1. 当社が保有する有価証券は、次のとおりである。その他有価証券の評価差額は、全部純資産直入法による。

（単位：千ドル）

	取得原価	期末時価	保有区分	備考
A社株式	230	255	その他有価証券	取得時のレート：1ドル116円
B社社債	475	488	満期保有目的債券	(1)参照
C社株式	200	90	その他有価証券	取得時のレート：1ドル111円

⑴ ×5年4月1日に475千ドルで発行された社債を取得したもので、満期日は×10年3月31日である。

券面額(500千ドル)と発行価額との差額は金利の調整分と認められるため、償却原価法（定額法）を適用する。クーポン利子率は年0.6％、利払日は3月の末日で、当期の受取分は計上済みである。

答案用紙

決算整理後残高試算表　（単位：千円）

満期保有目的債券	（　　　）	その他有価証券評価差額金	（　　　）
その他有価証券	（　　　）	有 価 証 券 利 息	（　　　）
投資有価証券評価損	（　　　）		
為 替 差 損 益	（　　　）		

次の決算整理前残高試算表および資料にもとづいて，答案用紙の決算整理後残高試算表を作成しなさい。なお，当期は×7年 4 月 1 日から×8年 3 月 31 日までである。税効果会計を適用し，法定実効税率は 30％とする。

Hint ♪
税効果を適用する場合の税率に注意する。

決算整理前残高試算表　　　　　　　（単位：千円）

その他有価証券	40,050	仮　受　金	29,000
		繰延税金負債	1,575
		その他有価証券評価差額金	3,675
		有価証券利息	200

資料　決算整理事項

1．その他有価証券として保有する J 社株式（取得原価 25,000 千円，前期末時価 30,000 千円）を当期に 29,000 千円で売却したが，売却代金を仮受金として処理している。その他有価証券に係る評価差額金とそれに関連する税効果に関する再振替仕訳は行われていない（2. も同様）。

2．その他有価証券として保有する K 社社債（額面 10,000 千円，取得原価 9,600 千円，前期末時価 10,050 千円，取得日×5 年 4 月 1 日，期間 4 年，利率年 2 ％，利払日 3 月末日）の当期末現在における時価は，10,080 千円であった。額面と取得原価との差額は，金利の調整と認められたので，償却原価法（定額法）を適用した上で，時価評価を行う。

答案用紙

決算整理後残高試算表　　　　　　　（単位：千円）

その他有価証券	（　　　　　）	繰延税金負債	（　　　　　）
		その他有価証券評価差額金	（　　　　　）
		有価証券利息	（　　　　　）
		投資有価証券売却益	（　　　　　）

計算問題

1 有価証券

2 固定資産

3 退職給付

4 社債

5 貸倒引当金

6 為替予約

7 純資産

8 ソフトウェア

9 現金預金

10 税効果会計

11 商品の評価

12 成果連結

13 包括利益 資本連結・

14 企業結合・ 事業分離

15 持分法

16 商品売買

問題 6 | **有価証券** （第158回本試験改題） | B | 7分 | ➡ 解答115ページ

次の決算整理前残高試算表および資料にもとづいて、答案用紙の決算整理後残高試算表を作成しなさい。当期は×7年4月1日から×8年3月31日までである。千円未満の端数が生じた場合には切り捨てる。その他有価証券について税効果会計(法定実効税率30%)を適用する。

決算整理前残高試算表 （単位：千円）

投資有価証券	80,742	繰延税金負債	300
		その他有価証券評価差額金	700
		有価証券利息	600

Hint!

1. 減損処理については、税効果会計を適用する場合と適用しない場合がある。本試験では問題文の指示に従う。

2. 投資有価証券は、その他有価証券の時価と満期保有目的債券の償却原価の合計。

資料 決算整理事項

1. 投資有価証券の内訳は次のとおりである。 （単位：千円）

	分　類	取得原価	前期末時価	当期末時価	備　考
C社株式	その他有価証券	20,000	23,000	19,000	(1)参照
D社株式	その他有価証券	30,000	28,000	14,000	(1)、(2)参照
E社社債	満期保有目的債券	29,660	29,500	29,800	(3)参照

(1) 決算整理前残高試算表上のその他有価証券評価差額金および繰延税金負債は前期末のその他有価証券に係るものであり、期首の再振替は行われていない。

(2) その他有価証券の減損処理についても税効果会計を適用する。

(3) 前期首において債券金額30,000千円、満期が当期末より2年後、表面利率年2％（利払日年1回3月末日）のE社社債を購入した。償却原価法（実効利子率年2.3％の利息法）を適用する。当期の利息は計上済みであるが、償却原価法の処理が未処理である。

答案用紙

決算整理後残高試算表 （単位：千円）

投資有価証券	（　　　）	有価証券利息	（　　　）
繰延税金資産	（　　　）	法人税等調整額	（　　　）
その他有価証券評価差額金	（　　　）		
投資有価証券評価損	（　　　）		

次の決算整理前残高試算表および資料にもとづいて，答案用紙の決算整理後残高試算表を作成しなさい。なお，当期は×7年4月1日から×8年3月31日までである。税効果会計は適用しない。

決算整理前残高試算表　　　　（単位：千円）

その他有価証券	4,200	有価証券利息	100
関係会社株式	1,200		

Hint!
繰延ヘッジの場合、ヘッジ対象（その他有証券）の処理は通常どおり行う。ヘッジ手段の処理は、デリバティブ取引の例外的処理となる。

資料 決算整理事項

1. 有価証券の内訳は，以下のとおり。

種類	試算表の金額	期末時価
① その他有価証券として固定利付きA社社債	3,000千円	2,850千円
② その他有価証券としてB社株式	1,200千円	1,400千円
③ 関係会社株式（30％所有）	1,200千円	なし

注1　①のA社社債は，当期首に購入したものであり，購入と同時に金利変動リスクをヘッジするために固定支払・変動受取のスワップを締結している。金利スワップの期末時価は，200千円である。金利スワップに対しては，繰延ヘッジ会計を適用する。

注2　全部純資産直入法による。

注3　③の関連会社の期末純資産は，2,000千円である。

答案用紙

決算整理後残高試算表　　　　（単位：千円）

その他有価証券	（　　　）	その他有価証券評価差額金	（　　　）
関係会社株式	（　　　）	繰延ヘッジ損益	（　　　）
金利スワップ資産	（　　　）	有価証券利息	（　　　）
関係会社株式評価損	（　　　）		

計算問題

1 有価証券

2 固定資産

3 退職給付

4 社債

5 貸倒引当金

6 為替予約

7 純資産

8 ソフトウェア

9 現金預金

10 税効果会計

11 商品の評価

12 成果連結

13 包括利益 資本連結・

14 事業分離 企業結合・

15 持分法

16 商品売買

| 問題 8 | 有価証券 | （第144回本試験改題） | C | 15分 | → 解答117ページ |

次の決算整理前残高試算表および資料にもとづいて，答案用紙の決算整理後残高試算表を作成しなさい。なお，当期は×7年4月1日から×8年3月31日までである。

なお，税効果会計は考慮外とする。

[解答上の注意事項]

1　計算の過程で端数が生じる場合は，その都度千円未満およびドル未満を四捨五入すること。

2　直物為替相場は，1ドルあたり当期首98円，期中平均102円，当期末109円である。

Hint∥

1. 有価証券運用損益は、売買目的有価証券に係る配当、売却損益、評価損益をまとめて処理する勘定である。

2. 利息法でも、外貨建償却額にレートを掛けて円建償却額を計算するのは、定額法と同じ。

決算整理前残高試算表			（単位：千円）
売買目的有価証券	?	有 価 証 券 利 息	44
満期保有目的債券	?	有 価 証 券 運 用 益	128
関 連 会 社 株 式	?	受 取 配 当 金	58

[資料] 決算整理事項

1．有価証券に関する資料

試算表中の有価証券の内訳は，次のとおりである。

銘　柄	取得原価	帳簿価額	時　価	保有目的	備　考
A 社株式	1,995 千円	2,232 千円	2,182 千円	売買目的	
B 社株式	（　）ドル	（　）千円	（　）ドル	売買目的	注1
C 社社債	18,000 ドル	（　）千円	19,960 ドル	満期保有目的	注2
D 社株式	60,000 ドル	5,820 千円	な　し	関連会社	注3

注1：B社株式は当期首に3,000株を1株につき22ドルで取得したもので，期末の時価は25ドルである。

注2：C社社債（額面20,000ドル）は×4年4月1日に取得し，満期は×9年3月31日である。クーポン利子率は年2％，利払日は3月の末日で，当期の受取分はすでに計上してある。実効利子率を年4.26％として償却原価法（利息法）を適用する。前期末の直物為替相場は1ドルあたり98円である。

注3：当社はD社株式の25％を保有しており，D社の期末純資産は100,000ドルである。

[答案用紙]

決算整理後残高試算表			（単位：千円）
売買目的有価証券	（　　）	有 価 証 券 利 息	（　　）
満期保有目的債券	（　　）	有 価 証 券 運 用 益	（　　）
関 連 会 社 株 式	（　　）	受 取 配 当 金	（　　）
関連会社株式評価損	（　　）	為 替 差 損 益	（　　）

　次の決算整理前残高試算表および資料にもとづいて、答案用紙の決算整理後残高試算表を作成しなさい。なお、当期は×7年4月1日から×8年3月31日までである。

　その他有価証券の評価差額の処理は全部純資産直入法による。税効果会計を適用し、実効税率は30％とする。繰延税金資産と繰延税金負債は相殺しない。

Hint ♪
その他有価証券から他の保有目的に変更する場合のみ、変更後の保有目的に従って処理する。
それ以外は、変更前の保有目的に従って処理する。

決算整理前残高試算表　　　　　　　　（単位：千円）

現　金　預　金	100,000
売買目的有価証券	2,600
その他有価証券	114,000
関 連 会 社 株 式	210,000

資料 決算整理事項

1．当期末現在の保有有価証券の明細表　　　　　　　　　　　　（単位：千円）

銘　柄	分類（保有目的変更後）	取得原価	帳簿価額	期末時価
A社株式	その他有価証券	2,600	2,600	3,000
B社株式	関連会社株式	14,000	？	18,500
C社株式	その他有価証券	210,000	？	273,000
国　債	その他有価証券	100,000	100,000	98,000

2．A社株式は資金運用方針の変更にともなって×7年9月末日に売買目的有価証券からその他有価証券へと分類を変更したが未処理のままである。×7年9月末日の時価は2,700千円である。

3．B社株式は、×7年7月末日にB社発行済株式の10％をその他有価証券として取得したものである。当期中にB社発行済株式の20％を36,000千円で追加取得して代金を当座預金口座から支払い、同社を関連会社としたが、未処理のままである。
　明細表の取得原価と時価は、B社発行済株式の10％相当分の金額である。

4．C社株式は、C社発行済株式の30％（210,000千円）を保有していたため、関連会社株式に分類していた。当期中に20％に相当する140,000千円を175,000千円で売却し、代金は当座預金口座に振り込まれていたが未処理であった。
　残り10％の保有株式（70,000千円）はその他有価証券に分類を変更することとする。明細表の取得原価と時価は、C社発行済株式の30％相当分の金額である。

計算問題

1 有価証券

2 固定資産

3 退職給付

4 社債

5 貸倒引当金

6 為替予約

7 純資産

8 ソフトウェア

9 現金預金

10 税効果会計

11 商品の評価

12 成果連結

13 包括利益 資本連結・

14 事業分離 企業結合・

15 持分法

16 商品売買

5. 国債は、当期中に額面総額 100,000 千円を額面金額で取得したものである。価格の下落が予測されたため、リスクヘッジの目的で国債先物の売契約を結んでいる。

　先物契約を期末に時価評価することで 2,000 千円の差益が生じている。繰延ヘッジを適用する。

答案用紙

<table>
<tr><td colspan="4" align="center">決算整理後残高試算表</td><td align="right">（単位：千円）</td></tr>
<tr><td>現　金　預　金</td><td align="right">239,000</td><td>繰 延 税 金 負 債</td><td>（</td><td>）</td></tr>
<tr><td>そ の 他 有 価 証 券</td><td>（　　　）</td><td>その他有価証券評価差額金</td><td>（</td><td>）</td></tr>
<tr><td>関 連 会 社 株 式</td><td>（　　　）</td><td>繰 延 ヘ ッ ジ 損 益</td><td>（</td><td>）</td></tr>
<tr><td>先 物 取 引 差 金</td><td>（　　　）</td><td>有 価 証 券 評 価 損 益</td><td>（</td><td>）</td></tr>
<tr><td>繰 延 税 金 資 産</td><td>（　　　）</td><td>関 連 会 社 株 式 売 却 益</td><td>（</td><td>）</td></tr>
</table>

次の決算整理前残高試算表および資料にもとづいて、答案用紙の決算整理後残高試算表を作成しなさい。なお、当期は×7年4月1日から×8年3月31日までである。千円未満の端数が生じた場合には切り捨てること。

Hint♪
1. 建物減価償却累計額は、決算整理前残高試算表は前期までの5年分、決算整理後残高試算表は当期までの6年分となる。

2. 改定償却率はイメージとしては定額法の償却率に近い。そのため、0.334は残り3年の時から改定償却率に切り替え、0.5は残り2年の時から改定償却率に切り替える。

決算整理前残高試算表　　　　　（単位：千円）

建　　物	300,000	建物減価償却累計額	?
備　　品	160,000	備品減価償却累計額	76,269

資料 決算整理事項

1. 固定資産の内訳は，以下のとおりである。

（単位：千円）

種　類	用　途	取得原価	耐用年数	減価償却方法	使用開始	備　考
建　物	事務所	300,000	25年	定額法	×2年4月	(1)参照
備　品	事務用	100,000	8年	200％定率法	×2年4月	(2)参照
備　品	営業用	60,000	5年	200％定率法	×8年1月	(3)参照

(1) 建物の残存価額は、ゼロである。

(2) 改定償却率：0.334、保証率：0.07909

(3) 改定償却率：0.500、保証率：0.10800

答案用紙

決算整理後残高試算表　　　　　（単位：千円）

建　　　　物	300,000	建物減価償却累計額	（　　　　）
備　　　　品	160,000	備品減価償却累計額	（　　　　）
減 価 償 却 費	（　　　　）		

計算問題

1 有価証券

2 固定資産

3 退職給付

4 社債

5 貸倒引当金

6 為替予約

7 純資産

8 ソフトウェア

9 現金預金

10 税効果会計

11 商品の評価

12 成果連結

13 資本連結・包括利益

14 企業結合・事業分離

15 持分法

16 商品売買

問題 2 **固定資産** （第152回本試験改題） **B** **7分** ➡ 解答120ページ

次の決算整理前残高試算表および資料にもとづいて，答案用紙の決算整理後残高試算表を作成しなさい。なお，当期は×7年4月1日から×8年3月31日までである。

Hint✐

1. 見積現金購入価額をリース資産の計上額とした場合、見積現金購入価額に対応する割引率を用いる。

2. リース料の支払いの処理で、年金現価係数が問題文に与えられている場合、リース債務残高を先に計算する。

決算整理前残高試算表 （単位：千円）

現 金 預 金	100,000	リ ー ス 債 務	?
リ ー ス 資 産	?		

資料 決算整理事項

1. 当社は、日商リース株式会社から以下の備品のリース契約（ファイナンス・リース取引）を結んでいるが、当期のリース料の支払いが未処理である。

備品	取 得 日（取引開始日）	リース料(年額)（1年ごと後払い）	見積現金購入価額	リース期間	経済的耐用年数	所有権移転条項
A	×7年4月1日	15,000	78,600	6年	8年	あり

(1) リース資産の減価償却は定額法（残存価額ゼロ、間接法による記帳）で行う。

2. 利子率および割引率は以下のとおりである。

(1) 当社の追加借入利子率は3％である。

(2) 備品Aについて、リース料総額の割引現在価値を見積現金購入価額と等しくする割引率は4％である。

(3) 年金現価係数は次のとおりであり、割引現在価値およびリース債務の残高の算定にあたって用いること。

	4年	5年	6年	7年	8年
年利率3％	3.71	4.58	5.42	6.23	7.02
年利率4％	3.63	4.45	5.24	6.00	6.73

答案用紙

決算整理後残高試算表 （単位：千円）

現 金 預 金	85,000	リ ー ス 債 務 （　　　　　）
リ ー ス 資 産 （　　　　　）	リース資産減価償却累計額 （　　　　　）
減 価 償 却 費 （　　　　　）	
支 払 利 息 （　　　　　）	

➡ 解答121ページ

次の決算整理前残高試算表および資料にもとづいて，答案用紙の決算整理後残高試算表を作成しなさい。なお，当期は×7年4月1日から×8年3月31日までである。

Hint♪
リース料の支払いの処理で，年金現価係数が問題文に与えられている場合，リース債務残高を先に計算する。

決算整理前残高試算表　　　（単位：千円）

| 現 金 預 金 | 100,000 | リ ー ス 債 務 | ? |
| リ ー ス 資 産 | ? | | |

資料 決算整理事項

1．当社は、東商リース株式会社から以下の備品のリース契約（ファイナンス・リース取引）を結んでいる。

備品	取　得　日 （取引開始日）	リース料(年額) （1年ごと後払い）	見積現金購入価額	リース期間	経済的耐用年数	所有権移転条項
B	×7年12月1日	30,000	141,300	5 年	6 年	なし

(1) リース資産の減価償却は定額法（残存価額ゼロ、間接法による記帳、期中取得の場合は月割計算による）で行う。リース料の未経過の期間の利息は月割計算による。

2．利子率および割引率は以下のとおりである。
(1) 当社の追加借入利子率は3％である。
(2) 備品Bについて、リース料総額の割引現在価値を見積現金購入価額と等しくする割引率は2％である。
(3) 年金現価係数は次のとおりであり、割引現在価値およびリース債務の残高の算定にあたって用いること。

	4 年	5 年	6 年	7 年	8 年
年利率2 ％	3.80	4.71	5.60	6.47	7.33
年利率3 ％	3.71	4.58	5.42	6.23	7.02

答案用紙

決算整理後残高試算表　　　（単位：千円）

現 金 預 金	100,000	リ ー ス 債 務	（　　　）
リ ー ス 資 産	（　　　）	未 払 利 息	（　　　）
減 価 償 却 費	（　　　）	リース資産減価償却累計額	（　　　）
支 払 利 息	（　　　）		

計算問題

1 有価証券

2 固定資産

3 退職給付

4 社債

5 貸倒引当金

6 為替予約

7 純資産

8 ソフトウェア

9 現金預金

10 税効果会計

11 商品の評価

12 成果連結

13 包括利益 資本連結・

14 事業分離 企業結合・

15 持分法

16 商品売買

問題 4　固定資産　（第129回本試験改題）　B　10分　➡ 解答122ページ

次の決算整理前残高試算表および資料にもとづいて，答案用紙の決算整理後残高試算表を作成しなさい。なお，当期は×7年4月1日から×8年3月31日までである。千円未満の端数が生じたときは，千円未満を四捨五入すること。

決算整理前残高試算表　　　　　（単位：千円）

建　　　物	27,000	資 産 除 去 債 務	?
備　　　品	4,000	建物減価償却累計額	6,900
		備品減価償却累計額	2,000

Hint !
1. 建物の前T/Bの残高に何が含まれているか。
2. 建物の償却年数と残存価額が異なることに注意する。

資料 決算整理事項

1．資産除去債務：
(1) 前期期首に事業用建物を5年契約，10,000千円で取得したが，契約終了時に当該建物を除去する法的契約があるため資産除去債務の計上を行っている。除去費用は2,319千円と見積もられ，割引率は3％を用いている。

(2) 上記建物は，耐用年数5年，定額法，残存価額0で償却している。

(3) 除去費用見積額を当期末に2,210千円に変更したが未処理である。変更時の割引率は2％である。

2．その他の固定資産の減価償却：
建物：定額法，耐用年数30年，残存価額は取得原価の10％
備品：250％定率法（新定率法），耐用年数5年，残存価額0，保証率0.06249

答案用紙

決算整理後残高試算表　　　　　（単位：千円）

建　　　　　物	（　　　　）	資 産 除 去 債 務	（　　　　）
備　　　　　品	（　　　　）	建物減価償却累計額	（　　　　）
減 価 償 却 費	（　　　　）	備品減価償却累計額	（　　　　）
利 息 費 用	（　　　　）		

次の決算整理前残高試算表および資料にもとづいて，答案用紙の決算整理後残高試算表を作成しなさい。なお，当期は X4 年 4 月 1 日から X5 年 3 月 31 日までである。

決算整理前残高試算表　　　　（単位：千円）

機　械　装　置	907,104	資 産 除 去 債 務	?
		機械装置減価償却累計額	453,552

Hint!
現価係数より期首と期末の資産除去債務を計算する。

諸条件

当社は，X1 年 4 月 1 日に機械装置を取得し，ただちに使用を始めた。この機械装置については，使用完了後に除去して適切な方法で廃棄する法的義務があり，資産除去債務を計上しなければならない。

1　機械の取得原価：900,000 千円　減価償却方法は，残存価額をゼロとし，定額法によって償却する。耐用年数は 6 年である。

2　取得時，資産除去費用は 8,000 千円と見積もられ，割引率は年 2 ％として処理することとした。

3　X5 年 3 月 31 日時点で，資産除去費用の見積額は 10,000 千円へと増加したことが判明した。この時点における割引率は年 3 ％である。

4　計算上端数が生じる場合には，そのつど千円未満を四捨五入すること。

5　現価の算定にあたっては，次の現価係数を用いること。

	期間 1 年	期間 2 年	期間 3 年	期間 4 年	期間 5 年	期間 6 年
年 2 ％	0.98039	0.96117	0.94232	0.92385	0.90573	0.88797
年 3 ％	0.97087	0.94260	0.91514	0.88849	0.86261	0.83748

答案用紙

決算整理後残高試算表　　　　（単位：千円）

機　械　装　置	（　　　　）	資 産 除 去 債 務	（　　　　）
減 価 償 却 費	（　　　　）	機械装置減価償却累計額	（　　　　）
利 息 費 用	（　　　　）		

計算問題

1 有価証券
2 固定資産
3 退職給付
4 社債
5 貸倒引当金
6 為替予約
7 純資産
8 ソフトウェア
9 現金預金
10 税効果会計
11 商品の評価
12 成果連結
13 包括利益・資本連結・
14 事業分離・企業結合・
15 持分法
16 商品売買

問題 6 固定資産 （第150回本試験改題）　B　7分　➡ 解答124ページ

　次の決算整理前残高試算表および資料にもとづいて、答案用紙の決算整理後残高試算表を作成しなさい。なお、当期は×7年4月1日から×8年3月31日までである。千円未満の端数が生じた場合には四捨五入すること。税効果会計は適用しない。

決算整理前残高試算表　　　　（単位：千円）

建　　　　物	2,500,000	建物減価償却累計額	400,000
構　築　物	?	構築物減価償却累計額	?
		資 産 除 去 債 務	?
		圧 縮 積 立 金	?
		繰 越 利 益 剰 余 金	200,000

Hint !
1. 建物は×3年4月から使用しているため、×4年3月にまず1年分の圧縮積立金を取り崩す。

2. 残高試算表の資産除去債務は、2年分の利息費用を加算した金額となる。

資料 決算整理事項

1．固定資産および減価償却方法に関する資料は、以下のとおりである。

(1)　建物については、×3年4月1日に県から補助金500,000千円を受け入れて取得したものである。

　　減価償却については、耐用年数25年、残存価額はゼロ、定額法によって行う。なお、補助金相当額の圧縮記帳は積立金方式によっており、圧縮積立金は固定資産の耐用年数にわたって取り崩す。

(2)　構築物は、×5年4月1日から15年契約で賃借した土地に設置した立体駐車場の取得費用80,000千円を計上したものである。

　　減価償却については、耐用年数15年、残存価額ゼロ、定額法によって行う。なお、土地については、賃借期間終了時点で原状回復したうえで貸主に返還する義務がある。

　　原状回復のための費用は6,000千円と見積もっており、資産除去債務の算定にあたって用いる割引率は年3％である（利率年3％、15年の現価係数は0.642とする）。

　　決算において必要な処理を行う。

答案用紙

決算整理後残高試算表　　　　（単位：千円）

建　　　　物	2,500,000	建物減価償却累計額	(　　　　)
構　築　物	(　　　　)	構築物減価償却累計額	(　　　　)
減 価 償 却 費	(　　　　)	資 産 除 去 債 務	(　　　　)
利 息 費 用	(　　　　)	圧 縮 積 立 金	(　　　　)
		繰 越 利 益 剰 余 金	(　　　　)

次の決算整理前残高試算表および資料にもとづいて、答案用紙の決算整理後残高試算表を作成しなさい。なお、当期は×7年4月1日から×8年3月31日までである。

決算整理前残高試算表　　　　（単位：千円）

建　物	180,000	建物減価償却累計額	?
機　械	96,000	機械減価償却累計額	?
土　地	208,000		

Hint♪
会社は、固定資産をこのまま使用し続けるか、売却するかについて金額の有利な方を選択する。

【資料】決算整理事項

1. 当社が当期末現在保有している固定資産は、すべて×4年4月1日において取得したものであり、土地を除き、残存価額はゼロ、定額法により減価償却を行う。

　　耐用年数は、建物：20年、機械：8年である。

2. 上記の固定資産群について当期末に減損の兆候があったため、減損処理の要否を検討する。なお、固定資産群における主要な資産は機械と判断された。

　⑴　残り4年における固定資産群の使用によるキャッシュ・フローは各年度末において33,000千円発生し、×12年3月31日における売却によるキャッシュ・フローは、250,000千円と見積もられた。

　⑵　当期末における固定資産群の見積売却価額は330,000千円、売却に要する費用は10,000千円であった。使用価値を算定する際の割引率は、年8％とする。年8％、4年の現価係数は0.735、年金現価係数は3.312である。

　⑶　減損損失は、各構成資産の帳簿価額に基づいて配分し、固定資産から直接控除する。

【答案用紙】

決算整理後残高試算表　　　　（単位：千円）

建　　　　物	（　　　　）	建物減価償却累計額	（　　　　）
機　　　　械	（　　　　）	機械減価償却累計額	（　　　　）
土　　　　地	（　　　　）		
減 価 償 却 費	（　.　　）		
減 損 損 失	（　　　　）		

計算問題

1 有価証券
2 固定資産
3 退職給付
4 社債
5 貸倒引当金
6 為替予約
7 純資産
8 ソフトウェア
9 現金預金
10 税効果会計
11 商品の評価
12 成果連結
13 包括利益 資本連結・
14 事業分離 企業結合・
15 持分法
16 商品売買

問題 8 **固定資産** （第144回会計学本試験改題）　　C　10分　➡ 解答126ページ

　次の決算整理前残高試算表および資料にもとづいて，答案用紙の決算整理後残高試算表を作成しなさい。なお，当期はX7年4月1日からX8年3月31日までである。

Hint ♪
見積り誤りであれば，前期以前の処理の修正が必要。

決算整理前残高試算表　　（単位：千円）

建 物	60,000	建物減価償却累計額	15,000
機 械	120,000	機械減価償却累計額	30,000
		繰越利益剰余金	100,000

資料 決算整理事項

1．当期首から5年前に60,000千円で取得した建物について，耐用年数20年，残存価額ゼロとする定額法によって前期まで減価償却を行ってきた。当期首において，残存耐用年数を10年とすることにしたが，その変更は取得時点における見積り誤りによるものであることが判明した。

2．当期首から5年前に120,000千円で取得した機械について，耐用年数20年，残存価額ゼロとする定額法によって前期まで減価償却を行ってきた。当期首において，残存耐用年数を10年とすることにしたが，その変更は取得時点における見積り誤りによるものではなく，その後の状況変化によるものであることが判明した。

答案用紙

決算整理後残高試算表　　（単位：千円）

建　　　　　物	（　　　　　）	建物減価償却累計額	（　　　　　）
機　　　　　械	（　　　　　）	機械減価償却累計額	（　　　　　）
減 価 償 却 費	（　　　　　）	繰越利益剰余金	（　　　　　）

次の決算整理前残高試算表および資料にもとづいて、答案用紙の決算整理後残高試算表を作成しなさい。なお、当期は×7年4月1日から×8年3月31日までである。

Hint!
1. 先に誤謬の訂正を行って正しい状態にしてから、会計上の見積りの変更を行う。

2. 固定資産の簿価を残存耐用年数で配分する。

決算整理前残高試算表　（単位：千円）

車両	60,000	車両減価償却累計額	?
		繰越利益剰余金	100,000

資料 決算整理事項

1. 車両は、×5年4月1日に60,000千円で取得したものである。

(1) 耐用年数8年、残存価額ゼロ、定額法で減価償却を行うはずだったが、前期まで残存価額を取得原価の10％として算定した減価償却費を計上してきたことが判明した。この誤謬の訂正が決算時点で行われていない。

(2) また、耐用年数が当期を含めて残り4年であることが当期首において新たに判明しており、会計上の見積りの変更として処理する。

答案用紙

決算整理後残高試算表　（単位：千円）

車両	60,000	車両減価償却累計額	（　　　　）
減価償却費	（　　　　）	繰越利益剰余金	（　　　　）

計算問題

1 有価証券
2 固定資産
3 退職給付
4 社債
5 貸倒引当金
6 為替予約
7 純資産
8 ソフトウェア
9 現金預金
10 税効果会計
11 商品の評価
12 成果連結
13 包括利益・資本連結・
14 企業結合・事業分離
15 持分法
16 商品売買

問題 10　固定資産　（第147回本試験改題）　　B｜9分　➡解答127ページ

　次の決算整理前残高試算表および資料にもとづいて、答案用紙の決算整理後残高試算表を作成しなさい。なお、当期は×7年4月1日から×8年3月31日までである。千円未満の端数が生じた場合には四捨五入すること。

決算整理前残高試算表　　　　　（単位：千円）

| 現　金　預　金 | 200,000 | 備品減価償却累計額 | ？ |
| 備　　　　品 | 85,000 | | |

Hint✐
耐用年数6年の固定資産を1年使用後に売却し、耐用年数5年の資産を新たに買ったと考える。そのため、リース資産について6年の償却率は使わない。

資料　決算整理事項

1．次の備品について、以下の条件で売却してリース会社からリースバックを受ける契約をしたが一連の取引が未処理である。

	取得原価	耐用年数	減価償却方法	使用開始
備　　品	85,000千円	6年	200%定率法	×6年4月

2．リースバック

(1)　契約日：×7年4月1日（売却日）

(2)　売却価額：62,695千円

(3)　解約不能のリース期間：×7年4月1日から5年間

(4)　リース料年額：14,481千円（毎年1回年度末均等額払い）

(5)　リース会社の計算利子率：5%(この利子率については当社も承知している)

(6)　リース資産の契約日以降の経済的耐用年数：5年

(7)　備品の所有権はリース期間終了後に当社に無償で移転する。

　　　リース資産について200%定率法により減価償却を行うこととし、耐用年数については契約日以降の経済的耐用年数5年とする。

3．200%定率法の償却率表

耐用年数	償却率	改定償却率	保証率
5年	0.400	0.500	0.10800
6年	0.333	0.334	0.09911

答案用紙

決算整理後残高試算表　　　　　（単位：千円）

現　金　預　金	248,214	リ　ー　ス　債　務	（　　　　　）
リ　ー　ス　資　産	（　　　　　）	長　期　前　受　収　益	（　　　　　）
減　価　償　却　費	（　　　　　）	リース資産減価償却累計額	（　　　　　）
支　払　利　息	（　　　　　）		

次の決算整理前残高試算表および資料にもとづいて，答案用紙の決算整理後残高試算表を作成しなさい。なお，当期はX7年4月1日からX8年3月31日までである。計算の過程で端数が生じる場合は、その都度千円未満を四捨五入すること。

決算整理前残高試算表　　（単位：千円）

仮　払　金	45,000	建物減価償却累計額	72,000
建　　　物	90,000	車両減価償却累計額	？
車　　　両	8,000		

資料 決算整理事項

1. 固定資産の減価償却方法に関する資料

　　車両：X5年4月1日取得，200％定率法，耐用年数8年，残存価額ゼロ，保証率0.07909，改定償却率0.334

　　建物：建物については当期末から21年前の4月1日に取得し，X7年3月末まで定額法，残存価額ゼロ，耐用年数25年で償却してきたが，当年度期首に定期修繕に合わせて耐震補強工事を45,000千円かけて実施し(仮払金勘定で処理している)，この工事によって耐用年数が当初よりも10年延びるものと見積もられた。工事に関する支出のうち，耐用年数の延長に相当する金額については資本的支出として処理し，残額を収益的支出として処理するとともに，当年度の減価償却を行う。

答案用紙

決算整理後残高試算表　　（単位：千円）

建　　　　物	（　　　　）	建物減価償却累計額	（　　　　）
車　　　　両	（　　　　）	車両減価償却累計額	（　　　　）
減 価 償 却 費	（　　　　）		
修　　繕　　費	（　　　　）		

Hint!
1. 当期末から21年前に取得しているということは、前期末まで何年償却しているか。
2. 残り15年の使用年数のうち、延長した10年分を資本的支出分と考え、5年分を現状維持するための収益的支出と考える。

······ *Memorandum Sheet* ······

計算問題

1 有価証券

2 固定資産

3 退職給付

4 社債

5 貸倒引当金

6 為替予約

7 純資産

8 ソフトウェア

9 現金預金

10 税効果会計

11 商品の評価

12 成果連結

13 包括利益・資本連結

14 事業分離・企業結合

15 持分法

16 商品売買

次の決算整理前残高試算表および資料にもとづいて、答案用紙の決算整理後残高試算表を作成しなさい。なお、当期は×7年4月1日から×8年3月31日までである。

決算整理前残高試算表　　　　　（単位：千円）

建　　物	1,480,000	建物減価償却累計額	1,038,000
の　れ　ん	?		

資料 決算整理事項

1. 当社は代々、銀座に店舗を構え、フルーツ販売事業を行っている。

(1) ×1年4月1日に乙社を吸収合併し、パーチェス法によりのれん180,000千円を計上した。

(2) のれんは、乙社を構成する洋菓子販売事業と和菓子販売事業の取得によって計上したものであり、合併を行った年度末（×2年3月末）から毎期均等額を10年で償却している。

2. ×8年3月31日の決算にあたって乙社より取得した事業およびのれんに減損の兆候がみられたため、減損損失の認識の判定と測定を行う。

(1) 当社では、のれんが認識された合併時点の各事業の事業価値にもとづいてのれんを配分し、のれんを含むより大きな単位で減損損失の認識の判定と測定を行っている。

合併時点の洋菓子販売事業の事業価値は390,000千円、和菓子販売事業の事業価値は130,000千円であった。

次の表は各事業を構成する資産の状況、および減損損失の認識の判定と測定に関する資料を示したものである。（単位：千円）

各事業の資産	洋菓子販売事業		和菓子販売事業	
	原宿店（建物）	渋谷店（建物）	日本橋店（建物）	京橋店（建物）
合併直前の帳簿価額	210,000	90,000	70,000	30,000
合併直前の時価	240,000	120,000	80,000	40,000
割引前将来キャッシュ・フロー	79,000	30,000	28,000	17,000
回収可能価額	76,000	25,750	27,000	16,000

(2) 各事業の建物について、以下に従い減価償却を行う。

① 銀座店のフルーツ販売事業に係る建物（取得原価1,000,000千円）

定額法、耐用年数：40年、残存価額：ゼロにより減価償却を行う。

② 洋菓子販売事業および和菓子販売事業に係る建物（取得原価合計480,000千円）

定額法、合併後の耐用年数：10年、残存価額：ゼロにより減価償却を行う。

決算整理後残高試算表 （単位：千円）

建　　　　　物 （　　　　　）	建物減価償却累計額 （　　　　　　　）
の　れ　ん （　　　　　）	
減　価　償　却　費 （　　　　　）	
の　れ　ん　償　却　額 （　　　　　）	
減　損　損　失 （　　　　　）	

計算問題

1 有価証券
2 固定資産
3 退職給付
4 社債
5 貸倒引当金
6 為替予約
7 純資産
8 ソフトウェア
9 現金預金
10 税効果会計
11 商品の評価
12 成果連結
13 包括利益 資本連結・
14 事業分離 企業結合・
15 持分法
16 商品売買

計算問題

1 有価証券
2 固定資産
3 退職給付
4 社債
5 貸倒引当金
6 為替予約
7 純資産
8 ソフトウェア
9 現金預金
10 税効果会計
11 商品の評価
12 成果連結
13 包括利益 資本連結・
14 事業分離 企業結合・
15 持分法
16 商品売買

| 問題 1 | 退職給付 | （第129回本試験改題） | A | 5分 | ➡ 解答131ページ |

次の決算整理前残高試算表および資料にもとづいて，答案用紙の決算整理後残高試算表を作成しなさい。なお，当期はX7年4月1日からX8年3月31日までである。

決算整理前残高試算表　　　　（単位：千円）

| 仮　　払　　金 | 300 | 退 職 給 付 引 当 金 | 2,500 |

資料 決算整理事項

1．退職給付：退職給付に関する資料は次のとおりである。

期首退職給付債務 15,000 千円，期首年金資産 12,500 千円，

当期勤務費用 400 千円，利息費用 300 千円，期待運用収益 350 千円，

年金掛金拠出額 300 千円（仮払金で処理している。），年金基金から従業員への退職年金支払額 250 千円。

当期末に発生した数理計算上の差異 1,000 千円（引当不足額）は，当期より定額法により 10 年間で費用処理する。

答案用紙

決算整理後残高試算表　　　　（単位：千円）

| 退 職 給 付 費 用 | （　　　　　） | 退 職 給 付 引 当 金 | （　　　　　） |

次の決算整理前残高試算表および資料にもとづいて，答案用紙の決算整理後残高試算表を作成しなさい。なお，当期はX3年4月1日からX4年3月31日までである。

決算整理前残高試算表 （単位：千円）

現　金　預　金	200,000	退職給付引当金	3,500
仮　　払　　金	250		

資料 決算整理事項

1．退職給付に関しては，期首退職給付債務 14,500 千円，期首年金資産 9,320 千円，当期勤務費用 350 千円，利息費用 250 千円，期待運用収益相当額 360 千円，年金掛金拠出額 250 千円（仮払金で処理している），年金基金から従業員への支払額 200 千円。

　　期首の未認識数理計算上の差異 1,680 千円（引当不足額。X1年3月期に発生したもので，発生年度から平均残存勤務期間 10 年で定額法により費用処理している）で，過去勤務費用はない。

答案用紙

決算整理後残高試算表 （単位：千円）

現　金　預　金	（　　　　　　）	退職給付引当金	（　　　　　　）
退職給付費用	（　　　　　　）		

計算問題

1 有価証券

2 固定資産

3 退職給付

4 社債

5 貸倒引当金

6 為替予約

7 純資産

8 ソフトウェア

9 現金預金

10 税効果会計

11 商品の評価

12 成果連結

13 包括利益・資本連結・

14 事業分離・企業結合・

15 持分法

16 商品売買

問題 3　退職給付　（第143回本試験改題）　B　5分　➡ 解答132ページ

次の決算整理前残高試算表および資料にもとづいて，答案用紙の決算整理後残高試算表を作成しなさい。なお，当期は×7年4月1日から×8年3月31日までである。

決算整理前残高試算表　　（単位：千円）

退　職　給　付	26,000	退職給付引当金	？

Hint♪
1. 割引率の引下げにより現在価値の計算の分母が減るので，現在価値（退職給付債務）は増加する。

資料 決算整理事項

1. 前期末現在，退職給付引当金勘定には，退職給付債務267,000千円，年金資産152,000千円，未認識数理計算上の差異24,000千円（×4年度末における割引率の引下げによって生じたものであり，×5年度から10年間にわたり定額法によって費用処理している。）が含まれていた。

　　当期末に支払われた掛金拠出額と退職一時金は退職給付勘定で暫定的に処理しており，当期の勤務費用は17,500千円であった。当期における割引率は年2％，期待運用収益率は年3％である。

答案用紙

決算整理後残高試算表　　（単位：千円）

退 職 給 付 費 用	（　　　　）	退職給付引当金	（　　　　）

次の決算整理前残高試算表および資料にもとづいて、答案用紙の決算整理後残高試算表を作成しなさい。なお、当期は×7年4月1日から×8年3月31日までである。

決算整理前残高試算表　　　　（単位：千円）

現　金　預　金	100,000	退職給付引当金	?

Hint♪
1. 退職給付引当金：
退職給付債務（実績）
－年金資産（実績）
±未認識差異
借方差異：マイナス
貸方差異：プラス

2. 未認識数理計算上
の差異：残高、
発生額：発生した
ときの金額

資料 決算整理事項

1．当社は確定給付型の企業年金制度を採用している。

期首退職給付債務は426,000千円、期首年金資産は214,000千円、期首における未認識数理計算上の差異は88,000千円（×5年3月期発生額が50,000千円で、×7年3月期発生額が48,000千円である）であった。

数理計算上の差異は、実際運用収益が期待運用収益を下回ったことにより生じたものである。

2．数理計算上の差異は、発生年度の翌年度から10年にわたり定額法で償却を行っている。

3．当期の勤務費用は21,600千円、当期の掛金拠出額は11,000千円であった。当期の一連の処理が未処理である。割引率は年2％、長期期待運用収益率は年3％である。

答案用紙

決算整理後残高試算表　　　　（単位：千円）

現　金　預　金	89,000	退職給付引当金	（　　　）
退職給付費用	（　　　）		

計算問題

1 有価証券

2 固定資産

3 退職給付

4 社債

5 貸倒引当金

6 為替予約

7 純資産

8 ソフトウェア

9 現金預金

10 税効果会計

11 商品の評価

12 成果連結

13 包括利益・資本連結

14 企業結合・事業分離

15 持分法

16 商品売買

問題 5　退職給付　（第159回会計学本試験改題）　B　7分　➡ 解答134ページ

次の決算整理前残高試算表および資料にもとづいて、答案用紙の決算整理後残高試算表を作成しなさい。なお、当期は×7年4月1日から×8年3月31日までである。

決算整理前残高試算表　　　　（単位：千円）

現　金　預　金	100,000	退職給付引当金	?

Hint！
期首の退職給付引当金を求めるには、期首の未認識数理計算上の差異をタイムテーブルを描いて計算する必要がある。

資料Ⅰ 決算整理事項

1．当社は従業員向けに確定給付型の企業年金制度を採用している。

期首退職給付債務は1,300,000千円、期首年金資産は1,100,000千円、期首における未認識数理計算上の差異は、×4年度の発生額△200,000千円（主として年金資産の運用収益額が期待運用収益額を上回ったため発生した）と×6年度の発生額110,000千円（主として退職給付債務の割引率の低下により発生した）の未償却分である。

2．数理計算上の差異は、発生年度の翌年度から10年で定額法により償却を行っている。

なお、×3年度以前に発生した未認識数理計算上の差異は前期末までに償却済で、×5年度には未認識数理計算上の差異は生じていない。

3．当期の勤務費用は84,000千円、当期の掛金拠出額は86,000千円、当期の年金基金からの退職年金の支給は85,000千円であった。当期の一連の処理が未処理である。

割引率は年2.0%、長期期待運用収益率は年2.5%である。

答案用紙

決算整理後残高試算表　　　　（単位：千円）

現　金　預　金	14,000	退職給付引当金	（　　　　　　）
退 職 給 付 費 用	（　　　　　）		

次の決算整理前残高試算表および資料にもとづいて、答案用紙の決算整理後残高試算表を作成しなさい。なお、当期は×7年4月1日から×8年3月31日までである。

決算整理前残高試算表　（単位：千円）

| 現 金 預 金 | 100,000 | 退職給付引当金 | 88,000 |

資料 決算整理事項

1. 当社は、確定給付年金制度を採用している。期首現在の退職給付債務は400,000千円、年金資産は280,000千円、期首の未認識数理計算上の差異は32,000千円（×5年度末における退職給付債務の割引率の引き下げによる。）であった。

2. 数理計算上の差異は、発生年度から10年間で定額法により費用処理する。

3. 当期の勤務費用は15,000千円、割引率は年2％、長期期待運用収益率は年2.5％とする。当期中に掛金10,000千円を支払っている。年金支給額8,000千円は年金資産から支払われている。当期の一連の処理が未処理である。

　なお、当期末における年金資産の時価は、250,000千円であった。退職給付債務からは新たに数理計算上の差異は生じていない。

答案用紙

決算整理後残高試算表　（単位：千円）

| 現 金 預 金 | 90,000 | 退職給付引当金 | （　　　） |
| 退 職 給 付 費 用 | （　　　） | | |

計算問題

1 有価証券
2 固定資産
3 退職給付
4 社債
5 貸倒引当金
6 為替予約
7 純資産
8 ソフトウェア
9 現金預金
10 税効果会計
11 商品の評価
12 成果連結
13 包括利益 資本連結・
14 事業分離 企業結合・
15 持分法
16 商品売買

問題 7　退職給付　（第138回本試験改題）　　C　10分　→ 解答136ページ

次の決算整理前残高試算表および資料にもとづいて，答案用紙の決算整理後残高試算表を作成しなさい。なお，当期は X4 年 4 月 1 日から X5 年 3 月 31 日までである。

決算整理前残高試算表　　（単位：千円）

| 仮　払　金 | 670 | 退職給付引当金 | 4,800 |

資料 決算整理事項

1. 期首退職給付債務 13,900 千円，期首年金資産 9,100 千円，退職給付引当金期首残高 4,800 千円，当期勤務費用 1,010 千円，年金掛金拠出額 670 千円（仮払金で処理している）。

2. 期末退職給付債務 15,359 千円，期末年金資産時価 10,076 千円，割引率は 3 ％で長期期待運用収益率は 4 ％（ともに期首残高に対して適用するものとする）である。

3. 数理計算上の差異については発生年度から平均残存勤務期間 10 年で定額法により費用処理することとし，過去勤務費用はない。

答案用紙

決算整理後残高試算表　　（単位：千円）

| 退職給付費用 | （　　　　） | 退職給付引当金 | （　　　　） |

　次の決算整理前残高試算表および資料にもとづいて、答案用紙の決算整理後残高試算表と連結貸借対照表を作成しなさい。なお、当期は×7年4月1日から×8年3月31日までである。

　また、退職給付引当金（退職給付に係る負債）について税効果会計（法定実効税率30%）を適用する。金額がマイナスとなる科目には、金額の前に「△」を付けること。

Hint♪
差異の未認識分は、個別B／S上、引当金に計上されないが、連結B／S上は負債に計上される。
それに伴い、繰延税金資産とその他の包括利益も計上される。

決算整理前残高試算表　　　　　（単位：千円）

繰 延 税 金 資 産	3,750	退 職 給 付 引 当 金	12,500

資料 決算整理事項

1. 当社は、確定給付年金制度を採用している。期首現在の退職給付債務は34,500千円、年金資産は22,000千円、期首の未認識数理計算上の差異はない。

2. 数理計算上の差異は、発生年度から15年間で定額法により費用処理する。

3. 当期の勤務費用は3,400千円、割引率は年2%、長期期待運用収益率は年3%とする。
　　年金基金への拠出額（期末払い）2,400千円、年金基金からの支給額（期末払い）1,200千円であり、当期の一連の処理が未処理である。

4. 当期に数理計算上の差異1,050千円（引当不足）が発生している。

答案用紙

決算整理後残高試算表　　　　　（単位：千円）

繰 延 税 金 資 産	(　　　　　)	退 職 給 付 引 当 金	(　　　　　)
退 職 給 付 費 用	(　　　　　)	法 人 税 等 調 整 額	(　　　　　)

連 結 貸 借 対 照 表　　　　　（単位：千円）

繰 延 税 金 資 産	(　　　　　)	退 職 給 付 に 係 る 負 債	(　　　　　)
		退職給付に係る調整累計額	(　　　　　)

計算問題

1 有価証券
2 固定資産
3 退職給付
4 社債
5 貸倒引当金
6 為替予約
7 純資産
8 ソフトウェア
9 現金預金
10 税効果会計
11 商品の評価
12 成果連結
13 資本連結・包括利益
14 事業分離・企業結合
15 持分法
16 商品売買

| 問題 1 | 社債 （第128回本試験改題） | A | 5分 | ➡ 解答138ページ |

次の決算整理前残高試算表および資料にもとづいて，答案用紙の決算整理後残高試算表を作成しなさい。なお，当期は×7年4月1日から×8年3月31日までである。

なお，計算上生じる端数については，千円未満四捨五入とする。

決算整理前残高試算表　　　　　　（単位：千円）

| 社 債 発 行 費 | 1,200 | 社　　　　　債 | 44,801 |
| 社 債 利 息 | 1,500 | | |

Hint!
何が未処理になっているかを考えてから、仕訳を行う。

資料 決算整理事項

1．社債は，前期首に，額面総額50,000千円（期間5年，利率年3％，利払日は毎年3月末日）を割引発行したものである。額面金額と発行価額の差額については，毎期末に償却原価法（利息法）を適用している。実効利率は，年6％である。

2．試算表中の社債利息は，当期支払額であるが、償却原価法の処理が未処理である。

3．社債発行費は，発生額を繰延資産として計上しているが，社債の期間内に毎期均等額の償却を実施している。

答案用紙

決算整理後残高試算表　　　　　　（単位：千円）

社 債 発 行 費	（　　　　）	社　　　　　債	（　　　　）
社 債 利 息	（　　　　）		
社 債 発 行 費 償 却	（　　　　）		

　次の決算整理前残高試算表および資料にもとづいて，答案用紙の決算整理後残高試算表を作成しなさい。なお，当期はＸ7年4月1日からＸ8年3月31日までである。なお、計算上、端数が生じた場合は、そのつど千円未満を四捨五入すること。

決算整理前残高試算表　　　　　　　　（単位：千円）

| 現　金　預　金 | 69,497 | 社　　　　　債 | 3,056 |
| 社　債　利　息 | 83 | | |

Hint!
抽選償還では、額面金額で償還する。

資料　決算整理事項

1．社債：X6年4月1日，額面総額4,000千円の社債（期間5年，クーポン利子率年3.0%，利払日毎年9月・3月の各末日）を額面@100円につき93.35円で発行したものである。当該社債には，毎決算日ごとに800千円ずつ抽選償還を行う条件を付している。

2．発行価額と額面金額の差額はすべて金利調整差額と認められる。社債は償却原価法（利息法）により評価している。実効利子率は年5.51%とする。当期末の利払・抽選償還を行ったがその会計処理はまだ行われていない。

　　Ｘ7年9月末までの処理は適正に行われている。

答案用紙

決算整理後残高試算表　　　　　　　　（単位：千円）

| 現　金　預　金 | （　　　　　） | 社　　　　　債 | （　　　　　） |
| 社　債　利　息 | （　　　　　） | | |

計算問題

1 有価証券

2 固定資産

3 退職給付

4 社債

5 貸倒引当金

6 為替予約

7 純資産

8 ソフトウェア

9 現金預金

10 税効果会計

11 商品の評価

12 成果連結

13 包括利益・資本連結

14 事業分離・企業結合

15 持分法

16 商品売買

問題 3　社債　（第143回本試験改題）　B　10分　→解答139ページ

次の決算整理前残高試算表および資料にもとづいて、答案用紙の決算整理後残高試算表を作成しなさい。なお、当期は×7年4月1日から×8年3月31日までである。

Hint♪
1. 前T／B社債は、前期末償却原価となっている。

決算整理前残高試算表　（単位：千円）

現 金 預 金	200,000	社　　　　債	?
社 債 利 息	14,000	資 本 金	500,000
		資 本 準 備 金	50,000
		新 株 予 約 権	15,000

資料 決算整理事項

1. 新株予約権付社債(転換社債型)は、額面総額1,000,000千円、年利率1.4%、期間5年、利払日年2回(各年度9月末日と3月末日)、新株予約権の付与割合100%の条件で、×5年4月1日に発行したものである。発行価額100円のうち、社債部分が98.5円、新株予約権部分が1.5円であった。新株予約権付社債は区分法によって処理し、社債部分については償却原価法(定額法)を適用する。

2. 上記の新株予約権のうち、当期末に10%が権利行使され、代用払込みにより新株を発行したが未処理であった。社債の利札の処理は適正に行われている。なお、資本金組入額は会社法が定める最低限度額とする。

答案用紙

決算整理後残高試算表　（単位：千円）

現 金 預 金	(　　　　　)	社　　　　債	(　　　　　)
社 債 利 息	(　　　　　)	資 本 金	(　　　　　)
		資 本 準 備 金	(　　　　　)
		新 株 予 約 権	(　　　　　)

　次の決算整理前残高試算表および資料にもとづいて、答案用紙の決算整理後残高試算表を作成しなさい。なお、当期は×7年4月1日から×8年3月31日までである。千円未満の端数が生じた場合には、四捨五入すること。

Hint✎
1. まず社債の償却原価法の処理を行い、社債の期末簿価を計算する必要がある。

2. 代用払込みであるため、権利行使時に社債と新株予約権を減少させる。

決算整理前残高試算表 （単位：千円）

自 己 株 式	22,000	社　　　　債	93,746
		資　本　金	200,000
		その他資本剰余金	2,500
		新 株 予 約 権	6,254

資料 決算整理事項

1．社債および新株予約権は、転換社債型新株予約権付社債として、当期首において社債金額100,000千円、期間5年、表面利率ゼロの条件で発行したものである。

　　区分法を適用し、社債部分については償却原価法（実効利子率：年1.3％の利息法）を適用する。当期の償却原価法の処理が未処理である。

2．当期末において新株予約権付社債のうちの5分の1について権利行使（株式転換）され、社債が代用払込みされるとともに、これに対して自己株式1,000株（帳簿価額18,000千円）を交付したが、未処理であった。

答案用紙

決算整理後残高試算表 （単位：千円）

自 己 株 式	（　　　　　）	社　　　　債	（　　　　　）
社 債 利 息	（　　　　　）	資　本　金	（　　　　　）
		その他資本剰余金	（　　　　　）
		新 株 予 約 権	（　　　　　）

計算問題

1 有価証券

2 固定資産

3 退職給付

4 社債

5 貸倒引当金

6 為替予約

7 純資産

8 ソフトウェア

9 現金預金

10 税効果会計

11 商品の評価

12 成果連結

13 包括利益・資本連結

14 事業分離・企業結合・

15 持分法

16 商品売買

問題 5　社債 （第138回本試験改題）　　B　10分　➡ 解答141ページ

次の決算整理前残高試算表および資料にもとづいて，答案用紙の決算整理後残高試算表を作成しなさい。なお，当期は X4 年 4 月 1 日から X5 年 3 月 31 日までである。

計算の過程で端数が出る場合は，その都度千円未満を，四捨五入すること。

Hint♪
利息が付かないため、利息配分額がそのまま償却額になる。

決算整理前残高試算表　　（単位：千円）

当 座 預 金	4,395	社　　　　　債	38,534
		資　本　金	126,000
		資 本 準 備 金	16,000
		新 株 予 約 権	3,560

資料 決算整理事項

1．社債は，X1 年 4 月 1 日に新株予約権の行使があったときに代用払込が認められる旨を決議した転換社債型以外の新株予約権付社債（額面総額 40,000 千円，期間 5 年，本社債に利息は付さない）を額面発行したものである。社債部分の発行価額は社債額面 100 円につき91.10 円，新株予約権の発行価額は社債額面 100 円につき 8.90 円で，新株予約権の権利行使による新株発行総額は 40,000 千円である。

2．社債は償却原価法（利息法）により評価する（実効利子率は1.88％である）が，当期の処理が未処理である。また，当期末に，新株予約権の 75％の権利行使が行われ，新株を交付するとともに代金 30,000 千円が当座預金口座に払い込まれたが，その処理が未処理である。新株の発行にともなって資本金に計上する額は払込総額の 2 分の 1 とする。

答案用紙

決算整理後残高試算表　　（単位：千円）

当 座 預 金	（　　　　　）	社　　　　　債	（　　　　　）
社 債 利 息	（　　　　　）	資　本　金	（　　　　　）
		資 本 準 備 金	（　　　　　）
		新 株 予 約 権	（　　　　　）

| 問題 1 | 貸倒引当金 （第125回本試験改題） | A | 5分 | ➡ 解答142ページ |

　次の決算整理前残高試算表および資料にもとづいて，答案用紙の決算整理後残高試算表を作成しなさい。なお，当期は×7年4月1日から×8年3月31日までである。

　なお，計算上生じる端数については，千円未満四捨五入とする。

決算整理前残高試算表　　　　（単位：千円）

受 取 手 形	4,000	預り営業保証金	400
売 掛 金	12,000	貸 倒 引 当 金	200
長 期 貸 付 金	300		

Hint ♪
貸倒引当金（貸倒引当金繰入）は、答案用紙より合計額を記入する。

資料 決算整理事項

1．金銭債権

(1) 売掛金のうち，取引先F社に対する売上債権 2,000 千円を貸倒懸念債権と判定し，財務内容評価法により，30％の貸倒れを見積もる。F社からは営業保証金の名目で担保として 400 千円の現金を受け入れている。

(2) その他の営業債権は，一般債権と認め，売上債権期末残高に対して2％の貸倒れを見積もる。

(3) 長期貸付金は，貸付先の企業の経営が破綻したため，破産更生債権等と判定せざるを得なくなった。担保として提供を受けている土地（処分見込み額 250 千円）がある。

(4) 貸倒引当金の設定は差額補充法による。ただし債権の区分にかかわらず，一括表示でよい。

答案用紙

決算整理後残高試算表　　　　（単位：千円）

受 取 手 形	（　　　　）	預り営業保証金	（　　　　）
売 掛 金	（　　　　）	貸 倒 引 当 金	（　　　　）
破 産 更 生 債 権 等	（　　　　）		
貸 倒 引 当 金 繰 入	（　　　　）		

計算問題

1 有価証券

2 固定資産

3 退職給付

4 社債

5 貸倒引当金

6 為替予約

7 純資産

8 ソフトウェア

9 現金預金

10 税効果会計

11 商品の評価

12 成果連結

13 資本連結・包括利益

14 事業分離・企業結合・

15 持分法

16 商品売買

問題 2　貸倒引当金　（第129回本試験改題）　A　5分　→ 解答142ページ

次の決算整理前残高試算表および資料にもとづいて，答案用紙の決算整理後残高試算表を作成しなさい。なお，当期は×7年4月1日から×8年3月31日までである。

税効果会計を適用し，法定実効税率は30％とする。

決算整理前残高試算表　　　　　（単位：千円）

受　取　手　形	21,000	貸　倒　引　当　金	910
売　　掛　　金	40,000		

Hint!

損金算入限度額が50％ということは、残りの50％は損金不算入となる。

資料 決算整理事項

1．売上債権：受取手形のうち，500千円が破産更生債権等に該当し，貸倒引当金を100％設定する。なお，税法上の損金算入限度額は債権金額の50％である。その他は一般債権と認められるため，売上債権期末残高に対して2％の貸倒引当金を設定する。

答案用紙

決算整理後残高試算表　　　　　（単位：千円）

受　取　手　形	（　　　　）	貸　倒　引　当　金	（　　　　）
売　　掛　　金	（　　　　）	法　人　税　等　調　整　額	（　　　　）
破　産　更　生　債　権　等	（　　　　）		
繰　延　税　金　資　産	（　　　　）		
貸　倒　引　当　金　繰　入	（　　　　）		

次の決算整理前残高試算表および資料にもとづいて，答案用紙の決算整理後残高試算表を作成しなさい。なお，当期はX4年4月1日からX5年3月31日までである。

計算の過程で端数が出る場合は，その都度千円未満を，四捨五入すること。

決算整理前残高試算表　　　　（単位：千円）

現 金 預 金	4,850	貸 倒 引 当 金	1,249
売 掛 金	21,000	繰 越 利 益 剰 余 金	5,100
長 期 貸 付 金	15,000	受 取 利 息	70
貸 倒 損 失	1,180		

Hint!
1. 当期中の貸倒れは全額を貸倒損失としているので，前T/Bの引当金は前期末残高である。

2. 前T/Bの引当金は，一般債権分と懸念債権分の合計である。

資料 決算整理事項

1. 期中に売掛金 1,180 千円が貸倒れたさい，全額貸倒損失として処理していたが，このうち当期の売掛金は 760 千円であった。

　　なお，過去5年間の貸倒実績率の単純平均値を用いて貸倒引当金を設定しているが，前期末は決算直前に生じた貸倒れを実積率の算定に反映させていなかったため，本来2.5%とするところを，2%で設定していたことが判明しており，過去の誤謬の訂正を行う。当期は，売掛金の期末残高に対して 2.9% の貸倒引当金を差額補充法で設定する。

2. 長期貸付金は，X2年4月1日に約定利子率3%（毎期3月末払い），X7年3月31日に一括返済の契約で貸し付けたものである。X4年3月31日に相手先より条件緩和の申出があり，将来の利払いを1%に免除することとした。そのさいに貸倒懸念債権に区分し，キャッシュ・フロー見積法によって貸倒引当金を設定していたが，決算にあたって条件緩和後の利息の当座預金口座への振込みが確認されたためその処理を行うとともに，現在価値の増加分の貸倒引当金の取り崩しの処理を行う。

　　なお，前期末の貸倒引当金設定対象は上記売掛金と長期貸付金の期末残高のみで，期中に貸倒引当金残高に増減はない。

答案用紙

決算整理後残高試算表　　　　（単位：千円）

現 金 預 金	（　　　　）	貸 倒 引 当 金	（　　　　）
売 掛 金	（　　　　）	繰 越 利 益 剰 余 金	（　　　　）
長 期 貸 付 金	（　　　　）	受 取 利 息	（　　　　）
貸 倒 引 当 金 繰 入	（　　　　）		
貸 倒 損 失	（　　　　）		

計算問題

1 有価証券

2 固定資産

3 退職給付

4 社債

5 貸倒引当金

6 為替予約

7 純資産

8 ソフトウェア

9 現金預金

10 税効果会計

11 商品の評価

12 成果連結

13 資本連結・包括利益

14 企業結合・事業分離

15 持分法

16 商品売買

計算編　　テーマ6　為替予約

問題 1	為替予約	（第138回本試験改題）	B	5分	→ 解答144ページ

次の決算整理前残高試算表および資料にもとづいて，答案用紙の決算整理後残高試算表を作成しなさい。なお，当期は×7年4月1日から×8年3月31日までである。

なお，税効果会計は考慮外とする。

Hint♪
決算日においては，99円の支払い義務と，103円の価値の1ドルを受取る権利が生じている。

決算整理前残高試算表　　　　（単位：千円）

支　払　利　息	40	長　期　借　入　金	39,200

資料 決算整理事項

1. 次の為替予約に関する取引が未処理となっている。

(1) 長期借入金 39,200千円（400千ドル）に対して，当期の1月1日に1ドルにつき101円で期間2年の予約を行った。予約日の直物為替相場は1ドル99円であった。振当処理によることとし，為替予約差額の処理は月割りで行う。

(2) ネット通販部門の立ち上げのため米国ソフト開発業者に発注していたソフトウェアが来期に納入予定となっており，この支払いに備えるため，800千ドルのドル買いの為替予約を行った。為替予約相場は，1ドル99円である。この為替予約は，ヘッジ会計の要件を満たしている。なお，決算日の先物為替相場は1ドル103円である。

答案用紙

決算整理後残高試算表　　　　（単位：千円）

長 期 前 払 費 用	（　　　　　）	長　期　借　入　金	（　　　　　）
為　替　予　約	（　　　　　）	繰延ヘッジ損益	（　　　　　）
為　替　差　損　益	（　　　　　）		

　次の決算整理前残高試算表および資料にもとづいて、答案用紙の決算整理後残高試算表を作成しなさい。なお、当期は×7年4月1日から×8年3月31日までである。

決算整理前残高試算表　　　　　（単位：千円）

売　掛　金	382,600	貸 倒 引 当 金	1,000
為 替 差 損 益	10,000	一 　般 　売 　上	786,000
		海 外 輸 出 売 上	?

Hint♪
1. 為替予約を行わなかった売掛金について、期末に換算替えを行う。

2. 為替予約を行った売掛金について、直々差額の処理と直先差額の配分の処理を行う。

資料 決算整理事項

1. 当社は商品の仕入・販売を行っているが、当期より北米向けに輸出を始めている。

(1) ×8年1月に商品を総額2,000千ドルで販売し（販売時の為替相場102円）、×8年2月に商品を総額1,400千ドルで販売し（販売時の為替相場108円）、海外輸出売上に計上している。

　×8年1月に販売した掛代金の決済は4月末日、2月に販売した掛代金の決済は5月末日である。

(2) ×8年1月に販売したさいの売掛金2,000千ドルについては、為替相場が安定していたため為替予約を行わなかった。

　一方、×8年2月に輸出した商品の売掛金1,400千ドルについてはリスクをヘッジする目的で、×8年3月1日に同年5月末日を決済期日とする為替予約を行ったが、未処理である。

　なお、為替予約日の1ドル当たりの直物為替相場は106円、先物為替相場は109円で、決算日の1ドル当たりの直物為替相場は105円である。

　振当処理によることとし、為替予約差額の処理は月割で行う。

2. 貸倒引当金については、売上債権の期末残高について2％の貸倒実績率にもとづき差額補充法で設定する。

答案用紙

決算整理後残高試算表　　　　　（単位：千円）

売　掛　金	（　　　　）	貸 倒 引 当 金	（　　　　）
貸倒引当金繰入	（　　　　）	前 受 収 益	（　　　　）
為 替 差 損 益	（　　　　）	一 　般 　売 　上	786,000
		海 外 輸 出 売 上	（　　　　）

計算問題

1 有価証券

2 固定資産

3 退職給付

4 社債

5 貸倒引当金

6 為替予約

7 純資産

8 ソフトウェア

9 現金預金

10 税効果会計

11 商品の評価

12 成果連結

13 包括利益 資本連結・

14 事業分離 企業結合・

15 持分法

16 商品売買

| 問題 3 | 為替予約 | （第144回本試験改題） | B | 10分 | ➡ 解答145ページ |

次の決算整理前残高試算表および資料にもとづいて，答案用紙の決算整理後残高試算表を作成しなさい。なお，当期はX7年4月1日からX8年3月31日までである。

なお，当期末の直物為替相場は，1ドル109円である。

決算整理前残高試算表　　　　　　　　（単位：千円）

| 繰 越 商 品 | 4,200 | 買 掛 金 | 49,300 |
| 仕 入 | 112,000 | | |

Hint!

独立処理では、債権債務の換算と、デリバティブ（為替予約）の時価評価を分けて行う。

資料 決算整理事項

1．商品の期末帳簿棚卸高は5,000千円であり，棚卸減耗や商品の収益性の低下は生じていない。

2．為替予約に関する資料

(1) 当期に以下の外貨建仕入を行い，適正に処理している。

×7年10月1日　105千ドル　仕入時の為替相場1ドルあたり100円

×7年12月1日　120千ドル　仕入時の為替相場1ドルあたり104円

(2) 商品の仕入による買掛金が為替相場の変動によって増額するのをヘッジする目的で，X8年2月1日にX8年5月31日を決済期日とする為替予約225千ドルを行った。

なお，為替予約日の1ドルあたりの直物為替相場は106円，先物為替相場は105円で，決算日の1ドルあたりの先物為替相場は108円である。独立処理によって処理する。

答案用紙

決算整理後残高試算表　　　　　　　　（単位：千円）

繰 越 商 品	（　　　　　）	買 掛 金	（　　　　　）
為 替 予 約	（　　　　　）		
仕 入	（　　　　　）		
為 替 差 損	（　　　　　）		

| 問題 1 | 純資産 （第123回本試験改題） | A | 5分 | ➡ 解答146ページ |

次の決算整理前残高試算表および資料にもとづいて，答案用紙の決算整理後残高試算表を作成しなさい。なお，当期は×7年4月1日から×8年3月31日までである。

なお，金額が零となる場合は，（　　　）の中に0と記入しておくこと。

決算整理前残高試算表　　　　　（単位：千円）

仮　　払　　金	1,500	資　　本　　金	50,000
自　己　株　式	5,000	資　本　準　備　金	6,000
		その他資本剰余金	1,000
		利　益　準　備　金	5,000
		繰越利益剰余金	3,000

Hint♪

1. 自己株式は、当社が発行した株式を取得したものであるため、消却したときも資本に関連する科目を取崩すべき。

2. 決算時の利益による補てんはやむを得ず認めているに過ぎない。

資料　決算整理事項

1. 仮払金は，期中に繰越利益剰余金をもとに支払われた中間配当額である。中間配当に関しては，支払額を仮払金として処理しただけで，それ以外の処理は一切行っていない。

2. 自己株式の中には，当期中に消却した1,200千円が含まれたままとなっている。消却に関して会社法および会社計算規則が規定する会計処理を行うこと。

答案用紙

決算整理後残高試算表　　　　　（単位：千円）

自　己　株　式	（　　　　　）	資　　本　　金	（　　　　　）
		資　本　準　備　金	（　　　　　）
		その他資本剰余金	（　　　　　）
		利　益　準　備　金	（　　　　　）
		繰越利益剰余金	（　　　　　）

計算問題

1 有価証券
2 固定資産
3 退職給付
4 社債
5 貸倒引当金
6 為替予約
7 純資産
8 ソフトウェア
9 現金預金
10 税効果会計
11 商品の評価
12 成果連結
13 包括利益資本連結・
14 事業分離企業結合・
15 持分法
16 商品売買

問題 2 **純資産** （第140回本試験改題） A 10分 ➡ 解答147ページ

　次の決算整理前残高試算表および資料にもとづいて，答案用紙の貸借対照表および損益計算書を作成しなさい。なお，当期はX3年4月1日からX4年3月31日までである。

　純資産のマイナスとなる項目には金額の前に「△」を付すこと。

決算整理前残高試算表　　　　　　　（単位：千円）

自 己 株 式	6,200	仮 受 金	4,200
支 払 手 数 料	5,000	資 本 金	120,000
		資 本 準 備 金	13,000
		その他資本剰余金	400
		繰 越 利 益 剰 余 金	600
		新 株 予 約 権	？

Hint!
前T/Bの新株予約権は、前期末までに計上した株式報酬費用の累計額。

資料 決算整理事項

1．自己株式の取得・売却状況は次のとおりである。

	購入原価	売却価額	株式数	備　考
取　得	@1,200円	－	5,000株	(1)参照
売　却	－	@1,400円	3,000株	仮受金処理

　(1)　取得に係る支払手数料200千円は自己株式の取得原価に含めている。

2．株主総会決議にしたがって，X2年7月1日に，従業員に対してストック・オプション1,000個（公正な評価額 @20千円）を付与した。決算に際し，当年度に帰属する株式報酬費用を計上する。権利確定日はX4年6月30日，権利行使期間はX4年7月1日から2年間，権利行使価格は1株当たり300千円である。ストック・オプション1個に対して株式1株を付与するが，付与日現在において権利確定日までに150個のストック・オプションが失効すると見込んでおり，X4年3月の決算日現在もこの見込みは変わっていない。

3．決算整理後の当期純利益は10,000千円であった。

答案用紙

　　　　　　　　　　　　　　　　　　　　　　　　　　　（単位：千円）

貸 借 対 照 表		損 益 計 算 書	
Ⅰ 株主資本		Ⅲ 販売費及び一般管理費	
資　本　金	（　　　）	株式報酬費用 （　　　）	
資本準備金	（　　　）	Ⅴ 営業外費用	
その他資本剰余金	（　　　）	支払手数料 （　　　）	
繰越利益剰余金	（　　　）		
自　己　株　式	（　　　）		
Ⅱ 新株予約権	（　　　）		

次の決算整理前残高試算表および資料にもとづいて、答案用紙の決算整理後残高試算表を作成しなさい。なお、当期は×7年4月1日から×8年3月31日までである。

<table>
<tr><td colspan="5" align="center">決算整理前残高試算表</td><td align="right">（単位：千円）</td></tr>
<tr><td>現 金 預 金</td><td align="right">50,000</td><td></td><td>資 本 金</td><td align="right">100,000</td></tr>
<tr><td>自 己 株 式</td><td align="right">80,000</td><td></td><td>資 本 準 備 金</td><td align="right">20,000</td></tr>
<tr><td>支 払 手 数 料</td><td align="right">1,100</td><td></td><td>その他資本剰余金</td><td align="right">10,000</td></tr>
<tr><td>株 式 交 付 費</td><td align="right">1,800</td><td></td><td>新 株 予 約 権</td><td align="right">？</td></tr>
</table>

Hint!
1. 自己株式の取得費用は株主との取引ではないため、自己株式に含めない。

2. 新株発行と自己株式の処分を同時に行ったときは、自己株式処分差益と差損が生じる場合で処理が異なる。

資料 決算整理事項

1．自己株式は、当期に50,000株を取得したもので、期末に調査したところ、証券会社への手数料5,000千円が自己株式の取得原価に含められていることが判明した。

⑴　×8年2月1日に200,000株を公募により発行し、160,000株は新株を発行し、40,000株は先に取得した自己株式を処分した。1株当たりの払込金額は1,600円ですでに全額払い込まれているが、未処理である。

　　資本金等の増加限度額の2分の1を資本金とする。

⑵　上記公募のさいに支出した株式交付費1,800千円については繰延資産とすることとし、株式交付後3年で定額法により月割償却で処理する。

2．当社は、×6年7月1日に従業員に対するストック・オプション1,000個を付与した。付与日のストック・オプションの公正な評価単価は18千円であり、権利確定日が×9年6月30日、付与割合が100％（ストック・オプション1個に対して100株）、1個当たりの権利行使価格が12千円であった。

⑴　×6年度中に失効したストック・オプションはなかったが、×6年度末において権利確定日までに見込まれる失効数は200個であった。

⑵　当年度において、失効したストック・オプションの数は80個であり、当年度末において80個の他に将来の失効を160個と見込んだ。

答案用紙

<table>
<tr><td colspan="3" align="center">決算整理後残高試算表</td><td colspan="2" align="right">（単位：千円）</td></tr>
<tr><td>現 金 預 金</td><td>（　　　　　）</td><td></td><td>資 本 金</td><td>（　　　　　）</td></tr>
<tr><td>株 式 交 付 費</td><td>（　　　　　）</td><td></td><td>資 本 準 備 金</td><td>（　　　　　）</td></tr>
<tr><td>自 己 株 式</td><td>（　　　　　）</td><td></td><td>その他資本剰余金</td><td>（　　　　　）</td></tr>
<tr><td>支 払 手 数 料</td><td>（　　　　　）</td><td></td><td>新 株 予 約 権</td><td>（　　　　　）</td></tr>
<tr><td>株 式 報 酬 費 用</td><td>（　　　　　）</td><td></td><td></td><td></td></tr>
<tr><td>株 式 交 付 費 償 却</td><td>（　　　　　）</td><td></td><td></td><td></td></tr>
</table>

計算問題

1 有価証券

2 固定資産

3 退職給付

4 社債

5 貸倒引当金

6 為替予約

7 純資産

8 ソフトウェア

9 現金預金

10 税効果会計

11 商品の評価

12 成果連結

13 資本連結・包括利益

14 企業結合・事業分離

15 持分法

16 商品売買

問題 4 **純資産** （第144回本試験改題） | B | 10分 | ➡ 解答149ページ

　次の決算整理前残高試算表および資料にもとづいて，答案用紙の決算整理後残高試算表を作成しなさい。なお，当期はX7年4月1日からX8年3月31日までである。

Hint♪
前々期、前期と株式報酬費用を計上し、当期中に権利が確定している。

決算整理前残高試算表　　　　　（単位：千円）

現 金 預 金	14,036	資 本 金	95,000
株 式 報 酬 費 用	?	資 本 準 備 金	2,800
		新 株 予 約 権	?

資料 決算整理事項

1．新株予約権に関する資料

　新株予約権は，X5年7月1日に従業員に対して新株予約権1,500個（公正な評価額@1,400円）を次の条件で付与したものである。

　権利確定日：X7年6月30日，権利行使期間：X7年7月1日からX8年6月30日まで
　権利行使価格：1株あたり3,600円，新株式の付与割合：新株予約権1個につき1株。

(1) 付与日時点，X5年度末およびX6年度末までは，300個の新株予約権の失効を見込んでいたが，X7年度期首から権利確定日までに失効したのは250個である。権利確定日までの処理はすでに行われている。

(2) 当期末にかけて株価が上昇したのを受けて期末に権利の確定した新株予約権のうち20%が行使され，払込金が当座預金に振り込まれたため，新株を発行したが未処理である。会社法に定める最低額を資本金とする。

答案用紙

決算整理後残高試算表　　　　　（単位：千円）

現 金 預 金	(	)	資 本 金	(	)
株 式 報 酬 費 用	(	)	資 本 準 備 金	(	)
			新 株 予 約 権	(	)

次の決算整理前残高試算表および資料にもとづいて，答案用紙の決算整理後残高試算表を作成しなさい。なお，当期は×7年4月1日から×8年3月31日までである。

決算整理前残高試算表　（単位：千円）

現 金 預 金	10,000	仮 受 金	8,000
自 己 株 式	4,100	資 本 金	20,000
		資 本 準 備 金	650
		その他資本剰余金	950
		新 株 予 約 権	4,000

Hint✐
新株発行分から処分差損を引いた額をもとに、資本金と資本準備金を計算する。

資料 決算整理事項

1. 新株予約権のうち帳簿価額3,000千円について権利行使されたため，新株350株の発行と所有する150株の自己株式すべての処分を行っていたが，権利行使に伴う払込金8,000千円を仮受金として処理しただけで，未処理となっている。

　なお，会社法の定める最低額を資本金とすることとし，未行使の新株予約権については本日失効するため，適切な処理を行う。

答案用紙

決算整理後残高試算表　（単位：千円）

現 金 預 金	（　　　　）	資 本 金	（　　　　）
		資 本 準 備 金	（　　　　）
		その他資本剰余金	（　　　　）
		新株予約権戻入益	（　　　　）

計算問題

1 有価証券

2 固定資産

3 退職給付

4 社債

5 貸倒引当金

6 為替予約

7 純資産

8 ソフトウェア

9 現金預金

10 税効果会計

11 商品の評価

12 成果連結

13 包括利益・資本連結

14 事業分離・企業結合

15 持分法

16 商品売買

問題 6 純資産 （第156回会計学本試験改題） C 10分 → 解答150ページ

次の決算整理前残高試算表および資料にもとづいて、答案用紙の決算整理後残高試算表を作成しなさい。なお、当期は×7年4月1日から×8年3月31日までである。

決算整理前残高試算表 （単位：千円）

現 金 預 金	50,000	繰 延 税 金 負 債	1,800
自 己 株 式	31,000	機械減価償却累計額	4,000
機 械	16,000	資 本 金	300,000
		資 本 準 備 金	100,000
		その他資本剰余金	50,000
		圧 縮 積 立 金	4,200
		繰 越 利 益 剰 余 金	90,000
		新 株 予 約 権	77,000

Hint !

1. 圧縮積立金の積立て時に生じた将来加算一時差異は、税務上と会計上の減価償却費の差異により解消する。

2. 固定資産について200％定率法を採用しているため、繰延税金負債は償却率に応じて減少させる。圧縮積立金も同様に取り崩す。

資料 決算整理事項等

1. 前期の期首において、機械（取得原価16,000千円、耐用年数8年、残存価額ゼロ、200％定率法により償却）を取得しており、その際に国庫補助金8,000千円を受け取っていた。

　当社は、積立金方式により圧縮記帳を行っているが、当期の積立金の取崩しの処理が未処理である。なお、税効果会計（法定実効税率30％）を適用する。

2. ×7年度において新株予約権（帳簿価額）1,000千円の権利行使を受け、株式を交付し、10,000千円の払込みを受けた。なお、交付した株式のうち2分の1は、自己株式（帳簿価額5,800千円）として保有していたものである。

　また、会社計算規則に従って自己株式処分差損は資本金等増加限度額から控除し、資本金には会社法が定める最低限度額を計上する。

答案用紙

決算整理後残高試算表 （単位：千円）

現 金 預 金	（　　　　）	繰 延 税 金 負 債	（　　　　）
自 己 株 式	（　　　　）	機械減価償却累計額	（　　　　）
機 械	16,000	資 本 金	（　　　　）
減 価 償 却 費	（　　　　）	資 本 準 備 金	（　　　　）
		その他資本剰余金	（　　　　）
		圧 縮 積 立 金	（　　　　）
		繰 越 利 益 剰 余 金	（　　　　）
		新 株 予 約 権	（　　　　）
		法 人 税 等 調 整 額	（　　　　）

問題 1 ソフトウェア （第126回本試験改題）　B　10分　➡ 解答152ページ

　次の決算整理前残高試算表および資料にもとづいて，答案用紙の決算整理後残高試算表を作成しなさい。なお，当期は×7年4月1日から×8年3月31日までである。計算上端数が生ずる場合には，そのつど千円未満を四捨五入する。

Hint♪
製品マスターの機能の改良や強化のための費用（著しいものを除く）がソフトウェアに計上される。

決算整理前残高試算表　　　　　　（単位：千円）

機　　　　　械	6,200	
ソ フ ト ウ ェ ア	38,400	
給　　　　　料	300,000	
そ の 他 諸 経 費	51,000	

資料 決算整理事項

1．自社利用のソフトウェア

　　残高試算表のソフトウェアは×6年4月1日に，自社利用のソフトウェア制作費を資産計上したものである。見込有効期限は5年であった。しかし，当期首に当期を含めた残存利用可能期間を3年に変更した。

2．市場販売目的のソフトウェア

　　当期末に完成し，翌期より販売を行う予定であるが，ソフトウェアなどへの振替えが未処理である。

(1) ソフトウェアの制作に関する当期の費用

　①　従業員給料：100,000 千円

　②　機械減価償却費：機械の取得原価 6,200 千円，耐用年数5年

　　　機械は，×7年4月1日に取得したものである。減価償却は，残存価額0とし，250％償却法（新定率法）を適用している。保証率（耐用年数5年）0.06249，改定償却率：1.000。

　③　その他諸経費：21,000 千円

(2) (1)の費用のうち，最初に製品化された製品マスターの完成までの費用は，次のとおりである。

　　給料の65％，機械減価償却費の30％，その他諸経費の50％

　　残額は製品マスターの改良・強化のための費用である。

答案用紙

決算整理後残高試算表　　　　　　（単位：千円）

機　　　　　械	（　　　　　）	機械減価償却累計額	（　　　　　）
ソ フ ト ウ ェ ア	（　　　　　）		
給　　　　　料	（　　　　　）		
そ の 他 諸 経 費	（　　　　　）		
研 究 開 発 費	（　　　　　）		
ソフトウェア償却	（　　　　　）		

計算問題

1 有価証券

2 固定資産

3 退職給付

4 社債

5 貸倒引当金

6 為替予約

7 純資産

8 ソフトウェア

9 現金預金

10 税効果会計

11 商品の評価

12 成果連結

13 包括利益・資本連結

14 事業分離・企業結合

15 持分法

16 商品売買

問題 2 ソフトウェア （第146回本試験改題）　　C　10分　➡ 解答153ページ

次の資料にもとづいて、ソフトウェアの受託制作を行う XYZ 株式会社の×7年度（×7年4月1日～×8年3月31日）末の決算整理後残高試算表を作成しなさい。

Hint ✍
1. 売上高は進捗率が分かれば個別に計算できる。

2. 勘定の流れ
ソフトウェア仮勘定
↓
決算整理仕訳を加減
↓
ソフトウェア売上原価に振替え

決算整理前残高試算表　　（単位：千円）

売 掛 金	40,000	前 受 金		50,000
ソフトウェア仮勘定	100,000			
ソフトウェア	80,000			
給 料 手 当	60,150			
減 価 償 却 費	81,750			
研 究 開 発 費	20,000			

資料 決算整理事項

1．ソフトウェアの制作に係る売上高は、原価比例法により進捗率に応じて計上する。

① ソフトウェア仮勘定に計上しているソフトウェア制作費には、研究開発活動に関連するもの 5,000 千円が含まれていた。

② ソフトウェアの受注金額は 800,000 千円であり、当期までの累計の進捗率は 60％、前期までに計上した売上高は 220,000 千円であった。原価比例法の適用による未収入額は、売掛金として計上する。

③ 前受金 50,000 千円は、ソフトウェアの受託制作に関連する顧客からの入金額である。

④ 当期に発生した減価償却費、ソフトウェア償却額の各 20％、ならびに給料手当の 30％は、ソフトウェアの受託制作に関連するものであり、ソフトウェア仮勘定に振り替える。決算において、ソフトウェア仮勘定の全額をソフトウェア売上原価に振り替える。

2．自社利用目的のソフトウェアは、無形固定資産に計上し、5 年間にわたり、残存価額をゼロとする定額法によって償却を行っている。試算表のソフトウェアのうち、20,000 千円は、×7年10月1日に計上されたもので、その他は、×5年4月1日に計上されたものである。

答案用紙

決算整理後残高試算表　　（単位：千円）

売 掛 金	（　　　）	ソフトウェア売上高	（　　　）	
ソ フ ト ウ ェ ア	（　　　）			
ソフトウェア売上原価	（　　　）			
給 料 手 当	（　　　）			
減 価 償 却 費	（　　　）			
ソフトウェア償却額	（　　　）			
研 究 開 発 費	（　　　）			

問題 1　現金預金 （第128回本試験改題）　A　5分　➡ 解答154ページ

　次の決算整理前残高試算表および資料にもとづいて，答案用紙の決算整理後残高試算表を作成しなさい。なお，当期は×7年4月1日から×8年3月31日までである。

決算整理前残高試算表　　　　　（単位：千円）

現　金　預　金	27,594	買　　掛　　金	1,900
売　　掛　　金	2,000	借　　入　　金	10,000
支　払　利　息	400		

Hint!
当社にとって修正が必要な項目と、銀行残高の調整が必要な項目を分けてみる。

資料　決算整理事項

1．決算日現在，当社の当座預金出納帳と銀行発行の当座勘定照合表を照合したところ，以下の不一致の存在が判明した。

(1) 売掛金の当座振込みの当社への通知漏れ　　　　　400千円

(2) 買掛金支払いのために振り出した小切手の未取付　600千円

(3) 未渡小切手

　① 買掛金支払いのための小切手　　　　　　　　　200千円

　② 期中（2月）に購入した備品の支払いのための小切手　2,000千円

(4) 借入金利息の自動引落しの未処理分　　　　　　100千円

答案用紙

決算整理後残高試算表　　　　　（単位：千円）

現　金　預　金	（　　　　）	買　　掛　　金	（　　　　）
売　　掛　　金	（　　　　）	借　　入　　金	（　　　　）
支　払　利　息	（　　　　）	未　　払　　金	（　　　　）

計算問題

1 有価証券

2 固定資産

3 退職給付

4 社債

5 貸倒引当金

6 為替予約

7 純資産

8 ソフトウェア

9 現金預金

10 税効果会計

11 商品の評価

12 成果連結

13 包括利益・資本連結・

14 企業結合・事業分離

15 持分法

16 商品売買

| 問題1 | 税効果会計 | （第143回本試験改題） | B | 15分 | ➡ 解答155ページ |

次の残高試算表および資料にもとづいて，答案用紙の決算整理後残高試算表を作成しなさい。なお，当期は×7年4月1日から×8年3月31日までである。

残高試算表　　　　　　　　（単位：千円）

仮 払 法 人 税 等	20,000	貸 倒 引 当 金	6,270
建　　　　　　物	960,000	退 職 給 付 引 当 金	86,280
繰 延 税 金 資 産	39,150	建物減価償却累計額	320,000
貸 倒 引 当 金 繰 入	5,770		
退 職 給 付 費 用	21,280		

Hint♪
繰延税金資産・負債の当期末残高と前期末残高との差額で法人税等調整額を計算。

資料 決算整理事項

1．建物は×3年4月1日から営業の用に供しているものであり，その減価償却は，耐用年数を12年，残存価額をゼロをする定額法によって行う。一方，税法上の耐用年数は15年である。

2．貸倒引当金および退職給付引当金については，当期末における適正な額が計上済みである。

3．当期の負担に属する法人税・住民税30,000千円，および事業税5,000千円を計上する。
　　残高試算表の仮払法人税等は，法人税・住民税18,500千円，事業税1,500千円である。

4．当期末における将来減算一時差異は，未払事業税（3,500千円），貸倒引当金（帳簿価額の全額），建物（耐用年数の差異に起因するもの），退職給付引当金（帳簿価額の全額）に起因するものである。なお，法定実効税率は30％とする。

　　前期末における将来減算一時差異は，未払事業税（1,000千円当期支払済み），貸倒引当金（500千円），建物（64,000千円），退職給付引当金（65,000千円）に起因するものである。

答案用紙

決算整理後残高試算表　　　　　　（単位：千円）

建　　　　　　物	（　　　　）	未 払 法 人 税 等	（　　　　）
繰 延 税 金 資 産	（　　　　）	貸 倒 引 当 金	（　　　　）
貸 倒 引 当 金 繰 入	5,770	退 職 給 付 引 当 金	（　　　　）
退 職 給 付 費 用	21,280	建物減価償却累計額	（　　　　）
法人税,住民税及び事業税	（　　　　）	法 人 税 等 調 整 額	（　　　　）

次の決算整理前残高試算表および資料にもとづいて、答案用紙の決算整理後残高試算表を作成しなさい。なお、当期は×7年4月1日から×8年3月31日までである。繰延税金資産と繰延税金負債は相殺しない。

Hint♪
1. その他有価証券の振戻し仕訳が未処理であるため、前期末時価に評価替えをしたままになっている。

2. 繰延税金資産は将来の税金の減額効果を計上したものである。
　そのため、将来減算一時差異のうち、課税所得から減算できる金額を上回る分については繰延税金資産を計上しない。

決算整理前残高試算表（一部） （単位：千円）

仮払法人税等	20,000	繰延税金負債	1,500
その他有価証券	37,000	その他有価証券評価差額金	3,500
繰延税金資産	34,200		

[資料] 決算整理事項

1. 税効果会計を適用する。前期末および当期末における法定実効税率は30％であった。前期末および当期末における一時差異に関する資料は以下のとおりである。（単位：千円）

一時差異の原因	加算／減算	前期末の金額	当期末の金額
貸倒引当金	減　算	3,000	2,500
商　　　品	減　算	—	3,800
建　　　物	減　算	27,000	54,000
退職給付引当金	減　算	84,000	94,000
その他有価証券	加　算	5,000	?

(1) 残高試算表のその他有価証券は下記の1銘柄に係るものであり、期首の振戻しおよび当期末の評価の仕訳を行っていない。全部純資産直入法を採用している。（単位：千円）

銘　柄	取得原価	前期末時価	当期末時価
A社株式	?	?	40,000

(2) 当期末において、繰延税金資産の回収可能性を評価した結果、将来の課税所得と相殺可能な将来減算一時差異（将来加算一時差異との相殺前）は100,000千円と判断された。

2. 当期の法人税、住民税及び事業税27,000千円を計上する。仮払法人税等は、前年度の申告額にもとづいて支払った中間納付額である。

[答案用紙]

決算整理後残高試算表 （単位：千円）

その他有価証券	（　　　　）	未払法人税等	（　　　　）
繰延税金資産	（　　　　）	繰延税金負債	（　　　　）
法人税,住民税及び事業税	（　　　　）	その他有価証券評価差額金	（　　　　）
法人税等調整額	（　　　　）		

計算問題

1 有価証券

2 固定資産

3 退職給付

4 社債

5 貸倒引当金

6 為替予約

7 純資産

8 ソフトウェア

9 現金預金

10 税効果会計

11 商品の評価

12 成果連結

13 包括利益 資本連結・

14 事業分離 企業結合・

15 持分法

16 商品売買

問題 3 税効果会計 （第147回本試験改題） B 10分 → 解答157ページ

次の決算整理前残高試算表および資料にもとづいて、答案用紙の損益計算書と貸借対照表を作成しなさい。なお、当期は×7年4月1日から×8年3月31日までである。繰延税金資産の回収可能性に疑義はないものとする。法人税等調整額の金額の前に△を付す必要はないものとする。

Hint!
1. 課税所得の計算は、当期の実効税率を用いる。

2. 税効果会計では将来の税金の影響額を計上するため、各期末における将来の税率（差異解消時の税率）を用いる。

決算整理前残高試算表 （一部）　　　（単位：千円）

繰 延 税 金 資 産	？	繰 延 税 金 負 債	？

資料 決算整理事項

1. 当社は、当期末において税引前当期純利益を80,000千円計上した。課税所得の計算上、10,000千円が損金不算入項目（純額）とされた。当期の法人税、住民税及び事業税の実効税率は、35％であった。法人税等の中間納付額はなかった。

2. 前期末における将来減算一時差異および将来加算一時差異は、それぞれ20,000千円および5,000千円であった。前期末において将来の予定実効税率は、35％と見積もられた。

3. 当期末における将来減算一時差異および将来加算一時差異は、それぞれ32,000千円および7,000千円であった。当期末において将来の予定実効税率は、30％と見積もられた。

答案用紙

損 益 計 算 書　　　（単位：千円）

法人税, 住民税及び事業税	（　　　　）	法 人 税 等 調 整 額	（　　　　）

貸 借 対 照 表　　　（単位：千円）

繰 延 税 金 資 産	（　　　　）	未 払 法 人 税 等	（　　　　）

| 問題 1 | 商品の評価 | （第132回本試験改題） | | A | 5分 | ➡ 解答158ページ |

次の決算整理前残高試算表および資料にもとづいて、答案用紙の決算整理後残高試算表を作成しなさい。なお、当期は×7年4月1日から×8年3月31日までである。

決算整理前残高試算表　　　　（単位：千円）

| 繰 越 商 品 | 45,600 | 売 上 | 594,060 |
| 仕　　　　入 | 426,800 | | |

Hint🖉
先入先出法は先に仕入れたものから先に払出すため、期末商品はいつ仕入れたものから構成されるかを考える。

資料 決算整理事項

1．商品売買：①期首商品棚卸高（1,200個，原価 @ 38千円）

②当期仕入高（上半期仕入分5,000個・原価 @ 40千円, 下半期仕入分5,400個・原価 @ 42千円）

③販売数量10,000個

④期末実地棚卸高1,500個・正味売却価額 @ 39千円

棚卸減耗損と商品評価損は、決算整理後残高試算表上、仕入勘定に振り替える必要はないものとする。

⑤先入先出法・切放し法を適用。

答案用紙

決算整理後残高試算表　　　　（単位：千円）

繰 越 商 品	（　　　　　）	売 上	（　　　　　）
仕　　　　入	（　　　　　）		
棚 卸 減 耗 損	（　　　　　）		
商 品 評 価 損	（　　　　　）		

計算問題

1 有価証券
2 固定資産
3 退職給付
4 社債
5 貸倒引当金
6 為替予約
7 純資産
8 ソフトウェア
9 現金預金
10 税効果会計
11 商品の評価
12 成果連結
13 包括利益・資本連結
14 事業分離・企業結合
15 持分法
16 商品売買

商品の評価 （第129回本試験改題）　　B　7分　➡ 解答159ページ

　次の決算整理前残高試算表および資料にもとづいて、答案用紙の決算整理後残高試算表を作成しなさい。なお、当期は×7年4月1日から×8年3月31日までである。計算上端数が生じた場合は、小数は小数点以下第3位を四捨五入すること。

Hint♪
いわゆる見本品は原価を仕入勘定から振替える。

決算整理前残高試算表 （単位：千円）

繰 越 商 品	54,000	売　　　上	1,735,560
仕　　　入	1,150,000		
販　売　費	248,000		

資料 決算整理事項

1. 商品：棚卸資産の評価方法は，売価還元法を適用している。売上原価は売上原価勘定で計算する。

　　期首商品棚卸高（売価）83,160千円。期中の値入率54％。

　　期末商品帳簿棚卸高（売価）117,600千円（以下の未処理分1,000千円を含まない）。

　　実地棚卸高（売価）113,600千円。

　　正味売却価額100,000千円。

　　なお，販売促進キャンペーンのため自社商品1,000千円（売価）を使用したが，この会計処理はまだ行われていない。棚卸減耗損は売上原価に算入する。

答案用紙

決算整理後残高試算表 （単位：千円）

繰 越 商 品	（　　　　　）	売　　　上	（　　　　　）
売 上 原 価	（　　　　　）		
販　売　費	（　　　　　）		

　次の決算整理前残高試算表および資料にもとづいて、答案用紙の損益計算書を作成しなさい。なお、当期は×7年4月1日から×8年3月31日までである。

決算整理前残高試算表　（単位：千円）

繰 越 商 品	85,000	一 般 売 上	580,000
仕　　　　入	?	小 売 売 上	412,000
販 　 売 　 費	100,000		

資料 決算整理事項

1. 当社は甲商品と乙商品を販売している。甲商品は国内の他社に販売する商品で、残高試算表上では一般売上で処理している。乙商品は店舗で現金販売している商品で、残高試算表上では小売売上で処理している。

　　棚卸資産の評価方法は、甲商品が年間の総平均法で、乙商品が売価還元法である。甲商品および乙商品の売上原価は、ともに仕入勘定で処理する。

2. 甲商品に関する事項（甲商品には減耗損や評価損は生じていない）
　　期首商品棚卸高：40,000千円　　当期仕入高：370,000千円
　　期末商品棚卸高：41,000千円

3. 乙商品に関する事項
　(1)　期首商品棚卸高（売価）60,000千円、
　　　当期仕入高と期中原始値入額との合計391,250千円（期中の原始値入額は94,250千円）、
　　　正味値上額23,750千円、正味値下額25,000千円、
　　　期末商品実地棚卸高（売価）34,500千円である。

　　　なお、正味値下額は売価合計額に適切に反映されている。商品に収益性の低下がみられたため、損益計算書の期末商品棚卸高は、期末商品実地棚卸高（売価）に売価還元法（正味値下額を除外して原価率を算定する方法）による原価率を乗じて求め、棚卸減耗損と商品評価損は売上原価に含めることとする。

　(2)　乙商品の取引について調査したところ、決算日の小売売上1,500千円（現金販売）が未記帳となっていたことと、当期に見本品として配布した商品500千円（売価）について未記帳となっていることが判明した。

　　　見本品の原価（期末商品の原価の算定と同じく、**正味値下額を除外した原価率を用いて算定**する）については他勘定振替高に計上するとともに、販売費として処理する。

損　益　計　算　書

自×7年4月1日　至×8年3月31日　　（単位：千円）

Ⅰ　売　上　高

　　1　一 般 売 上 高　　　　（　　　　　　　　　）

　　2　小 売 売 上 高　　　　（　　　　　　　　　）（　　　　　　　　　　）

Ⅱ　売　上　原　価

　　1　期首商品棚卸高　　　　（　　　　　　　　　）

　　2　当期商品仕入高　　　　（　　　　　　　　　）

　　　　　合　　計　　　　　　（　　　　　　　　　）

　　3　他 勘 定 振 替 高　　　（　　　　　　　　　）

　　4　期末商品棚卸高　　　　（　　　　　　　　　）（　　　　　　　　　　）

　　　　売 上 総 利 益　　　　　　　　　　　　　　（　　　　　　　　　　）

Ⅱ　販売費及び一般管理費

　　1　販　　売　　費　　　　（　　　　　　　　　）

計算問題

1 有価証券
2 固定資産
3 退職給付
4 社債
5 貸倒引当金
6 為替予約
7 純資産
8 ソフトウェア
9 現金預金
10 税効果会計
11 商品の評価
12 成果連結
13 包括利益・資本連結・
14 事業分離・企業結合・
15 持分法
16 商品売買

次の決算整理前残高試算表および資料にもとづいて、答案用紙の決算整理後残高試算表を作成しなさい。なお、当期はX3年4月1日からX4年3月31日までである。計算上生じる端数については、千円未満四捨五入とする。ただし、棚卸資産の単価の計算においては、百円未満四捨五入とする。

Hint♪
1. 前T／Bの繰越商品（総平均法）と先入先出による期首商品の金額との差額が、変更による「累積的」影響額となる。

2. 後T／B繰越商品、棚卸減耗損、商品評価損は、先入先出法により楽に計算できる。

決算整理前残高試算表　　　　　　（単位：千円）

繰 越 商 品	10,188	繰越利益剰余金	150,000
仕 入	270,200	売 上	360,000

資料 決算整理事項

1① 期末商品棚卸高は、帳簿棚卸数量130個、実地棚卸数量125個であり、期末商品の正味売却価額は、@86千円である。期末商品の単価は、次の②の資料から、各自算定すること。なお、棚卸減耗損と商品評価損は売上原価には算入しない。

② 棚卸商品の評価方法については、前期まで総平均法によっていたが、当期首から、先入先出法に変更するが、遡及適用の処理が未処理である。

試算表中の繰越商品の金額は、総平均法の金額である。最近3年間における棚卸資産の受入状況（日付順）は、以下のとおりである。

	X1年度		X2年度		X3年度	
期 首 商 品	100個	@ 80千円	150個	@ ? 千円	120個	@ ? 千円
第 1 回 仕 入	1,000	78	1,250	84	1,100	90
第 2 回 仕 入	800	82	800	85	1,000	92
第 3 回 仕 入	600	84	800	87	900	88

答案用紙

決算整理後残高試算表　　　　　　（単位：千円）

繰 越 商 品	（　　　　）	繰越利益剰余金	（　　　　）
仕 入	（　　　　）	売 上	（　　　　）
棚 卸 減 耗 損	（　　　　）		
商 品 評 価 損	（　　　　）		

····· *Memorandum Sheet* ·····

計算問題

1 有価証券
2 固定資産
3 退職給付
4 社債
5 貸倒引当金
6 為替予約
7 純資産
8 ソフトウェア
9 現金預金
10 税効果会計
11 商品の評価
12 成果連結
13 資本連結・包括利益
14 企業結合・事業分離
15 持分法
16 商品売買

　次の資料にもとづいて，答案用紙の連結貸借対照表および連結損益計算書を作成しなさい。なお，当期は X2 年 4 月 1 日から X3 年 3 月 31 日までである。連結上生じる修正については，税効果会計を適用し，法定実効税率を 30％とする。また，繰延税金資産と繰延税金負債は相殺しない。

Hint !
減価償却費の修正に係る税効果は、未実現利益の消去により発生した一時差異が解消したと考える。

資料

1．P 社および S 社の X3 年 3 月期における個別財務諸表（単位：円）

貸 借 対 照 表

資　産	P　社	S　社	負債・純資産	P　社	S　社
受 取 手 形	10,000	9,000	支 払 手 形	9,000	6,000
売 掛 金	18,000	11,000	買 掛 金	8,000	10,000
商 品	9,000	6,400	借 入 金	23,000	2,000
固 定 資 産	200,000	110,000	貸 倒 引 当 金	560	400
繰 延 税 金 資 産	7,500	1,500	繰 延 税 金 負 債	1,200	300

損 益 計 算 書

費　用	P　社	S　社	収　益	P　社	S　社
売 上 原 価	200,000	140,000	売 上 高	300,000	171,500
貸倒引当金繰入	500	300	固 定 資 産 売 却 益	2,000	1,000
減 価 償 却 費	10,000	5,000			
法 人 税 等 調 整 額	750	300			

2．P 社は，S 社の発行済株式の 60％を取得し S 社を支配している。

3．P 社と S 社の間の取引

①　P 社は，当期から S 社への商品の売上を，原価に 30％の利益を加算して開始した。P社の S 社への売上高は，52,000 円であり，そのうち 6,500 円（掛）は，期末現在 S 社へ未達である。未達を除いた S 社の期末棚卸高のうち 1,300 円が P 社からの仕入分である。

②　P 社の受取手形期末残高のうち 2,000 円と売掛金期末残高のうち 8,000 円は，それぞれ S 社に対するものである。なお，前期末において P 社の S 社に対する債権はなかった。

③　P 社は，S 社振出の約束手形 2,600 円を銀行で割り引いているが，この手形は期末現在支払期日が到来していない。

計算問題

1 有価証券

2 固定資産

3 退職給付

4 社債

5 貸倒引当金

6 為替予約

7 純資産

8 ソフトウェア

9 現金預金

10 税効果会計

11 商品の評価

12 成果連結

13 包括利益・資本連結

14 企業結合・事業分離

15 持分法

16 商品売買

④ P社は，当期中に簿価3,000円の備品を3,200円でS社に売却している。S社は，この備品について，定額法（残存価額0）にもとづき，耐用年数10年で半年分の減価償却費を計上している。

4．P社，S社ともに，毎期，売上債権残高の2％の貸倒引当金を計上している。

なお、個別上、貸倒引当金繰入は損金算入されたため、貸倒引当金に係る繰延税金資産は計上していない。そのため、連結修正上、繰延税金負債を計上する。

【答案用紙】

連 結 貸 借 対 照 表
X3年3月31日　　　　　　　　　　　　　　（単位：円）

資　産	金　額	負債・純資産	金　額
受　取　手　形	（　　　　）	支　払　手　形	（　　　　）
売　　掛　　金	（　　　　）	買　　掛　　金	（　　　　）
商　　　　　品	（　　　　）	借　　入　　金	（　　　　）
固　定　資　産	（　　　　）	貸　倒　引　当　金	（　　　　）
繰　延　税　金　資　産	（　　　　）	繰　延　税　金　負　債	（　　　　）

連 結 損 益 計 算 書
自X2年4月1日至X3年3月31日　　　　　　（単位：円）

費　用	金　額	収　益	金　額
売　上　原　価	（　　　　）	売　　上　　高	（　　　　）
貸　倒　引　当　金　繰　入	（　　　　）	固　定　資　産　売　却　益	（　　　　）
減　価　償　却　費	（　　　　）		
法　人　税　等　調　整　額	（　　　　）		

次の資料にもとづいて，答案用紙の連結貸借対照表を作成しなさい。なお，当期は X2 年 4 月 1 日から X3 年 3 月 31 日までである。

[資料]

1．P社は，X1 年度末に，A社の発行済株式総数の 60％を 36,600 千円で取得し，A社を子会社とした。

Hint♪
非支配株主持分は，期末の子会社資本合計に非支配株主の割合を掛けた額に，アップ・ストリームによる非支配株主への影響額を加減して計算できる。

P社貸借対照表（一部）　　　　　　　　　（単位：千円）

科　　　目	X1 年度末	X2 年度末	科　　　目	X1 年度末	X2 年度末
売　上　債　権	20,000	18,000	仕　入　債　務	8,000	9,000
棚　卸　資　産	11,000	13,000	貸　倒　引　当　金	400	360

A社貸借対照表（一部）　　　　　　　　　（単位：千円）

科　　　目	X1 年度末	X2 年度末	科　　　目	X1 年度末	X2 年度末
売　上　債　権	12,000	15,000	仕　入　債　務	4,000	7,000
棚　卸　資　産	8,000	10,000	貸　倒　引　当　金	240	300
			資　　本　　金	30,000	30,000
			資　本　剰　余　金	20,000	20,000
			利　益　剰　余　金	11,000	14,000

① A社の X2 年度の当期純利益は 3,000 千円である。A社は配当を行っていない。

② A社は，P社に対して棚卸資産の販売を原価の 20％増しの価額で行っており，X2 年度期中におけるA社のP社への売上高は，5,400 千円であったが，そのうち売価で 960 千円の棚卸資産が決算日現在P社へ未達である。なお，前期末には未達はなかった。

③ X2 年度におけるP社の期首棚卸資産のうち 2,100 千円，期末棚卸資産のうち 3,000 千円（ただし，上記未達分を除く）が，A社からの仕入分である。

④ 上記A社貸借対照表の売上債権の中には，P社に対する売掛金が，X1 年度末には 2,000 千円，X2 年度末には 3,500 千円含まれている。

　A社は売上債権期末残高に対して、毎期 2 ％の貸倒引当金を設定している。

[答案用紙]

連　結　貸　借　対　照　表
X2 年度末　　　　　　　　　　　（単位：千円）

売　　上　　債　　権	（　　　　）	仕　　入　　債　　務	（　　　　）
棚　　卸　　資　　産	（　　　　）	貸　倒　引　当　金	（　　　　）
		非　支　配　株　主　持　分	（　　　　）

計算問題

1 有価証券

2 固定資産

3 退職給付

4 社債

5 貸倒引当金

6 為替予約

7 純資産

8 ソフトウェア

9 現金預金

10 税効果会計

11 商品の評価

12 成果連結

13 包括利益・資本連結・

14 企業結合・事業分離

15 持分法

16 商品売買

問題 3 成果連結 （第156回本試験改題） B 10分 ➡ 解答168ページ

次の資料にもとづいて、答案用紙のX2年度の連結損益計算書を作成しなさい。

なお、税効果会計は適用しない。

[資料]

1．X2年度におけるP社およびS社の個別損益計算書は、次のとおりであった。

個別損益計算書　　　　　　　　　　　　（単位：千円）

費　　用	P　社	S　社	収　　益	P　社	S　社
売　上　原　価	1,400,000	750,000	売　　上　　高	2,000,000	1,000,000
広　告　宣　伝　費	125,000	70,000	固 定 資 産 売 却 益	50,000	20,000
減　価　償　却　費	100,000	40,000			

2．P社は、X0年度末にS社の発行済株式総数の80％を取得し、同社に対する支配を獲得した。

3．P社は、X2年度においてS社に対して350,000千円の商品を売り上げ、S社はこのうち30,000千円の商品を広告宣伝用に消費した。

　なお、X1年度末およびX2年度末において、S社の商品期末棚卸高のうちP社から仕入れた商品がそれぞれ20,000千円および24,000千円含まれていた。P社の売上高総利益率は、各年度を通じて30％であった。

4．S社は、X2年度の期首に車両（帳簿価額50,000千円）をP社に70,000千円で売却した。車両は、残存耐用年数5年にわたり定額法、残存価額：ゼロによって減価償却する。

5．S社のX2年度の当期純利益は80,000千円であった。

Hint♪

1．商品に係る広告宣伝費は、連結上、商品の仕入原価で計上すべき。

2．売上原価の減算項目である他勘定振替高（広告宣伝費）は、個別上、売価で計上されている。

[答案用紙]

連 結 損 益 計 算 書　　　　　　　（単位：千円）

費　　用	金　　額	収　　益	金　　額
売　上　原　価	（　　　　　）	売　　上　　高	（　　　　　）
広　告　宣　伝　費	（　　　　　）	固 定 資 産 売 却 益	（　　　　　）
減　価　償　却　費	（　　　　　）		
非支配株主に帰属する当期純利益	（　　　　　）		

　次の資料にもとづいて，答案用紙の連結貸借対照表および連結損益計算書を作成しなさい。なお，当期は X2 年 4 月 1 日から X3 年 3 月 31 日までである。連結上生じる修正については，税効果会計を適用し，法定実効税率を 30 ％とする。また，繰延税金資産と繰延税金負債は相殺しない。

Hint !
当期末利益剰余金は，当期末の個別上の合計額に，資本連結と連結修正仕訳のうち損益影響分を加減して計算できる。

資料

1．P 社および S 社の X3 年 3 月期における個別財務諸表（単位：円）

貸 借 対 照 表

資　　産	P 社	S 社	負債・純資産	P 社	S 社
固 定 資 産	190,000	110,000	繰延税金負債	900	600
繰延税金資産	12,000	3,000	資 本 金	150,000	60,000
S 社 株 式	97,500	—	資 本 剰 余 金	70,000	57,200
			利 益 剰 余 金	90,000	30,000

損 益 計 算 書

費　　用	P 社	S 社	収　　益	P 社	S 社
諸 費 用	274,500	160,000	諸 収 益	310,000	170,000
当 期 純 利 益	35,500	10,000			

2．P 社による S 社の株式取得状況と S 社資本の推移

取 得 日	取得割合	取得価額	資本金	資本剰余金	利益剰余金
X2 年 3 月 31 日	60 %	94,000 円	60,000 円	57,200 円	20,000 円

　S 社の保有する土地に，X2 年 3 月 31 日現在において 4,000 円の評価益が生じている。のれんは，発生の翌年度から 20 年で毎期均等償却する。なお，P 社の利益剰余金当期首残高は 50,000 円であった。P 社・S 社とも，当期に配当を行っていない。

計算問題

1 有価証券

2 固定資産

3 退職給付

4 社債

5 貸倒引当金

6 為替予約

7 純資産

8 ソフトウェア

9 現金預金

10 税効果会計

11 商品の評価

12 成果連結

13 包括利益・資本連結

14 事業分離・企業結合

15 持分法

16 商品売買

答案用紙

連結貸借対照表
X3年3月31日　　　（単位：円）

資　　産	金　額	負債・純資産	金　額
固 定 資 産	（　　　　）	繰 延 税 金 負 債	（　　　　）
繰 延 税 金 資 産	（　　　　）	資　　本　　金	（　　　　）
の　れ　ん	（　　　　）	資 本 剰 余 金	（　　　　）
		利 益 剰 余 金	95,500
		非 支 配 株 主 持 分	（　　　　）

連結損益計算書
自X2年4月1日　至X3年3月31日　　　（単位：円）

費　　用	金　額	収　　益	金　額
諸　費　用	（　　　　）	諸　収　益	（　　　　）
の れ ん 償 却 額	（　　　　）		
非支配株主に帰属する当期純利益	（　　　　）		
親会社株主に帰属する当期純利益	（　　　　）		

　下記の資料にもとづき，X2年度末におけるP社の連結貸借対照表を作成しなさい。子会社A，B，C社の3社を連結すること。

（解答上の注意）

　1　のれんは，発生年度の翌年より10年間にわたって毎期均等額を償却する。

　2　税効果会計は，考慮しない。

Hint.♪

1. 為替換算調整勘定は、期末の子会社の資本合計と、資本の各項目を換算後の合計額との差額で計算できる。

2. 設立時に株式を取得しており、取得原価と資本金計上額が等しいため、のれんは生じない。

3. 子会社株式を100%取得しているため、非支配株主は存在しない。

資料

1.　①　P社は，X1年度末に，A社の発行済株式総数の60%を40,000千円で取得し，A社を子会社とした。なお，A社の有形固定資産の中に含まれている原価20,000千円の土地の評価額は，X1年度末30,000千円，X2年度末35,000千円である。その他の資産負債の評価は，簿価と一致している。

　　　また，A社は，X1年度に発生した利益の中から，X2年度において2,000千円を配当としてすべての株主に支払っている。

P社貸借対照表　　　　　　　　　　　（単位：千円）

科　　目	X1年度末	X2年度末	科　　目	X1年度末	X2年度末
有形固定資産	50,000	67,000	資　本　金	120,000	120,000
A　社　株　式	40,000	40,000	資本剰余金	30,000	30,000
B　社　株　式	21,000	18,000	利益剰余金	72,500	88,500
C　社　株　式	52,500	52,500			

A社貸借対照表　　　　　　　　　　　（単位：千円）

科　　目	X1年度末	X2年度末	科　　目	X1年度末	X2年度末
有形固定資産	45,000	50,000	資　本　金	30,000	30,000
			資本剰余金	10,000	10,000
			利益剰余金	11,000	14,000

　②　A社のX2年度の当期純利益は5,000千円である。

計算問題

1 有価証券
2 固定資産
3 退職給付
4 社債
5 貸倒引当金
6 為替予約
7 純資産
8 ソフトウェア
9 現金預金
10 税効果会計
11 商品の評価
12 成果連結
13 包括利益・資本連結・
14 事業分離・企業結合
15 持分法
16 商品売買

2．P社は，X1年度末に 21,000 千円で取得したB社の株式（取得割合 70％）のうち，発行済株式総数の 10％を X2 年度末に，3,600 千円で売却した。X1 年度末においては，土地に 500 千円の評価益が発生している。他の資産・負債項目については，簿価と時価は一致している。

B社貸借対照表 （単位：千円）

科　　目	X1年度末	X2年度末	科　　　目	X1年度末	X2年度末
有 形 固 定 資 産	15,000	18,200	資　　本　　金	20,000	20,000
			利 益 剰 余 金	3,000	7,300

　①　B社のX2年度の当期純利益は 4,300 千円である。

3．X1年度末に，P社は，100％出資によって海外子会社C社を設立した。

C社貸借対照表 （単位：千ドル）

科　　目	X1年度末	X2年度末	科　　　目	X1年度末	X2年度末
有 形 固 定 資 産	650	610	資　　本　　金	700	700
			利 益 剰 余 金	―	50

　C社設立時の為替相場は，$ 1 ＝ 75 円，X2 年度末の為替相場は，$ 1 ＝ 80 円であり，X2 年度の期中平均相場は，$ 1 ＝ 78 円である。

　①　C社のX2年度の当期純利益は 50 千ドルである。

[答案用紙]

連 結 貸 借 対 照 表
X2 年度末 （単位：千円）

有 形 固 定 資 産	（　　　　）	資　　本　　金	（　　　　）
の　　れ　　ん	（　　　　）	資 本 剰 余 金	（　　　　）
		利 益 剰 余 金	95,815
		為 替 換 算 調 整 勘 定	（　　　　）
		非 支 配 株 主 持 分	（　　　　）

次の資料にもとづいて，20X2年度末の連結貸借対照表と，20X3年度末の連結貸借対照表を作成しなさい。税効果会計は適用しない。

資料

1. P社は，20X2年度期首においてS社の発行済み株式総数の60％を600,000千円で取得し，S社を子会社とした。また，P社は，20X3年度期末においてS社の発行済み株式総数の20％を250,000千円で追加取得した。支配獲得時のS社の純資産は，次のとおりである。

Hint♪
当期末その他有価証券評価差額金は、当期末の個別上の合計額に、資本連結と連結修正仕訳を加減して計算できる。

（単位：千円）

	資　本　金	利益剰余金	その他有価証券評価差額金
20X2年度期首	500,000	200,000	50,000

2. 20X2年度期末におけるP社およびS社の個別貸借対照表

個別貸借対照表　（単位：千円）

資産	P社	S社	負債・純資産	P社	S社
土　　　　地	500,000	200,000	資　　本　　金	1,500,000	500,000
S　社　株　式	600,000	－	資　本　剰　余　金	300,000	－
			利　益　剰　余　金	430,000	280,000
			その他有価証券評価差額金	70,000	80,000

S社が保有する土地の売買はなかったが，その時価は20X2年度期首において250,000千円，20X3年度期末において236,000千円であった。のれんは20X2年度期首から10年間で定額法によって償却する。

S社の20X2年度の当期純利益は80,000千円であった。S社は剰余金の配当を行っていない。

3. 20X3年度期末におけるP社およびS社の個別貸借対照表

個別貸借対照表　（単位：千円）

資産	P社	S社	負債・純資産	P社	S社
土　　　　地	500,000	200,000	資　　本　　金	1,500,000	500,000
S　社　株　式	850,000	－	資　本　剰　余　金	300,000	－
			利　益　剰　余　金	500,000	330,000
			その他有価証券評価差額金	100,000	60,000

S社の20X3年度の当期純利益は50,000千円であった。S社は剰余金の配当を行っていない。

計算問題

1 有価証券
2 固定資産
3 退職給付
4 社債
5 貸倒引当金
6 為替予約
7 純資産
8 ソフトウェア
9 現金預金
10 税効果会計
11 商品の評価
12 成果連結
13 包括利益・資本連結
14 事業分離・企業結合
15 持分法
16 商品売買

答案用紙

（20X2 年度）　　　　　　　連　結　貸　借　対　照　表　　　　　（単位：千円）

資　産	金　額	負債・純資産	金　額
土　　　　　地	（　　　　　　）	資　本　金	（　　　　　　）
の　れ　ん	（　　　　　　）	資　本　剰　余　金	（　　　　　　）
		利　益　剰　余　金	466,000
		その他有価証券評価差額金	（　　　　　　）
		非　支　配　株　主　持　分	（　　　　　　）

（20X3 年度）　　　　　　　連　結　貸　借　対　照　表　　　　　（単位：千円）

資　産	金　額	負債・純資産	金　額
土　　　　　地	（　　　　　　）	資　本　金	（　　　　　　）
の　れ　ん	（　　　　　　）	資　本　剰　余　金	（　　　　　　）
		利　益　剰　余　金	554,000
		その他有価証券評価差額金	（　　　　　　）
		非　支　配　株　主　持　分	（　　　　　　）

次の資料にもとづいて、答案用紙のX3年3月期（X2年4月1日～X3年3月31日）の連結損益計算書および連結貸借対照表（一部）を作成しなさい。なお、税効果会計は適用しない。

資料

1. X2年度におけるP社およびS社の個別財務諸表（一部）

Hint♪

1. 子会社の減価償却費の増加による利益減少分を、非支配株主にも負担させる。

2. T社は当期末から連結するため、貸借対照表は合算するが損益計算書は合算しない。

個別損益計算書　（単位：千円）

費　　用	P　社	S　社
減 価 償 却 費	7,500	5,000
支 払 手 数 料	2,500	2,000

個別貸借対照表　（単位：千円）

資　　産	P　社	S　社
建　　　　　物	300,000	200,000
減価償却累計額	△ 75,000	△ 60,000
S　社　株　式	210,000	－
T　社　株　式	106,000	－

2. P社は、X1年3月31日にS社の発行済株式総数の80％を210,000千円で取得し、同社に対する支配を獲得した。

(1) S社の純資産の推移は以下のとおりである。（単位：千円）

	資 本 金	利益剰余金
X1年3月31日	200,000	40,000
X2年3月31日	200,000	47,000
X3年3月31日	200,000	55,000

支配獲得時においてS社の建物に15,000千円の評価差益が生じていた。評価差益相当額について、連結上、支配獲得時以降の残存耐用年数30年にわたり定額法で減価償却費を修正する。

(2) のれんは発生の翌年度より10年にわたり定額法により償却する。

(3) S社の当期純利益は、X2年3月期が7,000千円、X3年3月期が8,000千円であった。

(4) S社は剰余金の配当を行っていない。

計算問題

1 有価証券

2 固定資産

3 退職給付

4 社債

5 貸倒引当金

6 為替予約

7 純資産

8 ソフトウェア

9 現金預金

10 税効果会計

11 商品の評価

12 成果連結

13 包括利益 資本連結・

14 事業分離 企業結合・

15 持分法

16 商品売買

3．P社は、X3年3月31日にT社の発行済株式総数の60％を100,000千円で取得し、同社を子会社とした。

(1) X3年3月31日におけるT社の資本金は180,000千円、利益剰余金は20,000千円であり、T社の資産・負債の簿価と時価に差異はなかった。

(2) T社株式の取得に当たって、P社はコンサルティング会社に支払手数料として6,000千円を支払っており、P社の個別財務諸表においてこれを子会社株式（T社株式）の原価に含めている。

(3) T社の個別貸借対照表には、建物およびのれんは計上されていない。

答案用紙

連　結　損　益　計　算　書　　　　　　（単位：千円）

費　　　用	金　　額	収　　益	金　　額
減 価 償 却 費	（　　　　　）	負 の の れ ん 発 生 益	（　　　　　）
の れ ん 償 却 額	（　　　　　）		
支 払 手 数 料	（　　　　　）		
非支配株主に帰属する当期純利益	（　　　　　）		

連　結　貸　借　対　照　表　　　　　　（単位：千円）

資　　　産	金　　額	純　資　産	金　　額
建　　　　　　　物	（　　　　　）	非 支 配 株 主 持 分	（　　　　　）
減 価 償 却 累 計 額	（　　　　　）		
の　　れ　　ん	（　　　　　）		

　次の資料にもとづいて、答案用紙のＸ３年３月期（Ｘ２年４月１日～Ｘ３年３月31日）の
連結貸借対照表（一部）を作成するとともに、連結包括利益計算書におけるその他の包括利
益の金額を答えなさい。なお、税効果会計は適用しない。

資料

１．Ｘ３年３月31日におけるＰ社およびＳ社の個別貸借対照表

個別貸借対照表　　　　　　　（単位：千円）

資　産	Ｐ社	Ｓ社	純資産	Ｐ社	Ｓ社
土　　　地	700,000	300,000	資　本　金	1,000,000	400,000
投資有価証券	200,000	70,000	資本剰余金	200,000	100,000
Ｓ　社　株　式	502,500	－	…	…	…
			その他有価証券評価差額金	30,000	15,000

２．Ｘ１年３月31日において、Ｐ社はＳ社の発行済株式数の80％を670,000千円（なお、
取得関連費用20,000千円を含む）で取得し、同社を子会社とした。

　(1)　Ｓ社の純資産の推移は以下のとおりである。　　　　　　　　　　（単位：千円）

	資　本　金	資本剰余金	利益剰余金	その他有価証券評価差額金
Ｘ１年３月31日	400,000	100,000	220,000	10,000
Ｘ２年３月31日	400,000	100,000	280,000	14,000
Ｘ３年３月31日	400,000	100,000	300,000	15,000

　　　Ｘ１年３月31日において、Ｓ社の土地のうち簿価50,000千円について時価が65,000
千円であった。その他の資産および負債は、簿価と時価が同じであった。

　(2)　のれんは発生の翌年度より10年にわたり定額法により償却する。

　(3)　Ｓ社は剰余金の配当を行っていない。

３．Ｘ３年３月31日において、Ｐ社はＳ社の発行済株式数の20％を180,000千円で売却した。

４．当期の期首におけるＰ社のその他有価証券評価差額金は27,000千円であった。

Hint!
1. 子会社株式の一部売却により子会社で計上したその他有価証券評価差額金の一部が実現したと考え、その他有価証券評価差額金を減らす。

2. 子会社株式の一部売却によるその他有価証券評価差額金の減少額は、支配獲得後の子会社のその他有価証券評価差額金の増加額のうち売却分相当額。

計算問題

1 有価証券

2 固定資産

3 退職給付

4 社債

5 貸倒引当金

6 為替予約

7 純資産

8 ソフトウェア

9 現金預金

10 税効果会計

11 商品の評価

12 成果連結

13 包括利益 資本連結・

14 事業分離 企業結合・

15 持分法

16 商品売買

答案用紙

連 結 貸 借 対 照 表　　　　（単位：千円）

資　　産	金　　額	純　資　産	金　　額
土　　　　　地	（　　　　）	資　　本　　金	（　　　　）
の　　れ　　ん	（　　　　）	資　本　剰　余　金	（　　　　）
投 資 有 価 証 券	270,000	…	…
		その他有価証券評価差額金	（　　　　）
		非 支 配 株 主 持 分	（　　　　）

連結包括利益計算書におけるその他の包括利益 [　　　　　　] 千円

　次の資料にもとづいて、答案用紙のＸ３年３月期（Ｘ２年４月１日～Ｘ３年３月31日）の連結損益計算書および連結貸借対照表(一部)を作成しなさい。なお、税効果会計は適用しない。

　のれんは発生の翌年度より10年にわたり定額法により償却する。Ａ社とＢ社は剰余金の配当を行っていない。

Hint ♪
1.　持分法から連結へ移行した場合には、支配獲得時の株式の時価と持分法上の簿価との差額を損益とする。

2.　Ａ社については、当期中は持分法を適用し当期末に連結している。そのため、Ａ社の損益は持分法投資損益で処理し、損益計算書の合算は行わない。

資料

１．Ｘ３年３月期におけるＰ社、Ａ社およびＢ社の個別財務諸表

個 別 貸 借 対 照 表　　　　（単位：千円）

科　　　目	Ｐ　社	Ａ　社	Ｂ　社
土　　　　地	20,000	10,000	8,000
Ａ 社 株 式	9,300	—	—
Ｂ 社 株 式	3,000	—	—
…	…	…	…
資　本　金	10,000	3,000	2,000
…	…	…	…

個 別 損 益 計 算 書　　　　（単位：千円）

科　　　目	Ｐ　社	Ａ　社	Ｂ　社
諸　収　益	60,000	10,000	7,000
諸　費　用	50,000	8,000	6,000
支 払 手 数 料	2,000	—	—
…	…	…	…
当 期 純 利 益	6,000	900	500

２．Ｘ１年３月31日において、Ｐ社は、Ａ社の発行済株式の30％を3,000千円で取得し、同社を関連会社とした。

　⑴　Ａ社の純資産の推移は以下のとおりである。　　　（単位：千円）

	資 本 金	利益剰余金
Ｘ１年３月31日	3,000	5,000
Ｘ２年３月31日	3,000	6,000
Ｘ３年３月31日	3,000	6,900

　　Ａ社の土地のうち、帳簿価額10,000千円のＸ１年３月31日における時価は10,500千円であった。

　⑵　Ａ社の当期純利益は、Ｘ２年３月期が1,000千円、Ｘ３年３月期が900千円であった。

計算問題

1 有価証券

2 固定資産

3 退職給付

4 社債

5 貸倒引当金

6 為替予約

7 純資産

8 ソフトウェア

9 現金預金

10 税効果会計

11 商品の評価

12 成果連結

13 包括利益 資本連結・

14 事業分離 企業結合・

15 持分法

16 商品売買

3．Ｘ 3 年 3 月 31 日において、Ｐ社は、Ａ社株式の 50％を 6,000 千円で取得し、同社を子会社とした。

　(1)　株式の取得に当たっては、コンサルティング会社に対して 300 千円を支払っている。

　(2)　Ｘ 3 年 3 月 31 日のＡ社の土地（帳簿価額 10,000 千円）の時価は 10,600 千円であった。

　(3)　Ｘ 1 年 3 月 31 日に取得したＡ社株式の 30％分の時価は、Ｘ 3 年 3 月 31 日において 3,600 千円であった。

4．Ｘ 2 年 3 月 31 日において、Ｐ社は、Ｂ社株式の 60％を 3,000 千円で取得し、同社を子会社とした。

　(1)　Ｂ社の純資産の推移は以下のとおりである。　　　　　　（単位：千円）

	資 本 金	利益剰余金
Ｘ 2 年 3 月 31 日	2,000	2,500
Ｘ 3 年 3 月 31 日	2,000	3,000

　(2)　支配獲得時のＢ社の資産・負債の時価は簿価と同額であった。

答案用紙

連 結 損 益 計 算 書　　　　　　（単位：千円）

費　　　用	金　　額	収　　　益	金　　額
諸　費　用	56,000	諸　収　益	67,000
のれん償却額	(　　　　)	持分法に係る投資利益	(　　　　)
支払手数料	(　　　　)	段階取得に係る差益	(　　　　)
非支配株主に帰属する当期純利益	(　　　　)		

連 結 貸 借 対 照 表　　　　　　（単位：千円）

資　　　産	金　　額	純　資　産	金　　額
土　　　地	(　　　　)	資　本　金	(　　　　)
の　れ　ん	(　　　　)	…	…
		非支配株主持分	(　　　　)

　次の資料にもとづいて，20X4年度末の連結貸借対照表および連結包括利益計算書と，20X5年度末の連結貸借対照表を作成しなさい。税効果会計は適用しない。

資料Ⅰ

1．P社は，20X1年度末においてS社の発行済み株式の70％を27,000千円で取得して同社に対する支配を獲得した。支配獲得日におけるS社の純資産は，資本金30,000千円，利益剰余金5,000千円，評価・換算差額等1,000千円（貸方）であった。

2．のれんは，発生年度の翌年度から10年間にわたり定額法によって償却する。

資料Ⅱ

1．P社およびS社の20X4年度末における個別貸借対照表は，次のとおりである。

個別貸借対照表　　　　　　　　　　（単位：千円）

資　産	P　社	S　社	負債・純資産	P　社	S　社
子 会 社 株 式	27,000	—	資　本　金	80,000	30,000
そ の 他 有 価 証 券	40,000	12,000	利 益 剰 余 金	32,000	8,600
			評価・換算差額等	3,000	1,800

2．20X4年度における当期純利益は，P社が1,800千円，S社が1,000千円であった。また，20X4年度における支払配当金は，P社が900千円，S社が400千円であった。

3．20X4年度における評価・換算差額等の当期増減額は，P社が300千円の減少，S社が100千円の増加であった。

資料Ⅲ

1．20X5年度末におけるP社およびS社の個別貸借対照表は，次のとおりである。

個別貸借対照表　　　　　　　　　　（単位：千円）

資　産	P　社	S　社	負債・純資産	P　社	S　社
子 会 社 株 式	27,000	—	資　本　金	80,000	30,000
そ の 他 有 価 証 券	42,000	13,500	利 益 剰 余 金	36,200	10,600
			評価・換算差額等	5,000	3,300

2．20X5年度における当期純利益は，P社が4,200千円，S社が2,000千円であった。また，20X5年度においては，P社およびS社ともに剰余金の配当を行っていない。

Hint✐
1．連結包括利益計算書のその他の包括利益は，非支配株主分も含めた額となる。

2．親会社株主に帰属する当期純利益は，個別上の利益の合計額に，資本連結と連結修正仕訳のうち損益影響分を加減して計算できる。

3．当期末その他の包括利益累計額は，当期末の個別上の合計額に，資本連結と連結修正仕訳を加減して計算できる。

4．「評価・換算差額等」はその他有価証券評価差額金や繰延ヘッジ損益の貸借対照表の区分名であり，子会社の資産負債の時価評価による「評価差額」とは異なる。

計算問題

1 有価証券

2 固定資産

3 退職給付

4 社債

5 貸倒引当金

6 為替予約

7 純資産

8 ソフトウェア

9 現金預金

10 税効果会計

11 商品の評価

12 成果連結

13 包括利益・資本連結

14 企業結合・事業分離

15 持分法

16 商品売買

答案用紙

(20X4 年度) 　　　　　　連 結 貸 借 対 照 表 　　　　（単位：千円）

資　産	金　額	負債・純資産	金　額
の　れ　ん	（　　　　　　）	資　本　金	（　　　　　　）
そ の 他 有 価 証 券	（　　　　　　）	利 益 剰 余 金	（　　　　　　）
		その他の包括利益累計額	（　　　　　　）
		非 支 配 株 主 持 分	（　　　　　　）

連 結 包 括 利 益 計 算 書 　　（単位：千円）

親会社株主に帰属する当期純利益（　　　　　　　　　）
非支配株主に帰属する当期純利益（　　　　　　　　　）
当 期 純 利 益 　　　　　　（　　　　　　　　　）
その他の包括利益 　　　　　（　　　　　　　　　）
包 括 利 益 　　　　　　　　（　　　　　　　　　）

(20X5 年度) 　　　　　　連 結 貸 借 対 照 表 　　　　（単位：千円）

資　産	金　額	負債・純資産	金　額
の　れ　ん	（　　　　　　）	資　本　金	（　　　　　　）
そ の 他 有 価 証 券	（　　　　　　）	利 益 剰 余 金	（　　　　　　）
		その他の包括利益累計額	（　　　　　　）
		非 支 配 株 主 持 分	（　　　　　　）

　以下の資料にもとづき，答案用紙にあるX2年3月期決算（1年決算）における2計算書方式による連結包括利益計算書を完成しなさい。さらに，そのさいに作成されるその他の包括利益の内訳の注記表を完成しなさい。なお，金額がゼロの場合には，「0」と記入すること。

Hint ♪
連結包括利益計算書のその他の包括利益は、当期末残高−前期末残高で計算。ただし、非株分を含む。
注記の組替調整額は、当期にP／L科目に振り替えられた金額。

資料 I

1　P社は，国内にあるＳ１社の株式の80％，国外にあるＳ２社の株式の100％を保有している。いずれの会社も，法定実効税率は30％である。

2　Ｓ１社は，X2年3月期において，保有するその他有価証券であるＣ社株式全部を売却し，投資有価証券売却益800を計上している。Ｓ１社は，X2年3月末においてその他有価証券を保有していない。

	取得原価	X1年3月末時価	売却時時価	X2年3月末時価
Ｃ社株式	600	1,600	1,400	—

3　Ｓ２社の為替換算調整勘定は，X1年3月末は300，X2年3月末は700である。為替換算調整勘定については税効果会計を適用しないものとする。

4　答案用紙上与えられている当期純利益のうち，親会社株主に帰属する当期純利益は108,000，非支配株主に帰属する当期純利益は2,000である。

計算問題

1 有価証券

2 固定資産

3 退職給付

4 社債

5 貸倒引当金

6 為替予約

7 純資産

8 ソフトウェア

9 現金預金

10 税効果会計

11 商品の評価

12 成果連結

13 包括利益 資本連結・

14 事業分離 企業結合・

15 持分法

16 商品売買

答案用紙

連 結 包 括 利 益 計 算 書

当期純利益　　　　　　　　　　　　　110,000

その他の包括利益

　　その他有価証券評価差額金　　（　　　　　　　　）

　　為替換算調整勘定　　　　　　（　　　　　　　　）

　　その他の包括利益合計　　　　（　　　　　　　　）

包括利益　　　　　　　　　　　　（　　　　　　　　）

　　（内訳）

　　親会社株主に係る包括利益　　（　　　　　　　　）

　　非支配株主に係る包括利益　　（　　　　　　　　）

その他の包括利益の内訳項目の金額

その他有価証券評価差額金		為替換算調整勘定	
当期発生額	（　　　　　）	当期発生額	（　　　　　）
組替調整額	（　　　　　）	組替調整額	（　　　　　）
税効果調整前	（　　　　　）	税効果調整前	（　　　　　）
税効果額	（　　　　　）	税効果額	（　　　　　）
	（　　　　　）		（　　　　　）

企業結合に関する次の資料にもとづき，A社の合併時の仕訳を答えなさい。

[資料]

1．A社およびB社は，平成×7年10月1日を合併期日として合併し，A社が吸収合併存続会社となった。当該合併は取得とされ，A社が取得企業，B社が被取得企業とされた。

2．合併の企業結合日直前のA社株式の時価は，1株当たり800円，A社株式の交付数は1,000株。

3．株式の交付は，A社保有の自己株式400株（帳簿価額1株680円）を交付し，また新株式600株（時価1株800円）を発行して行う。

4．合併期日において，B社の諸資産は，帳簿価額1,000,000円，時価1,230,000円。諸負債は，帳簿価額500,000円，時価550,000円であった。

5．A社は合併契約に従い，増加する株主資本のうち，2分の1を資本金，残額を資本準備金とする。

6．税効果については考慮しないものとする。

Hint♪
まず被取得企業の取得原価を計算する。

[答案用紙]

（単位：円）

借 方 科 目	金 額	貸 方 科 目	金 額

計算問題

1 有価証券
2 固定資産
3 退職給付
4 社債
5 貸倒引当金
6 為替予約
7 純資産
8 ソフトウェア
9 現金預金
10 税効果会計
11 商品の評価
12 成果連結
13 資本連結・包括利益
14 事業分離・企業結合
15 持分法
16 商品売買

問題 2　企業結合・事業分離　（第120回本試験改題）　A　7分　➡ 解答186ページ

　次の資料にもとづいて，日商（分割会社）および北京化学（承継会社）の仕訳を答えなさい。なお，勘定科目は，下記に掲げる語句より，最も適当と思われる科目を選んで使用すること。

　日商㈱（3月末日決算）は，これまでA事業とB事業を中核事業として経営してきたが，事業の選択と集中のため，×7年4月1日付けで分社型の会社分割を実行し，A事業を北京化学㈱に移転することとした。この会社分割に関する取引の内容は次のとおりである。

1　当該会社分割は吸収分割とみなし，北京化学が取得企業となる。

2　北京化学が発行する新株 9,000 株を日商に割り当てる。事業分離日の同社株式の公正な評価額は，1株 ¥2,000 である。

3　×7年4月1日現在の，A事業の資産および負債の金額

	A事業資産	A事業負債	事業価値
適正な帳簿価額	28,000 千円	17,000 千円	─
公正な評価額	34,000 千円	17,000 千円	18,000 千円

4　北京化学は吸収合併契約において，増加する株主資本は，資本金および資本準備金に，それぞれ1/2ずつを組み入れるものと定めている。

5　北京化学は，日商の子会社にも関連会社にも該当しない。

Hint!
1. 分離元企業の処理は、投資が継続されるか、投資が清算されるか考える。

2. 分離先企業の処理は、企業結合の観点から考える。

A 事 業 資 産	A 事 業 負 債	B 事 業 資 産	B 事 業 負 債
満期保有目的の債券	子 会 社 株 式	その他有価証券	の れ ん
資 本 金	資 本 準 備 金	その他資本剰余金	事 業 移 転 利 益
事 業 移 転 損 失	有 価 証 券 運 用 益	有 価 証 券 運 用 損	子 会 社 株 式 売 却 益

答案用紙

日商（分割会社）　　　　　　　　　　　　　　　　　　　　　　（単位：千円）

借 方 科 目	金 額	貸 方 科 目	金 額

北京化学（承継会社）

株式会社Ａ社は，株式交換により株式会社Ｂ社を 100% 子会社とすることに決定した。この株式交換では，Ａ社を取得企業とするパーチェス法が適用される。次の資料にもとづき，答案用紙の設問１〜５に答えなさい。なお，交換比率の計算は，小数点以下第３位を四捨五入すること（例：0.642 → 0.64）。

Hint!
1. 収益還元価値では、各企業の利益を平均利益率で割り戻す。

2. 株式交換比率の計算は、子会社株主への交付株式数を計算する前提となるため、子会社株式の評価額を分子とする。

資料Ⅰ　株式交換直前の両社の貸借対照表

Ａ社：諸資産 3,000,000 千円，諸負債 1,300,000 千円，資本金 1,000,000 千円，
　　　　資本剰余金 100,000 千円，利益剰余金 600,000 千円

Ｂ社：諸資産 500,000 千円，諸負債 300,000 千円，資本金 100,000 千円，
　　　　資本剰余金 10,000 千円，利益剰余金 90,000 千円

資料Ⅱ　株式交換の条件等

１．Ｂ社の諸資産のうち，次の資産に関する資料：

　　棚卸資産　帳簿価額 30,000 千円，時価 36,000 千円

　　土　　地　帳簿価額 20,000 千円，時価 40,000 千円

　　Ｂ社のその他の資産および負債の帳簿価額と時価は同額である。なお，税効果会計は考慮しない。Ａ社の諸資産および諸負債の帳簿価額と時価は一致している。

２．Ａ社とＢ社の株式交換比率は，(1)純資産(時価)と(2)収益還元価値の平均額により算出する。

３．Ａ社の自己資本利益率は４％，Ｂ社の自己資本利益率は６％，業界の平均自己資本利益率は５％である。業界の平均自己資本利益率を資本還元率として用いる。なお，自己資本利益率は時価に対する自己資本利益率を用いる。

４．Ａ社の発行済株式数は 10,000 千株，Ｂ社の発行済株式数は 2,000 千株である。

５．Ａ社の株価は１株当たり 160 円である。

６．株式交換に伴うＡ社の増加資本は，全額資本金とする。

７．株式交換直後に連結財務諸表を作成する。全面時価評価法を適用する。

答案用紙

	設　問		
1	Ｂ社の純資産と収益還元価値の平均額		千円
2	Ａ社の１株当たり企業評価額		円
3	Ａ社株式の１株当たりのＢ社株式交換比率		株
4	Ａ社の新株発行に伴う資本金の増加額		千円
5	「のれん」計上額		千円

計算問題

1 有価証券
2 固定資産
3 退職給付
4 社債
5 貸倒引当金
6 為替予約
7 純資産
8 ソフトウェア
9 現金預金
10 税効果会計
11 商品の評価
12 成果連結
13 包括利益資本連結・
14 事業分離企業結合・
15 持分法
16 商品売買

問題 4　企業結合・事業分離　(第137回会計学本試験改題)　B　10分　→ 解答189ページ

　A社とB社は，株式移転を行って完全親会社となるP社を新設した。この株式移転に関する諸条件は，次に示す資料のとおりである。これらの資料にもとづいて，下記の各設問に答えなさい。なお，A社とB社に資本関係はない。また，解答にあたって，税効果は考慮外とする。

Hint♪
完全親会社は設立したばかりで株式の時価が判明しないため、完全子会社の片方がもう片方の完全子会社を取得したとみなして処理する。

資料Ⅰ　株式移転の内容

(1) 発行済株式総数：A社　5,000株　　B社　9,000株
(2) 企業結合日における各社株式の時価：A社　@1,500円　　B社　@2,000円
(3) P社株式の各社株式に対する交換比率：A社　0.6　　B社　1.0
(4) 株式移転にさいして増加する純資産のうち，P社の資本金にはその2分の1を計上する。

資料Ⅱ　株式移転直前のA社とB社の貸借対照表

貸借対照表　A社　平成X年3月31日(単位：千円)

諸資産	10,500	諸負債	7,000
		資本金	2,500
		資本剰余金	600
		利益剰余金	400
	10,500		10,500

貸借対照表　B社　平成X年3月31日(単位：千円)

諸資産	30,000	諸負債	12,000
		資本金	12,000
		資本剰余金	3,000
		利益剰余金	3,000
	30,000		30,000

資料Ⅲ　株式移転直前のA社とB社の諸資産・諸負債の時価

(1) A社の諸資産の時価は12,000千円で，諸負債の時価は帳簿価額と一致している。
(2) B社の諸資産の時価は32,000千円で，諸負債の時価は帳簿価額と一致している。

設問1　P社に対するA社株主とB社株主の議決権比率をそれぞれ求めなさい。
設問2　取得企業と判定される会社名を記しなさい。
設問3　完全子会社となるA社株式とB社株式の取得原価を求めなさい。

(答案用紙)

設問1

	A社株主	B社株主
P社に対する議決権比率	％	％

設問2

取得会社名	社

設問3

A社株式の取得原価	千円
B社株式の取得原価	千円

複数の事業を営むP社は，20X1年3月31日にその事業の一部で甲事業資産と甲事業負債から構成される甲事業を分離してS社に移転することとした。

以下の［資料］にもとづいて，次の設問に答えなさい。なお，税効果は考慮外とする。

設問1　P社の個別貸借対照表におけるS社株式の金額を求めなさい。

設問2　S社の個別貸借対照表における資本金の金額を求めなさい。

設問3　P社の事業移転直後の連結貸借対照表を作成しなさい。

資料Ⅰ

(1)　甲事業移転の直前におけるS社の発行済株式総数は100株で，S社は，事業分離の対価として新たにS社株式150株を発行してP社に交付し，P社の子会社となった。事業分離時のS社の株価は1株につき95千円である。

(2)　S社は増加する株主資本のうち，40％を資本金とすることとした。なお，この事業移転以前にP社はS社の株式を保有していない。

(3)　事業移転直前の個別貸借対照表

貸借対照表
P社　20X1年3月31日　（単位：千円）

甲事業資産	15,000	甲事業負債	2,000
諸 資 産	30,000	諸 負 債	10,000
		資 本 金	30,000
		資本剰余金	2,000
		利益剰余金	1,000
	45,000		45,000

貸借対照表
S社　20X1年3月31日　（単位：千円）

諸 資 産	10,000	諸 負 債	2,000
		資 本 金	7,000
		資本剰余金	600
		利益剰余金	400
	10,000		10,000

(4)　S社の諸資産の時価は11,000千円で，諸負債の時価は帳簿価額と同額である。
事業分離直前のS社の企業価値は9,500千円である。

(5)　甲事業を移転する際の甲事業資産の時価は16,000千円で，甲事業負債の時価は帳簿価額と同額であった。事業分離直前の甲事業の価値は14,250千円である。

Hint ✐
のれんは，子会社の既存の事業の価値と，子会社資本（時価評価後）の差額のうち，親会社持分のみ認識したもの。
資本剰余金は，移転した事業の価値のうち売却相当分と，事業の簿価のうち売却相当分の差額。

計算問題

1 有価証券

2 固定資産

3 退職給付

4 社債

5 貸倒引当金

6 為替予約

7 純資産

8 ソフトウェア

9 現金預金

10 税効果会計

11 商品の評価

12 成果連結

13 包括利益・資本連結・

14 事業分離 企業結合・

15 持分法

16 商品売買

答案用紙

設問1 P社個別貸借対照表 　　　　　　　　　　千円
　　　　におけるS社株式

設問2 S社個別貸借対照表 　　　　　　　　　　千円
　　　　における資本金

設問3 連結貸借対照表

連　結　貸　借　対　照　表

P社　　　　　　　　　　20X1年3月31日　　　　　　　　　（単位：千円）

資　　産	金　　額	負債・純資産	金　　額
諸　　資　　産	(　　　　　)	諸　　負　　債	(　　　　　)
甲　事　業　資　産	(　　　　　)	甲　事　業　負　債	(　　　　　)
の　　れ　　ん	(　　　　　)	資　　本　　金	(　　　　　)
		資　本　剰　余　金	(　　　　　)
		利　益　剰　余　金	(　　　　　)
		非　支　配　株　主　持　分	(　　　　　)
	(　　　　　)		(　　　　　)

| 問題　1 | 持分法　（第122回会計学本試験改題） | B | 10分 | ➡ 解答193ページ |

以下の資料にもとづき，次の金額を計算しなさい。P社，A社ともに，決算は毎年3月末である。

A　A社株式購入時におけるA社株式取得額に含まれるのれんの金額

B　×2年3月末および×3年3月末の連結貸借対照表に計上されるA社株式の金額

C　×1年度（自×1年4月1日　至×2年3月31日）および×2年度（自×2年4月1日　至×3年3月31日）の連結損益計算書に計上される持分法による投資損益の金額。また，これについては，借または貸のいずれかに○を付けること。

Hint♪
1. ○年度は，○年から始まる会計年度をいう。×2年度の決算日は×3年3月31日。

2. 持分法では、評価差額と未実現利益は持分割合を考慮して計算する。

資料

投資差額は，発生年度より10年間にわたって毎期均等額を償却する。また，税効果は考慮しなくてよい。

① 　P社は，×1年4月初めに，A社の発行済株式（議決権あり）の30%を13,000千円で購入し，A社を持分法適用会社とした。×1年3月末A社貸借対照表の純資産は，30,000千円である。

　　なお，当該純資産算定時における資産・負債の貸借対照表計上額は，土地を除いてその時価と一致していた。土地の時価は，その計上額よりも3,000千円上昇していた。その後×3年3月末まで土地の時価に変動はない。

② 　A社が株主に支払った配当金の金額は，×1年度は600千円，×2年度は800千円であり，発生した当期純利益の金額は，×1年度は1,000千円，×2年度は1,800千円である。

③ 　×2年度より，P社はA社に対して商品の販売（利益率は40%）を行っている。A社における×2年度期末在庫商品に含まれるP社仕入分は，800千円である。
　　未実現利益は持分相当額を消去すること。

答案用紙

A	株式取得時ののれん		千円
B	×2年3月末　A社株式		千円
	×3年3月末　A社株式		千円
C	×1年度 持分法による投資損益	（ 借 または 貸 ）	千円
	×2年度 持分法による投資損益	（ 借 または 貸 ）	千円

計算問題

1 有価証券
2 固定資産
3 退職給付
4 社債
5 貸倒引当金
6 為替予約
7 純資産
8 ソフトウェア
9 現金預金
10 税効果会計
11 商品の評価
12 成果連結
13 包括利益 資本連結・
14 事業分離 企業結合・
15 持分法
16 商品売買

問題 1　商品売買　（第150回本試験改題）　　C　10分　➡ 解答194ページ

　次の決算整理前残高試算表および資料にもとづいて、答案用紙の決算整理後残高試算表を作成しなさい。なお、当期は×5年4月1日から×6年3月31日までである。

決算整理前残高試算表　　　　　（単位：千円）

繰越商品	313,400	買　掛　金	61,400
未着品	450,400	一般売上	3,800,000
仕　入	2,728,000	未着品売上	720,000
		為替差損益	3,000

Hint ✍
1. 52千ドルの買掛金については取引と同時に為替予約を行っているため直々差額は生じず、直先差額のみ生じる。

2. 未着品の期末残高は、未着品のボックス図の差額で計算する。そのためには、未着品の売上原価を一般販売の原価率をもとに計算する必要がある。

資料 決算整理事項等

1　当社は一般商品販売に加えて、当期より米国から輸入した商品を販売する取引も行っている。

(1)　未着品販売に関する売上原価の算定は、期末に一括して仕入勘定で行っており、未着品の販売売価は一般販売売価の20%増しである。

(2)　×6年3月1日に52千ドルの貨物代表証券を入手し、代金は全額掛けとしたがこの取引が未記帳であり、いったん直物為替相場を用いて記帳する。

(3)　残高試算表の買掛金には21,600千円（200千ドル）の米ドル建の買掛金が含まれている。この買掛金は×6年2月1日の取引から発生したものである。

　　年度末にかけて円安が予想されたため×6年3月1日に(2)の取引の後、200千ドルと52千ドルの買掛金について為替予約を行っていたが、この為替予約の処理が未処理である。

　　決済はいずれも5月末日である。この為替予約については振当処理によることとし、為替予約差額の処理は月割りで行う。52千ドルについては直先差額のみを把握し期間配分する。

(4)　取引日と予約日の為替レートは次のとおりである。

	直物為替相場	先物為替相場
×6年2月1日	1ドル108円	1ドル109円
×6年3月1日	1ドル110円	1ドル113円

(5)　期末商品帳簿棚卸高は305,400千円、期末商品実地棚卸高は303,400千円である。

答案用紙

決算整理後残高試算表　　　　　（単位：千円）

繰　越　商　品	（　　　　）	買　掛　金	（　　　　）
未　着　品	（　　　　）	一　般　売　上	3,800,000
前　払　費　用	（　　　　）	未　着　品　売　上	720,000
仕　　　　　入	（　　　　）	為　替　差　損　益	（　　　　）
棚　卸　減　耗　損	（　　　　）		

次の決算整理前残高試算表および資料にもとづいて、当期の損益計算書を作成しなさい。なお、当期は×5年4月1日から×6年3月31日までである。

Hint /
1. 商品の仕入単価は、売上原価の金額を販売数量で割って計算する。ただし、第1回目と第2回目の仕入単価が異なる。そのため、仕入単価をXとおいて計算する。

決算整理前残高試算表　　　　（単位：千円）

| 繰 越 商 品 | ? | 一 般 売 上 | 786,780 |
| 仕　　　　入 | ? | 海 外 輸 出 売 上 | ? |

資料　決算整理事項等

1. 当社はA商品の仕入・販売を行っているが、当期よりB商品を仕入れ、北米向けに輸出を始めている。A商品とB商品の原価配分の方法はともに先入先出法で、棚卸減耗損と商品評価損は売上原価の内訳科目とする。

2. A商品の仕入・販売に関する資料

⑴　期首商品棚卸高：800個、第1回目の仕入高：6,600個、第2回目の仕入高：8,600個である。第1回目の仕入単価は期首商品と同じで、第2回目の仕入単価は第1回目の仕入単価を2千円下回っている。

⑵　A商品の仕入と販売はすべて掛けで行っている。A商品の期末商品棚卸高は、帳簿棚卸数量：1,800個、実地棚卸数量：1,650個、期末商品の正味売却価額は@ 39千円である。

⑶　A商品は原価に35％の利益を上乗せして販売している。

3. B商品の仕入・輸出に関する資料

⑴　第1回目の仕入高：3,600個、第2回目の仕入高：3,100個で、第2回目の仕入単価は第1回目の仕入単価を3千円上回っている。

⑵　B商品の仕入と販売はすべて掛けで行っている。

　　当期中、×5年12月に4,110個を総額2,898千ドルで販売し（販売時の為替相場は1ドル当たり102円）、×6年2月に2,000個を総額1,400千ドルで販売している（販売時の為替相場は1ドル当たり108円）。

　　12月に販売した掛代金はすべて回収済みであるが、2月に販売した掛代金の決済は×6年5月末日である。B商品の期末商品棚卸高は、帳簿棚卸数量：590個、実地棚卸数量：590個、期末商品の正味売却価額は@ 55千円である。

⑶　B商品は原価に円ベースで40％の利益を上乗せして販売している。

答案用紙

損 益 計 算 書

自×5年4月1日 至×6年3月31日　（単位：千円）

Ⅰ　売 上 高　　　　　　　　　　　　　　（　　　　　　　　　）

Ⅱ　売 上 原 価

　　1　期首商品棚卸高　　　（　　　　　　　）

　　2　当期商品仕入高　　　（　　　　　　　）

　　　　合 計　　　　　　　（　　　　　　　）

　　3　期末商品棚卸高　　　（　　　　　　　）

　　　　差 引　　　　　　　（　　　　　　　）

　　4　棚 卸 減 耗 損　　　（　　　　　　　）

　　5　商 品 評 価 損　　　（　　　　　　　）（　　　　　　　）

　　　　売 上 総 利 益　　　　　　　　　　　（　　　　　　　）

1 有価証券
2 固定資産
3 退職給付
4 社債
5 貸倒引当金
6 為替予約
7 純資産
8 ソフトウェア
9 現金預金
10 税効果会計
11 商品の評価
12 成果連結
13 包括利益 資本連結・
14 事業分離 企業結合・
15 持分法
16 商品売買

問題 1　**商品・引当金・その他有価証券①**　　A　5分　➡ 解答198ページ

次の文章の空欄に適切な語句を記入しなさい。

1　販売目的で保有する棚卸資産について，収益性が低下したときの簿価切下額は，損益計算書では（　a　）の区分に計上される。ただし，この簿価切下額が，臨時の事象に起因し，かつ，多額であるときには，（　b　）の区分に計上する。

2　当初から販売の努力を行う意図をもたずに、短期間の価格変動により利益を得ることを目的として保有する棚卸資産を（　c　）目的で保有する棚卸資産といい、こうした棚卸資産については時価をもって貸借対照表価額とし、帳簿価額との差額は当期の損益として処理する。　　　　　　　　　　　　　　　　　　　　　　　　（第149回）

3　経営破綻または実質的に経営破綻に陥っている債務者に対する債権を（　d　）といい，この区分に分類された債権については，債権額から担保の処分見込額および保証による回収見込額を減額し，その残額を貸倒見積高とする。　　　　（第137回）

4　金融資産または金融負債を債権額または債務額と異なる金額で計上した場合において、当該差額に相当する金額を弁済期または償還期に至るまで毎期一定の方法で取得価額に加減する方法を（　e　）という。　　　　　　　　　　　　　　　　（第146回）

5　その他有価証券については時価をもって貸借対照表価額とし、その評価差額は洗い替え方式によって純資産の部にその他有価証券評価差額金として計上する。ただし、当該評価差額は、連結貸借対照表では純資産の部のその他の包括利益累計額の区分に計上されるのに対して、個別貸借対照表では（　f　）の区分に計上される。　　（第149回）

6　企業会計原則の注解18が示す要件を満たす引当金のうち、貸倒引当金のように資産からの控除を意味する評価勘定としての引当金を一般に評価性引当金というのに対して、退職給付引当金や修繕引当金のようなそれ以外の引当金を（　g　）性引当金という。この引当金は、債務性引当金と非債務性引当金から構成される。　　　　（第158回）

Hint ✎
3　誤字に注意する。

4　金融資産には満期保有目的債券も含まれる。

（答案用紙）

a		b		c	
d		e		f	
g					

理論問題

1 その他有価証券・商品・引当金・

2 固定資産

3 退職給付・資産除去債務

4 純資産・繰延資産

5 デリバティブ・外貨

6 税効果・税金

7 セグメント情報・賃貸等不動産

8 キャッシュ・フロー計算書

9 連結・企業結合・事業分離

10 企業会計原則

11 その他

| 問題 2 | 商品・引当金・その他有価証券② | B | 5分 | ➡ 解答198ページ |

次の各文章について、正しければ○を、正しくなければ×を付けなさい。

1　棚卸資産の正味売却価額が帳簿価額を上回る場合であっても、再調達原価が帳簿価額を下回るときには、再調達原価まで帳簿価額を切り下げなければならない。　（第147回）

2　トレーディング目的で保有する棚卸資産については，時価をもって貸借対照表価額とし，評価差額は，原則として営業外損益に表示するが，通常の販売目的で保有する棚卸資産の評価差額は，原則として，売上原価として処理する。　（第125回）

3　その他有価証券について時価が著しく下落した場合、時価の回復の可能性があると認められるときであっても、評価損を計上しなければならない。　（第147回）

4　その他有価証券は，時価をもって貸借対照表価額とし，評価差額は切り放し方式にもとづき，全部純資産直入法または部分純資産直入法のいずれかにより処理する。なお，純資産の部に計上されるその他有価証券の評価差額については，税効果を考慮して計上しなければならない。　（第134回）

5　債権の貸倒見積高を算定する場合には、債権を①一般債権，②貸倒懸念債権および③破産更生債権等に区分し、①については貸倒実績率法により、②については財務内容評価法またはキャッシュ・フロー見積法により、③についてはリスク・経済価値アプローチ法による。　（第135回）

Hint✍
1　再調達原価を用いるには、一定の要件が必要。

3　評価損を計上しなければならないのは、時価の回復見込がない場合と、回復見込が不明の場合。

答案用紙

1	2	3	4	5

| 問題 3 | 固定資産 | A | 5分 | ➡ 解答199ページ |

次の文章の空欄に適切な語句を記入しなさい。

1　鉄道の枕木や電線等のように，同種の資産が多数集まって１つの全体を構成し，老朽部品の部分的取替を行うことにより，全体が維持される資産に対して適用される，減価償却の代用的な方法を（　a　）という。 (第123回)

Hint∕
6　複数の店舗を持つ会社の本社建物は（　f　）に該当。

2　国庫補助金や工事負担金等を受けて資産を取得した場合，その国庫補助金等に相当する額を，当該取得原価から控除することが認められているが，これを（　b　）という。 (第126回)

3　減損の兆候がある資産または資産グループについての減損損失を認識するかどうかの判定は、資産または資産グループから得られる（　c　）の総額と帳簿価額を比較することによって行い、資産または資産グループから得られる（　c　）の総額が帳簿価額を下回る場合には、減損損失を認識する。 (第152回)

4　減損会計において、減損損失を認識すべきであると判定された資産または資産グループについては、帳簿価額を回収可能価額まで減額し、当該減少額を減損損失として計上する。ここで帳簿価額との比較対象となる回収可能価額とは、資産または資産グループの正味売却価額と（　d　）のいずれか高い方の金額である。 (第143回)

5　耐用年数を異にする多数の多種資産につき平均耐用年数を用いて一括的に減価償却計算および記帳を行う方法、または耐用年数の等しい同種資産または、耐用年数は異なるが、物質的性質ないし用途等において共通性を有する数種類の資産を１グループとし、各グループにつき平均耐用年数を用いて一括的に減価償却計算および記帳を行う方法を（　e　）という。 (第146回)

6　複数の資産または資産グループの将来キャッシュ・フローの生成に寄与する資産のうち、のれん以外のものを（　f　）という。 (第146回)

答案用紙

a		b		c	
d		e		f	

問題 4　退職給付・資産除去債務①　　A　5分　➡ 解答200ページ

次の文章の空欄に適切な語句を記入しなさい。

1　年金資産の期待運用収益と実際の運用成果との差異，退職給付債務の数理計算に用いた見積数値と実績との差異および見積数値の変更等により発生した差異を（　a　）という。　　　　　　（第137回）

Hint♪
2　当期純利益を構成する項目とは、退職給付費用を指す。

2　退職給付水準の改訂等に起因して発生した退職給付債務の増加または減少部分のうち，当期純利益を構成する項目として費用処理されていないものを（　b　）という。　　　　　　（第140回）

3　資産計上された資産除去債務に対応する除去費用に係る費用配分額は、損益計算書上、当該資産除去債務に関連する有形固定資産の（　c　）と同じ区分に含めて計上する。　　　　　　（第152回）

答案用紙

a		b	
c			

問題 5　退職給付・資産除去債務②　　A　5分　➡ 解答200ページ

次の各文章について、正しければ〇を、正しくなければ×を付けなさい。

1　資産の取得にさいして計上された資産除去債務に対応する除去費用に係る費用配分額は，損益計算書上，当該資産除去債務に関連する有形固定資産の減価償却費と同じ区分に含めて計上しなければならない。

　また，時の経過による資産除去債務の調整額についても，損益計算書上，当該資産除去債務に関連する有形固定資産の減価償却費と同じ区分に含めて計上しなければならない。　　　　　　（第134回）

2　資産除去債務に係る利息費用は、除去すべき資産に係る減価償却費が販売費及び一般管理費に計上される場合、同様に販売費及び一般管理費に計上される。　　　　（第159回）

答案用紙

1	2

理論問題

1 その他有価証券　商品・引当金・

2 固定資産

3 資産除去債務　退職給付・

4 繰延資産・純資産・

5 外貨・デリバティブ

6 税効果・税金

7 セグメント情報・賃貸等不動産

8 フロー計算書キャッシュ・

9 連結・事業分離・企業結合

10 企業会計原則

11 その他

次の文章の空欄に適切な語句を記入しなさい。

1　ストック・オプションは，権利の行使または失効が確定するまでの間，貸借対照表の純資産の部に（　　a　　）として計上する。　　　　　　　　　　　　　（第126回）

2　貸借対照表の純資産の部の一会計期間における変動額のうち，主として，株主に帰属する部分である株主資本の各項目の変動事由を報告するために作成する財務諸表を，（　　b　　）という。　　　　　　　　　　　　　　　　　　　　　　　（第128回）

3　（　　c　　）は，新株の発行または自己株式の処分に係る費用であり，原則として支出時に費用として処理するが，繰延資産に計上することも認められている。　（第126回）

4　株式交付費は，新株の発行および（　　d　　）の処分のために支出した費用を計上する。　　　　　　　　　　　　　　　　　　　　　　　　　　　　　　（第128回）

5　転換社債型新株予約権付社債以外の新株予約権付社債の発行にともなう払込金額は、社債の対価部分と新株予約権の対価部分に分けて処理を行う。この処理方法を（　　e　　）という。　　　　　　　　　　　　　　　　　　　　　　　　　（第149回）

Hint✍
1　従業員等はストック・オプションの権利行使により株式を取得できる。

2　株主資本以外の項目も含めて、「株主資本等」と表現される。

答案用紙

a		b		c	
d		e			

理論問題

1 その他有価証券 商品・引当金・

2 固定資産

3 資産除去債務 退職給付・

4 繰延資産 純資産・

5 デリバティブ 外貨・

6 税効果・税金

7 ・賃貸等不動産 セグメント情報

8 フロー計算書 キャッシュ・

9 ・事業分離 連結・企業結合

10 企業会計原則

11 その他

問題 7　純資産・繰延資産②

A　5分　➡ 解答201ページ

次の**各文章**について、正しければ〇を、正しくなければ×を付けなさい。

1　自己株式を処分し，その対価が帳簿価額を上回る場合は，その差額を自己株式処分差益といい，資本剰余金としての性格を持っていることから資本準備金に計上する。

　　一方，その対価が帳簿価額を下回る場合は，その差額を自己株式処分差損といい，資本剰余金から減額し，減額しきれない場合はその他利益剰余金から減額する。（第134回）

2　自己株式の本質については，資産説と資本控除説の2つがあるが，現行の会計基準は，後者の立場に立脚しており，したがって自己株式処分差益は，資本準備金として表示される。　　　　　　　　　　　　　　　　　　　　　　　　　　　　　　　　　（第135回）

3　株主資本等変動計算書において、資本剰余金および利益剰余金以外の各項目については、当期変動額をその純額をもって表示することができる。　　　　　　（第147回）

4　新株予約権付社債について区分法によって会計処理する場合、新株予約権が負債に計上される。　　　　　　　　　　　　　　　　　　　　　　　　　　　　　　（第159回）

5　新株予約権戻入益を計上すると、その分だけ当期末の株主資本が大きくなる。

（第159回）

Hint !
1　自己株式の処分も株式の発行と実質的に同じであるため、処分差額も株主からの払込資本と実質的に同じ。

答案用紙

1	2	3	4	5

次の文章の空欄に適切な語句を記入しなさい。

1　在外子会社の外貨換算の結果生じる貸借差額は、（　　a　　）勘定として、連結貸借対照表の純資産の部に記載する。　　　　　　　　　　　　　　　（第123回）

Hint♪

5　後ろの文章まで読んでから、何が入るかを考える。

2　（　　b　　）取引とは、先物取引、先渡取引、（　　c　　）取引、スワップ取引及びこれらに類似する取引をいう。（　　b　　）取引により生じる正味の債権及び債務は、（　　d　　）をもって貸借対照表価額とし、評価差額は原則として当期の損益として処理される。　　　　　　　　　　　　　　　　　　　　　　　　　　　　（第153回）

3　為替予約が付された外貨建取引であっても、外貨建取引と為替予約とを別々の取引とみなし、それぞれについて会計処理を行うのが原則である。この処理を（　　e　　）という。　　　　　　　　　　　　　　　　　　　　　　　　　　　　　　　（第149回）

4　為替予約等の会計処理には、その適用条件により、「デリバティブ取引の原則的会計処理」、「ヘッジ会計」または「（　　f　　）方式」の方法を選択・適用することができる。　　　　　　　　　　　　　　　　　　　　　　　　　　　　　　　　　　（第131回）

5　ヘッジ会計には、（　　g　　）と（　　h　　）と呼ばれる2つの方法があるが、ヘッジ対象の損益をその変動時に計上するのが（　　g　　）であり、ヘッジ手段の損益計上をヘッジ対象の損益計上時にあわせるのが（　　h　　）である。　　　（第138回）

6　ヘッジ会計において、ヘッジ対象である資産または負債に係る相場変動等を損益として計上するとともに、その損益と時価評価することによって生じるヘッジ手段に係る損益とを同一の会計期間に認識する方法を（　　i　　）という。　　　　（第143回）

答案用紙

a		b		c	
d		e		f	
g		h		i	

問題 9 税効果・税金① 　　A　5分　➡ 解答203ページ

次の文章の空欄に適切な語句を記入しなさい。

1 繰延税金資産の（　a　）がある場合とは，将来減算一時差異または税務上の繰越欠損金等が，将来の税金負担額を軽減する効果を有していると見込まれる場合をいう。
(第117回)

2 税効果会計において，（　b　）とは，貸借対照表上に計上されている資産および負債の金額と課税所得計算上の資産および負債の金額との間に差異が生じたときに課税所得の計算上減算され，将来，当該差異が解消するときに課税所得の計算上加算されるものである。
(第137回)

3 消費税の処理方法には，（　c　）と（　d　）とがある。仮払消費税と仮受消費税を用いて処理するのが（　c　）である。
(第138回)

Hint ♪
1 課税所得のマイナス（欠損金）は、課税所得がプラスになったときに相殺するため、一定期間繰越すことができる。

答案用紙

a		b		c	
d					

問題 10 税効果・税金② 　　A　5分　➡ 解答203ページ

次の各文章について、正しければ○を、正しくなければ×を付けなさい。

1 事業税，法人税，法人住民税および消費税は，税効果会計の対象となる税金である。
(第120回)

2 繰延税金資産の回収可能性の判断は，法人税等調整額の存在，タックス・プランニングの存在，および将来の加算一時差異の十分性による。
(第135回)

Hint ♪
2 回収には、収入の増加だけでなく、支払の減少も含まれる。課税所得がマイナスであれば、将来、減算してもマイナスのままで効果は現れない。

答案用紙

1	2

理論問題
1 その他有価証券 商品・引当金・
2 固定資産
3 資産除去債務 退職給付・
4 繰延資産・ 純資産・
5 デリバティブ 外貨・
6 税効果・税金
7 ・賃貸等不動産 セグメント情報
8 フロー計算書 キャッシュ・
9 ・事業分離 連結・企業結合
10 企業会計原則
11 その他

問題11　セグメント情報・賃貸等不動産 ①　　C　5分　➡ 解答204ページ

次の文章の空欄に適切な語句を記入しなさい。

1　企業が開示する報告セグメントの利益に含まれる項目のうち、開示が要求されているものには、外部（　a　）への売上高、事業セグメント間の内部売上高又は振替高、減価償却費、（　b　）の償却額、受取利息及び支払利息、（　c　）投資利益（又は損失）、特別利益及び特別損失、税金費用、重要な非資金損益項目がある。（第153回）

2　セグメント情報の報告セグメントの決定において、経営上の意思決定を行い、業績を評価するために、経営者が企業を事業の構成単位に区分した方法を基礎として報告セグメントを決定する方法を（　d　）・アプローチといい、企業はこうして決定された各報告セグメントの概要、利益または損失、資産等の金額とそれらの測定方法などを開示しなければならない。（第158回）

3　棚卸資産に分類される不動産以外で、賃貸収益またはキャピタル・ゲインの獲得を目的として保有されている不動産（ファイナンス・リース取引の貸手による不動産を除く）を（　e　）不動産という。

（　e　）不動産を保有している場合は、その概要、貸借対照表計上額および期中における主な変動、当期末における（　f　）およびその算定方法、および（　e　）不動産に関係する損益を注記しなければならない。（第156回）

Hint!
1　セグメント利益に非資金損益項目を加算しキャッシュ・フローを計算することで、おおまかな事業の価値がわかる。

3　トレーディング目的で保有する棚卸資産のように直ちに売買・換金を行うことはできないが、時価の情報は財務諸表利用者にとって有用である。

答案用紙

a		b		c	
d		e		f	

問題12　セグメント情報・賃貸等不動産 ②　　C　5分　➡ 解答205ページ

次の各文章について、正しければ○を、正しくなければ×を付けなさい。

1　セグメント情報を開示すべき報告セグメントの決定に際して、企業の複数の事業セグメントを集約して1つの事業セグメントとすることは認められない。（第159回）

2　企業は、各報告セグメントの利益（または損失）並びに資産および負債の額を注記によって開示しなければならない。（第159回）

Hint!
1　販売する製品やサービスの内容がほぼ同じであればまとめて開示しても、財務諸表利用者に及ぼす影響は小さい。

3　全社的な資金調達活動を目的とする借入金等の負債を、セグメント別に配分することができるかを考える。

答案用紙

1	2

理論問題

1 その他有価証券 商品・引当金・

2 固定資産

3 退職給付・ 資産除去債務

4 繰延資産・ 純資産

5 デリバティブ 外貨・

6 税効果・税金

7 賃貸等不動産 セグメント情報

8 フロー計算書 キャッシュ・

9 連結・事業分離 企業結合

10 企業会計原則

11 その他

理論編 **テーマ⑧ キャッシュ・フロー計算書**

問題13 キャッシュ・フロー計算書① 　A　5分 ➡ 解答205ページ

次の文章の空欄に適切な語句を記入しなさい。

1　キャッシュ・フロー計算書において，自己株式の取得による支出は，（ a ）活動によるキャッシュ・フローの区分に記載する。　　　　　　　　　　　　（第123回）

2　キャッシュ・フロー計算書におけるキャッシュの範囲は，現金および（ b ）である。　　　　　　　　　　　　　　　　　　　　　　　　　　　　　　（第128回）

3　連結キャッシュ・フロー計算書の作成にあたり，「営業活動によるキャッシュ・フロー」の区分を，「税金等調整前当期純利益」から記載していく方法は，（ c ）による表示という。　　　　　　　　　　　　　　　　　　　　　　　　　　（第131回）

4　キャッシュ・フロー計算書の「営業活動によるキャッシュ・フロー」の表示方法において、営業収入、原材料または商品の仕入れによる支出等、主要な取引ごとにキャッシュ・フローを総額表示する方法を（ d ）という。　　　　　　　　　　　　（第146回）

Hint!
1　株式発行により調達した資金の払戻しであり、関連する区分に記載する。

2　売掛金や受取手形など現金の代わりに受取る現金等価物と混同しないようにする。

答案用紙

a		b		c	
d					

問題14 キャッシュ・フロー計算書② 　A　5分 ➡ 解答206ページ

次の各文章について、正しければ○を、正しくなければ×を付けなさい。

1　キャッシュ・フロー計算書の「営業活動によるキャッシュ・フロー」の区分を間接法で作成した場合，売上債権および棚卸資産の減少はキャッシュ・フローの増加要因となり，仕入債務の減少はキャッシュ・フローの減少要因となる。　　　　　　（第120回）

2　連結キャッシュ・フロー計算書の区分は，営業活動によるキャッシュ・フロー，投資活動によるキャッシュ・フローおよび財務活動によるキャッシュ・フローの3つより成る。　　　　　　　　　　　　　　　　　　　　　　　　　　　　　　　（第125回）

Hint!
1　売上債権の減少はそれだけ多く回収したから。仕入債務の減少はそれだけ多く支払ったから。

答案用紙

1	2

問題15　連結・企業結合・事業分離①　　B　5分　→ 解答206ページ

次の文章の空欄に適切な語句を記入しなさい。

1　連結財務諸表の作成において，投資会社が被投資会社の純資産および損益のうち投資会社に属する部分の変動に応じて，その投資の額を決算日ごとに修正する方法を（　a　）という。　　　　　　　　　　　　　　　　　　　　　　　（第137回）

2　連結会社相互間の取引によって取得した棚卸資産、固定資産その他の資産に含まれる未実現損益は、その全額を消去する。ただし、（　b　）については、売手側の帳簿価額のうち回収不能と認められる部分は消去しない。　　　　　　　　　　　（第158回）

3　連結財務諸表の作成にあたって、連結財務諸表を親会社の財務諸表の延長線上に位置づけて、資本に関して親会社の株主の持分のみを反映させる考え方を親会社説という。

　これに対して、連結財務諸表を親会社とは区別される企業集団全体の財務諸表と位置づけて、企業集団を構成するすべての連結会社の株主の持分を反映させる考え方を（　c　）説という。　　　　　　　　　　　　　　　　　　　　　　　（第152回）

4　企業の特定期間の財務諸表において認識された純資産の変動額のうち、当該企業の純資産に対する持分所有者との直接的取引によらない部分から、当期純利益を差し引いた部分を（　d　）という。　　　　　　　　　　　　　　　　　　　　　　（第158回）

5　包括利益計算書の作成において，当期純利益を構成する項目のうち当期または過去の期間にその他の包括利益に含まれている部分については，その他の包括利益の計算区分から減額する。これをその他の包括利益から当期純利益への（　e　）という。　　　　　　　　　　　　　　　　　　　　　　　　　　　　　　　　（第137回）

6　連結財務諸表の作成にあたり，親会社の子会社に対する投資とこれに対応する子会社の資本を相殺消去し，消去差額が生じた場合には当該差額をのれん（または負ののれんの発生益）として計上するとともに，子会社の資本のうち親会社に帰属しない部分を非支配株主持分に振り替える一連の手続きを（　f　）という。　　　　（第140回）

Hint!

2　未実現利益と未実現○○のことを合わせて、未実現損益といっている。

5　含み益のあるその他有価証券の売却により、有価証券の売却益が計上され、評価差額金はなくなる。

答案用紙

a		b		c	
d		e		f	

理論問題

1 その他有価証券・商品・引当金・

2 固定資産

3 退職給付・資産除去債務

4 繰延資産・純資産・

5 外貨・デリバティブ

6 税効果・税金

7 セグメント情報・賃貸等不動産

8 キャッシュ・フロー計算書

9 連結・企業結合・事業分離

10 企業会計原則

11 その他

問題16 連結・企業結合・事業分離②

B 5分　➡ 解答207ページ

次の文章の空欄に適切な語句を記入しなさい。

1　取得とされた企業結合において，被取得企業の資産・負債を，原則として，企業結合日における時価で算定するが，この方法を（　a　）という。　（第126回）

2　結合当事企業（または事業）のすべてが，企業結合の前後で同一の株主により最終的に支配され，かつ，その支配が一時的ではない場合の企業結合を（　b　）の取引という。　（第140回）

3　事業分離等の会計処理において、分離元企業が現金等の財産などのように移転した事業と異なる資産を対価として受け取る場合や、分離先企業の株式を対価として受け取った場合でも、その分離先企業が子会社や関連会社に該当しない場合、いわゆる売買処理法を適用し、分離元企業は株式等の受取対価を時価で計上するとともに、移転した事業の株主資本相当額との差額は（　c　）として認識しなければならない。　（第143回）

4　会社の分割にあたって、分離元企業の受け取る対価が分離先企業の株式のみであり、事業分離によって分離先企業が新たに分離元企業の子会社や関連会社となる場合、分離元企業は、個別財務諸表上、分離先企業から受け取った株式の取得原価を移転した事業に係る（　d　）相当額にもとづいて算定して処理する。　（第156回）

答案用紙

a	b	c

d		

次の各文章について、正しければ○を、正しくなければ×を付けなさい。

1　A社はB社の議決権のある株式を43％保有しており，A社以外の株主の保有はいずれも5％未満である。B社取締役7名のうち，1名はA社の現在の役員であり，3名はA社の元役員であり，B社の財務および営業または事業の方針決定に影響を与えることができる立場にある。この場合，B社はA社の子会社となる。　　　　　　　（第120回）

2　企業結合時に生じたのれんは，無形固定資産に計上し，定額法その他の合理的な方法により規則的に償却する。負ののれんが生じる場合には，それを固定負債に計上する。
　　　　　　　（第125回）

3　子会社を取得した時に発生した取得関連費用は、親会社の個別財務諸表においては子会社株式の帳簿価額に加算されるが、連結財務諸表においては発生した期間の費用として処理される。　　　　　　　（第159回）

4　子会社株式の一部を売却したものの、子会社に対する支配を喪失していない場合、一部売却に伴う差額（一部売却によって減少する持分と売却によって得た対価との差額）は、売却が行われた期間の損益として処理される。　　　　　　　（第159回）

5　負ののれん発生益を計上すると、その分だけ当期の経常利益が大きくなる。
　　　　　　　（第159回）

6　その他有価証券を売却して売却益を計上すると、その分だけ当期の包括利益が大きくなる。　　　　　　　（第159回）

Hint!
1　40％以上50％以下で、かつ、一定の要件に該当する場合、子会社。
　要件とは、親会社の過去の役員も含めて、子会社の取締役会の過半数を占める場合など。

答案用紙

1	2	3	4	5

6

問題18　企業会計原則　　A　5分　→ 解答209ページ

次の文章の空欄に適切な語句を記入しなさい。

1　企業会計原則は，企業会計の実務の中に慣習として発達したもののなかから，一般に（　a　）と認められたところを要約したものであって，必ずしも法令によって強制されないでも，すべての企業がその会計を処理するに当たって従わなければならない基準である。　　　　　　　　　　　　　　　　　　　　　　　　　　　　（第117回）

2　企業会計原則では，「企業会計は，すべての取引につき，（　b　）の原則に従って，正確な会計帳簿を作成しなければならない」と，規定している。　　　（第123回）

3　（　c　）とは，費用収益の計上時点を，現金収支の有無にかかわらず，その発生の事実にもとづいて行うことを要求する原則である。　　　　　　　　（第126回）

4　企業会計原則では，すべての取引につき，（　d　）の原則に従って，正確な会計帳簿を作成しなければならない。　　　　　　　　　　　　　　　　　　（第131回）

5　前払費用のうち長期前払費用は，貸借対照表上，固定資産の部の（　e　）の区分に記載する。　　　　　　　　　　　　　　　　　　　　　　　　　　　（第131回）

6　正規の簿記の原則は，記録の網羅性，検証可能性および（　f　）という記録の3要件を備えた会計帳簿の作成を要求する原則であるが，その他にも，重要性の乏しいものについては，本来の厳密な会計処理によらずに簡便な会計処理によることも認めている。この結果生じるのが，（　g　）と（　h　）である。　　（第138回）

7　財務諸表に注記すべき（　i　）は，決算日後において発生し，当該事業年度の財務諸表には影響を及ぼさないが，翌事業年度以降の財務諸表に影響を及ぼす会計事象である。
　　したがって，重要な（　i　）については，会社の財政状態，経営成績およびキャッシュ・フローの状況に関する的確な判断に資するため，当該事業年度の財務諸表に注記を行うことが必要となる。　　　　　　　　　　　　　　　　　　　　　（第140回）

Hint !
1　（　f　）とは，各帳簿と財務諸表の数値につながりがあること。

7　決算手続は決算日当日に終わるのではなく，決算日から数カ月をかけて行われる。

答案用紙

a		b		c	
d		e		f	
g		h		i	

理論問題
1　その他有価証券　商品・引当金・
2　固定資産
3　資産除去債務　退職給付・
4　繰延資産　純資産・
5　外貨・　デリバティブ
6　税効果・税金
7　・賃貸等不動産　セグメント情報
8　フロー計算書　キャッシュ・
9　・事業分離　連結・企業結合
10　企業会計原則
11　その他

問題19　その他①　　　　　　　　　A　5分　➡ 解答210ページ

次の文章の空欄に適切な語句を記入しなさい。

1　潜在株式に係る権利の行使を仮定することによって算定した1株当たり当期純利益が、1株当たり当期純利益を下回る場合に、こうした潜在株式は（　a　）効果を持つという。
　　　　　　　　　　　　　　　　　　　　　　　　　　　　　　　　（第143回）

2　四半期財務諸表の作成にあたって、四半期会計期間を年度と並ぶ一会計期間とみた上で、四半期財務諸表を原則として年度の財務諸表と同じ会計方針を適用して作成することにより、当該四半期会計期間に係る企業集団または企業の財政状態、経営成績およびキャッシュ・フローの状況に関する情報を提供するという考え方を（　b　）という。
　　　　　　　　　　　　　　　　　　　　　　　　　　　　　　　　（第143回）

3　過去の財務諸表における誤謬の訂正を財務諸表に反映させることを（　c　）という。
　　　　　　　　　　　　　　　　　　　　　　　　　　　　　　　　（第146回）

4　財務諸表の科目分類、科目配列および報告様式など、財務諸表の作成にあたって採用した表示の方法を財務諸表の表示方法といい、新たな表示方法を過去の財務諸表に遡って適用したかのように表示を変更することを財務諸表の（　d　）という。
　　　　　　　　　　　　　　　　　　　　　　　　　　　　　　　　（第156回）

5　「討議資料　財務会計の概念フレームワーク」によると、会計情報の意思決定（　e　）性を支える特性として、意思決定との関連性と（　f　）性が挙げられている。
　　　　　　　　　　　　　　　　　　　　　　　　　　　　　　　　（第153回）

6　企業は少なくとも決算日から1年間事業活動が継続することについて重要な問題がある場合、その内容と、財務諸表が継続企業を前提として作成されていること（ゴーイング・コンサーン情報）を、「（　g　）に関する注記」として記載しなければならない。
　　　　　　　　　　　　　　　　　　　　　　　　　　　　　　　　（第117回）

Hint
1　新株予約権などの行使により株式数が増え、1株当たりの価値が下がる可能性について、注記して株主や投資家に開示する。

6　企業が継続して事業活動を行うことが困難になる一定の事象等が生じた場合、注記して、利害関係者に対して注意喚起する。

答案用紙

a		b		c	
d		e		f	
g					

理論問題

1 その他有価証券 商品・引当金・

2 固定資産

3 退職給付・ 資産除去債務

4 純資産・ 繰延資産・

5 外貨・ デリバティブ

6 税効果・税金

7 セグメント情報 ・賃貸等不動産

8 キャッシュ・ フロー計算書

9 連結・企業結合 ・事業分離

10 企業会計原則

11 その他

| 問題20 | その他② | | B | 5分 | → 解答211ページ |

次の各文章について、正しければ○を、正しくなければ×を付けなさい。

1　金融商品取引法上の四半期連結財務諸表については、四半期会計期間が四半期連結損益計算書の開示対象期間とされ、期首からの累計期間に係る四半期連結損益計算書を作成する必要はない。　　　　　　　　　　　　　　　　　　　　（第159回）

2　金融商品取引法に基づき四半期連結財務諸表を作成・開示する会社は、四半期個別財務諸表を作成・開示する必要はない。　　　　　　　　　　　　　　（第147回）

3　会社法上の連結計算書類には、連結キャッシュ・フロー計算書は含まれない。（第159回）

4　金融商品取引法上の（個別）財務諸表には、株主資本等変動計算書は含まれない。　　　　　　　　　　　　　　　　　　　　　　　　　　　　　　（第159回）

5　金融商品取引法上の連結財務諸表については、1計算書方式による連結損益及び包括利益計算書の開示が求められ、2計算書方式による連結損益計算書および連結包括利益計算書の開示は認められない。　　　　　　　　　　　　　　（第159回）

Hint

1　3月末決算で第3四半期の場合、期首からの累計期間（4月から12月）を開示する方法と、3カ月情報（10月から12月）を開示する方法がある。年間の業績がどうなるかに関心がある財務諸表利用者にとってどちらの方がよいかを考える。

2　四半期財務諸表を作成するのは主に証券取引所への上場会社であり、財務諸表利用者は連結財務諸表に主に注目している。
　また、個別四半期財務諸表も作成するのは会社にとって負担が大きい。

答案用紙

1	2	3	4	5

第1部　重要テーマ　ヨコ解き！編

商業簿記・会計学
解答・解説

▶ 問題1　有価証券 （第125回本試験改題）　　➡ 問題2ページ

決算整理後残高試算表			（単位：千円）	
売 買 目 的 有 価 証 券	（ 420 ❶ ）	繰 延 税 金 負 債	（ 12 ）	
満 期 保 有 目 的 債 券	（ 990 ❷ ）	その他有価証券評価差額金	（ 28 ）	
そ の 他 有 価 証 券	（ 640 ❸ ）	受 取 配 当 金	（ 35 ）	
		有 価 証 券 利 息	（ 40 ❹ ）	
		有 価 証 券 評 価 益	（ 40 ）	

❶ $\underset{\text{期末時価}}{420}$

❷ $980 + 10 = 990$

❸ $\underset{\text{期末時価}}{640}$

❹ $30 + 10 = 40$

解 説 ▶ （単位：千円）

1．A社株式（売買目的有価証券）

　洗替法か切放法かの指示が問題文にないが，帳簿価額が取得原価に戻っていないため，切放法と判断し，期末時価と帳簿価額を比較します。

（借）売買目的有価証券	40*1	（貸）有価証券評価益	40

　＊1　$420 - 380 = 40$

2．B社株式（その他有価証券）

（借）その他有価証券	40	（貸）繰延税金負債	12 *2
		その他有価証券評価差額金	28 *3

　＊2　$(640 - 600) \times 30\% = 12$
　＊3　$40 - 12 = 28$

3．C社社債（満期保有目的債券）

（借）満期保有目的債券	10 *4	（貸）有価証券利息	10

　＊4　$(1,000 - 970) \div 3年 = 10$

解 答 ▶ 問題2　有価証券 （第137回本試験改題）　　➡ 問題3ページ

決算整理後残高試算表			（単位：円）	
満 期 保 有 目 的 債 券	（ 79,600 ❶ ）	その他有価証券評価差額金	（ 9,100 ❸ ）	
そ の 他 有 価 証 券	（ 65,000 ❷ ）	有 価 証 券 利 息	（ 898 ❹ ）	
投資有価証券評価損	（ 11,000 ）	為 替 差 損 益	（ 4,977 ❺ ）	

❶ $\underset{\text{期末換算額}}{796\text{ドル} \times 100\text{円}} = 79,600$

❷ $\underset{\text{期末時価}}{22,000 + 350\text{ドル} \times 100\text{円} + 80\text{ドル} \times 100\text{円}}$
$= 65,000$

❸ $2,000 + 7,100 = 9,100$

❹ $800 + 98 = 898$

❺ $1,000 + 3,977 = 4,977$

計算解説

1
有価証券

2
固定資産

3
退職給付

4
社債

5
貸倒引当金

6
為替予約

7
純資産

8
ソフトウェア

9
現金預金

10
税効果会計

11
商品の評価

12
成果連結

13
包括利益・資本連結・

14
企業結合・事業分離

15
持分法

16
商品売買

解説 ▶ （単位：円）

1．A社株式

（借）その他有価証券 2,000*1 （貸）その他有価証券評価差額金 2,000

＊1 22,000 － 20,000 ＝ 2,000

2．B社株式

（借）その他有価証券 7,100*2 （貸）その他有価証券評価差額金 7,100

＊2 350 ドル× 100 － 300 ドル× 93 ＝ 7,100

3．C社社債

償還期間は，当期末から4年であるため期首からは5年となります。

(1) 外貨建償却額

$$\left(\underset{\text{券面額}}{800\text{ ドル}} - \underset{\text{取得原価}}{795\text{ ドル}}\right) \times \frac{1}{4\text{年}+1\text{年}} = 1\text{ ドル}$$

(2) 円貨建償却額

$$1\text{ ドル} \times \underset{\text{当期中平均レート}}{98\text{ 円}} = 98\text{ 円}$$

(3) 期末換算替え

$$\underset{\text{外貨建償却原価}}{(795\text{ ドル} + 1\text{ ドル})} \times \underset{\text{当期末レート}}{100\text{ 円}} - \underset{\text{取得原価}}{(795\text{ ドル} \times 95\text{ 円}} \underset{\text{当期首レート}}{}$$

$$+ 98\text{ 円}) = 3,977\text{ 円（為替差益）}$$

（借）満期保有目的債券 98 （貸）有価証券利息 98

（借）満期保有目的債券 3,977 （貸）為 替 差 損 益 3,977

4．D社株式

時価が著しく下落し，回復の見込みは不明なため，評価減を行います。

（借）投資有価証券評価損 11,000*3 （貸）その他有価証券 11,000

＊3 80 ドル× 100 － 200 ドル× 95 ＝△ 11,000

解答 ▶ 問題3 有価証券 （第140回本試験改題） ➡ 問題4ページ

決算整理後残高試算表		（単位：千円）	
売買目的有価証券	（ 5,300❶）	繰越税金負債 （ 60 ）
満期保有目的債券	（ 995❷）	その他有価証券評価差額金 （ 140 ）
その他有価証券	（ 3,000❸）	有価証券利息 （ 55❺）
関連会社株式	（ 600❹）	有価証券評価損益 （ 900 ）
繰延税金資産	（ 270 ）	法人税等調整額 （ 270 ）
関連会社株式評価損	（ 900 ）		

❶ $\underset{\text{期末時価}}{4,200 + 10\text{ ドル} \times 110} = 5,300$

❷ 990 ＋ 5 ＝ 995

❸ $\underset{\text{期末時価}}{3,000}$

❹ 1,500 － 900 ＝ 600

❺ 50 ＋ 5 ＝ 55

解説 ▶ （単位：千円）

1．売買目的有価証券

有価証券評価損益：（4,200 千円＋ 10 千ドル× 110 円／ドル）－ 4,400 千円＝ 900 千円

（借）売買目的有価証券 900 （貸）有価証券評価損益 900

2．満期保有目的債券

（借）満期保有目的債券 5 *1（貸）有価証券利息 5

＊1 （1,000 － 990）÷ 2 年＝ 5

3．その他有価証券

（借）その他有価証券 200 （貸）繰延税金負債 60 *2

その他有価証券評価差額金 140 *3

＊2 （3,000 － 2,800）× 30％＝ 60

＊3 200 － 60 ＝ 140

4．関連会社株式

問題文に税効果を適用する指示があるため，関連会社株式評価損について適用します。

（借）関連会社株式評価損 900*4 （貸）関連会社株式 900

繰延税金資産 270*5 法人税等調整額 270

＊4 1,500 － 2,400 × 25％＝ 900

＊5 900 × 30％＝ 270

<table>
<tr><td colspan="4" align="center">決算整理後残高試算表</td><td align="right">（単位：千円）</td></tr>
<tr><td>満期保有目的債券</td><td align="right">（ 53,900❶ ）</td><td>その他有価証券評価差額金</td><td align="right">（ 1,370❺ ）</td></tr>
<tr><td>その他有価証券</td><td align="right">（ 37,950❷ ）</td><td>有 価 証 券 利 息</td><td align="right">（ 900❻ ）</td></tr>
<tr><td>投資有価証券評価損</td><td align="right">（ 12,300❸ ）</td><td></td><td></td></tr>
<tr><td>為 替 差 損 益</td><td align="right">（ 1,445❹ ）</td><td></td><td></td></tr>
</table>

❶ 490 × 110 円 = 53,900

❷ 255 × 110 円 + 90 × 110 円 = 37,950

❸ 90 × 110 円 − 200 × 111 円 = △ 12,300

❹ 1,000 + △ 2,445 = △ 1,445

❺ 255 × 110 円 − 230 × 116 円 = 1,370

❻ 330 + 570 = 900

解 説 ▶ （仕訳の単位：千円）

1. 満期保有目的債券 （B社社債）

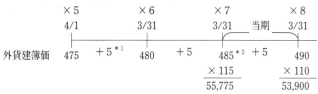

* 1 （500 千ドル − 475 千ドル）÷ 5 年 = 5 千ドル
* 2 475 千ドル + 5 千ドル × 2 年 = 485 千ドル

（借）満期保有目的債券 570*1 （貸）有価証券利息 570
（借）為 替 差 損 益 2,445*2 （貸）満期保有目的債券 2,445

* 1 5 千ドル × @ 114 円 = 570
外貨建てで償却額を計算してから期中平均レートで換算します。
* 2 （485 千ドル + 5 千ドル）× @ 110 円 = 53,900
53,900 − （485 千ドル × 115 円 + 570）= △ 2,445
償却原価について決算時レートで換算替えを行います。

前期末も決算時レートで換算していることに注意します。

前 T / B 満期保有目的債券：485 千ドル × @ 115 円
＝ 55,775

2. その他有価証券

（1） A社株式

> 外貨建その他有価証券
> ・外貨建時価 × CR − 外貨建取得原価 × HR = 評価差額金

（借）その他有価証券 1,370* （貸）その他有価証券評価差額金 1,370

* 255 千ドル × @ 110 円 − 230 千ドル × @ 116 円 = 1,370

（2） C社株式

問題文に時価の回復の見込みの記載が無いため、回復の見込みは不明と判断します。

（借）投資有価証券評価損 12,300* （貸）その他有価証券 12,300

* 90 千ドル − 200 千ドル = △ 110 千ドル
110 千ドル ≧ 200 千ドル × 50%
90 千ドル × @ 110 円 − 200 千ドル × @ 111 円 = 12,300

前 T / B その他有価証券
230 千ドル × @ 116 円 + 200 千ドル × @ 111 円 = 48,880

<table>
<tr><td colspan="2" align="center">決算整理後残高試算表</td><td align="right">（単位：千円）</td></tr>
<tr><td>その他有価証券 （ 10,080❶ ）</td><td>繰 延 税 金 負 債</td><td align="right">（ 54❷ ）</td></tr>
<tr><td></td><td>その他有価証券評価差額金</td><td align="right">（ 126❸ ）</td></tr>
<tr><td></td><td>有 価 証 券 利 息</td><td align="right">（ 300❹ ）</td></tr>
<tr><td></td><td>投資有価証券売却益</td><td align="right">（ 4,000 ）</td></tr>
</table>

❶ 10,080
  期末時価

❷ 1,575 − 1,500 − 75 + 54 = 54

❸ 3,675 − 3,500 − 175 + 126 = 126

❹ 200 + 100 = 300

計算解説

1 有価証券
2 固定資産
3 退職給付
4 社債
5 貸倒引当金
6 為替予約
7 純資産
8 ソフトウェア
9 現金預金
10 税効果会計
11 商品の評価
12 成果連結
13 包括利益連結・資本連結
14 事業結合・企業結合・事業分離
15 持分法
16 商品売買

解説 ▶ （単位：千円）

1．その他有価証券

（1）J社株式

① 再振替仕訳

(借) 繰延税金負債 1,500 *2 （貸) その他有価証券 5,000 *1
その他有価証券評価差額金 3,500 *3

* 1 30,000 − 25,000 = 5,000
* 2 5,000 × 30% = 1,500
* 3 5,000 − 1,500 = 3,500

② 売却

再振替仕訳によりその他有価証券の簿価は，取得原価に戻っていることに注意します。

(借) 仮 受 金 29,000 （貸) その他有価証券 25,000
投資有価証券売却益 4,000

（2）K社社債

① 再振替仕訳

その他有価証券のうち債券については期末にまず償却原価法を適用し，その後時価評価を行います。

翌期首には償却分は振戻さずに，時価評価分のみを振戻します。

前期末償却原価：

$9,600 千円 ＋ （10,000 千円 − 9,600 千円） \times \dfrac{2 年}{4 年}$

$= 9,800 千円$

(借) 繰延税金負債 75 *5 （貸) その他有価証券 250 *4
その他有価証券評価差額金 175 *6

* 4 10,050 − 9,800 = 250
* 5 250 × 30% = 75
* 6 250 − 75 = 175

② 当期の償却

(借) その他有価証券 100 （貸) 有価証券利息 100

③ 期末の時価評価

当期末償却原価：$9,800 千円 ＋ （10,000 千円 − 9,600 千円） \times \dfrac{1 年}{4 年} = 9,900 千円$

(借) その他有価証券 180 *7 （貸) 繰延税金負債 54 *8
その他有価証券評価差額金 126 *9

* 7 10,080 − 9,900 = 180
* 8 180 × 30% = 54
* 9 180 − 54 = 126

解答 ▶ 問題6 有価証券 （第158回本試験改題） → 問題7ページ

決算整理後残高試算表 （単位：千円）

投 資 有 価 証 券	（ 62,826 ❶ ）	有 価 証 券 利 息	（ 684 ❹ ）
繰 延 税 金 資 産	（ 5,100 ❷ ）	法 人 税 等 調 整 額	（ 4,800 ）
その他有価証券評価差額金	（ 700 ❸ ）		
投資有価証券評価損	（ 16,000 ）		

❶ $\underset{C社株式}{19,000} + \underset{D社株式}{14,000} + \underset{E社社債}{29,826} = 62,826$

❷ $\underset{D株減損}{16,000 \times 30\%} + \underset{C社株式}{300} = 5,100$

❸ $(\underset{C株時価}{19,000} - \underset{C株原価}{20,000}) \times (1 - 30\%) = \triangle 700$

❹ $600 + 84 = 684$

解説 ▶ （単位：千円）

1．満期保有目的債券

（1）利札の受取り（処理済み）

(借) 現 金 預 金 600 （貸) 有価証券利息 600*

* 30,000 × 2% = 600

（2）期末の評価

前期 利息配分額：29,660 × 2.3% = 682.18 → 682
利札受取額：30,000 × 2% = 600
償 却 額：682 − 600 = 82
前期末償却原価：29,660 + 82 = 29,742

(借) 投資有価証券 84* （貸) 有価証券利息 84

* 利息配分額：29,742 × 2.3% = 684.066 → 684
利札受取額：30,000 × 2% = 600
償 却 額：684 − 600 = 84

当期末償却原価：29,742 + 84 = 29,826

2．その他有価証券

（1）前期末の評価替え（C社株式、D社株式）

(借) 投資有価証券 1,000 *1 （貸) 繰延税金負債 300 *2
その他有価証券評価差額金 700 *3

* 1 （23,000 + 28,000） − （20,000 + 30,000） = 1,000
* 2 1,000 × 30% = 300
* 3 1,000 × （1 − 30%） = 700

(2) 再振替仕訳（未処理）

(借) 繰延税金負債	300	(貸) 投資有価証券	1,000
その他有価証券評価差額金	700		

(3) 当期末の評価替え

① C社株式

(借) 繰延税金資産	300*2	(貸) 投資有価証券	1,000*1
その他有価証券評価差額金	700*3		

*1 $19,000 - 20,000 = \triangle 1,000$
*2 $1,000 \times 30\% = 300$
*3 $1,000 \times (1 - 30\%) = 700$

(4) D社株式

当期末時価が取得原価の50％以上下回っているため、時価が著しく下落したと判断し減損処理を行います。

また、問題文に減損処理について税効果会計を適用する指示があるため、税効果会計を適用します。

① 評価損の計上

(借) 投資有価証券評価損	16,000	(貸) 投資有価証券	16,000*

* $14,000 - 30,000 = \triangle 16,000$
   $16,000 \geqq 30,000 \times 50\% = 15,000$

② 税効果会計

(借) 繰延税金資産	4,800*	(貸) 法人税等調整額	4,800

* $16,000 \times 30\% = 4,800$

有価証券の減損処理については、法人税法上、評価損が損金算入され税効果を適用しない場合と、損金不算入となり税効果を適用する場合があります。

そのため、本試験では問題文の指示に従って解答するようにしてください。

解 答 ▶ 問題7 有価証券 （第128回本試験改題）　　➡ 問題8ページ

決算整理後残高試算表		（単位：千円）	
その他有価証券	(4,250❶)	その他有価証券評価差額金	(50)
関係会社株式	(600❷)	繰延ヘッジ損益	(200)
金利スワップ資産	(200)	有価証券利息	(100)
関係会社株式評価損	(600)		

❶ $\underset{\text{期末時価}}{\underline{2,850 + 1,400}} = 4,250$

❷ $1,200 - 600 = 600$

解 説 ▶ （単位：千円）

1．A社社債

(1) その他有価証券

(借) その他有価証券評価差額金	150	(貸) その他有価証券	150*1

*1 $2,850 - 3,000 = \triangle 150$

(2) 金利スワップ

繰延ヘッジを適用するため、金利スワップにかかる損益を繰り延べます。

(借) 金利スワップ資産	200	(貸) 繰延ヘッジ損益	200

2．B社株式

(借) その他有価証券	200*2	(貸) その他有価証券評価差額金	200

*2 $1,400 - 1,200 = 200$

3．関係会社株式

時価のない株式については，株式の発行会社の財政状態の悪化により実質価額が著しく低下したときは，相当の減額を行い，評価差額は当期の損失として処理します。なお，実質価額が取得原価のちょうど50％になった場合も「著しく低下したとき」に含まれます。

(借) 関係会社株式評価損	600*3	(貸) 関係会社株式	600

*3 $2,000 \times 30\% - 1,200 = \triangle 600$

計算解説

1 有価証券

2 固定資産

3 退職給付

4 社債

5 貸倒引当金

6 為替予約

7 純資産

8 ソフトウェア

9 現金預金

10 税効果会計

11 商品の評価

12 成果連結

13 包括利益・資本連結・

14 企業結合・事業分離

15 持分法

16 商品売買

解 答 ▶ **問題8 有価証券**（第144回本試験改題） ➡ 問題9ページ

決算整理後残高試算表			（単位：千円）
売買目的有価証券	（ *10,357*❶ ）	有価証券利息	（ *86*❹ ）
満期保有目的債券	（ *2,132*❷ ）	有価証券運用益	（ *1,785*❺ ）
関連会社株式	（ *2,725*❸ ）	受取配当金	（ *58* ）
関連会社株式評価損	（ *3,095* ）	為替差損益	（ *213* ）

❶ $\underset{\text{期末時価}}{\underline{2,182 + 25 \text{ドル} \times 3 \text{千株} \times 109 \text{円}}}$
$= 10,357$

❷ $\underset{\text{期末換算額}}{\underline{19,564 \text{ドル} \times 109 \text{円}}} \fallingdotseq 2,132$

❸ $5,820 - 3,095 = 2,725$

❹ $44 + 42 = 86$

❺ $128 - 50 + 1,707 = 1,785$

解 説 ▶ （単位：千円）

1．A社株式

（借）有価証券運用損 50*[1] （貸）売買目的有価証券 50

＊1 $2,182 - 2,232 = \triangle 50$

2．B社株式

（借）売買目的有価証券 1,707*[2] （貸）有価証券運用益 1,707

＊2 $25 \text{ドル} \times 3 \text{千株} \times 109 \text{円} - 22 \text{ドル} \times 3 \text{千株} \times 98 \text{円} = 1,707$

3．C社社債

償却額は外貨建簿価に実効利子率を掛けて計算するため，当期首の外貨建簿価を計算する必要があります。

4．D社株式

前T／B関連会社株式：5,820千円（問題文より）
実質価額：$100 \text{千ドル} \times 25\% \times 109 \text{円}$
$= 2,725 \text{千円}$（後T／B）

（借）関連会社株式評価損 3,095*[3] （貸）関連会社株式 3,095

＊3 $2,725 - 5,820 = \triangle 3,095$

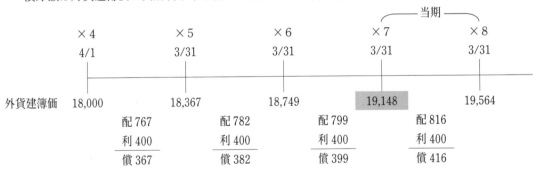

期首簿価：$19,148 \text{ドル} \times 98 \text{円} = 1,876,504 \text{円} \rightarrow 1,877 \text{千円}$（前T／B満期保有目的債券）

利息配分額：$19,148 \text{ドル} \times 4.26\% = 815.70 \cdots \rightarrow 816 \text{ドル}$

利札受取額：$20,000 \text{ドル} \times 2\% = 400 \text{ドル}$

外貨建償却額：$816 \text{ドル} - 400 \text{ドル} = 416 \text{ドル}$

円建償却額：$416 \text{ドル} \times 102 \text{円} = 42,432 \text{円} \rightarrow 42 \text{千円}$

B／S価額：$(19,148 \text{ドル} + 416 \text{ドル}) \times 109 \text{円} = 2,132,476 \text{円} \rightarrow 2,132 \text{千円}$

為替差損益：$\underset{\text{B／S価額}}{\underline{2,132 \text{千円}}} - \underset{\text{償却原価}}{(\underline{1,877 \text{千円} + 42 \text{千円}})} = 213 \text{千円}$（差益）

（借）満期保有目的債券 42 （貸）有価証券利息 42
（借）満期保有目的債券 213 （貸）為替差損益 213

決算整理後残高試算表　　（単位：千円）

現 金 預 金	239,000	繰 延 税 金 負 債	(6,990 ❸)
その他有価証券	(192,000 ❶)	その他有価証券評価差額金	(13,510 ❹)
関 連 会 社 株 式	(50,000 ❷)	繰 延 ヘ ッ ジ 損 益	(1,400)
先 物 取 引 差 金	(2,000)	有 価 証 券 評 価 損 益	(100)
繰 延 税 金 資 産	(600)	関連会社株式売却益	(35,000)

❶ $\underset{\text{A株式}}{3,000} + \underset{\text{C株式}}{91,000} + \underset{\text{国債}}{98,000} = 192,000$

❷ $14,000 + 36,000 = 50,000$

❸ $\underset{\text{A株式}}{90} + \underset{\text{C株式}}{6,300} + \underset{\text{国債}}{600} = 6,990$

❹ $\underset{\text{A株式}}{210} + \underset{\text{C株式}}{14,700} - \underset{\text{国債}}{1,400} = 13,510$

解 説 ▶ （仕訳の単位：千円）

1．A社株式

(1) 保有目的の変更（売買→その他）

　有価証券の保有目的を変更したときは、原則として、変更前の保有目的に従って処理します。売買目的有価証券からその他有価証券に振り替えたときは、変更時の時価に評価替えをし、評価差額を損益として処理します。

保有目的の変更（原則的処理）
- 振替価額：変更「前」の保有目的の金額で振替える。
　　　　　売買目的→変更時の時価
- 評価差額：変更「前」の保有目的から生じたとして処理。
　　　　　売買目的→有価証券評価損益
- 決 算 時：変更後の保有目的で評価

(借) その他有価証券　2,700　　(貸) 売買目的有価証券　2,600
　　　　　　　　　　　　　　　　　有価証券評価損益　　100*

＊　2,700 － 2,600 = 100

(2) 時価評価（その他有価証券）

(借) その他有価証券　300*1　(貸) 繰延税金負債　　　90*2
　　　　　　　　　　　　　　　　その他有価証券評価差額金　210*3

＊1　3,000 － 2,700 = 300　＊2　300 × 30% = 90
＊3　300 × （1 － 30%） = 210

2．B社株式

(1) 追加取得（未処理）

(借) 関連会社株式 36,000　　(貸) 現 金 預 金 36,000

(2) 保有目的の変更（その他→関連）

　その他有価証券から他の保有目的に変更するときは、例外的に変更後の保有目的にしたがって処理します。

　関連会社株式に変更するため、帳簿価額で振り替えます。

(借) 関連会社株式 14,000　　(貸) その他有価証券 14,000

3．C社株式

(1) 売却（未処理）

(借) 現 金 預 金 175,000　　(貸) 関連会社株式 140,000
　　　　　　　　　　　　　　　　関連会社株式売却益　35,000

(2) 保有目的の変更（関連→その他）

　関連会社株式からその他有価証券に振り替えたときは、変更前の保有目的にしたがって変更時の簿価で振り替えます。

(借) その他有価証券 70,000*　(貸) 関 連 会 社 株 式 70,000

＊　210,000 － 140,000 = 70,000

(3) 時価評価

(借) その他有価証券 21,000*1 (貸) 繰延税金負債　6,300*2
　　　　　　　　　　　　　　　その他有価証券評価差額金 14,700*3

＊1　期末時価：$273,000 \times \dfrac{10\%}{30\%} = 91,000$

　　評価差額：$91,000 - 210,000 \times \dfrac{10\%}{30\%} = 21,000$

＊2　21,000 × 30% = 6,300
＊3　21,000 × （1 － 30%） = 14,700

4．国債

(1) ヘッジ対象（その他有価証券）の評価

(借) 繰延税金資産　　600*2 (貸) その他有価証券　2,000*1
　　その他有価証券評価差額金　1,400*3

＊1　98,000 － 100,000 = △2,000
＊2　2,000 × 30% = 600
＊3　2,000 × （1 － 30%） = 1,400

(2) ヘッジ手段（先物取引）の評価

(借) 先物取引差金　2,000　　(貸) 繰延税金負債　　600*1
　　　　　　　　　　　　　　　　繰延ヘッジ損益　1,400*2

＊1　2,000 × 30% = 600　　＊2　2,000 × （1 － 30%） = 1,400

計算解説

1 有価証券

2 固定資産

3 退職給付

4 社債

5 貸倒引当金

6 為替予約

7 純資産

8 ソフトウェア

9 現金預金

10 税効果会計

11 商品の評価

12 成果連結

13 包括利益・資本連結・

14 事業分離・企業結合・

15 持分法

16 商品売買

解答 ▶ | 問題1 　固定資産 （第147回本試験改題） | ➡ 問題12ページ

決算整理後残高試算表　（単位：千円）

建　　　　物	300,000	建物減価償却累計額	（ *72,000* ❷ ）
備　　　　品	160,000	備品減価償却累計額	（ *90,195* ❸ ）
減 価 償 却 費	（ *25,926* ❶ ）		

❶ $\underline{12,000} + \underline{7,926} + \underline{6,000} = 25,926$
　建物　　備品(事務) 備品(営業)

❷ $300,000 \div 25\,年 \times 6\,年 = 72,000$

❸ $76,269 + 7,926 + 6,000 = 90,195$

解 説 ▶ （単位：千円）

1．建物

（借）減 価 償 却 費 12,000* 　（貸）建物減価償却累計額 12,000

* 　$300,000 \div 25\,年 = 12,000$

2．備品（事務用）

（借）減 価 償 却 費 7,926* 　（貸）備品減価償却累計額 7,926

* 　償却率：$1 \div 8\,年 \times 200\% = 0.25$
　$(100,000 - 76,269) \times 0.25 = 5,932.75 \rightarrow 5,932$
　$100,000 \times 0.07909 = 7,909$
　$5,932 < 7,909 \quad \therefore$ 改定償却率を使用
　$(100,000 - 76,269) \times 0.334 = 7,926.154 \rightarrow 7,926$

3．備品（営業用）

（借）減 価 償 却 費 6,000* 　（貸）備品減価償却累計額 6,000

* 　償却率：$1 \div 5\,年 \times 200\% = 0.4$
　$60,000 \times 0.4 \times \dfrac{3\,カ月}{12\,カ月} = 6,000$
　$60,000 \times 0.10800 \times \dfrac{3\,カ月}{12\,カ月} = 1,620$
　$6,000 > 1,620 \quad \therefore 6,000$

決算整理後残高試算表　　　（単位：千円）

現　金　預　金	85,000	リ　ー　ス　債　務	（ 66,750 ❶ ）
リ　ー　ス　資　産	（ 78,600 ）	リース資産減価償却累計額	（ 9,825 ）
減　価　償　却　費	（ 9,825 ）		
支　払　利　息	（ 3,150 ）		

❶ 78,600 − 11,850 = 66,750

解説 ▶ （仕訳の単位：千円）

(1)　取得日（×7年4月1日）

　　リース料総額の現在価値と見積現金購入価額のうちいずれか低い額をリース資産・リース債務とします。

　　現在価値：15,000 × 5.42 = 81,300 ＞ 78,600

　　よってリース資産の計上額：78,600

(借)リ ー ス 資 産 78,600　　(貸)リ ー ス 債 務 78,600

(2)　リース料支払日（×8年3月31日）

　　見積現金購入価額をリース資産として計上した場合には、リース料総額の現在価値を見積現金購入価額と等しくする割引率（4%）を用います。

本問では各年度の年金現価係数が与えられているため、リース料と年金現価係数を用いてリース債務返済額を先に計算し、支払利息を差額で計算します。

(借)リ ー ス 債 務 11,850*1　(貸)現 金 預 金 15,000
　　支 払 利 息 3,150*2

* 1　×8年3月末リース債務：15,000 × 4.45 = 66,750
　　 リース債務返済額：78,600 − 66,750 = 11,850
* 2　15,000 − 11,850 = 3,150

(3)　決算日（×8年3月31日）

　　所有権移転の場合、経済的耐用年数で償却し、所有権移転外の場合、リース期間で償却します。

(借)減 価 償 却 費 9,825*　(貸)リース資産減価償却累計額 9,825

* 78,600 ÷ 8年 = 9,825

計算解説

1 有価証券

2 固定資産

3 退職給付

4 社債

5 貸倒引当金

6 為替予約

7 純資産

8 ソフトウェア

9 現金預金

10 税効果会計

11 商品の評価

12 成果連結

13 包括利益・資本連結・

14 事業分離・企業結合・

15 持分法

16 商品売買

解 答 ▶ 問題3 固定資産 （第152回本試験改題） ➡ 問題14ページ

決算整理後残高試算表 （単位：千円）

現 金 預 金	100,000	リ ー ス 債 務	(137,400)
リ ー ス 資 産	(137,400)	未 払 利 息	(1,300)
減 価 償 却 費	(9,160)	リース資産減価償却累計額	(9,160)
支 払 利 息	(1,300)		

解 説 ▶ （仕訳の単位：千円）

(1) 取得日 （×7年12月1日）

現在価値：$30,000 \times 4.58 = 137,400 < 141,300$

よってリース資産の計上額：137,400

（借）リ ー ス 資 産 137,400 （貸）リ ー ス 債 務 137,400

(2) 決算日 （×8年3月31日）

まず1年分の利息を計算し、当期分の利息の見越し計上を行います。

（借）支 払 利 息 1,300* （貸）未 払 利 息 1,300

* ×8年11月末リース債務：$30,000 \times 3.71 = 111,300$
リース債務返済額：$137,400 - 111,300 = 26,100$
1年分利息：$30,000 - 26,100 = 3,900$

$$3,900 \times \frac{4 \, カ月}{12 \, カ月} = 1,300$$

(3) 決算日 （×8年3月31日）

期中取得のため月割計算します。

（借）減 価 償 却 費 9,160* （貸）リース資産減価償却累計額 9,160

* $137,400 \div 5年 \times \dfrac{4 \, カ月}{12 \, カ月} = 9,160$

決算整理後残高試算表 （単位：千円）

建 物	(26,900 ❶)	資 産 除 去 債 務	(2,022 ❸)	
備 品	(4,000)	建物減価償却累計額	(9,750 ❹)	
減 価 償 却 費	(3,850 ❷)	備品減価償却累計額	(3,000 ❺)	
利 息 費 用	(62)			

❶ 27,000 − 100 = 26,900

❷ 2,400 + 450 + 1,000 = 3,850

❸ 2,060 + 62 − 100 = 2,022

❹ 6,900 + 2,400 + 450 = 9,750

❺ 2,000 + 1,000 = 3,000

解 説 ▶ （単位：千円）

1．資産除去債務

（1）取得時

有形固定資産の除去に要する将来キャッシュ・フローの割引現在価値を負債として計上するとともに，同額を関連する有形固定資産の帳簿価額に加えます。

（借）建 物 12,000 （貸）現 金 預 金 10,000
資産除去債務 2,000 *1

* 1 $2,319 \div 1.03^5 = 2,000.38\cdots \rightarrow 2,000$

（2）前期末

イ）除去費用の配分

（借）減 価 償 却 費 2,400 *2 （貸）建物減価償却累計額 2,400

* 2 $12,000 \div 5$ 年 $= 2,400$

ロ）利息費用の計上

（借）利 息 費 用 60 *3 （貸）資産除去債務 60

* 3 $2,000 \times 3\% = 60$

前T／B資産除去債務：2,000 + 60 = 2,060

（2）当期末

イ）除去費用の配分（減価償却）

（借）減 価 償 却 費 2,400 （貸）建物減価償却累計額 2,400

ロ）利息費用の計上

（借）利 息 費 用 62 *4 （貸）資産除去債務 62

* 4 $2,060 \times 3\% = 61.8 \rightarrow 62$

資産除去債務：2,060 + 62 = 2,122

ハ）除去費用の見積額の減少

除去費用の見積りの増加は新たな負債の発生と考え，変更時の割引率を用います。一方，除去費用の見積りの減少はもともと計上していた負債が減少したと考え，当初の割引率を用います。

$2,210 \div 1.03^3 = 2,022.46\cdots \rightarrow 2,022$

$2,122 - 2,022 = 100$（減少額）

（借）資産除去債務 100 （貸）建 物 100

2．その他の固定資産の減価償却

（1）建 物

（借）減 価 償 却 費 450 *5 （貸）建物減価償却累計額 450

* 5 $(27,000 - 12,000) \times 0.9 \div 30$ 年 $= 450$

（2）備 品

（借）減 価 償 却 費 1,000 *6 （貸）備品減価償却累計額 1,000

* 6 $1 \div 5$ 年 $\times 250\% = 0.5$

$(4,000 - \underset{\text{前T/B累計額}}{2,000}) \times 0.5 = 1,000$

$4,000 \times 0.06249 = 249.96 \rightarrow 250$

$1,000 > 250$

∴ 1,000 千円

除去費用の減少は当期末に発生しているため，減価償却には翌期から影響させます。

翌期の減価償却費：

$2,400 - 100 \div 3$ 年（残存年数）$\fallingdotseq 2,367$

または

$(12,000 - 4,800 - 100) \div 3$ 年 $\fallingdotseq 2,367$

計算解説

1 有価証券

2 固定資産

3 退職給付

4 社債

5 貸倒引当金

6 為替予約

7 純資産

8 ソフトウェア

9 現金預金

10 税効果会計

11 商品の評価

12 成果連結

13 資本連結・包括利益

14 企業結合・事業分離

15 持分法

16 商品売買

解答 ▶ 問題5　固定資産 （第137回本試験改題）　➡ 問題16ページ

決算整理後残高試算表	（単位：千円）
機　械　装　置（ *908,989*❶ ）	資 産 除 去 債 務（　*9,574*❷ ）
減 価 償 却 費（ *151,184* ）	機械装置減価償却累計額（ *604,736*❸ ）
利 　息 　費 　用（　*150* ）	

❶ 907,104 + 1,885 = 908,989

❷ 7,539 + 150 + 1,885 = 9,574

❸ 453,552 + 151,184 = 604,736

解説 ▶ （単位：千円）

1．資産除去債務の計上時

資産除去債務の計上額：8,000 千円 × 0.88797 = 7,103.76
　　　　　　　　　　　　　　　　期間6年　年2%

　　　　　　　　　　→ 7,104 千円（四捨五入）

（借）機 械 装 置 907,104　（貸）現 金 預 金 900,000
　　　　　　　　　　　　　　　　資産除去債務　7,104

2．当期の利息費用 （X4 年 4 月 ～ X5 年 3 月）

(1)　当初見積分

　問題文に「現価の算定にあたっては，次の現価係数を用いること」とあるため，現価係数で求めた資産除去債務の差額で利息費用を算定します。

①　X4 年 3 月 31 日：

　　8,000 千円 × 0.94232 = 7,538.56 → 7,539 千円
　　　　　　　　期間3年　年2%　　　　　　　（前T/B）

②　X5 年 3 月 31 日：

　　8,000 千円 × 0.96117 = 7,689.36 → 7,689 千円
　　　　　　　　期間2年　年2%

③　資産除去債務の増加額：

　　　　7,689 千円 － 7,539 千円 = 150 千円

（借）利 息 費 用　150　（貸）資産除去債務　150

(2)　見積増加分

　見積りの変更に伴い割引前将来C／Fが増加した場合は，見積変更時点の割引率を適用し，残存年数で割引きます。

　なお，割引前将来C／Fが減少した場合は，負債計上時点の割引率を適用します。

　X5 年 3 月から償却が終了する X7 年 3 月まで 2 年間で割引きます。

　（10,000 千円 　－　 8,000 千円）× 0.94260
　　X5年3月見積額　　　X1年4月見積額　　　期間2年　年3%

　　= 1,885.2 → 1,885 千円

（借）機 械 装 置 1,885　（貸）資産除去債務 1,885

3．機械装置の減価償却費時

　除去費用の増加分は当期末に発生しているため，翌期より減価償却に含めます。

（借）減 価 償 却 費 151,184*　（貸）機械装置減価償却累計額 151,184

*　907,104 ÷ 6 年 = 151,184

　翌期の減価償却費：

　151,184 + 1,885 ÷ 2 年（残存年数）≒ 152,127

決算整理後残高試算表 （単位：千円）

建 物	2,500,000	建物減価償却累計額	(500,000 ❷)
構 築 物	(83,852 ❶)	構築物減価償却累計額	(16,770 ❸)
減 価 償 却 費	(105,590)	資 産 除 去 債 務	(4,210 ❹)
利 息 費 用	(123)	圧 縮 積 立 金	(400,000 ❺)
		繰 越 利 益 剰 余 金	(220,000 ❻)

❶ 80,000 + 3,852 = 83,852

❷ 400,000 + 100,000 = 500,000

❸ 11,180 + 5,590 = 16,770

❹ 4,087 + 123 = 4,210

❺ 420,000 − 20,000 = 400,000

❻ 200,000 + 20,000 = 220,000

決算整理後残高試算表の繰越利益剰余金は当期純利益振替え前の金額であることに注意しましょう。

解 説 ▶ （仕訳の単位：千円）

1．建物

積立金方式による圧縮記帳のため、繰越利益剰余金から圧縮積立金を積立て、耐用年数にわたり取崩します。

（1） 積立て （×3年4月1日）

（借）現 金 預 金 500,000 （貸）国庫補助金受贈益 500,000

（借）繰越利益剰余金 500,000 （貸）圧 縮 積 立 金 500,000

（2） 取崩し （×4年3月31日〜7年3月31日）

（借）圧 縮 積 立 金 80,000* （貸）繰越利益剰余金 80,000

* 500,000 ÷ 25年 = 20,000 20,000 × 4年 = 80,000

（3） 取崩し （×8年3月31日）

（借）圧 縮 積 立 金 20,000 （貸）繰越利益剰余金 20,000

（4） 減価償却

（借）減 価 償 却 費 100,000* （貸）建物減価償却累計額 100,000

* 2,500,000 ÷ 25年 = 100,000

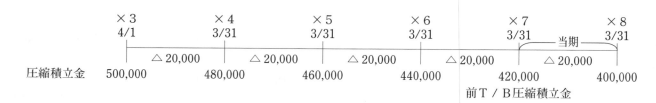

2．構築物

資産除去債務：6,000 × 0.642 = 3,852

前T / B 構築物：80,000 + 3,852 = 83,852

（1） 取得 （×5年4月1日）

（借）構 築 物 83,852 （貸）現 金 預 金 80,000

資産除去債務 3,852

（2） 利息費用

（借）利 息 費 用 123* （貸）資産除去債務 123

* 4,087（以下タイムテーブルより）× 3% = 122.61 → 123

（3） 減価償却

（借）減 価 償 却 費 5,590* （貸）構築物減価償却累計額 5,590

* 83,852 ÷ 15年 = 5,590.13… → 5,590

前T / B 構築物減価償却累計額：5,590 × 2年 = 11,180

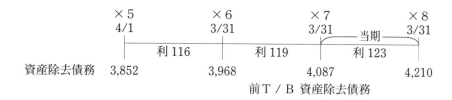

計算解説

1 有価証券

2 固定資産

3 退職給付

4 社債

5 貸倒引当金

6 為替予約

7 純資産

8 ソフトウェア

9 現金預金

10 税効果会計

11 商品の評価

12 成果連結

13 包括利益・資本連結・

14 事業分離・企業結合

15 持分法

16 商品売買

解答 ▶ **問題7 固定資産** （第157回本試験改題）　　➡ 問題18ページ

<table>
<tr><td colspan="4" align="center">決算整理後残高試算表</td><td align="right">（単位：千円）</td></tr>
<tr><td>建　　　　物</td><td align="right">（ 151,200❶ ）</td><td>建物減価償却累計額</td><td align="right">（ 36,000❺ ）</td></tr>
<tr><td>機　　　　械</td><td align="right">（ 86,400❷ ）</td><td>機械減価償却累計額</td><td align="right">（ 48,000❻ ）</td></tr>
<tr><td>土　　　　地</td><td align="right">（ 166,400❸ ）</td><td></td><td></td></tr>
<tr><td>減 価 償 却 費</td><td align="right">（ 21,000❹ ）</td><td></td><td></td></tr>
<tr><td>減 損 損 失</td><td align="right">（ 80,000 ）</td><td></td><td></td></tr>
</table>

❶ $180,000 - 28,800 = 151,200$

❷ $96,000 - 9,600 = 86,400$

❸ $208,000 - 41,600 = 166,400$

❹ $9,000 + 12,000 = 21,000$

❺ $180,000 \times \dfrac{4年}{20年} = 36,000$

❻ $96,000 \times \dfrac{4年}{8年} = 48,000$

解説 ▶ （仕訳の単位：千円）

1．減価償却

（1）建物

（借）減 価 償 却 費 9,000*　（貸）建物減価償却累計額 9,000

　＊　$180,000 \div 20年 = 9,000$

（2）機械

（借）減 価 償 却 費 12,000*　（貸）機械減価償却累計額 12,000

　＊　$96,000 \div 8年 = 12,000$

2．各資産の当期末における帳簿価額（×8年3月末）

取得から当期末まで4年経過しているため、4年分の減価償却を行います。

建物：$180,000 - 180,000 \times \dfrac{4年}{20年} = 144,000$

機械：$96,000 - 96,000 \times \dfrac{4年}{8年} = 48,000$

帳簿価額合計：$144,000 + 48,000 + 208,000 = 400,000$

$33,000 \times 4年 + 250,000 = 382,000$

$400,000 > 382,000$　減損認識する

3．減損損失の測定

使用価値：$33,000 \times 3.312 + 250,000 \times 0.735 = 293,046$

正味売却価額：$330,000 - 10,000 = 320,000$

回収可能価額：$293,046 < 320,000 \quad \therefore 320,000$

減損損失：$400,000 - 320,000 = 80,000$

4．減損損失の配分

減損損失を各資産の帳簿価額をもとに配分します。

建物：$80,000 \times \dfrac{144,000}{400,000} = 28,800$

機械：$80,000 \times \dfrac{48,000}{400,000} = 9,600$

土地：$80,000 \times \dfrac{208,000}{400,000} = 41,600$

（借）減 損 損 失 80,000　（貸）建　　　物 28,800

　　　　　　　　　　　　　　　　機　　　械 9,600

　　　　　　　　　　　　　　　　土　　　地 41,600

参考 減損会計における将来キャッシュ・フローを見積る期間

減損損失を認識するかどうかを判定するために割引前将来キャッシュ・フローを見積る期間は、資産の経済的残存使用年数または資産グループ中の主要な資産の経済的残存使用年数と20年のいずれか短い方とします。

理由

減損損失を認識するかどうかを判定するために見積られる割引前の将来キャッシュ・フローは、少なくとも土地については使用期間が無限になりうることから、その見積期間を制限する必要があります。

また、一般に、長期間にわたる将来キャッシュ・フローの見積りは不確実性が高くなります。このため、減損損失を認識するかどうかを判定するために割引前将来キャッシュ・フローを見積る期間は、資産の経済的残存使用年数または資産グループ中の**主要な資産**（資産グループの将来キャッシュ・フロー生成能力にとって**最も重要な構成資産**をいいます。）の経済的残存使用年数と20年のいずれか短い方とします。

		決算整理後残高試算表		(単位：千円)
建　　　　　物	(*60,000*)	建物減価償却累計額	(*24,000* ❷)	
機　　　　　械	(*120,000*)	機械減価償却累計額	(*39,000* ❸)	
減 価 償 却 費	(*13,000* ❶)	繰越利益剰余金	(*95,000* ❹)	

❶ $4,000 + 9,000 = 13,000$

❷ $15,000 + 5,000 + 4,000$
$= 24,000$

❸ $30,000 + 9,000 = 39,000$

❹ $100,000 - 5,000 = 95,000$

解説 ▶ (単位：千円)

1．建物

　耐用年数の変更が耐用年数設定時の見積り誤りによる場合，誤謬に該当し，過去の財務諸表の修正（修正再表示）を行うとともに，利益への累積的影響額を繰越利益剰余金とします。

　① 累積的影響額の処理

　　正しい減価償却費：

　　$60,000$ 千円÷（5年＋10年）＝ $4,000$ 千円

　　誤った減価償却費：

　　$60,000$ 千円÷ 20年＝ $3,000$ 千円

(借) 繰越利益剰余金　5,000 *1　(貸) 建物減価償却累計額　5,000
　　　　減価償却費

　＊1　（$4,000 - 3,000$）× 5年＝ $5,000$

　② 当期の減価償却

　　正しい耐用年数にもとづいて減価償却を行います。

(借) 減 価 償 却 費　4,000　　(貸) 建物減価償却累計額　4,000

2．機械

　耐用年数の変更が状況の変化によるもので，耐用年数設定時の見積りに誤りがない場合，会計上の見積りの変更に該当し，会計上の見積りの変更による影響額は当期から将来にわたって処理を行います。

　具体的には，固定資産の期首簿価を変更後の耐用年数にわたって費用配分します。

　期首簿価：

　$120,000$ 千円－ $120,000$ 千円÷ 20年× 5年＝ $90,000$ 千円

(借) 減 価 償 却 費　9,000 *2　(貸) 機械減価償却累計額　9,000

　＊2　$90,000 ÷ 10年 = 9,000$

計算解説

1 有価証券

2 固定資産

3 退職給付

4 社債

5 貸倒引当金

6 為替予約

7 純資産

8 ソフトウェア

9 現金預金

10 税効果会計

11 商品の評価

12 成果連結

13 包括利益・資本連結・

14 事業分離・企業結合・

15 持分法

16 商品売買

解答 ▶ 問題9 固定資産 （第158回本試験改題） → 問題20ページ

決算整理後残高試算表 （単位：千円）

車　　　　両	60,000	車両減価償却累計額	(*26,250*❶)
減　価　償　却　費	(*11,250*)	繰越利益剰余金	(*98,500*❷)

❶ 13,500 + 1,500 + 11,250 = 26,250

❷ 100,000 − 1,500 = 98,500

解説 ▶ （単位：千円）

1．誤謬の訂正

車両については×5年4月に取得しているため、誤謬の訂正による累積的影響額は2年間となります。

誤った減価償却累計額：60,000 × 0.9 ÷ 8年 × 2年 = 13,500

正しい減価償却累計額：60,000 ÷ 8年 × 2年 = 15,000

誤謬の訂正による累積的影響額：

15,000 − 13,500 = 1,500（費用の増加→利益の減少△1,500）

(借) 繰越利益剰余金 1,500 （減価償却費） (貸) 車両減価償却累計額 1,500

2．減価償却（会計上の見積りの変更）

耐用年数の変更は会計上の見積りの変更に該当します。会計上の見積りを変更し、見積りの変更が将来の期間にも影響する場合には、将来にわたり会計処理を行い、過去にさかのぼって財務諸表の修正は行いません。

当期首簿価：60,000 − 60,000 ÷ 8年 × 2年 = 45,000

減価償却費：45,000 ÷ 4年 = 11,250

(借) 減価償却費 11,250 （貸) 車両減価償却累計額 11,250

解答 ▶ 問題10 固定資産 （第147回本試験改題） → 問題21ページ

決算整理後残高試算表 （単位：千円）

現　金　預　金	248,214	リ　ー　ス　債　務	(*51,349*❷)
リ　ー　ス　資　産	(*62,695*)	長　期　前　受　収　益	(*3,600*❸)
減　価　償　却　費	(*22,678*❶)	リース資産減価償却累計額	(*25,078*)
支　払　利　息	(*3,135*)		

❶ 25,078 − 2,400 = 22,678

❷ 62,695 − 11,346 = 51,349

❸ 6,000 − 2,400 = 3,600

解説 ▶ （単位：千円）

1．備品の売却

備品の売却益は長期前受収益として繰り延べます。

(借) 備品減価償却累計額 28,305*1 （貸) 備　品 85,000
　　現　金　預　金 62,695 　　長期前受収益 6,000 *2

* 1　85,000 × 0.333 = 28,305 > 85,000 × 0.09911 ≒ 8,424 ∴ 28,305

* 2　62,695 − (85,000 − 28,305) = 6,000

2．リースバック

貸手の購入価額（借手の売却価額）が明らかであるため、借手の売却価額をリース資産とします。

(借) リ　ー　ス　資　産 62,695 （貸) リ　ー　ス　債　務 62,695

3．リース料の支払い

(借) リース債務 11,346^{*2}　(貸) 現 金 預 金 14,481
　　 支 払 利 息 3,135^{*1}

* 1　62,695 × 5％ = 3,134.75 → 3,135
* 2　14,481 − 3,135 = 11,346

4．減価償却

備品の全体の耐用年数は6年ですが1年使用後に売却し、耐用年数5年の資産を新たに買ったと考えます。そのため、6年の償却率は使いません。

(借) 減 価 償 却 費 25,078*　(貸) リース資産減価償却累計額 25,078

* 　62,695 × 0.400 = 25,078 > 62,695 × 0.10800 ≒ 6,771
　∴ 25,078

5．長期前受収益との相殺

長期前受収益を、リース資産の取得原価に対する減価償却費の割合に応じて取り崩します。

(借) 長期前受収益 2,400*　(貸) 減 価 償 却 費 2,400

* 　取崩額：$6,000 × \dfrac{25,078}{62,695} = 2,400$
　または定率法の償却率より 6,000 × 0.4 = 2,400

定率法の場合，残存耐用年数に対応する償却率を用いる点および端数処理の点から，リース資産の減価償却費は，備品のまま継続使用していた場合の減価償却費と等しくなりません。

解 答　**問題11　固定資産** （第144回本試験改題）　➡ 問題22ページ

決算整理後残高試算表　　（単位：千円）

建　　　　　物	（ 120,000❶ ）	建物減価償却累計額 （ 75,200❸ ）
車　　　　　両	（ 8,000 ）	車両減価償却累計額 （ 4,625❹ ）
減 価 償 却 費	（ 4,325❷ ）	
修　　繕　　費	（ 15,000 ）	

❶ 90,000 + 30,000 = 120,000

❷ 1,125 + 3,200 = 4,325

❸ 72,000 + 3,200 = 75,200

❹ 3,500 + 1,125 = 4,625

解 説　（単位：千円）

1．車両

償却率：$\dfrac{1}{8} × 200％ = 0.25$

期首簿価：8,000千円 × (1 − 0.25)^2 = 4,500千円

前T / B車両減価償却累計額：
8,000千円 − 4,500千円 = 3,500千円

イ減価償却費：4,500千円 × 0.25 = 1,125千円

ロ償却保証率による減価償却費：
　8,000千円 × 0.07909 = 632.72 → 632千円

イ > ロ　∴　1,125千円

(借) 減 価 償 却 費 1,125　(貸) 車両減価償却累計額 1,125

2．建物

資本的支出と収益的支出をあわせて行った場合には，以下の式により資本的支出の金額を計算します。

資本的支出 = 支出額 × $\dfrac{延長した年数}{残存耐用年数}$

残存耐用年数：当期末までで21年使用→前期末（当期首）までで20年使用となり，もともとの耐用年数25年のため当期首から残り5年ということがわかります。そして，10年延長するため，当期首からの残存耐用年数は5 + 10で15年とわかります。

資本的支出：45,000千円 × $\dfrac{10年}{15年}$ = 30,000千円

(借) 建　　　　　物 30,000　(貸) 仮　払　金 45,000
　　 修　　繕　　費 15,000

減価償却

資本的支出を含めた簿価を残存耐用年数にわたり償却します。なお，当期末で21年経過しているので，当期首には20年経過しています。

(借) 減 価 償 却 費 3,200*　(貸) 建物減価償却累計額 3,200

* 　{(90,000 + 30,000) − 72,000} ÷ 15年 = 3,200

90,000千円 + 30,000千円	
減価償却累計額 72,000千円	要償却額 48,000千円
20年	15年

128 —— 第1部　商業簿記・会計学　ヨコ解き！

計算解説

1 有価証券
2 固定資産
3 退職給付
4 社債
5 貸倒引当金
6 為替予約
7 純資産
8 ソフトウェア
9 現金預金
10 税効果会計
11 商品の評価
12 成果連結
13 包括利益・資本連結
14 事業分離・企業結合
15 持分法
16 商品売買

解答 ▶ 問題12　固定資産 （第149回本試験改題）　　➡ 問題24ページ

決算整理後残高試算表	（単位：千円）
建　　　　物　（ 1,469,750 ❶ ）	建物減価償却累計額　（ 1,111,000 ❹ ）
の　れ　ん　（ 11,000 ❷ ）	
減 価 償 却 費　（ 73,000 ）	
の れ ん 償 却 額　（ 18,000 ）	
減 損 損 失　（ 53,250 ❸ ）	

❶ 1,480,000 − 10,250 = 1,469,750

❷ 72,000 − 18,000 − 36,500 − 6,500 = 11,000

❸ 46,750 + 6,500 = 53,250

❹ 1,038,000 + 73,000 = 1,111,000

解説 ▶ （単位：千円）

1. のれんの償却

期首簿価：$180,000 − 180,000 × \dfrac{6 年}{10 年} = 72,000$（前 T/B）

（借）のれん償却額 18,000*　（貸）の　れ　ん 18,000

* 180,000 ÷ 10 年 = 18,000

2. 減価償却

当社は乙社の資産を時価で計上しています。

問題文の各資産の時価をもとに、減損時の資産の帳簿価額を計算します。

銀 座 店：1,000,000 ÷ 40 年 = 25,000
原 宿 店：　240,000 ÷ 10 年 = 24,000
渋 谷 店：　120,000 ÷ 10 年 = 12,000
日本橋店：　　80,000 ÷ 10 年 = 　8,000
京 橋 店：　　40,000 ÷ 10 年 = 　4,000

（借）減 価 償 却 費 73,000*　（貸）建物減価償却累計額 73,000

* 25,000 + 24,000 + 12,000 + 8,000 + 4,000 = 73,000

3. 合併時に配分されるのれんの金額

のれんを、合併直前における各事業の価値を基準に配分します。

洋菓子販売事業分：$180,000 × \dfrac{390,000}{390,000 + 130,000} = 135,000$

和菓子販売事業分：$180,000 × \dfrac{130,000}{390,000 + 130,000} = 45,000$

4. 洋菓子販売事業の減損の検討

(1) 当期末の資産の帳簿価額

合併から当期末まで7年経過しているため、7年分の減価償却を行います。

原宿店：$240,000 − 240,000 × \dfrac{7 年}{10 年} = 72,000$

渋谷店：$120,000 − 120,000 × \dfrac{7 年}{10 年} = 36,000$

(2) 資産ごとの減損損失の認識

原宿店：$\underset{帳簿価額}{72,000} < \underset{割引前将来C/F}{79,000}$　∴ 減損損失を認識しない。

渋谷店：$\underset{帳簿価額}{36,000} > \underset{割引前将来C/F}{30,000}$　∴ 減損損失を認識する。

(3) 資産ごとの減損損失の測定

渋谷店：$\underset{帳簿価額}{36,000} − \underset{回収可能価額}{25,750} = 10,250$

(4) より大きな単位での減損損失の認識

のれんの帳簿価額：$135,000 − 135,000 × \dfrac{7 年}{10 年} = 40,500$

帳簿価額合計：$\underset{原宿店}{72,000} + \underset{渋谷店}{36,000} + \underset{のれん}{40,500} = 148,500$

割引前将来C / F：79,000 + 30,000 = 109,000

148,500 > 109,000　∴　減損損失を認識する。

(5) より大きな単位での減損損失

$\underset{帳簿価額合計}{148,500} − \underset{回収可能価額合計}{(76,000 + 25,750)} = 46,750$

(6) のれんへの減損損失配分額（洋菓子販売事業）

より大きな単位とすることで増加した減損損失をのれんに配分します。

46,750 − 10,250 = 36,500

（借）減 損 損 失 46,750	（貸）建　　　　物 10,250
	の　れ　ん 36,500

	原宿店	渋谷店	のれん	合　計
帳　簿　価　額	72,000 千円	36,000 千円	40,500 千円	148,500 千円
回 収 可 能 価 額	76,000 千円	25,750 千円	－	101,750 千円
減　損　損　失	－	① 10,250 千円	③ 36,500 千円	② 46,750 千円

5．和菓子販売事業の減損の検討

(1) 資産の当期末の帳簿価額

日本橋店：$80,000 - 80,000 \times \dfrac{7 \text{年}}{10 \text{年}} = 24,000$

京 橋 店：$40,000 - 40,000 \times \dfrac{7 \text{年}}{10 \text{年}} = 12,000$

(2) 資産ごとの減損損失の認識

日本橋店：$\underset{\text{帳簿価額}}{24,000} < \underset{\text{割引前将来C/F}}{28,000}$ ∴ 減損損失を認識しない。

京 橋 店：$\underset{\text{帳簿価額}}{12,000} < \underset{\text{割引前将来C/F}}{17,000}$ ∴ 減損損失を認識しない。

資産ごとには減損損失を認識しません。

(3) より大きな単位での減損損失の認識

各資産には減損は生じていなくても、のれんに減損が生じている場合があるので、のれんについて減損計上の要否を検討します。

のれんの帳簿価額：$45,000 - 45,000 \times \dfrac{7 \text{年}}{10 \text{年}} = 13,500$

帳簿価額合計：$\underset{\text{日本橋店}}{24,000} + \underset{\text{京橋店}}{12,000} + \underset{\text{のれん}}{13,500} = 49,500$

割引前将来C／F：$28,000 + 17,000 = 45,000$

$49,500 > 45,000$ ∴ 減損損失を認識する。

(4) より大きな単位での減損損失

$\underset{\text{帳簿価額合計}}{49,500} - \underset{\text{回収可能価額合計}}{(27,000 + 16,000)} = 6,500$

各資産には減損は生じてないため、減損損失の全額をのれんに配分します。

(借) 減　損　損　失　6,500　　(貸) の　　れ　　ん　6,500

	日本橋店	京橋店	のれん	合　計
帳　簿　価　額	24,000 千円	12,000 千円	13,500 千円	49,500 千円
回 収 可 能 価 額	27,000 千円	16,000 千円		43,000 千円
減　損　損　失	－	－	6,500 千円	6,500 千円

1 有価証券

2 固定資産

3 退職給付

4 社債

5 貸倒引当金

6 為替予約

7 純資産

8 ソフトウェア

9 現金預金

10 税効果会計

11 商品の評価

12 成果連結

13 資本連結・包括利益

14 企業結合・事業分離

15 持分法

16 商品売買

解答 ▶ 問題1 退職給付 （第129回本試験改題） ➡ 問題27ページ

❶ 2,500 − 300 + 450 = 2,650

決算整理後残高試算表 （単位：千円）

退職給付費用 （ 450 ） ｜ 退職給付引当金 （ 2,650 ❶ ）

解説 ▶ （単位：千円）

1．退職給付 *¹

勤務費用：400 千円　利息費用：300 千円

期待運用収益：350 千円

数理計算上の差異の償却額：

1,000 千円 ÷ 10 年 = 100 千円

退職給付費用：

400 千円 + 300 千円 − 350 千円 + 100 千円 = 450 千円

＊1 退職年金の支払い 250 は当社ではなく年金基金が行っているため，仕訳なしとなります。

(1) 退職給付費用の計上

(借) 退職給付費用　450　　(貸) 退職給付引当金　450

(2) 年金掛金の拠出

(借) 退職給付引当金　300　　(貸) 仮　払　金　300

退職給付費用

勤務費用	期待運用収益
400 千円	350 千円
利息費用	
300 千円	退職給付費用
数理計算上の差異の償却　100 千円	450 千円

退職給付引当金

掛金拠出額	期首
300 千円	2,500 千円
期末	
2,650 千円	退職給付費用
	450 千円

解答 ▶ 問題2 退職給付 （第135回本試験改題） ➡ 問題28ページ

決算整理後残高試算表 （単位：千円）

❶ 3,500 + 480 − 250 = 3,730

現　金　預　金 （ 200,000 ） ｜ 退職給付引当金 （ 3,730 ❶ ）

退職給付費用 （ 480 ） ｜

解説 ▶ （単位：千円）

1．退職給付引当金

退職給付費用		退職給付引当金	
勤務費用	期待運用収益	年金掛金拠出	期首
350 千円	360 千円	250 千円	3,500 千円
利息費用			
250 千円		3,730 千円	
数理計算上の差異償却	退職給付費用		退職給付費用
240 千円*¹	480 千円		480 千円

＊1 前期まで3年償却しているため，残り7年で償却します。

1,680 ÷ 7 年 = 240

(借) 退職給付費用　480　　(貸) 退職給付引当金　480

(借) 退職給付引当金　250　　(貸) 仮　払　金　250

決算整理後残高試算表 （単位：千円）

退 職 給 付 費 用 （ *21,280* ）	退 職 給 付 引 当 金 （ *86,280* ❶ ）

❶ 91,000 + 21,280 − 26,000
= 86,280

解 説 ▶ （単位：千円）

1．退職給付会計

(1) 前期末退職給付引当金

割引率の引下げにより退職給付債務の実際額は増加したものの個別会計上は認識しないため，退職給付債務から未認識数理計算上の差異と年金資産を引いて，退職給付引当金を計算します。

267,000 千円 − 152,000 千円 − 24,000 千円*1
　　退職給付債務　　　　年金資産　　未認識数理計算上の差異
= 91,000 千円　前 T／B　退職給付引当金

＊1　割引率の引下げにより退職給付債務は増加します。そのため，前期末未認識数理計算上の差異は，借方差異であることがわかります。

(2) 退職給付費用の計上

利息費用：期首退職給付債務×割引率

期待運用収益：期首年金資産×長期期待運用収益率

退職給付費用：

勤務費用＋利息費用−期待運用収益＋借方差異の償却

17,500 千円 + 267,000 千円 × 2 ％ − 152,000 千円 × 3 ％ + 24,000 千円 ÷ 8 年 = 21,280 千円

（借）退職給付費用 21,280　（貸）退職給付引当金 21,280

(3) 年金拠出額と退職一時金の支払い

年金掛け金の拠出により年金資産は増加し，正味の退職給付引当金は減少します。また，退職一時金の支払いにより退職給付債務は減少し，退職給付引当金も減少します。

① 会社の仕訳

（借）退 職 給 付 26,000　（貸）現 金 預 金 26,000

② 正しい仕訳

（借）退職給付引当金 26,000　（貸）現 金 預 金 26,000

③ 修正仕訳

（借）退職給付引当金 26,000　（貸）退 職 給 付 26,000

(4) 期末退職給付引当金

91,000 千円 + 21,280 千円 − 26,000 千円
= 86,280 千円

（参考）退職一時金

退職金は従業員が入社時から退職時までに働いた結果支払われるため，費用と収益の対応から各期に退職給付費用として計上します。そのため，退職一時金の支払いでは，リストラなど極めてまれな一時的な支出を除き，費用処理せずに引当金を取り崩します。

計算解説

1 有価証券

2 固定資産

3 退職給付

4 社債

5 貸倒引当金

6 為替予約

7 純資産

8 ソフトウェア

9 現金預金

10 税効果会計

11 商品の評価

12 成果連結

13 包括利益 資本連結・

14 事業分離 企業結合・

15 持分法

16 商品売買

解 答 ▶ 問題4　退職給付（第153回本試験改題）　　➡ 問題30ページ

決算整理後残高試算表		（単位：千円）
現　金　預　金　　89,000	退職給付引当金	(*146,500* ❶)
退職給付費用　(*33,500*)		

❶ 124,000 − 11,000 + 33,500
　 = 146,500

解 説 ▶ （単位：千円）

1．未認識数理計算上の差異の期首残高

　年金資産の実際運用収益が期待運用収益を下回ることにより年金資産の実績が見込額を下回ります。それにより退職給付引当金の引当不足が生じるため、借方差異となります。

　本問では期首における未認識数理計算上の差異が与えられていますが、参考までに数理計算上の差異のタイムテーブルを示すと次のとおりとなります。

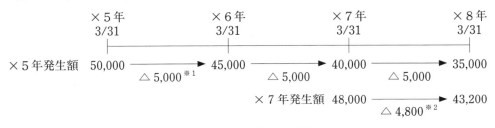

※1　50,000 ÷ 10 年＝5,000　　※2　48,000 ÷ 10 年＝4,800

2．残高試算表　退職給付引当金

$$\underset{\text{退職給付債務}}{426,000} - \underset{\text{年金資産}}{214,000} - \underset{\text{未認識差異}}{88,000} = 124,000$$

3．年金掛金の拠出額

　年金掛金拠出額は年金資産の増加となるため、退職給付引当金を減少させます。

（借）退職給付引当金 11,000　　（貸）現 金 預 金 11,000

4．退職給付費用の計上

（借）退職給付費用 33,500*　　（貸）退職給付引当金 33,500

＊　21,600 ＋ 426,000 × 2％ − 214,000 × 3％ ＋ 5,000 ＋ 4,800
　　＝ 33,500

参考 発生額と未認識の違い

　数理計算上の差異について、問題文に「発生額○○円」と書かれる場合と、期首の「未認識数理計算上の差異○○円」と書かれる場合があります。発生額は当初の発生額を表し、償却期間で償却します。

　未認識はその時点の未償却残高を表し、残りの期間で償却します。

	決算整理後残高試算表	（単位：千円）
現 金 預 金	14,000	退 職 給 付 引 当 金 （ **237,500** ❶ ）
退 職 給 付 費 用 （ **73,500** ）		

❶ 250,000 ＋ 73,500 － 86,000
　＝ 237,500

解説 ► （単位：千円）

1．未認識数理計算上の差異の期首残高

　　×5年　　　　　　　×6年　　　　　　　×7年　　　　　　　×8年
　　3/31　　　　　　　3/31　　　　　　　4/1　　　　　　　3/31

×4年度発生額　200,000 ──────► 180,000 ──────► 160,000 ──────► 140,000
（貸方差異）　　　　　　△20,000※1　　　　△20,000　　　　　　△20,000

　　　　　　　　　　　　　　　　×6年度発生額110,000 ──────► 99,000
　　　　　　　　　　　　　　　　（借方差異）　　　　△11,000※2

　　※1　200,000 ÷ 10年＝20,000　　※2　110,000 ÷ 10年＝11,000

2．数理計算上の差異

(1) ×4年度発生分 200,000 千円

　年金資産の実際運用収益が期待運用収益を上回ったため、数理計算上の差異は貸方差異が生じていることがわかります。

　なお、問題文の数理計算上の差異について「未認識」ではなく、「発生額」と書いてあるため、当初の発生額であることがわかります。

> 退職給付引当金：
> 　退職給付債務－年金資産±差異
> 　貸方差異：プラス　借方差異：マイナス

　貸方差異　年 金 資 産：実績＞見込み
　　　　　　退職給付債務：実績＜見込み
　借方差異　年 金 資 産：実績＜見込み
　　　　　　退職給付債務：実績＞見込み

　数理計算上の差異は発生の翌年度から償却するため、×4年度発生分は×5年度から償却します。

(2) ×6年度発生分 110,000 千円

　退職給付債務：$\dfrac{退職給付見込額}{割引率}$

　分母の割引率の低下により退職給付債務（現在価値）が増加するため、借方差異となります。

　なお、×7年度から償却するため、全額が未償却残高となります。

退職給付引当金

年金資産	退職給付債務
1,100,000	1,300,000
×6年度発生	
110,000	
引当金残高	×4年度発生
250,000	160,000

前 T/B 退職給付引当金
1,300,000 ＋ 160,000 － 1,100,000 － 110,000 ＝ 250,000

3．退職給付費用の計上

（借）退職給付費用 73,500＊　（貸）退職給付引当金 73,500

＊　84,000 ＋ 1,300,000 × 2％ － 1,100,000 × 2.5％ － 200,000
　　÷ 10年 ＋ 110,000 ÷ 10年 ＝ 73,500

4．掛金の拠出

（借）退職給付引当金 86,000　（貸）現 金 預 金 86,000

5．退職年金の支払い

　年金基金からの退職年金の支給は、当社では「仕訳なし」となります。

計算解説

1 有価証券

2 固定資産

3 退職給付

4 社債

5 貸倒引当金

6 為替予約

7 純資産

8 ソフトウェア

9 現金預金

10 税効果会計

11 商品の評価

12 成果連結

13 包括利益 資本連結・

14 事業分離 企業結合・

15 持分法

16 商品売買

解 答 ▶ **問題6 退職給付** （第146回本試験改題） ➡ 問題32ページ

決算整理後残高試算表	（単位：千円）
現 金 預 金　90,000	退職給付引当金 （ *101,900* ❷ ）
退職給付費用 （ *23,900* ❶ ）	

❶ 20,000 ＋ 3,900 ＝ 23,900
❷ 88,000 ＋ 20,000 － 10,000 ＋ 3,900
　 ＝ 101,900

解 説 ▶ （単位：千円）

1．前期末退職給付引当金

　割引率の引下げにより退職給付債務は増加します。そのため、前期末未認識数理計算上の差異は、借方差異であることがわかります。
　前期末退職給付引当金
　400,000 － 280,000 － 32,000 ＝ 88,000

2．退職給付費用の計上

（借）退職給付費用 20,000* （貸）退職給付引当金 20,000

　*　15,000 ＋ 400,000 × 2％ － 280,000 × 2.5％ ＋ 32,000 ÷ 8 年
　　 ＝ 20,000

3．掛金の拠出

（借）退職給付引当金 10,000 （貸）現 金 預 金 10,000

4．当期発生数理計算上の差異

（1）差異の計算

　年金資産について見込額と実績額から数理計算上の差異の発生額を計算します。なお、退職給付債務からは差異は生じていません。

年金資産

期首 280,000	年金支給 8,000
期待運用収益 7,000	期末 289,000
掛け金拠出 10,000	

当期末年金資産：
280,000 ＋ 280,000 × 2.5％ ＋ 10,000 － 8,000 ＝ 289,000
差異：$\underset{実績額}{250,000}$ － $\underset{見込額}{289,000}$ ＝ △ 39,000 （借方差異）

（借）退職給付費用　3,900* （貸）退職給付引当金　3,900

　*　39,000 ÷ 10 年 ＝ 3,900

決算整理後残高試算表　　　　（単位：千円）　　　❶ 4,800 − 670 + 1,072 = 5,202

退 職 給 付 費 用 （　　1,072　）｜退 職 給 付 引 当 金 （　　5,202❶　）

解 説 ▶ （単位：千円）

1．退職給付

（1）年金掛金の拠出額

（借）退職給付引当金　670*　（貸）仮　払　金　670

* 年金掛金拠出額は年金資産の増額になるため、退職給付引当金を
減少させます。

（2）退職給付費用の計上

① 勤務費用：1,010 千円（問題文より）

② 利息費用：13,900 千円 × 3 ％ = 417 千円
　　　　　　　期首退職給付債務

③ 期待運用収益：9,100 千円 × 4 ％ = 364 千円
　　　　　　　　　期首年金資産

前T／B退職給付引当金：

13,900 千円 − 9,100 千円 = 4,800 千円

年金資産

期首 9,100 千円	年金資産 10,134 千円 （見積り）
期待運用収益 364 千円	
掛金拠出額 670 千円	

退職給付債務

退職給付債務 15,327 千円 （見積り）	期首 13,900 千円
	勤務費用 1,010 千円
	利息費用 417 千円

数理計算上の差異：

期末退職給付債務 15,359 千円 −（見積り）15,327 千円
= 32 千円（借方差異，負債の増加）

期末年金資産時価 10,076 千円 −（見積り）10,134 千円
= △ 58 千円（借方差異，資産の減少）

当期発生数理計算上の差異
：32 千円 + 58 千円 = 90 千円

数理計算上の差異の当期償却額：

当期より 10 年で定額法により償却します。

90 千円 ÷ 10 年 = 9 千円

（借）退職給付費用　1,072*　（貸）退職給付引当金　1,072

* 1,010 + 417 − 364 + 9 = 1,072

退職給付引当金（期末）

年金資産 10,076	退職給付債務 15,359
未認識差異 81	
引当金残高 5,202	

退職給付費用

勤務費用 1,010 千円	期待運用収益 364 千円
利息費用 417 千円	退職給付費用 1,072 千円
数理計算上の 差異償却 9 千円	

退職給付引当金

年金掛金拠出 670 千円	期首 4,800 千円
退職給付引当金 5,202 千円	退職給付費用 1,072 千円

計算解説

1 有価証券

2 固定資産

3 退職給付

4 社債

5 貸倒引当金

6 為替予約

7 純資産

8 ソフトウェア

9 現金預金

10 税効果会計

11 商品の評価

12 成果連結

13 包括利益 資本連結・

14 事業分離 企業結合・

15 持分法

16 商品売買

解答 ▶ **問題8　退職給付** （第149回本試験改題）　　➡ 問題34ページ

➡ 問題34ページ

決算整理後残高試算表　　　（単位：千円）

繰 延 税 金 資 産	（ 4,080❶ ）	退 職 給 付 引 当 金	（ 13,600❷ ）
退 職 給 付 費 用	（ 3,500 ）	法 人 税 等 調 整 額	（ 330 ）

連 結 貸 借 対 照 表　　　（単位：千円）

繰 延 税 金 資 産	（ 4,374❸ ）	退職給付に係る負債	（ 14,580❹ ）
		退職給付に係る調整累計額	（ △686 ）

❶ 3,750 + 330 = 4,080

❷ 12,500 − 2,400 + 3,500 = 13,600

❸ 4,080 + 294 = 4,374

❹ 13,600 + 980 = 14,580

解説 ▶ （単位：千円）

1．退職給付費用・退職給付引当金

（1）掛け金の拠出

（借）退職給付引当金　2,400　（貸）現 金 預 金　2,400

（2）年金基金からの支給額

当社は、「仕訳なし」となります。

（3）退職給付費用

利息費用：34,500 × 2％ = 690

期待運用収益：22,000 × 3％ = 660

数理計算上の差異の償却額：1,050 ÷ 15 年 = 70

退職給付費用：3,400 + 690 − 660 + 70 = 3,500

（借）退職給付費用　3,500　（貸）退職給付引当金　3,500

期末退職給付引当金：12,500 − 2,400 + 3,500 = 13,600

2．税効果会計

税効果会計は資産負債法によるため、当期の退職給付引当金の増加額だけ一時差異が増加します。

（借）繰延税金資産　330*　（貸）法人税等調整額　330

* （13,600 − 12,500）× 30％ = 330
　　期末引当金　　期首引当金

3．連結修正仕訳

（1）退職給付に係る負債への振替え

（借）退職給付引当金 13,600　（貸）退職給付に係る負債 13,600

（2）退職給付に係る調整累計額の計上

数理計算上の差異 1,050 千円（借方差異）のうちの未認識分 980 千円から税金相当額 294 千円を控除した 686 千円について連結上、「退職給付に係る調整累計額」として計上します。

（借）繰延税金資産　　　294*1　（貸）退職給付に係る負債　　　980
　　退職給付に係る調整累計額　686*2

* 1　980 × 30％ = 294

* 2　980 ×（1 − 30％）= 686

4．連結貸借対照表における退職給付に係る負債

個別上まだ退職給付引当金として計上されていない未認識数理計算上の差異 980 千円は、連結上、「退職給付に係る負債」に計上します。

そのため、当期末退職給付引当金 13,600 千円に、当期末の未認識数理計算上の差異 980 千円（借方差異）を足した額が、退職給付に係る負債となります。

退職給付に係る負債：13,600 + 980 = 14,580

問題1　社債　（第128回本試験改題）　　　➡ 問題35ページ

決算整理後残高試算表　　　（単位：千円）

社 債 発 行 費	(900 ❶)	社			債	(45,989 ❸)
社 債 利 息	(2,688 ❷)					
社 債 発 行 費 償 却	(300)					

❶ 1,200 − 300 = 900

❷ 1,500 + 1,188 = 2,688

❸ 44,801 + 1,188 = 45,989

解 説 ▶ （単位：千円）

1．償却原価法（利息法）

　社債の利札は，適正金額（1,500千円）が残高試算表に計上済みであるため，処理する必要はありません。

（借）社 債 利 息　1,188 *1 （貸）社　　　債　1,188

＊1　44,801 × 6％ = 2,688.06 → 2,688
　　　50,000 × 3％ = 1,500
　　　2,688 − 1,500 = 1,188

2．社債発行費の償却

　社債は前期首に発行しているため，残り4年で償却します。

（借）社債発行費償却　300 *2 （貸）社 債 発 行 費　300

＊2　1,200 ÷ 4年 = 300

問題2　社債　（第129回本試験改題）　　　➡ 問題36ページ

決算整理後残高試算表　　　（単位：千円）

現 金 預 金	(68,649 ❶)	社			債	(2,292 ❸)
社 債 利 息	(167 ❷)					

❶ 69,497 − 48 − 800 = 68,649

❷ 83 + 84 = 167

❸ 3,056 + 36 − 800 = 2,292

解 説 ▶ （単位：千円）

1．社債（抽選償還）

（1）償却原価法（利息法）

　X7年9月まで処理済みであるため，決算整理前残高試算表の社債の金額をもとに，利息配分額を計算します。

（借）社 債 利 息　84 *1 （貸）社　　　債　36 *3
　　　　　　　　　　　　　　　　 現 金 預 金　48 *2

＊1　$3,056 × 5.51\% × \dfrac{6\,カ月}{12\,カ月} = 84.1928 → 84$

＊2　$(4,000 − 800) × 3.0\% × \dfrac{6\,カ月}{12\,カ月} = 48$

＊3　84 − 48 = 36

（2）社債の償還

（借）社　　　債　800 *4 （貸）現 金 預 金　800

＊4　抽選償還の場合，額面金額800で償還します。

計算解説

1 有価証券

2 固定資産

3 退職給付

4 社債

5 貸倒引当金

6 為替予約

7 純資産

8 ソフトウェア

9 現金預金

10 税効果会計

11 商品の評価

12 成果連結

13 包括利益・資本連結

14 企業結合・事業分離

15 持分法

16 商品売買

解答 ▶ **問題3　社債**（第143回本試験改題）　　　➡ 問題37ページ

決算整理後残高試算表　　（単位：千円）

現　金　預　金	(*200,000*)	社　　　　　債	(*894,600* ❷)
社　債　利　息	(*17,000* ❶)	資　　本　　金	(*550,450* ❸)
		資　本　準　備　金	(*100,450* ❹)
		新　株　予　約　権	(*13,500* ❺)

❶ 14,000 + 3,000=17,000

❷ 991,000 + 3,000 − 99,400
　=894,600

❸ 500,000 + 50,450=550,450

❹ 50,000 + 50,450=100,450

❺ 15,000 − 1,500=13,500

解説 ▶ （単位：千円）

1．新株予約権付社債

① 社債の期首簿価

社債部分の発行価額：

$$1,000,000 \text{千円} \times \frac{@98.5\text{円}}{@100\text{円}} = 985,000 \text{千円}$$

社債の期首簿価：

$$985,000 \text{千円} + 1,000,000 \text{千円} \times \frac{@100\text{円} - @98.5\text{円}}{@100\text{円}} \times \frac{2\text{年}}{5\text{年}}$$

$$= 991,000 \text{千円}　\text{前T／B　社債}$$

② 社債の償却

$$1,000,000 \text{千円} \times \frac{@100\text{円} - @98.5\text{円}}{@100\text{円}} \times \frac{1\text{年}}{5\text{年}}$$

$$= 3,000 \text{千円}$$

（借）社 債 利 息　3,000　（貸）社　　　　債　3,000

③ 新株予約権の権利行使

社債の簿価（行使分）：

（991,000 千円 + 3,000 千円）× 10％ = 99,400 千円

新株予約権行使額：15,000 千円 × 10％ = 1,500 千円

資本金増加額：

$$(99,400 \text{千円} + 1,500 \text{千円}) \times \frac{1}{2}^{*1} = 50,450 \text{千円}$$

＊1 問題文に「会社法が定める最低限度額」とあるため，新株予約権を含めた払込金額の2分の1を資本金とします。

（借）社　　　　債 99,400	（貸）資　　本　　金 50,450
新 株 予 約 権 1,500	資 本 準 備 金 50,450

決算整理後残高試算表　　　　（単位：千円）

自 己 株 式	(4,000 ❶)	社 債	(75,972 ❷)
社 債 利 息	(1,219)	資 本 金	(200,000)
		その他資本剰余金	(4,744 ❸)
		新 株 予 約 権	(5,003 ❹)

❶ 22,000 − 18,000 = 4,000

❷ 93,746 + 1,219 − 18,993 = 75,972

❸ 2,500 + 2,244 = 4,744

❹ 6,254 − 1,251 = 5,003

解説 ▶ （単位：千円）

1．発行時

(借) 現 金 預 金	100,000	(貸) 社 債	93,746
		新 株 予 約 権	6,254

2．償却原価法

(借) 社 債 利 息	1,219 *	(貸) 社 債	1,219

* 利息配分額：93,746 × 1.3% = 1,218.698 → 1,219
　利札支払額：0
　償 却 額：1,219 − 0 = 1,219

3．権利行使

自己株式単独の処分による処分差額は、その他資本剰余金として処理します。

(借) 社 債	18,993 *1	(貸) 自 己 株 式	18,000
新 株 予 約 権	1,251 *2	その他資本剰余金	2,244 *3

* 1　（93,746 + 1,219）÷ 5 = 18,993
* 2　6,254 ÷ 5 = 1,250.8 → 1,251
* 3　（18,993 + 1,251）− 18,000 = 2,244

計算解説

1 有価証券

2 固定資産

3 退職給付

4 社債

5 貸倒引当金

6 為替予約

7 純資産

8 ソフトウェア

9 現金預金

10 税効果会計

11 商品の評価

12 成果連結

13 包括利益・資本連結・

14 事業分離・企業結合・

15 持分法

16 商品売買

解答 ▶ 問題5 社債 （第138回本試験改題） ➡ 問題39ページ

決算整理後残高試算表 （単位：千円）

当 座 預 金	(*34,395* ❶)	社 債	(*39,258* ❷)
社 債 利 息	(*724*)	資 本 金	(*142,335* ❸)
		資 本 準 備 金	(*32,335* ❹)
		新 株 予 約 権	(*890* ❺)

❶ 4,395 + 30,000 = 34,395

❷ 38,534 + 724 = 39,258

❸ 126,000 + 16,335 = 142,335

❹ 16,000 + 16,335 = 32,335

❺ 3,560 − 2,670 = 890

解説 ▶ （単位：千円）

1．新株予約権付社債

（1）発行時

(借) 当 座 預 金 40,000 　(貸) 社 債 36,440 *1
　　　　　　　　　　　　　　新 株 予 約 権 3,560 *2

*1 40,000 × $\frac{@91.10円}{@100円}$ = 36,440

*2 40,000 × $\frac{@8.90円}{@100円}$ = 3,560

（2）権利行使時

払込金額と新株予約権の合計額の2分の1が資本金組入額となります。

(借) 当 座 預 金 30,000 　(貸) 資 本 金 16,335 *3
　　　新 株 予 約 権 2,670 　　　資 本 準 備 金 16,335

*3 (30,000 + 3,560 × 0.75) × $\frac{1}{2}$ = 16,335

転換社債型以外の新株予約権付社債の権利行使では、社債による代用払込と現金預金による払込があります。本問は現金預金による払込のため、社債は減少させません。

（3）社債の償却

(借) 社 債 利 息 724 *4 (貸) 社 債 724

*4 38,534 × 0.0188 = 724.4… → 724

（参考）社債の帳簿価額 （単位：千円）

決算日	期首帳簿価額	利息配分額	利札支払額	償却額	期末帳簿価額
X2年3月31日	36,440	685	0	685	37,125
X3年3月31日	37,125	698	0	698	37,823
X4年3月31日	37,823	711	0	711	38,534
X5年3月31日	38,534	724 *4	0	724	39,258 *5

前T/B社債：38,534千円

*5 38,534 + 724 = 39,258

決算整理後残高試算表　　　（単位：千円）

受 取 手 形	(4,000)	預り営業保証金	(400)
売 掛 金	(12,000)	貸 倒 引 当 金	(810 ❷)
破産更生債権等	(300)		
貸倒引当金繰入	(610 ❶)		

❶ 480 + 80 + 50 = 610

❷ 200 + 480 + 80 + 50 = 810

解 説 ▶ （単位：千円）

1. 貸倒引当金

(1) 貸倒懸念債権

(借)貸倒引当金繰入　480 *1（貸)貸倒引当金　480

＊1　(2,000 − 400) × 30% = 480

(2) 一般債権

(借)貸倒引当金繰入　80 *2（貸)貸倒引当金　80

＊2　(4,000 + 12,000 − 2,000) × 2% − 200 = 80

(3) 破産更生債権等

(借)破産更生債権等　300　（貸)長期貸付金　300

(借)貸倒引当金繰入　50 *3（貸)貸倒引当金　50

＊3　300 − 250 = 50

決算整理後残高試算表　　　（単位：千円）

受 取 手 形	(20,500 ❶)	貸 倒 引 当 金	(1,710 ❸)
売 掛 金	(40,000)	法人税等調整額	(75)
破産更生債権等	(500)		
繰延税金資産	(75)		
貸倒引当金繰入	(800 ❷)		

❶ 21,000 − 500 = 20,500

❷ 500 + 300 = 800

❸ 910 + 500 + 300 = 1,710

解 説 ▶ （単位：千円）

1. 貸倒引当金

(1) 破産更生債権等

　　貸倒引当金繰入のうち，(1 − 50%) 分は損金に算入されず，将来減算一時差異となります。

(借)破産更生債権等　500　（貸)受 取 手 形　500

(借)貸倒引当金繰入　500 *1（貸)貸倒引当金　500

＊1　500 × 100% = 500

繰延税金資産：

(借)繰延税金資産　75 *2（貸)法人税等調整額　75

＊2　(500 − 500 × 50%) × 30% = 75

(2) 一般債権

(借)貸倒引当金繰入　300 *3（貸)貸倒引当金　300

＊3　(21,000 − 500 + 40,000) × 2% − 910 = 300

解 答 ▶ **問題3 貸倒引当金** （第138回本試験改題） ➡ 問題42ページ

決算整理後残高試算表		（単位：千円）
現 金 預 金 （ *5,000*❶ ）	貸 倒 引 当 金 （ *1,183*❸ ）	
売 掛 金 （ *21,000* ）	繰 越 利 益 剰 余 金 （ *5,000*❹ ）	
長 期 貸 付 金 （ *15,000* ）	受 取 利 息 （ *495*❺ ）	
貸 倒 引 当 金 繰 入 （ *529* ）		
貸 倒 損 失 （ *760*❷ ）		

❶ 4,850 + 150=5,000

❷ 1,180 − 420=760

❸ 1,249 − 275 + 100 − 420 + 529 =1,183

❹ 5,100 − 100=5,000

❺ 70 + 150 + 275=495

解 説 ▶ （単位：千円）

1．貸倒懸念債権（キャッシュ・フロー見積法）

（1）前期末

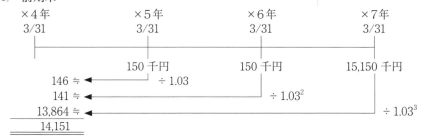

貸倒見積高：15,000 千円 − 14,151 千円 = 849 千円

（2）当期末

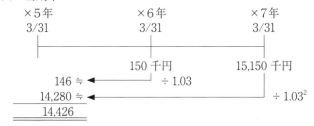

貸倒見積高：15,000 千円 − 14,426 千円 = 574 千円
貸倒引当金取崩高：849 千円 − 574 千円 = 275 千円

（借）現 金 預 金	150	（貸）受 取 利 息	150
（借）貸 倒 引 当 金	275	（貸）受 取 利 息	275

2．一般債権

（1）誤謬の訂正

一般債権に係る貸倒引当金残高（前期末）

$\underset{\text{前T/B}}{1,249}$ 千円 − $\underset{\text{貸倒懸念債権}}{849}$ 千円 = 400 千円

前期末における一般債権残高

400 千円 ÷ 0.02 = 20,000 千円

前期末貸倒引当金の適正額

20,000 千円 × 0.025 = 500 千円

貸倒引当金不足額

500 千円 − 400 千円 = 100 千円

（借）繰越利益剰余金	100	（貸）貸 倒 引 当 金	100

（2）貸倒れの修正仕訳

正しい仕訳

（借）貸 倒 引 当 金	420 *1	（貸）売 掛 金	420
（借）貸 倒 損 失	760 *1	（貸）売 掛 金	760

＊1 前期発生分は貸倒引当金を取崩し，当期発生分は貸倒損失として処理します。

会社の仕訳

（借）貸 倒 損 失	1,180	（貸）売 掛 金	1,180

修正仕訳

（借）貸 倒 引 当 金	420	（貸）貸 倒 損 失	420

（3）当期末引当金残高：

（400 千円 + 100 千円）− 420 千円 = 80 千円

（借）貸倒引当金繰入	529 *2	（貸）貸 倒 引 当 金	529

＊2 21,000 × 0.029 = 609
609 − 80 = 529

決算整理後残高試算表 （単位：千円）

長 期 前 払 費 用	（	700 ❶	）	長 期 借 入 金	（	40,400 ❸	）
為 替 予 約	（	3,200	）	繰 延 ヘ ッ ジ 損 益	（	3,200	）
為 替 差 損 益	（	500 ❷	）				

❶ 800 － 100 ＝ 700

❷ 400 ＋ 100 ＝ 500

❸ 39,200 ＋ 1,200 ＝ 40,400

解 説 ▶ （単位：千円）

1．為替予約（振当処理）

(1) 取引時の為替相場

39,200千円 ÷ 400千ドル ＝ 98円

(2) 予約時

① 直々差額

$$\underset{\text{予約日レート}}{(99\,円} - \underset{\text{取引時レート}}{98\,円)} \times 400\,千ドル = 400\,千円$$

② 直先差額

$$\underset{\text{予約レート}}{(101\,円} - \underset{\text{予約日レート}}{99\,円)} \times 400\,千ドル = 800\,千円$$

（借）為 替 差 損 益	400	（貸）長 期 借 入 金	1,200
長 期 前 払 費 用	800		

(3) 決算時

直先差額のうち当期分を為替差損益に振替えます。

（借）為 替 差 損 益	100 *1	（貸）長 期 前 払 費 用	100

$$*1 \quad 800 \times \frac{3\,カ月（1月～3月）}{24\,カ月} = 100$$

2．予定取引

翌期の取引に備えて為替予約を付した場合，振当の対象となる外貨建金銭債権債務は存在しません。

そのため，為替予約自体の取引を決算時に時価評価し，評価差額を繰延べます。

具体的には，予約レートと決算時の先物為替レートとの換算差額を，貸借対照表に計上します。

（借）為 替 予 約	3,200 *2	（貸）繰 延 ヘ ッ ジ 損 益	3,200

$$*2 \quad \underset{\text{決算時先物}}{(103\,円} - \underset{\text{予約レート}}{99\,円)} \times 800\,千ドル = 3,200$$

（参考）長期前払費用について

為替予約による前払費用・前受収益は，費用・収益の見越し・繰延べによる純粋な経過勘定とは性質が異なるため，為替予約による長期前払費用は一年基準による分類をしないことがあります。試験では問題文の指示に従って解答してください。

決算整理後残高試算表 （単位：千円）

売 掛 金	（	390,000 ❶	）	貸 倒 引 当 金	（	7,800 ❸	）
貸 倒 引 当 金 繰 入	（	6,800	）	前 受 収 益	（	2,800 ❹	）
為 替 差 損 益	（	5,400 ❷	）	一 般 売 上		786,000	
				海 外 輸 出 売 上	（	355,200	）

❶ 382,600 ＋ 6,000 ＋ 1,400 ＝ 390,000

❷ △ 10,000 ＋ 6,000 ＋ △ 2,800 ＋ 1,400 ＝ △ 5,400

❸ 390,000 × 2％ ＝ 7,800

❹ $4,200 \times \dfrac{2\,カ月}{3\,カ月} = 2,800$

解 説 ▶ （単位：千円）

1．輸出売上（処理済み）

（借）売 掛 金	355,200 *	（貸）海 外 輸 出 売 上	355,200

* 2,000千ドル × 102円 ＋ 1,400千ドル × 108円 ＝ 355,200

2．外貨建て売掛金の換算

為替予約を行っていない売掛金について、期末時点で未決済のため決算日レートで換算替えを行います。

（借）売 掛 金	6,000 *	（貸）為 替 差 損 益	6,000

* 2,000千ドル × （@ 105円 － @ 102円） ＝ 6,000

3．為替予約

取引発生後予約

① 直々差額（予約時レート － 取引発生時レート）

→為替差損益

② 直先差額（予約レート － 予約時レート）

→いったん前払費用・前受収益とし、決算時に当期分を為替差損益に振替え

(1) 為替予約時（未処理）

（借）売　掛　金	1,400*1	（貸）前 受 収 益	4,200 *3
為 替 差 損 益	2,800*2		

* 1　1,400 千ドル×（@ 109 円−@ 108 円）＝ 1,400
* 2　1,400 千ドル×（@ 106 円−@ 108 円）＝△ 2,800
* 3　1,400 千ドル×（@ 109 円−@ 106 円）＝ 4,200

(2) 決算時（未処理）

（借）前 受 収 益	1,400*	（貸）為 替 差 損 益	1,400

* 当期分：$4,200 \times \dfrac{1\,カ月}{3\,カ月} = 1,400$

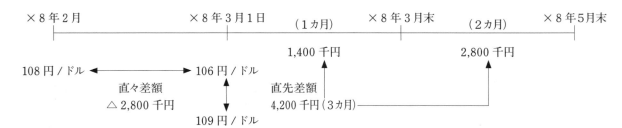

4. 貸倒引当金

（借）貸倒引当金繰入	6,800*	（貸）貸 倒 引 当 金	6,800

* 貸倒見積高：（382,600 ＋ 6,000 ＋ 1,400）× 2 ％＝ 7,800
　繰 入 額：7,800 − 1,000 ＝ 6,800

解答 ▶ 問題3　為替予約（第144回本試験改題）　➡ 問題45ページ

決算整理後残高試算表		（単位：千円）	
繰 越 商 品	（ 5,000 ❶ ）	買　掛　金	（ 50,845 ❹ ）
為 替 予 約	（ 675 ）		
仕　　　入	（ 111,200 ❷ ）		
為 替 差 損	（ 870 ❸ ）		

❶ 4,200 − 4,200 ＋ 5,000 ＝ 5,000

❷ 112,000 ＋ 4,200 − 5,000 ＝ 111,200

❸ △ 1,545 ＋ 675 ＝△ 870

❹ 49,300 ＋ 1,545 ＝ 50,845

解説 ▶ （単位：千円）

1. 売上原価の計算

（借）仕　　　入	4,200	（貸）繰 越 商 品	4,200
（借）繰 越 商 品	5,000	（貸）仕　　　入	5,000

2. 為替予約（独立処理）

　独立処理では，外貨建金銭債権債務と為替予約とを分けて処理します。

(1) 買掛金（期末の換算）

（借）為 替 差 損	1,545*1	（貸）買　掛　金	1,545

* 1　買掛金：105 千ドル× 100 円＋ 120 千ドル× 104 円＝
　　　　　 22,980 円
　　　 225 千ドル× 109 円− 22,980 ＝ 1,545

(2) 為替予約（期末の時価評価）

　　決算日の先物為替相場は 108 円となっていますが，
　　105 円で予約をしているため，得していると考えます。

（借）為 替 予 約	675*2	（貸）為 替 差 益	675

* 2　（108 円− 105 円）× 225 千ドル＝ 675

---

1 有価証券
2 固定資産
3 退職給付
4 社債
5 貸倒引当金
6 為替予約
7 純資産
8 ソフトウェア
9 現金預金
10 税効果会計
11 商品の評価
12 成果連結
13 包括利益 資本連結・
14 事業分離 企業結合・
15 持分法
16 商品売買

決算整理後残高試算表　　　（単位：千円）

自　己　株　式	(3,800 ❶)	資　　本　　金	(50,000)
		資　本　準　備　金	(6,000)
		その他資本剰余金	(0 ❷)
		利　益　準　備　金	(5,150 ❸)
		繰 越 利 益 剰 余 金	(1,150 ❹)

❶ $5,000 - 1,200 = 3,800$

❷ $1,000 - 1,200 + 200 = 0$

❸ $5,000 + 150 = 5,150$

❹ $3,000 - 1,650 - 200 = 1,150$

解説 ▶ （単位：千円）

1．中間配当

配当金の10分の1を，準備金の額が資本金の4分の1に達するまで積み立てます。

(1) 期中に行った仕訳

（借）仮　払　金　1,500　　（貸）現　金　預　金　1,500

(2) 正しい仕訳

（借）繰越利益剰余金　1,650　　（貸）現　金　預　金　1,500
　　　　　　　　　　　　　　　　　　利　益　準　備　金　150

$$50,000 \text{千円} \times \frac{1}{4} - (6,000 \text{千円} + 5,000 \text{千円})$$

$$= 1,500 \text{千円} > 1,500 \text{千円} \times \frac{1}{10} = 150 \text{千円}$$

(3) 修正仕訳

（借）繰越利益剰余金　1,650　　（貸）仮　払　金　1,500
　　　　　　　　　　　　　　　　　　利　益　準　備　金　150

2．自己株式

自己株式の消却はその他資本剰余金で処理します。そして，その他資本剰余金がマイナスになった場合には，会計期間末において繰越利益剰余金から減額します。

（借）その他資本剰余金　1,200　　（貸）自　己　株　式　1,200

（借）繰越利益剰余金　200　　（貸）その他資本剰余金　200

1 有価証券
2 固定資産
3 退職給付
4 社債
5 貸倒引当金
6 為替予約
7 純資産
8 ソフトウェア
9 現金預金
10 税効果会計
11 商品の評価
12 成果連結
13 包括利益・資本連結
14 事業分離・企業結合
15 持分法
16 商品売買

解答 ▶ **問題2 純資産** （第140回本試験改題）　　➡ 問題47ページ

（単位：千円）

貸　借　対　照　表			損　益　計　算　書		
Ⅰ 株主資本			Ⅲ 販売費及び一般管理費		
資　本　金	(	120,000)	株式報酬費用	(	8,500)
資本準備金	(	13,000)	Ⅴ 営業外費用		
その他資本剰余金	(	1,000 ❶)	支払手数料	(	5,200 ❺)
繰越利益剰余金	(	10,600 ❷)			
自　己　株　式	(	△2,400 ❸)			
Ⅱ 新株予約権	(	14,875 ❹)			

❶ $400 + 600 = 1,000$

❷ $600 + 10,000 = 10,600$

❸ $6,200 - 200 - 3,600 = 2,400$

❹ $6,375 + 8,500 = 14,875$

❺ $5,000 + 200 = 5,200$

解説 ▶ （単位：千円）

1. 自己株式

(1) 自己株式の取得

自己株式取得時の付随費用は取得原価に算入せずに支払手数料勘定で処理します。

（借）支 払 手 数 料　200　（貸）自 己 株 式　200

(2) 自己株式の処分

自己株式処分差額はその他資本剰余金で処理します。

（借）仮　受　金　4,200　（貸）自 己 株 式　3,600
　　　　　　　　　　　　　　その他資本剰余金　600 *1

*1 （@ 1,400 円－@ 1,200 円）× 3,000 株＝ 600 千円（差益）

2. ストック・オプション *2

株式報酬費用：

公正な評価額 $\times \dfrac{\text{付与日から当期末までの月数}}{\text{対象勤務期間（月数）}}$

公正な評価額

＝公正な評価単価×（ストック・オプション数－見積失効数）

*2 ストック・オプションは従業員等の労働に対する報酬としての意味があるため，決算時にはその報酬分を株式報酬費用として計上するとともに，同額を新株予約権に計上します。

前期株式報酬費用：

@ 20 千円×（1,000 個－ 150 個）$\times \dfrac{9 \text{カ月}}{24 \text{カ月}} = 6,375$ 千円

当期株式報酬費用：

@ 20 千円×（1,000 個－ 150 個）$\times \dfrac{21 \text{カ月}}{24 \text{カ月}} - 6,375$ 千円
$= 8,500$ 千円

（借）株式報酬費用　8,500　（貸）新 株 予 約 権　8,500

決算整理後残高試算表		（単位：千円）	
現 金 預 金	（ 370,000 ❶）	資 本 金	（ 228,000 ❺）
株 式 交 付 費	（ 1,700 ❷）	資 本 準 備 金	（ 148,000 ❻）
自 己 株 式	（ 15,000 ❸）	その他資本剰余金	（ 14,000 ❼）
支 払 手 数 料	（ 6,100 ❹）	新 株 予 約 権	（ 7,980 ❽）
株 式 報 酬 費 用	（ 4,380 ）		
株 式 交 付 費 償 却	（ 100 ）		

❶ 50,000 + 320,000 = 370,000

❷ 1,800 − 100 = 1,700

❸ 80,000 − 5,000 − 60,000 = 15,000

❹ 1,100 + 5,000 = 6,100

❺ 100,000 + 128,000 = 228,000

❻ 20,000 + 128,000 = 148,000

❼ 10,000 + 4,000 = 14,000

❽ 3,600 + 4,380 = 7,980

解説 ▶ （単位：千円）

1．自己株式

(1) 自己株式の取得

自己株式の取得費用は取得原価に含めず、費用処理します。

（借）支 払 手 数 料 5,000　　（貸）自 己 株 式 5,000

修正後の自己株式の簿価：80,000 − 5,000 = 75,000

(2) 自己株式の処分

新株発行と自己株式の処分を同時に行った場合、自己株式処分差益が生じる場合にはその他資本剰余金として処理し、処分差損が生じる場合には払込資本から引きます。

自己株式処分の対価：

@ 1,600 円 × 40,000 株 = 64,000

自己株式の簿価：$75,000 \times \dfrac{40,000 株}{50,000 株} = 60,000$

自己株式処分差損益：64,000 − 60,000 = 4,000（差益）

（借）現 金 預 金 320,000*1　（貸）資 本 金 128,000*2
　　　　　　　　　　　　　　　　 資 本 準 備 金 128,000*2
　　　　　　　　　　　　　　　　 自 己 株 式 60,000
　　　　　　　　　　　　　　　　 その他資本剰余金 4,000

*1　@ 1,600 円 × 200,000 株 = 320,000

*2　@ 1,600 円 × 160,000 株 × $\dfrac{1}{2}$ = 128,000

(3) 株式交付費の償却

（借）株式交付費償却 100*　（貸）株 式 交 付 費 100

* $1,800 \times \dfrac{2 カ月}{36 カ月} = 100$

2．ストック・オプション

(1) ×6年度（×7年3月31日）

費用計上額（株式報酬費用）

公正な評価額*1 × $\dfrac{付与日から当期末までの期間（月数）}{対象勤務期間（月数）}$

*1 公正な評価単価 × ストック・オプション数*2

*2　ストック・オプション総数 − 失効すると見込まれるストック・オプション数

（借）株式報酬費用 3,600*　（貸）新 株 予 約 権 3,600

*　×6年7月から×9年6月まで36カ月。

@ 18 × （1,000 個 − 200 個） × $\dfrac{9 カ月}{36 カ月}$ = 3,600（前 T/B）

(2) ×7年度（×8年3月31日）

2回目以降の費用計上額は、①付与日から当期末までの株式報酬費用をいったん計算し、その金額から②前期までに計上した株式報酬費用を差し引いて計算します。

費用計上額（株式報酬費用）

公正な評価額 × $\dfrac{付与日から当期末までの期間（月数）}{対象勤務期間（月数）}$ − 過年度計上額

なお、失効すると見込まれるストック・オプション数が変更した場合には、変更後のストック・オプション数によって、株式報酬費用を計上します。

（借）株式報酬費用 4,380*　（貸）新 株 予 約 権 4,380

*　@ 18 × （1,000 個 − 80 個 − 160 個） × $\dfrac{21 カ月}{36 カ月}$ = 7,980
　　7,980 − 3,600 = 4,380

計算解説

1 有価証券
2 固定資産
3 退職給付
4 社債
5 貸倒引当金
6 為替予約
7 純資産
8 ソフトウェア
9 現金預金
10 税効果会計
11 商品の評価
12 成果連結
13 包括利益・資本連結・
14 企業結合・事業分離
15 持分法
16 商品売買

解答 ► 問題4 純資産 （第144回本試験改題） ➡ 問題49ページ

決算整理後残高試算表 （単位：千円）

現 金 預 金	（ 14,936 ❶ ）	資 本 金	（ 95,625 ❷ ）
株 式 報 酬 費 用	（ 280 ）	資 本 準 備 金	（ 3,425 ❸ ）
		新 株 予 約 権	（ 1,400 ❹ ）

❶ 14,036 + 900 = 14,936
❷ 95,000 + 625 = 95,625
❸ 2,800 + 625 = 3,425
❹ 1,750 − 350 = 1,400

解説 ► （単位：千円）

1．新株予約権

(1) 前々期（X6年3月）株式報酬費用

$$@1,400 円 × （1,500 個 − 300 個） × \frac{9 カ月}{24 カ月}$$
$$= 630 千円$$

(2) 前期（X7年3月）株式報酬費用

$$@1,400 円 × （1,500 個 − 300 個） × \frac{21 カ月}{24 カ月} − 630 千円$$
$$= 840 千円$$

(3) 当期（X8年3月）株式報酬費用

前T/B新株予約権：

@1,400 円 × （1,500 個 − 250 個） = 1,750 千円

前T/B株式報酬費用：

1,750 千円 − 630 千円 − 840 千円 = 280 千円

期中処理済み

（借）株式報酬費用	280	（貸）新株予約権	280

(4) 権利行使

（借）現 金 預 金	900*¹	（貸）資 本 金	625*³
新 株 予 約 権	350*²	資 本 準 備 金	625

*1 3,600 円 × 1,250 個 × 20% = 900
*2 1,400 円 × 1,250 個 × 20% = 350
*3 （900 + 350） × $\frac{1}{2}$ = 625

解答 ► 問題5 純資産 （第135回本試験改題） ➡ 問題50ページ

決算整理後残高試算表 （単位：千円）

現 金 預 金	（ 10,000 ）	資 本 金	（ 23,450 ❶ ）
		資 本 準 備 金	（ 4,100 ❷ ）
		その他資本剰余金	（ 950 ）
		新株予約権戻入益	（ 1,000 ）

❶ 20,000 + 3,450 = 23,450
❷ 650 + 3,450 = 4,100

解説 ► （単位：千円）

1．新株予約権の権利行使

(1) 自己株式の処分の対価：

$$（3,000 千円 + 8,000 千円） × \frac{150 株}{350 株 + 150 株} = 3,300 千円$$

(2) 自己株式の処分差額

3,300 千円 − 4,100 千円 = △800 千円 （処分差損）

(3) 資本金・資本準備金

新株発行分から自己株式処分差損を引いた額の2分の1を資本金とします。

$$\{（3,000 千円 + 8,000 千円） × \frac{350 株}{500 株} − 800 千円\} × \frac{1}{2}$$
$$= 3,450 千円$$

（借）仮 受 金	8,000	（貸）資 本 金	3,450
新 株 予 約 権	3,000	資 本 準 備 金	3,450
		自 己 株 式	4,100

2．新株予約権の失効

（借）新 株 予 約 権	1,000	（貸）新株予約権戻入益	1,000

（参考）企業結合における自己株式の交付との違い

　　合併などの企業結合では、交付株式の時価から自己株式の簿価を引いた額を資本増加額とします。一方、通常の新株発行では、処分差益の場合その他資本剰余金とし、処分差損の場合新株発行分から処分差損を引いた額を資本増加額とします。

決算整理後残高試算表	（単位：千円）
現 金 預 金 （ *60,000* ❶）	繰 延 税 金 負 債 （ *1,350* ❸）
自 己 株 式 （ *25,200* ❷）	機械減価償却累計額 （ *7,000* ❹）
機 械 16,000	資 本 金 （ *302,600* ❺）
減 価 償 却 費 （ *3,000* ）	資 本 準 備 金 （ *102,600* ❻）
	その他資本剰余金 （ *50,000* ）
	圧 縮 積 立 金 （ *3,150* ❼）
	繰 越 利 益 剰 余 金 （ *91,050* ❽）
	新 株 予 約 権 （ *76,000* ❾）
	法 人 税 等 調 整 額 （ *450* ）

❶ 50,000 + 10,000 = 60,000

❷ 31,000 − 5,800 = 25,200

❸ 1,800 − 450 = 1,350

❹ 4,000 + 3,000 = 7,000

❺ 300,000 + 2,600 = 302,600

❻ 100,000 + 2,600 = 102,600

❼ 4,200 − 1,050 = 3,150

❽ 90,000 + 1,050 = 91,050

❾ 77,000 − 1,000 = 76,000

解 説 ▶ （単位：千円）

1．圧縮記帳（積立金方式）

（1） 前期

① 国庫補助金の受取りと固定資産の取得

（借）現 金 預 金 8,000 （貸）国庫補助金受贈益 8,000

（借）機 械 16,000 （貸）現 金 預 金 16,000

② 圧縮積立金の積立て

（借）法人税等調整額 2,400*1 （貸）繰延税金負債 2,400

（借）繰越利益剰余金 5,600*2 （貸）圧 縮 積 立 金 5,600

*1 8,000 × 30% = 2,400

*2 8,000 ×（1 − 30%）= 5,600

　　税務上、8,000千円が損金算入され、将来加算一時差異が発生します。

③ 減価償却

定率法償却率：1 ÷ 8 年 × 200% = 0.25

（借）減 価 償 却 費 4,000* （貸）機械減価償却累計額 4,000

* 16,000 × 0.25 = 4,000

会計上の減価償却費：4,000

税務上の減価償却費：（16,000 − 8,000）× 0.25 = 2,000

将来加算一時差異の解消：4,000 − 2,000 = 2,000

④ 積立金の取崩し

　　期首に固定資産を取得しているため、期末に繰延税金負債と圧縮積立金の当期分の取崩しを行います。

（借）繰延税金負債 600*1 （貸）法人税等調整額 600

（借）圧 縮 積 立 金 1,400*2 （貸）繰越利益剰余金 1,400

*1 2,400 × 0.25 = 600 または 2,000 × 30% = 600

*2 5,600 × 0.25 = 1,400 または 2,000 ×（1 − 30%）= 1,400

　　繰延税金負債と圧縮積立金の取崩し額は、③の一時差異の解消額2,000をもとに計算しても、上記のように繰延税金負債と圧縮積立金の残高に定率法償却率を掛けて計算しても結果は同じとなります。

前 T / B 　繰延税金負債：2,400 − 600 = 1,800

前 T / B 　圧縮積立金：5,600 − 1,400 = 4,200

（2） 当期

① 減価償却

（借）減 価 償 却 費 3,000* （貸）機械減価償却累計額 3,000

* （16,000 − 4,000）× 0.25 = 3,000

会計上の減価償却費：3,000

税務上の減価償却費：（16,000 − 8,000 − 2,000）× 0.25 = 1,500

将来加算一時差異の解消：3,000 − 1,500 = 1,500

② 積立金の取崩し

（借）繰延税金負債 450*1 （貸）法人税等調整額 450

（借）圧 縮 積 立 金 1,050*2 （貸）繰越利益剰余金 1,050

*1 （2,400 − 600）× 0.25 = 450
　　または 1,500 × 30% = 450

*2 （5,600 − 1,400）× 0.25 = 1,050
　　または 1,500 ×（1 − 30%）= 1,050

2．新株予約権の権利行使

新株発行と自己株式の処分を同時に行う場合において、自己株式処分差損が生じるときは、処分差損を新株発行の払込資本相当額から引いた額を、資本金または資本金及び資本準備金とします。

自己株式の処分の対価：$(10,000 + 1,000) \div 2 = 5,500$

自己株式処分差損益：$5,500 - 5,800 = \triangle 300$（処分差損）

（借）現 金 預 金	10,000	（貸）資　　本　　金	2,600*
新 株 予 約 権	1,000	資 本 準 備 金	2,600*
		自 己 株 式	5,800

＊　払込資本相当額：$(10,000 + 1,000) \div 2 = 5,500$
$(5,500 - \underset{差損}{300}) \div 2 = 2,600$

1 有価証券
2 固定資産
3 退職給付
4 社債
5 貸倒引当金
6 為替予約
7 純資産
8 ソフトウェア
9 現金預金
10 税効果会計
11 商品の評価
12 成果連結
13 包括利益・資本連結
14 企業結合・事業分離
15 持分法
16 商品売買

決算整理後残高試算表　　　　　　　(単位：千円)

機　　　　　　械	(6,200)	機械減価償却累計額	(3,100)
ソ フ ト ウ ェ ア	(73,270 ❶)		
給　　　　　　料	(200,000 ❷)		
そ の 他 諸 経 費	(30,000 ❸)		
研 究 開 発 費	(76,430)		
ソフトウェア償却	(12,800)		

❶ 38,400 − 12,800 + 47,670 = 73,270

❷ 300,000 − 100,000 = 200,000

❸ 51,000 − 21,000 = 30,000

解説 ▶ (単位：千円)

1．自社利用のソフトウェア

問題文の指示に従い，未償却残高 38,400 千円を残存利用可能期間（3 年）にわたり償却します。

(借) ソフトウェア償却 12,800*1　(貸) ソフトウェア 12,800

* 1　38,400 ÷ 3 年 = 12,800

2．市場販売目的のソフトウェア

減価償却費：6,200 千円 × 0.5 = 3,100 千円

償却保証額：6,200 千円 × 0.06249 = 387.438 → 387

3,100 千円 > 387 千円　∴ 3,100 千円

(借) 減 価 償 却 費 3,100　(貸) 機械減価償却累計額 3,100

(1)　研究開発費の金額

最初に製品化された製品マスターの完成までに要した費用が研究開発費なので，問題文の指示に従い集計します。

研究開発費

①従 業 員 給 料：100,000 千円 × 65% =	65,000 千円
②減価償却費合計：　3,100 千円 × 30% =	930 千円
③そ の 他 諸 経 費：21,000 千円 × 50% =	10,500 千円
合　　　計	76,430 千円

(借) 研 究 開 発 費 76,430　(貸) 給　　　　　料 65,000
　　　　　　　　　　　　　　　　減 価 償 却 費　930
　　　　　　　　　　　　　　　　その他諸経費 10,500

(2)　無形固定資産（ソフトウェア）の金額

(1)で研究開発費として計上したもの以外の金額がソフトウェアとして無形固定資産に計上されます。

無形固定資産（ソフトウェア）

①従 業 員 給 料：100,000 千円 × 35%*2 =	35,000 千円
②減価償却費合計：3,100 千円 × 70%*3 =	2,170 千円
③そ の 他 諸 経 費：21,000 千円 × 50%*4 =	10,500 千円
合　　　計	47,670 千円

* 2　100% − 65% = 35%
* 3　100% − 30% = 70%
* 4　100% − 50% = 50%

(借) ソフトウェア 47,670　(貸) 給　　　　　料 35,000
　　　　　　　　　　　　　　　　減 価 償 却 費 2,170
　　　　　　　　　　　　　　　　その他諸経費 10,500

計算解説

1 有価証券
2 固定資産
3 退職給付
4 社債
5 貸倒引当金
6 為替予約
7 純資産
8 ソフトウェア
9 現金預金
10 税効果会計
11 商品の評価
12 成果連結
13 資本連結・包括利益
14 事業分離・企業結合
15 持分法
16 商品売買

解答 ▶ **問題2 ソフトウェア** （第146回本試験改題）　➡ 問題53ページ

<table>
<tr><th colspan="4">決算整理後残高試算表</th><th>（単位：千円）</th></tr>
<tr><td>売　掛　金</td><td>（ 250,000 ❶ ）</td><td>ソフトウェア売上高</td><td>（ 260,000 ）</td></tr>
<tr><td>ソフトウェア</td><td>（ 58,000 ❷ ）</td><td></td><td></td></tr>
<tr><td>ソフトウェア売上原価</td><td>（ 133,795 ）</td><td></td><td></td></tr>
<tr><td>給　料　手　当</td><td>（ 42,105 ❸ ）</td><td></td><td></td></tr>
<tr><td>減 価 償 却 費</td><td>（ 65,400 ❹ ）</td><td></td><td></td></tr>
<tr><td>ソフトウェア償却額</td><td>（ 17,600 ❺ ）</td><td></td><td></td></tr>
<tr><td>研 究 開 発 費</td><td>（ 25,000 ❻ ）</td><td></td><td></td></tr>
</table>

❶ $40,000 + 210,000 = 250,000$

❷ $80,000 - 22,000 = 58,000$

❸ $60,150 \times 70\% = 42,105$

❹ $81,750 \times 80\% = 65,400$

❺ $22,000 \times 80\% = 17,600$

❻ $20,000 + 5,000 = 25,000$

解説 ▶ （単位：千円）

1．自社利用のソフトウェア

(1) ×7年10月1日計上分

$20,000 千円 \times \dfrac{6 ヵ月}{60 ヵ月} = 2,000 千円$

(2) ×5年4月1日計上分

$60,000 千円 \times \dfrac{12 ヵ月}{60 ヵ月 - 24 ヵ月} = 20,000 千円$

（借）ソフトウェア償却額 22,000　（貸）ソフトウェア 22,000

2．ソフトウェア制作費の集計

(1) 研究開発費の振替え

研究開発活動に関連するものは研究開発費勘定に振替えます。

（借）研 究 開 発 費 5,000　（貸）ソフトウェア仮勘定 5,000

(2) ソフトウェア制作費

減価償却費

$81,750 千円 \times 20\% = 16,350 千円$

ソフトウェア償却額

$22,000 千円 \times 20\% = 4,400 千円$

給料手当

$60,150 千円 \times 30\% = 18,045 千円$

（借）ソフトウェア仮勘定 38,795　（貸）減 価 償 却 費 16,350
　　　　　　　　　　　　　　　　　ソフトウェア償却額 4,400
　　　　　　　　　　　　　　　　　給 料 手 当 18,045

3．ソフトウェア売上高・売上原価の計上

(1) ソフトウェア売上高

受注金額に当期までの累計の進捗率を掛け、前期までに計上した売上高を差し引いて当期の売上高を計算します。

（借）前　受　金 50,000　（貸）ソフトウェア売上高 260,000 *1
　　　売　掛　金 210,000 *2

*1　$800,000 \times 60\% - 220,000 = 260,000$
*2　$260,000 - 50,000 = 210,000$

(2) ソフトウェア売上原価

ソフトウェア仮勘定残高をソフトウェア売上原価に振替えます。

（借）ソフトウェア売上原価 133,795 *3 （貸）ソフトウェア仮勘定 133,795

*3　$100,000 - 5,000 + 38,795 = 133,795$

決算整理後残高試算表　　（単位：千円）

現 金 預 金	(	30,094 ❶)	買 掛 金	(	2,100 ❹)
売 掛 金	(	1,600 ❷)	借 入 金	(	10,000)
支 払 利 息	(	500 ❸)	未 払 金	(	2,000)

❶ 27,594 + 400 + 200 + 2,000 − 100 = 30,094

❷ 2,000 − 400 = 1,600

❸ 400 + 100 = 500

❹ 1,900 + 200 = 2,100

解説 ▶ （単位：千円）

1．当座預金の調整

(1) 売掛金振込み通知漏れ

当社の帳簿残高を加算します。

(借) 現 金 預 金　400　(貸) 売 掛 金　400

(2) 未取付小切手

銀行側の残高を減算します（仕訳なし）。

(3) 未渡小切手

① 買掛金支払い

当社の帳簿残高を加算します。

(借) 現 金 預 金　200　(貸) 買 掛 金　200

② 備品購入代金支払い

当社の帳簿残高を加算します。

(借) 現 金 預 金　2,000　(貸) 未 払 金　2,000*

＊ 備品はすでに購入しているため、備品を取り消さず、未払金とします。

(4) 利息引落し未処理

当社の帳簿残高を減算します。

(借) 支 払 利 息　100　(貸) 現 金 預 金　100

計算解説

1 有価証券

2 固定資産

3 退職給付

4 社債

5 貸倒引当金

6 為替予約

7 純資産

8 ソフトウェア

9 現金預金

10 税効果会計

11 商品の評価

12 成果連結

13 包括利益・資本連結

14 事業分離・企業結合・

15 持分法

16 商品売買

解答 ▶ 問題1 税効果会計 （第143回本試験改題） ➡ 問題55ページ

決算整理後残高試算表		（単位：千円）	
建 物	（ 960,000 ）	未 払 法 人 税 等	（ 15,000 ）
繰 延 税 金 資 産	（ 52,815 ❶ ）	貸 倒 引 当 金	（ 6,270 ）
貸 倒 引 当 金 繰 入	5,770	退 職 給 付 引 当 金	（ 86,280 ）
退 職 給 付 費 用	21,280	建物減価償却累計額	（ 400,000 ❷ ）
法人税,住民税及び事業税	（ 35,000 ）	法 人 税 等 調 整 額	（ 13,665 ）

❶ 39,150 + 13,665 = 52,815

❷ 320,000 + 80,000 = 400,000

解説 ▶ （単位：千円）

1．建物

（1）減価償却

期首減価償却累計額：

前T/B 建物減価償却累計額

$960,000 千円 \times \dfrac{4 年}{12 年} = 320,000 千円$

(借) 減 価 償 却 費 80,000 *1 (貸) 建物減価償却累計額 80,000

*1 $960,000 \times \dfrac{1 年}{12 年} = 80,000$

（2）一時差異

税務上の減価償却費：

$960,000 千円 \times \dfrac{1 年}{15 年} = 64,000 千円$

一時差異：80,000 千円 − 64,000 千円 = 16,000 千円

税効果の仕訳は，下記3参照

2．法人税等の計上

(借) 法人税, 住民税及び事業税 35,000 (貸) 仮払法人税等 20,000

未払法人税等 15,000 *2

*2 30,000 + 5,000 − 20,000 = 15,000

3．税効果会計

当期末時点における繰延税金資産を計算し，残高試算表の繰延税金資産との差額を法人税等調整額とします。

（1）当期末の一時差異の計算

3,500 千円 + 6,270 千円 + （64,000 千円 + 16,000 千円）
未払事業税　貸倒引当金　　　　建　　　物
+ 86,280 千円 = 176,050 千円
退職給付引当金

（2）当期末繰延税金資産：176,050 千円 × 30％ = 52,815 千円

（3）法人税等調整額

52,815 千円 − 39,150 千円 = 13,665 千円

(借) 繰延税金資産 13,665 (貸) 法人税等調整額 13,665

（注意）建物に係る繰延税金資産

建物の減価償却について取得時より毎年 16,000 千円の一時差異が生じているため，「当期末」の繰延税金資産は，5年分の一時差異合計 80,000 千円に 30％ を掛けて計算します。

決算整理後残高試算表　　（単位：千円）

その他有価証券	(40,000)	未 払 法 人 税 等	(7,000)
繰 延 税 金 資 産	(30,000)	繰 延 税 金 負 債	(2,400)
法人税、住民税及び事業税	(27,000)	その他有価証券評価差額金	(5,600)
法 人 税 等 調 整 額	(4,200)		

解 説 ▶ （単位：千円）

1．その他有価証券の評価

（1） 期首の振戻し仕訳（未処理）

振戻し仕訳が未処理であるため、残高試算表のその他有価証券37,000千円は前期末時価であることがわかります。

（借）繰延税金負債 1,500[*1] （貸）投資有価証券 5,000[*2]
　　　その他有価証券評価差額金 3,500[*1]

＊1　問題文 残高試算表より
＊2　1,500 ＋ 3,500 ＝ 5,000
　　　取得原価：37,000 － 5,000 ＝ 32,000

（2） 期末の評価

（借）投資有価証券 8,000[*1] （貸）繰延税金負債 2,400[*2]
　　　　　　　　　　　　　　　　その他有価証券評価差額金 5,600[*3]

＊1　40,000 － 32,000 ＝ 8,000
＊2　8,000 × 30％ ＝ 2,400
＊3　8,000 × （1 － 30％）＝ 5,600

2．税効果会計

当期末時点における繰延税金資産を計算し、前期の繰延税金資産との差額を法人税等調整額とします。

（1） 当期の繰延税金資産

$$(\underset{\text{貸倒引当金}}{2,500} + \underset{\text{商品評価損}}{3,800} + \underset{\text{建物}}{54,000} + \underset{\text{退職給付引当金}}{94,000}) \times 30\% = 46,290$$
$$> \quad 100,000 \times 30\% = 30,000$$

繰延税金資産を計上することができるのは回収可能性のある部分のみとなりますので当期の繰延税金資産は30,000千円となります。

なお、回収不能な繰延税金資産16,290千円は評価性引当額として、注記します。

（2） 前期末の繰延税金資産

$$(\underset{\text{貸倒引当金}}{3,000} + \underset{\text{建物}}{27,000} + \underset{\text{退職給付引当金}}{84,000}) \times 30\% = 34,200$$

（3） 法人税等調整額

30,000 － 34,200 ＝ △ 4,200

（借）法人税等調整額 4,200 （貸）繰延税金資産 4,200

3．法人税等の計上

（借）法人税、住民税及び事業税 27,000 （貸）仮払法人税等 20,000
　　　　　　　　　　　　　　　　　　　　未払法人税等 7,000[*]

＊　27,000 － 20,000 ＝ 7,000

計算解説

1 有価証券
2 固定資産
3 退職給付
4 社債
5 貸倒引当金
6 為替予約
7 純資産
8 ソフトウェア
9 現金預金
10 税効果会計
11 商品の評価
12 成果連結
13 資本連結・包括利益
14 企業結合・事業分離
15 持分法
16 商品売買

解答 ▶ 問題3 税効果会計 （第147回本試験改題）　➡ 問題57ページ

損益計算書　（単位：千円）

法人税、住民税及び事業税 （ 31,500 ）	法人税等調整額 （ 2,250 ❶ ）

❶ 2,600 − 350 = 2,250

❷ 9,600 − 2,100 = 7,500

貸借対照表　（単位：千円）

繰延税金資産 （ 7,500 ❷ ）	未払法人税等 （ 31,500 ）

解説 ▶ （単位：千円）

1. 課税所得の計算と法人税等の計上

(1) 課税所得の計算

会計上の税引前当期純利益に、以下の調整項目を加減して課税所得を計算します。

税引前当期純利益	80,000
加算項目	
損金不算入	10,000
益金算入	—
減算項目	
損金算入	—
益金不算入	—
課税所得	90,000

（参考）

上記の加算 10,000 千円は、一時差異の純増加額と一致します。

将来減算一時差異増加：32,000 − 20,000 = 12,000

将来加算一時差異増加：7,000 − 5,000 = 2,000

純増加額：12,000 − 2,000 = 10,000

(2) 法人税等の計上

課税所得に当期の実効税率を掛けて、当期の法人税等の金額を計算します。

（借）法人税、住民税及び事業税 31,500* （貸）未払法人税等 31,500

＊ 90,000 × 35% = 31,500

2. 税効果会計

(1) 前期末の処理

前期末における一時差異の額に、前期末における将来の予定実効税率（35%）を掛けて、繰延税金資産・繰延税金負債を計上します。

（借）繰延税金資産 7,000*1 （貸）法人税等調整額 7,000

（借）法人税等調整額 1,750*2 （貸）繰延税金負債 1,750

＊1　20,000 × 35% = 7,000
＊2　5,000 × 35% = 1,750
　　　前T / B　繰延税金資産：7,000
　　　前T / B　繰延税金負債：1,750

(2) 当期末の処理

当期末における一時差異の額に、当期末における将来の予定実効税率（30%）を掛けて、繰延税金資産・繰延税金負債を計算します。

そして、当期末における繰延税金資産・繰延税金負債と、前期末における繰延税金資産・繰延税金負債との差額を法人税等調整額とします。

（借）繰延税金資産 2,600 （貸）法人税等調整額 2,600*1

（借）法人税等調整額 350*2 （貸）繰延税金負債 350

＊1　当期末繰延税金資産：32,000 × 30% = 9,600
　　　法人税等調整額：9,600 − 7,000 = 2,600
＊2　当期末繰延税金負債：7,000 × 30% = 2,100
　　　法人税等調整額：2,100 − 1,750 = 350

問題1　商品の評価　（第132回本試験改題）　　➡ 問題58ページ

	決算整理後残高試算表		（単位：千円）
繰 越 商 品	（ 58,500 ❶ ）	売　　　　上	（ 594,060 ）
仕　　　　入	（ 405,200 ❷ ）		
棚 卸 減 耗 損	（ 4,200 ）		
商 品 評 価 損	（ 4,500 ）		

❶ 67,200 − 4,200 − 4,500 = 58,500

❷ 426,800 + 45,600 − 67,200 = 405,200

解 説　　（単位：千円）

1．商品の処理

先入先出法を採用しているため，期末商品はもっとも後に仕入れたものから計算します。

	単価	商品ボックス（数量）		単価
	@ 38 千円	期首　　　1,200 個	売上原価	
			10,000 個	
	@ 40 千円	仕入 上期 5,000 個	期末（差額）	
	@ 42 千円	下期 5,400 個	1,600 個	@ 42 千円

期末商品帳簿棚卸高：67,200 千円 *1

@ 42 千円	商品評価損　　4,500 千円 *3	棚卸減耗損
@ 39 千円	後T / B　繰越商品 58,500 千円 *4	4,200 千円 *2
	実地数量	帳簿数量
	1,500 個	1,600 個

＊1　@ 42 千円×1,600 個＝ 67,200 千円
＊2　（1,600 個− 1,500 個）×@ 42 千円＝ 4,200 千円
＊3　（@ 42 千円−@ 39 千円）× 1,500 個＝ 4,500 千円
＊4　@ 39 千円× 1,500 個＝ 58,500 千円

（借）	仕　　　　　　　　入	45,600	（貸）	繰　　越　　商　　品	45,600
（借）	繰　越　商　品	67,200	（貸）	仕　　　　　　　　入	67,200
（借）	棚 卸 減 耗 損	4,200	（貸）	繰　越　商　品	4,200
（借）	商 品 評 価 損	4,500	（貸）	繰　越　商　品	4,500

1 有価証券
2 固定資産
3 退職給付
4 社債
5 貸倒引当金
6 為替予約
7 純資産
8 ソフトウェア
9 現金預金
10 税効果会計
11 商品の評価
12 成果連結
13 包括利益・資本連結
14 事業分離・企業結合
15 持分法
16 商品売買

解 答	問題2　商品の評価 （第129回本試験改題）	➡ 問題59ページ

決算整理後残高試算表　　（単位：千円）

繰 越 商 品	(73,840 ❶)	売　　　　　上	(1,735,560)
売 上 原 価	(1,129,510 ❷)		
販 売 費	(248,650 ❸)		

❶ 76,440 − 2,600 = 73,840

❷ 54,000 + 1,149,350 − 76,440 + 2,600
　 = 1,129,510

❸ 248,000 + 650 = 248,650

解 説	（単位： 千 円）

1．商品売買 （売価還元法）

売 価	商品ボックス （原価）	
	期首棚卸高 54,000 千円	売上原価（差額）*4 1,126,910 千円

売上高 1,735,560 千円

| 仕 入 1,150,000 千円 値 入 621,000 千円*1 | 仕 入 1,150,000 千円 | 販売促進 650 千円*2 |

販売促進 1,000 千円

| | | 期末棚卸高 76,440 千円*3 |

帳簿棚卸売価 117,600 千円

| 1,854,160 千円 | 1,204,000 千円 | |

1,854,160 千円

原価率　0.65

原価率： $\dfrac{1,204,000\ 千円}{1,854,160\ 千円} = 0.649\cdots \rightarrow 0.65$

＊1　1,150,000 千円 × 54％ ＝ 621,000 千円
＊2　1,000 千円 × 0.65 ＝ 650 千円
＊3　117,600 千円 × 0.65 ＝ 76,440 千円

原価率 0.65

期末商品帳簿棚卸高 76,440 千円	
商品評価損　0 千円	
後T／B　繰越商品 73,840 千円	棚卸減耗損 2,600 千円

実地売価　　帳簿売価
113,600 千円　117,600 千円

自社商品使用分650千円について仕入から減らすのを忘れないようにします。

(借) 販 売 費	650	(貸) 仕 入	650
(借) 売 上 原 価	54,000	(貸) 繰 越 商 品	54,000
(借) 売 上 原 価	1,149,350*4	(貸) 仕 入	1,149,350
(借) 繰 越 商 品	76,440	(貸) 売 上 原 価	76,440

＊4　1,150,000 − 650 = 1,149,350

＊4　本問では原価率の計算で四捨五入しているため，売上高に，直接，原価率を掛けた金額を売上原価とすると，商品ボックス（原価）借方側と貸方側の合計額に誤差が生じます。この場合，売上原価をボックス図の差額で計算することで売上原価で誤差を調整しています。
　　また，三分法では売上原価は決算整理仕訳で期首商品と期末商品の加減を行った結果、差額で計算されます。

棚卸減耗損：（117,600 千円 − 113,600 千円） × 0.65
　　　　　　　 ＝ 2,600 千円

73,840 千円 ＜ 正味売却価額 100,000 千円
そのため，商品評価損は計上しません。

(借) 棚 卸 減 耗 損	2,600	(貸) 繰 越 商 品	2,600
(借) 売 上 原 価	2,600	(貸) 棚 卸 減 耗 損	2,600

損 益 計 算 書

自×7年4月1日 至×8年3月31日 （単位：千円）

Ⅰ 売 上 高					
1 一 般 売 上 高	（	580,000	）		
2 小 売 売 上 高	（	413,500 ❶	）（	993,500	）
Ⅱ 売 上 原 価					
1 期首商品棚卸高	（	85,000	）		
2 当期商品仕入高	（	667,000 ❷	）		
合 計	（	752,000	）		
3 他勘定振替高	（	360 ❸	）		
4 期末商品棚卸高	（	65,840 ❹	）（	685,800	）
売 上 総 利 益			（	307,700	）
Ⅱ 販売費及び一般管理費					
1 販 売 費	（	100,360 ❺	）		

❶ 412,000 + 1,500 = 413,500

❷ 370,000 +（391,250 − 94,250）
= 667,000

❸ 500 × 72% = 360

❹ 41,000 + 34,500 × 72%
= 65,840

❺ 100,000 + 360 = 100,360

解 説 ▶ （単位：千円）

1．乙商品

問題文に「正味値下げ額を除外して原価率を算定する方法」とあるため、売価還元低価法を採用していると読みます。

また、答案用紙に棚卸減耗損と商品評価損がなく「期末商品棚卸高は、…正味値下額を除外して原価率を乗じて」とあります。そのため、期末商品棚卸高を、実地棚卸高にいわゆる低価法原価率を掛けて計算します。

これにより期末商品棚卸高が小さくなり棚卸減耗損と商品評価損が売上原価に算入されます。

売 価		乙商品 商品ボックス（原価）		
	60,000	期首棚卸高 45,000 ※1	売上原価（貸借差額） 316,800 ※5	小売売上高 412,000 + 1,500 = 413,500
仕 入	297,000			
原始値入額	＋94,250	仕 入 297,000 ※2	他勘定振替高 360 ※3	見本品 500
値 上 額	＋23,750			
値 下 額	△25,000	期末棚卸高 24,840 ※4	帳簿棚卸売価 36,000 ※6	実地棚卸売価 34,500
	450,000	342,000	450,000	

正味値下額を除外した原価率：$\dfrac{342,000}{450,000 + 25,000}$ = 72%（低価法原価率）

※1 85,000（前T / B 繰越商品）− 40,000（甲商品）= 45,000
※2 391,250（当期仕入高と原始値入額の合計）− 94,250（原始値入額）= 297,000
　　前T / B 仕入：370,000 + 297,000 = 667,000
※3 500 × 72% = 360
※4 34,500 × 72% = 24,840
※5 45,000 + 297,000 − 360 − 24,840 = 316,800
※6 450,000 − 413,500 − 500 = 36,000（実地棚卸高を使って期末商品を計算するため、本問では用いない）

計算解説

1 有価証券

2 固定資産

3 退職給付

4 社債

5 貸倒引当金

6 為替予約

7 純資産

8 ソフトウェア

9 現金預金

10 税効果会計

11 商品の評価

12 成果連結

13 包括利益・資本連結

14 事業分離・企業結合

15 持分法

16 商品売買

低価法原価率 0.72

繰越商品（乙商品）
24,840

実地売価 34,500

(1) 他勘定振替高（見本品費振替高）

「見本品費の原価…正味値下額を除外した原価率」とあるため、低価法原価率を用いて見本品費を計算します。

(借)販　売　費	360*	(貸)仕　　　入	360
		他勘定振替高	

*　500 × 72% ＝ 360

参考　低価法原価率の使用

低価法原価率を用いることで見本品に係る商品評価損も売上原価に含まれます。

原価法原価率と低価法原価率を両方計算し、商品評価損等を把握するよりも、低価法原価率１本で計算する方が手間がかからないという趣旨で、作問された先生は出題されたのではないかと考えます。

(2) 現金販売

(借)現　金　預　金	1,500	(貸)小　売　売　上	1,500

(3) 売上原価の算定

(借)仕　　　入	45,000	(貸)繰　越　商　品	45,000
(借)繰　越　商　品	24,840	(貸)仕　　　入	24,840

２．甲商品

(借)仕　　　入	40,000	(貸)繰　越　商　品	40,000
(借)繰　越　商　品	41,000	(貸)仕　　　入	41,000

決算整理後残高試算表　　　（単位：千円）

繰 越 商 品	(10,750 ❶)	繰越利益剰余金	(150,252 ❸)
仕　　　　入	(269,200 ❷)	売　　　　上	(360,000)
棚 卸 減 耗 損	(440)		
商 品 評 価 損	(250)		

❶ 11,440 − 690 = 10,750

❷ 270,200 + 10,440 − 11,440
　= 269,200

❸ 150,000 + 252 = 150,252

解 説 ▶ （単位：千円）

1．商品

(1) 商品の評価方法の変更

商品の評価方法を当期首より総平均法から先入先出法に変更しているため，先入先出法を遡及適用します。遡及適用による過去の財務諸表の修正は精算表上で行われ，帳簿は前期末に締め切っており前期以前の帳簿を直接修正することはできません。

そのため，当期の帳簿上，前期以前の遡及適用による利益への累積的影響額は，繰越利益剰余金勘定で処理するとともに，繰越商品勘定を調整します。

利益への累積的影響額は，総平均法および先入先出法を採用した場合の前期末の商品の金額の差額にあらわれます。

（総平均法）
X1年度　　　商　　品

	期　首	売上原価	
@80千円	100個	2,350個	189,880千円
	当期仕入		
@78千円	1,000個		
@82千円	800個	期　末	12,120千円
@84千円	600個	150個	@80.8千円*1
202,000千円	2,500個		

*1 （@80千円×100個+@78千円×1,000個+@82千円
　　×800個+@84千円×600個）÷2,500個=@80.8千円

（先入先出法）
X1年度　　　商　　品

	期　首	売上原価	
@80千円	100個	2,350個	189,400千円
	当期仕入		
@78千円	1,000個		
@82千円	800個	期　末	12,600千円
@84千円	600個	150個	@84千円
202,000千円	2,500個		

売上原価△480千円（減少）

（総平均法）
X2年度　　　商　　品

	期　首	売上原価	
@80.8千円	150個	2,880個	244,532千円
	当期仕入		
@84千円	1,250個		
@85千円	800個	期　末	10,188千円
@87千円	800個	120個	@84.9千円*2
254,720千円	3,000個		

*2 （@80.8千円×150個+@84千円×1,250個+@85千円×800個+@87千円×800個）
　　÷3,000個=84.906…→@84.9千円

（先入先出法）
X2年度　　　商　　品

	期　首	売上原価	
@84千円	150個	2,880個	244,760千円
	当期仕入		
@84千円	1,250個		
@85千円	800個	期　末	10,440千円
@87千円	800個	120個	@87千円
255,200千円	3,000個		

売上原価+228千円（増加）

総平均法から先入先出法への変更により，X1年度は売上原価が480千円減少し，X2年度は売上原価が228千円増加するため，売上原価は通して252千円の減少となり利益への累積的影響額は252千円の増加となります。

なお，売上原価への累積的影響は期末商品の差額となってあらわれるため，以下の（参考）のように前期の期末商品の差額で計算した方が早く計算できます。

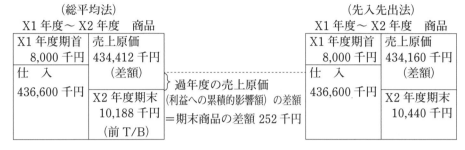

X3 年度 （先入先出法） 商 品

期　首		売上原価
@ 87 千円	120 個	2,990 個
当期仕入		（差額）
@ 90 千円	1,100 個	
@ 92 千円	1,000 個	期　末
@ 88 千円	900 個	130 個　@ 88 千円
	3,120 個	

（参考）　×1年度と×2年度をまとめた図

（総平均法）
X1 年度～ X2 年度　商品

X1 年度期首 8,000 千円	売上原価 434,412 千円 （差額）
仕　入 436,600 千円	X2 年度末 10,188 千円 （前 T/B）

（先入先出法）
X1 年度～ X2 年度　商品

X1 年度期首 8,000 千円	売上原価 434,160 千円 （差額）
仕　入 436,600 千円	X2 年度期末 10,440 千円

⎫過年度の売上原価
（利益への累積的影響額）の差額
＝期末商品の差額 252 千円

なお，先入先出法による場合の期末商品は最も後に仕入れた単価をもとに計算します。

　総平均法による X2 年度末（X3 年度期首）の金額：@ 84.9 千円× 120 個＝ 10,188 千円（前 T / B 繰越商品）

　本問では総平均法による期首商品の金額が判明しているため，先入先出法による期首商品の金額を計算すれば，両者との差額で遡及適用による利益への影響額を計算できます。

　先入先出法による X2 年度末（X3 年度期首）の金額：@ 87 千円× 120 個＝ 10,440 千円

　利益への影響額：10,440 千円－ 10,188 千円＝ 252 千円

　商品が大きくなることで売上原価が小さくなり，その結果、利益が大きくなり繰越利益剰余金（過年度の利益）が増えます。

（借）繰　越　商　品	252	（貸）繰越利益剰余金	252

売上原価

(2) 期末商品の評価

　棚卸減耗損：

　　　@ 88 千円×（130 個－ 125 個）＝ 440 千円

　商品評価損：

　　　(@ 88 千円－ 86 千円)× 125 個＝ 250 千円

（借）仕　　　　　入	10,440	（貸）繰　越　商　品	10,440
（借）繰　越　商　品	11,440	（貸）仕　　　　　入	11,440
（借）棚　卸　減　耗　損	440	（貸）繰　越　商　品	690
商　品　評　価　損	250		

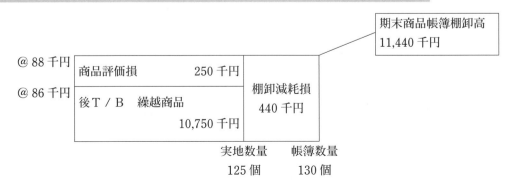

計算解説

1 有価証券
2 固定資産
3 退職給付
4 社債
5 貸倒引当金
6 為替予約
7 純資産
8 ソフトウェア
9 現金預金
10 税効果会計
11 商品の評価
12 成果連結
13 包括利益 資本連結・
14 事業分離 企業結合・
15 持分法
16 商品売買

連結貸借対照表
X3年3月31日 （単位：円）

資 産	金 額	負債・純資産	金 額
受 取 手 形	(17,000)❶	支 払 手 形	(10,400)❻
売 掛 金	(21,000)❷	買 掛 金	(16,500)❼
商 品	(20,100)❸	借 入 金	(27,600)❽
固 定 資 産	(309,810)❹	貸 倒 引 当 金	(760)❾
繰 延 税 金 資 産	(9,597)❺	繰 延 税 金 負 債	(1,560)❿

連結損益計算書
自X2年4月1日至X3年3月31日 （単位：円）

費 用	金 額	収 益	金 額
売 上 原 価	(289,800)⓫	売 上 高	(419,500)⓯
貸 倒 引 当 金 繰 入	(600)⓬	固 定 資 産 売 却 益	(2,800)⓰
減 価 償 却 費	(14,990)⓭		
法 人 税 等 調 整 額	(513)⓮		

❶ <u>19,000</u> − 2,000 = 17,000
　個別F/S計

❷ <u>29,000</u> − 8,000 = 21,000
　個別F/S計

❸ <u>15,400</u> + 6,500 − 1,800 = 20,100
　個別F/S計

❹ <u>310,000</u> − 200 + 10 = 309,810
　個別F/S計

❺ <u>9,000</u> + 540 + 60 − 3 = 9,597
　個別F/S計

❻ <u>15,000</u> − 2,000 − 2,600 = 10,400
　個別F/S計

❼ <u>18,000</u> + 6,500 − 8,000 = 16,500
　個別F/S計

❽ <u>25,000</u> + 2,600 = 27,600
　個別F/S計

❾ <u>960</u> − 200 = 760
　個別F/S計

❿ <u>1,500</u> + 60 = 1,560
　個別F/S計

⓫ <u>340,000</u> − 52,000 + 1,800 = 289,800
　個別F/S計

⓬ <u>800</u> − 200 = 600
　個別F/S計

⓭ <u>15,000</u> − 10 = 14,990
　個別F/S計

⓮ <u>1,050</u> − 540 + 60 − 60 + 3 = 513
　個別F/S計

⓯ <u>471,500</u> − 52,000 = 419,500
　個別F/S計

⓰ <u>3,000</u> − 200 = 2,800
　個別F/S計

解説 （単位：円）

1．商品取引の相殺消去と未実現利益の消去

　本問では，親会社であるP社が子会社であるS社に商品を販売している（ダウン・ストリーム）ため，全額消去・親会社負担方式により処理します。

　この場合，(1)連結修正仕訳，(2)税効果会計の適用，という順序で処理を行います。

(1) 未達取引の処理

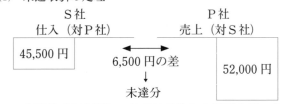

S社	P社
仕入（対P社）	売上（対S社）

45,500円　　←6,500円の差→　　52,000円
　　　　　　　　　↓
　　　　　　未達分

　未達分6,500円につきS社の仕入の処理を行います。

(借)仕　　　　入 6,500 　(貸)買　掛　金 6,500
(借)商　　　　品 6,500 　(貸)仕　　　　入 6,500

(借)商　　　　品 6,500 　(貸)買　掛　金 6,500

(2) 内部取引の相殺

　P社からS社への商品販売は，連結上は単なる商品の移動であると考え，P社の売上高とS社の仕入高（売上原価）を相殺消去します。

　未達取引の処理で仕入が適切に反映されその後相殺したと考えるため，売上原価52,000を消去します。

(借)売　　　上 52,000 　(貸)売 上 原 価 52,000

　なお，収益・費用が同額だけ取り消され利益に影響がないため，税効果会計の仕訳は不要です。

(3) 未実現利益の消去

　期末の棚卸資産に含まれる未実現利益を全額消去し，未実現利益の消去による純利益の減少額に，税効果を適用したうえで，全額親会社が負担します。

(借)売 上 原 価 1,800*1 　(貸)商　　　品 1,800
(借)繰延税金資産 540*2 　(貸)法人税等調整額 540

*1 $(1,300 + 6,500) \times \dfrac{0.3}{1.3} = 1,800$

*2 $1,800 \times 30\% = 540$

(4) 債権債務の消去

　　内部取引の相殺消去にともない，内部取引から生じる債権債務を相殺消去します。

(借)	支 払 手 形	2,000	(貸)	受 取 手 形	2,000
(借)	買 掛 金	8,000	(貸)	売 掛 金	8,000

(5) 手形の割引

　　企業グループ内で発行した手形を企業グループ外で割り引いた場合は，手形による資金の借入れと考え，借入金勘定に振り替えます。

(借)	支 払 手 形	2,600	(貸)	借 入 金	2,600

(6) 貸倒引当金の修正

　　債権債務の消去にともない，貸倒引当金の修正（200）を行います。

　　この処理により，貸倒引当金の連結会計上の簿価（560＋400－200）が税務上（個別上）の簿価（560＋400）より低くなるので，将来加算一時差異が発生します。

(借)	貸 倒 引 当 金	200*3	(貸)	貸倒引当金繰入	200
(借)	法人税等調整額	60*4	(貸)	繰 延 税 金 負 債	60

＊3　(2,000＋8,000)×2％＝200
＊4　200×30％＝60

2．備品取引に係る未実現利益の消去

　　S社の固定資産売却益とP社の備品を相殺消去します。また，S社は利益が付加された金額を取得原価として減価償却を行っているため，減価償却費の修正も必要となります。

　　なお，個別貸借対照表上，減価償却累計額を用いていないことから，固定資産の科目で修正します。

(借)	固定資産売却益	200*5	(貸)	固 定 資 産 備　品	200
(借)	繰 延 税 金 資 産	60*6	(貸)	法人税等調整額	60

＊5　3,200－3,000＝200
＊6　200×30％＝60

(借)	固 定 資 産 減価償却累計額	10*7	(貸)	減 価 償 却 費	10
(借)	法人税等調整額	3*8	(貸)	繰 延 税 金 資 産	3

＊7　$200 \div 10 年 \times \dfrac{6 カ月}{12 カ月} = 10$
＊8　10×30％＝3

　　未実現利益の消去によって生じた将来減算一時差異が減価償却費の修正によって解消されたと考えるため，繰延税金資産を取崩します。

1 有価証券
2 固定資産
3 退職給付
4 社債
5 貸倒引当金
6 為替予約
7 純資産
8 ソフトウェア
9 現金預金
10 税効果会計
11 商品の評価
12 成果連結
13 包括利益・資本連結・
14 事業分離・企業結合・
15 持分法
16 商品売買

連結貸借対照表

X2年度末　　　　　　　　　　（単位：千円）

売　上　債　権	（	29,500	）❶	仕　入　債　務	（	13,460	）❸
棚　卸　資　産	（	23,300	）❷	貸　倒　引　当　金	（	590	）❹
				非　支　配　株　主　持　分	（	25,364	）❺

❶ $\underline{33,000} - 3,500 = 29,500$
　個別F/S計

❷ $\underline{23,000} + 960 - 660 = 23,300$
　個別F/S計

❸ $\underline{16,000} + 960 - 3,500 = 13,460$
　個別F/S計

❹ $\underline{660} - 40 - 30 = 590$
　個別F/S計

❺ $(30,000 + 20,000 + 14,000) \times 40\% - 264 - 140 + 140 + 16 + 12 = 25,364$

解説 ▶ （単位：千円）

1．A社（子会社）の連結（タイムテーブル）

（単位：千円）

	X1年度末	X2年度末
	＋60%	60%
資　本　金	30,000	30,000
資　本　剰　余　金	20,000	20,000
利　益　剰　余　金	11,000	14,000
合　　　計	61,000	64,000
A　社　株　式	36,600 ×60%	
P　社　持　分	36,600 ◀	
の　れ　ん	0	

2．開始仕訳（投資と資本の相殺消去）

非支配株主持分：

$(30,000\text{千円} + 20,000\text{千円} + 11,000\text{千円}) \times 40\%$
$= 24,400\text{千円}$

（借）資本金当期首残高	30,000	（貸）A　社　株　式	36,600
資本剰余金当期首残高	20,000	非支配株主持分当期首残高	24,400
利益剰余金当期首残高	11,000		

3．A社当期純利益の非支配株主持分への振替え

当期純利益の40％を非支配株主持分に振り替えます。

3,000千円× 40％＝1,200千円

（借）非支配株主に帰属する当期純利益	1,200	（貸）非支配株主持分当期変動額	1,200

4．商品取引の相殺消去と未実現利益の消去

本問では，子会社であるA社が親会社であるP社に商品を販売している（アップ・ストリーム）ため，全額消去・持分比率負担方式により処理します。

この場合，⑴連結修正仕訳，⑵非支配株主への按分という順序で処理を行います。

⑴　未達取引の処理

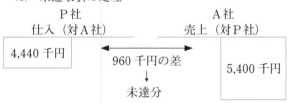

未達分960千円につきP社の仕入の処理を行います。

（借）仕　　　　入	960	（貸）仕　入　債　務	960
（借）棚　卸　資　産	960	（貸）仕　　　　入	960

（借）棚　卸　資　産	960	（貸）仕　入　債　務	960

計算解説

1 有価証券
2 固定資産
3 退職給付
4 社債
5 貸倒引当金
6 為替予約
7 純資産
8 ソフトウェア
9 現金預金
10 税効果会計
11 商品の評価
12 成果連結
13 包括利益・資本連結・
14 事業分離・企業結合・
15 持分法
16 商品売買

(2) 内部取引の相殺

　　A社からP社への商品販売は，連結上は単なる商品の移動であると考え，A社の売上高とP社の仕入高（売上原価）を相殺消去します。

(借) 売　上　高　5,400　　(貸) 売 上 原 価 5,400

(3) 未実現利益の消去

① 期末分

　　期末の棚卸資産に含まれる未実現利益を全額消去し，未実現利益の消去による純利益の減少額を，持分比率に応じて負担します。

$$\underset{期末商品}{(3,000 千円} + \underset{未達商品}{960 千円)} \times \frac{0.2}{1.2} = \underset{未実現利益}{660 千円}$$

$$\underset{未実現利益}{660 千円} \times \underset{\text{非持分}}{40\%} = 264 千円$$

(借) 売 上 原 価　660　　(貸) 棚 卸 資 産　660
(借) 非支配株主持分当期変動額 264　(貸) 非支配株主に帰属する当期純利益 264

② 期首分

　　期首の棚卸資産に含まれる未実現利益は当期にすべて実現したと考えます。この金額を売上原価から控除し，持分比率に応じて負担します。

$$\underset{期首商品}{2,100 千円} \times \frac{0.2}{1.2} = \underset{未実現利益}{350 千円}$$

$$\underset{未実現利益}{350 千円} \times \underset{\text{非持分}}{40\%} = 140 千円$$

(借) 利益剰余金当期首残高　350　　(貸) 売 上 原 価　350
(借) 非支配株主持分当期首残高 140　(貸) 利益剰余金当期首残高 140
(借) 非支配株主に帰属する当期純利益 140　(貸) 非支配株主持分当期変動額 140

(4) 債権債務の消去

　　内部取引の相殺消去にともない，内部取引から生じる債権債務を相殺消去します。

(借) 仕 入 債 務 3,500　　(貸) 売 上 債 権 3,500

(5) 貸倒引当金の修正

　　債権債務の消去にともない，貸倒引当金の修正を行います。

　　また，アップストリームのため，貸倒引当金の修正による子会社の損益の影響額を非支配株主にも負担させます。

① 期首（前期）分

$$2,000 千円 \times 2\% = \underset{貸倒引当金}{40 千円}$$

$$\underset{損益への影響額}{40 千円} \times \underset{\text{非持分}}{40\%} = \underset{非支配株主持分}{16 千円}$$

(借) 貸 倒 引 当 金　40　　(貸) 利益剰余金当期首残高　40
(借) 利益剰余金当期首残高　16　(貸) 非支配株主持分当期首残高 16

② 期末（当期）分

　　期末分と期首分の連結会社間の貸倒引当金の差額を修正します。

$$3,500 千円 \times 2\% = \underset{貸倒引当金}{70 千円}$$

$$\underset{期末分}{70 千円} - \underset{期首分}{40 千円} = \underset{修正額}{30 千円}$$

$$\underset{損益への影響額}{30 千円} \times \underset{\text{非持分}}{40\%} = \underset{非支配株主持分}{12 千円}$$

(借) 貸 倒 引 当 金　30　　(貸) 貸倒引当金繰入　30
(借) 非支配株主に帰属する当期純利益 12　(貸) 非支配株主持分当期変動額 12

※　非支配株主持分は，本問ではアップ・ストリームの取引があるため，子会社資本（評価差額含む）×非支配株主持分割合に，アップ・ストリームによる非支配株主影響分を加減して計算できます。

連 結 損 益 計 算 書 （単位：千円）

費　　　用	金　　　額	収　　　益	金　　　額
売 上 原 価	（ 1,810,200 ）❶	売 上 高	（ 2,650,000 ）❺
広 告 宣 伝 費	（ 186,000 ）❷	固 定 資 産 売 却 益	（ 50,000 ）❻
減 価 償 却 費	（ 136,000 ）❸		
非支配株主に帰属する当期純利益	（ 12,800 ）❹		

❶ $\underset{\text{P社}}{1,400,000} + \underset{\text{S社}}{750,000} - \underset{\text{広告商品}}{21,000} - \underset{\text{期首商品}}{6,000} + \underset{\text{期末商品}}{7,200} - \underset{\text{その他商品}}{320,000} = 1,810,200$

❷ $\underset{\text{P社}}{125,000} + \underset{\text{S社}}{70,000} - \underset{\text{修正}}{9,000} = 186,000$

❸ $\underset{\text{P社}}{100,000} + \underset{\text{S社}}{40,000} - \underset{\text{車両売却}}{4,000} = 136,000$

❹ $\underset{\text{当期純利益}}{16,000} - \underset{\text{車両売却}}{3,200} = 12,800$

❺ $\underset{\text{P社}}{2,000,000} + \underset{\text{S社}}{1,000,000} - \underset{\text{広告商品}}{30,000} - \underset{\text{その他商品}}{320,000} = 2,650,000$

❻ $\underset{\text{P社}}{50,000} + \underset{\text{S社}}{20,000} - \underset{\text{車両売却}}{20,000} = 50,000$

解 説 ▶ （単位：千円）

1．広告宣伝用商品
（1）個別上の仕訳

P社

（借）現 金 預 金 30,000 　（貸）売 　 上 　 高 30,000
　　　S社より受取り 　　　　　　　　　　 S社へ売上

S社

（借）売 上 原 価 30,000 　（貸）現 金 預 金 30,000
　　　P社より仕入 　　　　　　　　　　　 P社に支払い

（借）広 告 宣 伝 費 30,000 　（貸）売 上 原 価 30,000
　　　　　　　　　　　　　　　　　　　　　 他勘定振替え

（2）連結上あるべき仕訳

未実現利益を除いた親会社の仕入原価を広告宣伝費に振り替える仕訳が、連結上、あるべき仕訳となります。

（借）広 告 宣 伝 費 21,000* 　（貸）売 上 原 価 21,000
　　　　　　　　　　　　　　　　　　　　 他勘定振替え

＊ 30,000 － 30,000 × 30％ = 21,000

（3）連結修正仕訳

（借）売 　 上 　 高 30,000 　（貸）広 告 宣 伝 費 9,000
　　　　　　　　　　　　　　　　 　 売 上 原 価 21,000

別解① 広告宣伝費を全額取り消し、正しい金額を改めて計上

（借）売 　 上 　 高 30,000 　（貸）広 告 宣 伝 費 30,000
（借）広 告 宣 伝 費 21,000 　（貸）売 上 原 価 21,000

別解② 広告宣伝費と売上原価を修正

（借）売 　 上 　 高 30,000 　（貸）売 上 原 価 30,000
（借）売 上 原 価 9,000 　（貸）広 告 宣 伝 費 9,000

2．その他の商品
（1）売上高と売上原価の相殺

（借）売 　 上 　 高 320,000* 　（貸）売 上 原 価 320,000

＊ 350,000 － 30,000 = 320,000

（2）未実現利益の消去（ダウン・ストリーム）

① 期首商品

（借）利益剰余金当期首残高 6,000* 　（貸）売 上 原 価 6,000

＊ 20,000 × 30％ = 6,000

② 期末商品

（借）売 上 原 価 7,200* 　（貸）商 　 　 品 7,200

＊ 24,000 × 30％ = 7,200

3．固定資産の売却（アップ・ストリーム）

（借）固定資産売却益 20,000*1 　（貸）車 　 　 両 20,000
（借）減価償却累計額 4,000*2 　（貸）減 価 償 却 費 4,000
（借）非支配株主持分当期変動額 3,200*3 　（貸）非支配株主に帰属する当期純利益 3,200

＊1 70,000 － 50,000 = 20,000
＊2 20,000 ÷ 5年 = 4,000
＊3 （20,000 － 4,000）× 20％ = 3,200

4．子会社の当期純利益の振替え

（借）非支配株主に帰属する当期純利益 16,000* 　（貸）非支配株主持分当期変動額 16,000

＊ 80,000 × 20％ = 16,000

計算解説

1 有価証券

2 固定資産

3 退職給付

4 社債

5 貸倒引当金

6 為替予約

7 純資産

8 ソフトウェア

9 現金預金

10 税効果会計

11 商品の評価

12 成果連結

13 包括利益・資本連結・

14 企業結合・事業分離

15 持分法

16 商品売買

解 答 ▶ **問題1 資本連結** （第126回本試験改題） ➡ 問題68ページ

連 結 貸 借 対 照 表
X3年3月31日 （単位：円）

資　　産	金　額	負債・純資産	金　額
固 定 資 産	(304,000)❶	繰 延 税 金 負 債	(2,700)❸
繰 延 税 金 資 産	(15,000)	資 　 本 　 金	(150,000)❹
の 　 れ 　 ん	(9,500)❷	資 本 剰 余 金	(70,000)❺
		利 益 剰 余 金	95,500 ❻
		非 支 配 株 主 持 分	(60,000)❼

連 結 損 益 計 算 書
自X2年4月1日 至X3年3月31日 （単位：円）

費　　用	金　額	収　　益	金　額
諸 　 費 　 用	(434,500)	諸 　 収 　 益	(480,000)
の れ ん 償 却 額	(500)		
非支配株主に帰属する当期純利益	(4,000)		
親会社株主に帰属する当期純利益	(41,000)❽		

❶ 300,000 + 4,000 = 304,000
　　個別F/S計

❷ 10,000 − 500 = 9,500
　　個別F/S計

❸ 1,500 + 1,200 = 2,700
　　個別F/S計

❹ 親会社資本金

❺ 115,000 − 45,000 = 70,000
　　個別F/S計

❻ 120,000 − 20,000
　　個別F/S計
　　− 4,000 − 500 = 95,500(参考)

❼ （60,000 + 57,200 + 30,000
　　+ 2,800） × 40% = 60,000

❽ 35,500 + 10,000 − 4,000 −
　　個別P利益　個別S利益
　　500 = 41,000
　　または
　　480,000 − 434,500 − 500
　　− 4,000 = 41,000

解 説 （単位：円）

1．子会社の連結（タイムテーブル）

（単位：円）

	X1年度末		X2年度末
	+ 60%		60%
資　本　金	60,000		60,000
資 本 剰 余 金	57,200		57,200
利 益 剰 余 金	20,000		30,000
評 価 差 額	2,800		2,800
合　　計	140,000	}×60%	150,000
S 社 株 式	94,000		
P 社 持 分	84,000 ◀		
の れ ん	10,000 — △500 →		9,500

(1) 開始仕訳

① S社土地の評価替え

税効果会計を適用しているため，繰延税金負債分を差し引き，評価差額を計上します。

評価差額：4,000円×（1 − 30%）= 2,800円

（借）固 定 資 産 4,000 　（貸）繰 延 税 金 負 債 1,200
　　　土　　　地
　　　　　　　　　　　　　　　　　評 価 差 額 2,800

② 投資と資本の相殺

のれん：94,000円 −（60,000円 + 57,200円 + 20,000円 + 2,800円）× 60% = 10,000円

非支配株主持分：(60,000円 + 45,000円 + 20,000円 + 2,400円) × 40% = 50,960円

（借）資本金当期首残高 60,000 　（貸）S 社 株 式 94,000
　　　資本剰余金当期首残高 57,200 　　　非支配株主持分当期首残高 56,000
　　　利益剰余金当期首残高 20,000
　　　評 価 差 額 2,800
　　　の 　 れ 　 ん 10,000

(2) S社当期純利益の非支配株主持分への振替え

S社当期純利益の40%を非支配株主持分に振り替えます。

10,000円 × 40% = 4,000円

（借）非支配株主に帰属する当期純利益 4,000 　（貸）非支配株主持分当期変動額 4,000

(3) のれんの償却

10,000円 ÷ 20年 = 500円

（借）の れ ん 償 却 額 500 　（貸）の 　 れ 　 ん 500

※ 非支配株主持分は，本問ではアップ・ストリームの取引がないため，子会社資本（評価差額含む）×非支配株主持分割合で計算することができます。

（参考）

利益剰余金は，個別上の利益剰余金当期末残高合計に，資本連結による利益剰余金と，連結修正仕訳のうち損益影響分を調整することにより計算できます。

連 結 貸 借 対 照 表

X2 年度末　　　　　　　　　（単位：千円）

有 形 固 定 資 産	(*194,500* ❶)	資 本 金	(*120,000* ❸)
の　　れ　　ん	(*7,155* ❷)	資 本 剰 余 金	(*30,820* ❹)
		利 益 剰 余 金	95,815 ❺
		為 替 換 算 調 整 勘 定	(*3,600*)
		非 支 配 株 主 持 分	(*36,720* ❻)

※ 利益剰余金は、個別上の利益剰余金当期末残高合計に，資本連結と配当と，連結修正仕訳のうち損益影響分を調整することにより計算できます。

❶ $67,000 + 50,000 + 18,200 + 610 × 80 + 10,000 + 500 = 194,500$

❷ $3,400 - 340 + 4,550 - 455 = 7,155$　　　❸親会社資本金

❹ $30,000 + 10,000 - 10,000 + 820 = 30,820$

❺個別上の当期末利益剰余金合計：
$88,500 + 14,000 + 7,300 + 50 × 78 = 113,700$
$113,700 - 11,000 - 2,000 - 340 - 1,200 + \underset{配当}{2,000} - 3,000 - 1,290 - 455 - 600$
$= 95,815$（参考）

❻ $(30,000 + 10,000 + 14,000 + 10,000) × 40\% + (20,000 + 7,300 + 500) × 40\%$
$= 36,720$

解 説 ▶ （単位：千円）

1．A社（子会社）の連結

（単位：千円）

	X1 年度末	X2 年度末
	＋60％	60％
資 本 金	30,000	30,000
資 本 剰 余 金	10,000	10,000
利 益 剰 余 金	11,000	14,000
評 価 差 額	10,000	10,000
合 計	61,000	64,000
A 社 株 式	40,000	×60％
P 社 持 分	36,600	
の れ ん	3,400 △340 ➡	3,060

（1）A社土地の評価替え

子会社の土地は支配獲得時に一括して時価評価を行い、その後の時価評価は行いません。

評価差額：$30,000 千円 - 20,000 千円 = 10,000 千円$

（借）有 形 固 定 資 産 土 地	10,000	（貸）評 価 差 額	10,000

（2）開始仕訳（投資と資本の相殺消去）

非支配株主持分：

$(30,000 千円 + 10,000 千円 + 11,000 千円 + 10,000 千円) × 40\% = 24,400 千円$

（借）資本金当期首残高	30,000	（貸）A 社 株 式	40,000
資本剰余金当期首残高	10,000	非支配株主持分当期首残高	24,400
利益剰余金当期首残高	11,000		
評 価 差 額	10,000		
の れ ん	3,400		

（3）A社当期純利益の非支配株主持分への振替え

当期純利益の40％を非支配株主持分に振り替えます。

$5,000 千円 × 40\% = 2,000 千円$

（借）非支配株主に帰属する当期純利益	2,000	（貸）非支配株主持分当期変動額	2,000

（4）のれんの償却

$3,400 千円 ÷ 10 年 = 340 千円$

（借）のれん償却額	340	（貸）の れ ん	340

（5）A社剰余金の配当

受取配当金：$2,000 千円 × 60\% = 1,200 千円$

（借）受 取 配 当 金	1,200	（貸）剰余金の配当	2,000
非支配株主持分当期変動額	800		

2．B社（子会社）の連結

（単位：千円）

	X1年度末	X2年度末
	＋70％	△10％
資 本 金	20,000	20,000
利 益 剰 余 金	3,000	7,300
評 価 差 額	500	500
合 計	23,500	27,800
B 社 株 式	21,000 ×70％	
P 社 持 分	16,450	
の れ ん	4,550 △455→	4,095

(1) B社土地の評価替え

支配獲得時に一括して子会社の資産の時価と簿価の差額の全額について評価替えを行います。

（借）有形固定資産	500	（貸）評 価 差 額	500
土 地			

(2) 開始仕訳（投資と資本の相殺消去）

非支配株主持分：(20,000 千円＋3,000 千円＋500 千円)×30％＝7,050 千円

（借）資本金当期首残高	20,000	（貸）B 社 株 式	21,000
利益剰余金当期首残高	3,000	非支配株主持分当期首残高	7,050
評 価 差 額	500		
の れ ん	4,550		

(3) B社当期純利益の非支配株主持分への振替え

当期純利益の30％を非支配株主持分に振り替えます。

4,300 千円×30％＝1,290 千円

（借）非支配株主に帰属する当期純利益	1,290	（貸）非支配株主持分当期変動額	1,290

(4) のれんの償却

4,550 千円÷10 年＝455 千円

（借）のれん償却額	455	（貸）の れ ん	455

(5) 子会社株式の売却

支配獲得後に子会社株式を売却した場合，売却した株式に対応する持分について非支配株主持分を増加させます。子会社株式の売却は非支配株主との資本取引と考え，売却による親会社の持分の減少額（非支配株主持分の増加額）と売却価額との差額は資本剰余金とします。

① 個別上の仕訳

（借）現 金 預 金	3,600	（貸）B 社 株 式	3,000
		関係会社株式売却益	600

B社株式：21,000 千円×$\frac{10\%}{70\%}$＝3,000 千円

② 連結上あるべき仕訳

（借）現 金 預 金	3,600	（貸）非支配株主持分当期変動額	2,780
		資本剰余金当期変動額	820

非支配株主持分増加額

(20,000 千円＋7,300 千円＋500 千円)×10％＝2,780 千円

③ 連結修正仕訳

（借）B 社 株 式	3,000	（貸）非支配株主持分当期変動額	2,780
関係会社株式売却益	600	資本剰余金当期変動額	820

3．C社（子会社）の換算

利益剰余金についてはすべて当期純利益であるため，期中平均レートで換算します。

資 本 金：700 千ドル×75 円＝52,500 千円

利益剰余金：50 千ドル×78 円＝3,900 千円

そして，資本合計を決算時レートで換算した額と，上記の資本金と利益剰余金の換算後合計額との差額を為替換算調整勘定とします。

為替換算調整勘定：(700 千ドル＋50 千ドル)×80 円－(52,500 千円＋3,900 千円)＝3,600 千円

また，資産，負債は決算日レートで換算します。

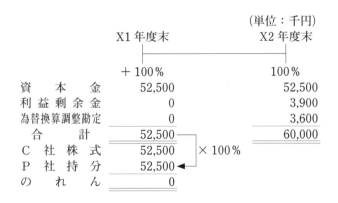

（単位：千円）

	X1年度末	X2年度末
	＋100％	100％
資 本 金	52,500	52,500
利 益 剰 余 金	0	3,900
為替換算調整勘定	0	3,600
合 計	52,500	60,000
C 社 株 式	52,500 ×100％	
P 社 持 分	52,500	
の れ ん	0	

P社はC社株式を100％取得しているため，非支配株主持分は存在しません。また，設立時に株式を取得しているため，子会社株式の取得原価と資本金は等しくなります。そのため，投資消去差額（のれん）は生じません。

（借）資本金当期首残高	52,500	（貸）C 社 株 式	52,500

（20X2年度）　　　　　　　　連 結 貸 借 対 照 表　　　　　　（単位：千円）

資　　産	金　額	負債・純資産	金　額
土　　　　　地	(750,000) ❶	資　　本　　金	(1,500,000) ❸
の　　れ　　ん	(108,000) ❷	資　本　剰　余　金	(300,000)
		利　益　剰　余　金	466,000 ❹
		その他有価証券評価差額金	(88,000) ❺
		非 支 配 株 主 持 分	(364,000) ❻

❶ 700,000 + 50,000 = 750,000
　個別F/S計

❷ 120,000 − 12,000 = 108,000

❸ 親会社資本金

❹ 710,000 − 200,000 − 12,000 − 32,000 = 466,000（参考）
　個別F/S計

❺ 150,000 − 50,000 − 12,000 = 88,000
　個別F/S計

❻ （500,000 + 280,000 + 80,000 + 50,000）× 40% = 364,000

（20X3年度）　　　　　　　　連 結 貸 借 対 照 表　　　　　　（単位：千円）

資　　産	金　額	負債・純資産	金　額
土　　　　　地	(750,000)	資　　本　　金	(1,500,000)
の　　れ　　ん	(96,000) ❼	資　本　剰　余　金	(238,000) ❽
		利　益　剰　余　金	554,000 ❾
		その他有価証券評価差額金	(106,000) ❿
		非 支 配 株 主 持 分	(188,000) ⓫

❼ 108,000 − 12,000 = 96,000

❽ 300,000 − 62,000 = 238,000
　個別F/S計

❾ 830,000 − 200,000 − 12,000 − 32,000 − 12,000 − 20,000 = 554,000（参考）
　個別F/S計

❿ 160,000 − 50,000 − 12,000 + 8,000 = 106,000
　個別F/S計

⓫ （500,000 + 330,000 + 60,000 + 50,000）× 20% = 188,000

※1　資本金：子会社分については資本連結により相殺されるため，親会社の資本金となります。

※2　利益剰余金：個別上の利益剰余金当期末残高合計に，資本連結による利益剰余金と，連結修正仕訳のうち損益影響分を調整することにより計算できます。

※3　非支配株主持分：本問ではアップ・ストリームの取引がないため，子会社資本（評価差額含む）×非支配株主持分割合で計算することができます。

計算解説

1 有価証券

2 固定資産

3 退職給付

4 社債

5 貸倒引当金

6 為替予約

7 純資産

8 ソフトウェア

9 現金預金

10 税効果会計

11 商品の評価

12 成果連結

13 資本連結・包括利益

14 企業結合・事業分離

15 持分法

16 商品売買

解 説 ▶ （単位：千円）

1．20X2 年度分　S 社（子会社）の連結（タイムテーブル）

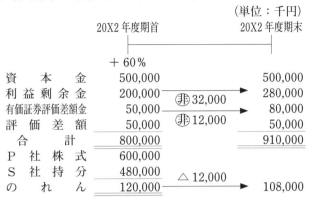

```
                              （単位：千円）
              20X2 年度期首      20X2 年度期末
                  ├──────────────┤
                + 60 %
  資  本  金     500,000         500,000
  利 益 剰 余 金   200,000    ㊙32,000  280,000
  有価証券評価差額金  50,000    ㊙12,000   80,000
  評  価  差  額   50,000             50,000
      合    計     800,000          910,000
  P  社  株  式    600,000
  S  社  持  分    480,000    △ 12,000
  の  れ  ん      120,000          108,000
```

2．20X2 年度分　S 社（子会社）の連結

（1）子会社の土地の時価評価

問題文に「土地の売買はなかったとあるため、支配獲得時の土地の簿価は 200,000 千円となります。

250,000 千円－ 200,000 千円＝ 50,000 千円

（借）土　　　　地 50,000　　（貸）評 価 差 額 50,000

（2）支配獲得時の仕訳（投資と資本の相殺消去）

非支配株主持分：

（500,000 千円＋ 200,000 千円＋ 50,000 千円＋ 50,000 千円）× 40％＝ 320,000 千円

（借）資本金当期首残高 500,000　　（貸）S 社 株 式 600,000

利益剰余金当期首残高 200,000　　　　　　非支配株主持分当期首残高 320,000

その他有価証券評価差額金 50,000

評 価 差 額 50,000

の れ ん 120,000

（3）のれんの償却

貸借対照表項目の解答が問われているため、損益項目は利益剰余金当期変動額と考えます。

120,000 千円÷ 10 年＝ 12,000 千円

（借）のれん償却額 12,000　　（貸）の れ ん 12,000
　　　利益剰余金当期変動額

（4）S 社当期純利益の振替え

80,000 千円× 40％＝ 32,000 千円

（借）非支配株主に帰属する当期純利益 32,000　　（貸）非支配株主持分当期変動額 32,000
　　　利益剰余金当期変動額

（5）S 社その他有価証券評価差額金増加額の振替え

子会社のその他有価証券評価差額金の増加額の 40％を非支配株主持分に振替えます。

（80,000 千円－ 50,000 千円）× 40％＝ 12,000 千円

（借）その他有価証券評価差額金 12,000　　（貸）非支配株主持分当期変動額 12,000

3. 20X3 年度分　S社（子会社）の連結（タイムテーブル）

（単位：千円）

	20X2年度期首		20X2年度期末		20X3年度期末
	＋60%				＋20%
資　本　金	500,000		500,000		500,000
利　益　剰　余　金	200,000	非32,000	280,000	非20,000	330,000
有価証券評価差額金	50,000	非12,000	80,000	非△8,000	60,000
評　価　差　額	50,000		50,000		50,000
合　　　計	800,000		910,000		940,000
P　社　株　式	600,000				
S　社　持　分	480,000				
の　　れ　　ん	120,000	△12,000	108,000	△12,000	96,000

4. 20X3 年度分　S社（子会社）の連結

(1)　子会社の土地の時価評価

（借）土　　　　地 50,000　（貸）評　価　差　額 50,000

(2)　開始仕訳

①　支配獲得時の仕訳（投資と資本の相殺消去）

（借）資本金当期首残高 500,000　（貸）S　社　株　式 600,000
利益剰余金当期首残高 200,000　　　　非支配株主持分当期首残高 320,000
その他有価証券評価差額金 50,000
評　価　差　額 50,000
の　　れ　　ん 120,000

②　のれんの償却

（借）利益剰余金当期首残高 12,000　（貸）の　　れ　　ん 12,000

③　S社利益剰余金増加額の非支配株主持分への振替え

（借）利益剰余金当期首残高 32,000　（貸）非支配株主持分当期首残高 32,000

④　S社その他有価証券評価差額金増加額の振替え

（借）その他有価証券評価差額金 12,000　（貸）非支配株主持分当期首残高 12,000

(3)　のれんの償却

（借）のれん償却額 12,000　（貸）の　　れ　　ん 12,000
利益剰余金当期変動額

(4)　S社当期純利益の振替え

当期純利益の40%を非支配株主持分に振替えます。

50,000千円×40%＝20,000千円

（借）非支配株主に帰属する当期純利益 20,000　（貸）非支配株主持分当期変動額 20,000
利益剰余金当期変動額

(5)　S社その他有価証券評価差額金減少額の振替え

その他有価証券評価差額金の減少による純資産の減少を、非支配株主持分に配分します。

（60,000千円－80,000千円）×40%＝△8,000千円

（借）非支配株主持分当期変動額 8,000　（貸）その他有価証券評価差額金 8,000

(6)　子会社株式の追加取得

支配獲得後に子会社株式を追加取得した場合、追加取得した持分に対応する非支配株主持分を減少させます。

また、子会社株式の追加取得は非支配株主との資本取引と考え、非支配株主持分減少額と株式の取得価額との差額は資本剰余金とします。

非支配株主持分減少額：

（500,000千円＋330,000千円＋60,000千円＋50,000千円）×20%＝188,000千円

資本剰余金：250,000千円－188,000千円＝62,000千円

（借）非支配株主持分当期変動額 188,000　（貸）S　社　株　式 250,000
資本剰余金当期変動額 62,000

（注意）

本問の追加取得は支配獲得後に株式を追加取得することであり、支配を獲得するまでに数回にわたって株式を取得する段階取得による支配獲得とは異なります。

計算解説

1 有価証券

2 固定資産

3 退職給付

4 社債

5 貸倒引当金

6 為替予約

7 純資産

8 ソフトウェア

9 現金預金

10 税効果会計

11 商品の評価

12 成果連結

13 包括利益 資本連結・

14 事業分離 企業結合・

15 持分法

16 商品売買

解答 ▶ 問題4 資本連結 （第156回本試験改題） ➡ 問題74ページ

連結損益計算書 （単位：千円）

費 用	金 額	収 益	金 額
減 価 償 却 費	(13,000)❶	負ののれん発生益	(20,000)
の れ ん 償 却 額	(600)		
支 払 手 数 料	(10,500)❷		
非支配株主に帰属する当期純利益	(1,500)❸		

連結貸借対照表 （単位：千円）

資 産	金 額	純 資 産	金 額
建 物	(515,000)❹	非支配株主持分	(133,800)❼
減 価 償 却 累 計 額	(136,000)❺		
の れ ん	(4,800)❻		

❶ $\underset{\text{P社}}{7,500} + \underset{\text{S社}}{5,000} + \underset{\text{実現分}}{500} = 13,000$

❷ $\underset{\text{P社}}{2,500} + \underset{\text{S社}}{2,000} + \underset{\text{取得関連費用}}{6,000} = 10,500$

❸ $\underset{\text{S社利益}}{1,600} - \underset{\text{評価差額実現}}{100} = 1,500$

❹ $\underset{\text{P社}}{300,000} + \underset{\text{S社}}{200,000} + \underset{\text{評価益}}{15,000} = 515,000$

❺ $\underset{\text{P社}}{75,000} + \underset{\text{S社}}{60,000} + \underset{\text{前期償却}}{500} + \underset{\text{当期償却}}{500} = 136,000$

❻ $6,000 - 600 \times 2 \text{年} = 4,800$

❼ $(200,000 + 55,000 - 1,000 + 15,000)$
$\times 20\% + (180,000 + 20,000) \times 40\%$
$= 133,800$

解説 ▶ （単位：千円）

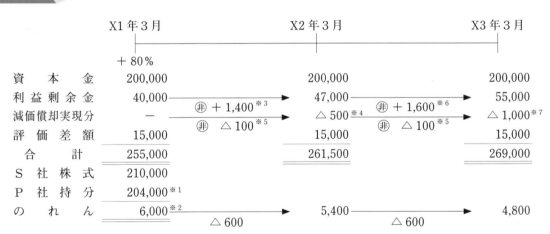

	X1年3月		X2年3月		X3年3月
		+80%			
資 本 金	200,000		200,000		200,000
利 益 剰 余 金	40,000	㊙ +1,400※3	47,000	㊙ +1,600※6	55,000
減価償却実現分	－		△500※4		△1,000※7
評 価 差 額	15,000	㊙ △100※5	15,000	㊙ △100※5	15,000
合 計	255,000		261,500		269,000
S 社 株 式	210,000				
P 社 持 分	204,000※1				
の れ ん	6,000※2	△600	5,400	△600	4,800

※1 255,000 × 80% = 204,000 ※2 210,000 − 204,000 = 6,000 ※3 (47,000 − 40,000) × 20% = 1,400

※4 15,000 ÷ 30年 = 500 ※5 500 × 20% = 100 ※6 (55,000 − 47,000) × 20% = 1,600

※7 △500 + △500 = △1,000

1．評価差額の計上

(1) 時価評価

（借）建 物	15,000	（貸）評 価 差 額	15,000

(2) 減価償却費の修正による評価差額の実現

個別上の減価償却費は取得原価にもとづき計算していますが、連結上の減価償却費は時価評価後の金額にもとづき計算するため、減価償却費を追加計上します。

減価償却費の修正は残存耐用年数にわたり行います。

また、子会社の減価償却費を修正するため、修正による利益減少額を非支配株主へ負担させます。

① 当期分（×2年度分）

（借）減 価 償 却 費	500*1	（貸）減価償却累計額	500
（借）非支配株主持分当期変動額	100*2	（貸）非支配株主に帰属する当期純利益	100

*1 15,000 ÷ 30 年＝ 500　*2 500 × 20%＝ 100

② 前期分（×1年度分）

（借）利益剰余金当期首残高	500	（貸）減価償却累計額	500
（借）非支配株主持分当期首残高	100	（貸）利益剰余金当期首残高	100

2．S社の連結開始仕訳

(1) 資本連結

（借）資本金当期首残高	200,000	（貸）S 社 株 式	210,000
利益剰余金当期首残高	40,000	非支配株主持分当期首残高	51,000*2
評 価 差 額	15,000		
の れ ん	6,000*1		

*1 210,000 －（200,000 ＋ 40,000 ＋ 15,000）× 80%＝ 6,000

*2 （200,000 ＋ 40,000 ＋ 15,000）× 20%＝ 51,000

(2) 前期ののれんの償却

（借）利益剰余金当期首残高	600*	（貸）の れ ん	600

* 6,000 ÷ 10 年＝ 600

(3) 前期の子会社の当期純利益の振替え

（借）利益剰余金当期首残高	1,400*	（貸）非支配株主持分当期首残高	1,400

* 7,000 × 20%＝ 1,400

3．当期分の連結修正仕訳

(1) のれんの償却

（借）のれん償却額	600*	（貸）の れ ん	600

* 6,000 ÷ 10 年＝ 600

(2) 子会社の当期純利益の振替え

（借）非支配株主に帰属する当期純利益	1,600*	（貸）非支配株主持分当期変動額	1,600

* 8,000 × 20%＝ 1,600

4．T社の連結修正仕訳

(1) 取得関連費用の処理

子会社株式の取得関連費用は、個別上は取得のための付随費用として子会社株式の取得原価に含め、連結上は、費用（支払手数料など）として処理します。

（借）支 払 手 数 料	6,000	（貸）T 社 株 式	6,000

(2) T社の資本連結

子会社株式の取得原価（取得関連費用を除く）が、子会社の純資産のうちの親会社持分を下回るときは、「負ののれん発生益」として処理します。

（借）資本金当期変動額	180,000	（貸）T 社 株 式	100,000*1
利益剰余金当期変動額	20,000	非支配株主持分変動額	80,000*2
		負ののれん発生益	20,000*3

*1 106,000 － 6,000 ＝ 100,000

*2 （180,000 ＋ 20,000）× 40%＝ 80,000

*3 100,000 －（180,000 ＋ 20,000）× 60%＝△ 20,000（負ののれん）

なお、T社は当期末より連結しているため、T社の損益計算書の金額は、連結上、合算しません。

計算解説

1 有価証券
2 固定資産
3 退職給付
4 社債
5 貸倒引当金
6 為替予約
7 純資産
8 ソフトウェア
9 現金預金
10 税効果会計
11 商品の評価
12 成果連結
13 包括利益・資本連結
14 事業分離 企業結合・
15 持分法
16 商品売買

解答 ▶ 問題5 資本連結 （第153回本試験改題） ➡ 問題76ページ

連結貸借対照表 （単位：千円）

資　産	金　額	純　資　産	金　額
土　　　地	(1,015,000)❶	資　本　金	(1,000,000)❸
の　れ　ん	(43,200)❷	資　本　剰　余　金	(215,000)❹
投　資　有　価　証　券	270,000	…	…
		その他有価証券評価差額金	(33,000)❺
		非　支　配　株　主　持　分	(332,000)❻

連結包括利益計算書におけるその他の包括利益　　 4,000 千円

❶ $\underset{\text{P社}}{700,000} + \underset{\text{S社}}{300,000} + \underset{\text{評価益}}{15,000} = 1,015,000$

❷ $\underset{\text{資本連結}}{54,000} - \underset{\text{前期償却}}{5,400} - \underset{\text{当期償却}}{5,400} = 43,200$

❸ $\underset{\text{親会社資本金}}{1,000,000}$

❹ $\underset{\text{P社}}{200,000} + \underset{\text{S社}}{100,000} - \underset{\text{資本連結}}{100,000} + \underset{\text{売却}}{15,000}$
$= 215,000$

❺ $\underset{\text{P社}}{30,000} + (\underset{\text{S社期末}}{15,000} - \underset{\text{S社支配}}{10,000}) \times \underset{\text{親持分}}{60\%}$
$= 33,000$

❻ $\underset{\text{子会社資本}}{830,000} \times \underset{\text{非株持分}}{40\%} = 332,000$

解説 ▶ （単位：千円）

1．評価差額の計上

（借）土　　　　地 15,000* （貸）評 価 差 額 15,000

* 65,000 − 50,000 = 15,000

2．取得関連費用の処理

　子会社株式の取得関連費用は、個別上は取得のための付随費用として子会社株式の取得原価に含め、連結上は、費用（支払手数料など）処理します。

　なお、×1年3月期の費用となるため、当期は利益剰余金当期首残高で処理します。

（借）利益剰余金当期首残高 20,000 （貸）S 社 株 式 20,000
　　　支払手数料

3．資本連結（開始仕訳）

（1）支配獲得時（前期末）

（借）資本金当期首残高 400,000	（貸）S 社 株 式 650,000*1	
資本剰余金当期首残高 100,000	非支配株主持分当期首残高 149,000*3	
利益剰余金当期首残高 220,000		
その他有価証券評価差額金当期首残高 10,000		
評 価 差 額 15,000		
の　れ　ん 54,000*2		

*1　670,000 − 20,000 = 650,000
*2　650,000 − 745,000（子会社純資産）× 80% = 54,000
*3　745,000 × 20% = 149,000

	X1年3月末	X2年3月末	X3年3月末
	+80%		△20%
資　本　金	400,000	400,000	400,000
資　本　剰　余　金	100,000	100,000	100,000
利　益　剰　余　金	220,000 →㊖+12,000*3→	280,000 →㊖+4,000*5→	300,000
その他有価証券評価差額金	10,000 →㊖+800*4→	14,000 →㊖+200*6→	15,000
評　価　差　額	15,000	15,000	15,000
合　　　計	745,000	809,000	830,000
S　社　株　式	650,000		
P　社　持　分	596,000*1		
の　れ　ん	54,000*2 →△5,400→	48,600 →△5,400→	43,200

※1　745,000 × 80% = 596,000　※2　650,000 − 596,000 = 54,000　※3　（280,000 − 220,000）× 20% = 12,000
※4　（14,000 − 10,000）× 20% = 800　※5　（300,000 − 280,000）× 20% = 4,000　※6　（15,000 − 14,000）× 20% = 200

(2) のれんの償却（前期）

(借) 利益剰余金当期首残高 5,400* （貸) の れ ん 5,400
　　　　のれん償却額

　　* 54,000 ÷ 10 年＝5,400

(3) 子会社の利益剰余金増加額の振替え（前期）

(借) 利益剰余金当期首残高 12,000* （貸) 非支配株主持分当期首残高 12,000
　　非支配株主に帰属する当期純利益

　　* （280,000 － 220,000）× 20%＝12,000

(4) 子会社のその他有価証券評価差額金増加額の振替え（前期）

(借) その他有価証券評価差額金 800* （貸) 非支配株主持分当期首残高 800
　　当 期 首 残 高

　　* （14,000 － 10,000）× 20%＝800

(5) 開始仕訳

(借) 資本金当期首残高 400,000 （貸) S 社 株 式 650,000

　　資本剰余金当期首残高 100,000 　　非支配株主持分当期首残高 161,800*4

　　利益剰余金当期首残高 237,400*1

　　その他有価証券評価差額金 10,800*2
　　当 期 首 残 高

　　評 価 差 額 15,000

　　の れ ん 48,600*3

　　*1 220,000 ＋ 5,400 ＋ 12,000 ＝ 237,400
　　*2 10,000 ＋ 800 ＝ 10,800
　　*3 54,000 － 5,400 ＝ 48,600
　　*4 （400,000 ＋ 100,000 ＋ 280,000 ＋ 14,000 ＋ 15,000）
　　　　× 20%＝161,800

4. 当期の連結修正仕訳

(1) のれんの償却

(借) のれん償却額 5,400* （貸) の れ ん 5,400

　　* 54,000 ÷ 10 年＝5,400

(2) 子会社の利益剰余金増加額の振替え

(借) 非支配株主に帰属する当期純利益 4,000* （貸) 非支配株主持分当期変動額 4,000

　　* （300,000 － 280,000）× 20%＝4,000

(3) 子会社のその他有価証券評価差額金増加額の振替え

(借) その他有価証券評価差額金 200* （貸) 非支配株主持分当期変動額 200
　　当 期 変 動 額

　　* （15,000 － 14,000）× 20%＝200

5. 子会社株式の売却

　　支配獲得後に子会社株式を売却した場合、売却分について非支配株主持分を増加させます。

　　子会社株式の売却は非支配株主との資本取引と考え、売却による親会社の持分の減少額と売却価額との差額は資本剰余金とします。

　　なお、子会社でその他有価証券評価差額金を計上している場合には、増加その他有価証券評価差額金のうち売却分を非支配株主持分に振り替えます。

(1) 個別上の仕訳

(借) 現 金 預 金 180,000 （貸) S 社 株 式 167,500*1

　　　　　　　　　　　　　関係会社株式売却益 12,500*2

　　*1 670,000 × $\frac{20\%}{80\%}$ ＝ 167,500

　　*2 180,000 － 167,500 ＝ 12,500

(2) 連結上あるべき仕訳

(借) 現 金 預 金 180,000 （貸) 非支配株主持分当期変動額 166,000*2

　　その他有価証券評価差額金 1,000*1 　　資本剰余金当期変動額 15,000*3
　　当 期 変 動 額

　　*1 （15,000 － 10,000）× 20%（売却分）＝ 1,000
　　*2 830,000 × 20%（売却分）＝ 166,000 　　*3 貸借差額

(3) 連結修正仕訳

(借) S 社 株 式 167,500 （貸) 非支配株主持分当期変動額 166,000

　　関係会社株式売却益 12,500 　　資本剰余金当期変動額 15,000

　　その他有価証券評価差額金 1,000
　　当 期 変 動 額

　　この結果、連結B／S上のその他有価証券評価差額金は、親会社分 30,000 千円と、子会社の支配獲得後の増加その他有価証券評価差額金 5,000 千円のうち 60%の 3,000 千円の合計 33,000 千円が計上されることになります。

　　なお、子会社の 10,000 千円は支配獲得時に投資と相殺されてなくなるため考慮する必要はありません。

6. その他の包括利益

　　連結包括利益計算書におけるその他の包括利益は、親会社分と、子会社分（非支配株主分を含む）のその他有価証券評価差額金の当期変動額の合計となります。

前期末　　　　　　　　　　　当期末
P 社
　27,000 ── ＋3,000 ──→ 30,000
S 社
　14,000 ── ＋1,000 ──→ 15,000
合計＋ 4,000 （その他の包括利益）

連結包括利益計算書	
当期純利益	×××
その他の包括利益	
その他有価証券評価差額金	4,000
包 括 利 益	×××

計算解説

1 有価証券
2 固定資産
3 退職給付
4 社債
5 貸倒引当金
6 為替予約
7 純資産
8 ソフトウェア
9 現金預金
10 税効果会計
11 商品の評価
12 成果連結
13 包括利益・資本連結・
14 事業分離・企業結合・
15 持分法
16 商品売買

解答 ▶ **問題6　資本連結** （第158回本試験改題）　　➡ 問題78ページ

連 結 損 益 計 算 書　　　（単位：千円）

費　　　用	金　額	収　　　益	金　　額
諸　費　用	56,000	諸　収　益	67,000
のれん償却額	(30)	持分法に係る投資利益	(225)❷
支払手数料	(2,300)❶	段階取得に係る差益	(120)
非支配株主に帰属する当期純利益	(200)		

連 結 貸 借 対 照 表　　　（単位：千円）

資　　　産	金　額	純　資　産	金　　額
土　　　地	(38,600)❸	資　本　金	(10,000)❺
の　れ　ん	(1,470)❹	…	…
		非支配株主持分	(4,100)❻

❶ $\underset{\text{P社 取得関連費用}}{\underline{2,000} + \underline{300}} = 2,300$

❷ $\underset{\text{A社純利益}}{\underline{900 \times 30\%}} - \underset{\text{A社のれん償却}}{\underline{450 \div 10\text{ 年}}} = 225$

❸ $\underset{\text{P社}}{\underline{20,000}} + \underset{\text{A社}}{\underline{10,000}} + \underset{\text{B社}}{\underline{8,000}} + \underset{\text{評価差額}}{\underline{600}} = 38,600$

❹ $\underset{\text{A社}}{\underline{1,200}} + \underset{\text{B社}}{\underline{300}} - 30 = 1,470$

❺ 親会社の資本金 10,000

❻ $\underset{\text{A社純資産}}{\underline{(3,000 + 6,900 + 600)} \times 20\%}$
　　$+ \underset{\text{B社純資産}}{\underline{(2,000 + 3,000)} \times 40\%} = 4,100$

解説 ▶ （単位：千円）

Ⅰ．A社

持分法のタイムテーブル

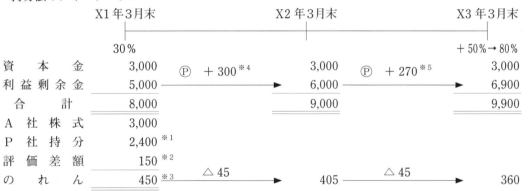

	X1年3月末		X2年3月末		X3年3月末
	30%				+50%→80%
資　本　金	3,000	Ⓟ +300※4	3,000	Ⓟ +270※5	3,000
利益剰余金	5,000	→	6,000	→	6,900
合　　　計	8,000		9,000		9,900
A 社 株 式	3,000				
P 社 持 分	2,400※1				
評 価 差 額	150※2				
の　れ　ん	450※3	△45 →	405	△45 →	360

※1　8,000×30%＝2,400　　　　※2 (10,500－10,000)×30%＝150　　　※3　3,000－(2,400＋150)＝450

※4　(6,000－5,000)×30%＝300　　※5 (6,900－6,000)×30%＝270

1．X1年3月末

　持分法の場合、財務諸表を合算しませんが、のれんを算定するためのイメージ上の仕訳を示すと次のとおりとなります。

(借)土　　　地	150*	(貸)評 価 差 額	150

*　(10,500－10,000)×30%＝150

2．X2年3月末

(1)　当期純利益の振替え

(借) A 社 株 式	300*	(貸) 利益剰余金当期首残高 持分法による投資損益	300

*　1,000×30%＝300

(2)　のれんの償却

(借) 利益剰余金当期首残高 持分法による投資損益	45*	(貸) A 社 株 式	45

*　3,000－(8,000×30%＋150)＝450　　　450÷10 年＝45

3．X3年3月末

(1)　当期純利益の振替え

(借) A 社 株 式	270*	(貸) 持分法による投資損益	270

*　900×30%＝270

(2)　のれんの償却

(借) 持分法による投資損益	45	(貸) A 社 株 式	45

　A社株式：3,000＋300－45＋270－45＝3,480
　（持分法上の簿価）

連結のタイムテーブル

X3年3月末
80%

資　本　金	3,000
利 益 剰 余 金	6,900
評 価 差 額	600※1
合　　計	10,500
A　社　株　式	9,600※2
P　社　持　分	8,400※3
の　れ　ん	1,200※4

※1　10,600 − 10,000 = 600　※2　6,000 + 3,600（時価）= 9,600
※3　10,500 × 80% = 8,400　※4　9,600 − 8,400 = 1,200

4．連結（X3年3月末）

　持分法から連結に移行した場合には、支配獲得時に子会社の資産・負債を全面時価評価法により時価評価するとともに、持分法上ののれんを引き継ぎません。

(1) 評価差額の計上

（借）土　　　　地　600*　（貸）評 価 差 額　600

＊　10,600 − 10,000 = 600

(2) 子会社株式の時価評価

　持分法から連結に移行した場合には、子会社株式の支配獲得日の時価と持分法上の簿価との差額を、「段階取得に係る差益（差損）」として処理します。

（借）A 社 株 式　120*　（貸）段階取得に係る差益　120

＊　3,600（時価）− 3,480（簿価）= 120 または
　　$\underbrace{(6,000 + 3,600)}_{時価合計} − \underbrace{(6,000 + 3,480)}_{簿価合計} = 120$

(3) 取得関連費用の修正

　子会社株式の取得関連費用は、個別上、取得のための付随費用として子会社株式の取得原価に含め、連結上は、費用（支払手数料など）として処理します。

（借）支 払 手 数 料　300　（貸）A 社 株 式　300

(4) 資本連結

（借）資本金当期変動額　3,000　（貸）A 社 株 式　9,600*1
　　　利益剰余金当期変動額　6,900　　　　非支配株主持分当期変動額　2,100*3
　　　評 価 差 額　600
　　　の　れ　ん　1,200*2

＊1　3,600 + 6,000 = 9,600
＊2　9,600 −（3,000 + 6,900 + 600）× 80% = 1,200
＊3　（3,000 + 6,900 + 600）× 20% = 2,100

　なお、A社は当期末より連結しているため、A社の貸借対照表は合算しますが、損益計算書の金額は、連結上、合算しません。

Ⅱ．B社

連結のタイムテーブル

	X2年3月末		X3年3月末
	60%		
資　本　金	2,000		2,000
利 益 剰 余 金	2,500	㊂ + 200※3	3,000
合　　計	4,500		5,000
B　社　株　式	3,000		
P　社　持　分	2,700※1		
の　れ　ん	300※2	△ 30	270

※1　4,500 × 60% = 2,700
※2　3,000 − 2,700 = 300
※3　（3,000 − 2,500）× 40% = 200

1．X3年3月末

(1) 資本連結

（借）資本金当期首残高　2,000　（貸）B 社 株 式　3,000
　　　利益剰余金当期首残高　2,500　　　　非支配株主持分当期首残高　1,800*2
　　　の　れ　ん　300*1

＊1　3,000 −（2,000 + 2,500）× 60% = 300
＊2　（2,000 + 2,500）× 40% = 1,800

(2) 当期純利益の振替え

（借）非支配株主に帰属する当期純利益　200*　（貸）非支配株主持分当期変動額　200

＊　500 × 40% = 200

(3) のれんの償却

（借）のれん償却額　30*　（貸）の　れ　ん　30

＊　300 ÷ 10 年 = 30

計算解説

1 有価証券
2 固定資産
3 退職給付
4 社債
5 貸倒引当金
6 為替予約
7 純資産
8 ソフトウェア
9 現金預金
10 税効果会計
11 商品の評価
12 成果連結
13 包括利益・資本連結
14 事業分離・企業結合
15 持分法
16 商品売買

▶ **問題7　包括利益**　（第134回本試験改題）　➡ 問題80ページ

（20X4年度）　　　　　　連結貸借対照表　　　　　（単位：千円）

資　　産	金　　額	負債・純資産	金　　額
の　　れ　　ん	（　　1,260）❶	資　本　金	（　80,000）❷
その他有価証券	（　52,000）	利　益　剰　余　金	（　33,980）❸
		その他の包括利益累計額	（　3,560）❹
		非支配株主持分	（　12,120）❺

❶ 1,800 − 360 − 180 = 1,260　　❷親会社資本金　　❸ $\underset{\text{個別F/S計}}{40,600}$ − 5,000 − 360 − 900 − 180 − 300 − 280 + 400 = 33,980

❹ $\underset{\text{個別F/S計}}{4,800}$ − 1,000 − 210 − 30 = 3,560　　❺（30,000 + 8,600 + 1,800）× 30% = 12,120

連結包括利益計算書　　（単位：千円）

親会社株主に帰属する当期純利益	（　　2,040）❻
非支配株主に帰属する当期純利益	（　　300）
当期純利益	（　　2,340）
その他の包括利益	（　△　200）❼
包括利益	（　　2,140）

❻ $\underset{\substack{\text{個別F/S計}\\\text{当期純利益}}}{2,800}$ − 180 − 300 − 280 = 2,040　　❼ $\underset{\text{個別F/S}}{△300}$ + $\underset{\text{個別F/S}}{100}$ = △200

（20X5年度）　　　　　　連結貸借対照表　　　　　（単位：千円）

資　　産	金　　額	負債・純資産	金　　額
の　　れ　　ん	（　　1,080）❶	資　本　金	（　80,000）❷
その他有価証券	（　55,500）	利　益　剰　余　金	（　39,400）❸
		その他の包括利益累計額	（　6,610）❹
		非支配株主持分	（　13,170）❺

❶ 1,260 − 180 = 1,080　　❷親会社資本金　　❸ $\underset{\text{個別F/S計}}{46,800}$ − 5,000 − 540 − 1,080 − 180 − 600 = 39,400

❹ $\underset{\text{個別F/S計}}{8,300}$ − 1,000 − 240 − 450 = 6,610　　❺（30,000 + 10,600 + 3,300）× 30% = 13,170

※1　利益剰余金，その他の包括利益累計額，親会社株主に帰属する当期純利益
　　　　個別上の利益剰余金当期末残高合計に，資本連結，剰余金の配当，連結修正仕訳のうち損益影響分を調整することにより計算できます。その他の包括利益累計額も同様の方法で計算できます。

※2　非支配株主持分：本問ではアップ・ストリームの取引がないため，子会社資本（評価
　　　　　　　　　　　差額含む）×非支配株主持分割合で計算することができます。

※3　親会社株主に帰属する当期純利益：個別上の当期純利益合計に，連結修正仕訳のうち
　　　　　　　　　　　　　　　　　　損益影響分を調整することにより計算できます。

1．20X4 年度分　S 社（子会社）の連結（タイムテーブル）

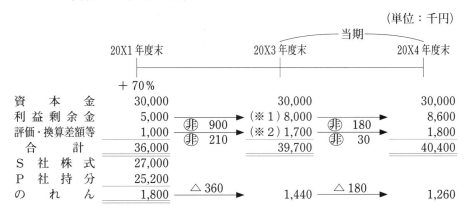

（単位：千円）

※1　8,600 −（1,000 − 400）= 8,000
※2　1,800 − 100 = 1,700

2．20X4 年度分　S 社（子会社）の連結（計算過程）

（1）開始仕訳（資本連結に係る処理）

① 支配獲得時の仕訳（投資と資本の相殺消去）

非支配株主持分：（30,000 千円 + 5,000 千円 + 1,000
千円）× 30 ％ = 10,800 千円

（借）資本金当期首残高 30,000	（貸）子 会 社 株 式 27,000
	S 社 株 式
利益剰余金当期首残高　5,000	非支配株主持分当期首残高 10,800
評価・換算差額等当期首残高　1,000	
の　れ　ん　1,800	

② のれんの償却（20X2 〜 20X3 年度分）

1,800 千円 ÷ 10 年 × 2 年 = 360 千円

（借）利益剰余金当期首残高　360	（貸）の　れ　ん　360

③ S 社利益剰余金増加額の振替え
（20X2 〜 20X3 年度分）

S 社の利益剰余金の増加額の 30 ％（= 100 ％ −
70 ％）を非支配株主持分に振り替えます。

（8,000 千円 − 5,000 千円）× 30 ％ = 900 千円

（借）利益剰余金当期首残高　900	（貸）非支配株主持分当期首残高　900

④ S 社評価・換算差額等増加額の振替え
（20X2 〜 20X3 年度分）

評価・換算差額等は純資産であるため、子会社の
評価・換算差額等の増加額の 30 ％を非支配株主持分
に振り替えます。

（1,700 千円 − 1,000 千円）× 30 ％ = 210 千円

（借）評価・換算差額等当期首残高　210	（貸）非支配株主持分当期首残高　210

（2）のれんの償却

1,800 千円 ÷ 10 年 = 180 千円

（借）のれん償却額　180	（貸）の　れ　ん　180

（3）S 社当期純利益の非支配株主持分への振替え

1,000 千円 × 30 ％ = 300 千円

（借）非支配株主に帰属する当期純利益　300	（貸）非支配株主持分当期変動額　300

（4）S 社評価・換算差額等増加額の非支配株主持分への
振替え

（1,800 千円 − 1,700 千円）× 30 ％ = 30 千円

（借）評価・換算差額等当期変動額　30	（貸）非支配株主持分当期変動額　30

（5）S 社剰余金の配当

親会社に対する配当は親会社の受取配当金と相殺し、
非支配株主に対する配当は非支配株主持分を減少させ
ます。

受取配当金：400 千円 × 70 ％ = 280 千円

（借）受 取 配 当 金　280	（貸）剰余金の配当　400
非支配株主持分当期変動額　120	

連結包括利益計算書のその他の包括利益は、非支配
株主分も含めた評価・換算差額等の当期増減額となり
ます。

3．20X5年度分　S社（子会社）の連結（タイムテーブル）

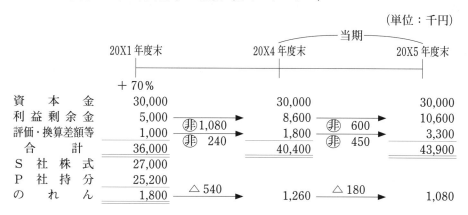

（単位：千円）

	20X1年度末		20X4年度末		20X5年度末
	＋70％		当期		
資　本　金	30,000		30,000		30,000
利益剰余金	5,000	非1,080 ▶	8,600	非 600 ▶	10,600
評価・換算差額等	1,000	非 240 ▶	1,800	非 450 ▶	3,300
合　　　計	36,000		40,400		43,900
Ｓ社株式	27,000				
Ｐ社持分	25,200				
の　れ　ん	1,800	△540 ▶	1,260	△180 ▶	1,080

4．20X5年度分　S社（子会社）の連結（計算過程）

（1）開始仕訳（資本連結に係る処理）

① 支配獲得時の仕訳（投資と資本の相殺消去）

非支配株主持分：(30,000千円＋5,000千円＋1,000千円)×30％＝10,800千円

（借）資本金当期首残高	30,000	（貸）子会社株式 S社株式	27,000
利益剰余金当期首残高	5,000	非支配株主持分当期首残高	10,800
評価・換算差額等当期首残高	1,000		
の れ ん	1,800		

② のれんの償却（20X2～20X4年度分）

1,800千円÷10年×3年＝540千円

（借）利益剰余金当期首残高	540	（貸）の れ ん	540

③ S社利益剰余金増加額の振替え（20X2～20X4年度分）

(8,600千円－5,000千円)×30％＝1,080千円

（借）利益剰余金当期首残高	1,080	（貸）非支配株主持分当期首残高	1,080

④ S社評価・換算差額等増加額の振替え（20X2～20X4年度分）

(1,800千円－1,000千円)×30％＝240千円

（借）評価・換算差額等当期首残高	240	（貸）非支配株主持分当期首残高	240

（2）のれんの償却

（借）のれん償却額	180	（貸）の れ ん	180

（3）S社当期純利益の非支配株主持分への振替え

(10,600千円－8,600千円)×30％＝600千円

（借）非支配株主に帰属する当期純利益	600	（貸）非支配株主持分当期変動額	600

（4）S社評価・換算差額等増加額の振替え

(3,300千円－1,800千円)×30％＝450千円

（借）評価・換算差額等当期変動額	450	（貸）非支配株主持分当期変動額	450

計算解説

1 有価証券
2 固定資産
3 退職給付
4 社債
5 貸倒引当金
6 為替予約
7 純資産
8 ソフトウェア
9 現金預金
10 税効果会計
11 商品の評価
12 成果連結
13 包括利益 資本連結・
14 事業結合・ 企業結合・
15 持分法
16 商品売買

連結包括利益計算書

当期純利益	110,000
その他の包括利益	
その他有価証券評価差額金	（　△700　）
為替換算調整勘定	（　400　）
その他の包括利益合計	（　△300　）
包括利益	（　109,700　）
（内訳）	
親会社株主に係る包括利益	（　107,840　）❶
非支配株主に係る包括利益	（　1,860　）❷

❶ $\underset{\text{親株利益}}{108,000}$ ＋ $\underset{\text{親株分その他の包括利益}}{\triangle 560 + 400}$ ＝ 107,840

❷ $\underset{\text{非株利益}}{2,000}$ ＋ $\underset{\text{非株分その他の包括利益}}{\triangle 140}$ ＝ 1,860

その他の包括利益の内訳項目の金額

その他有価証券評価差額金		為替換算調整勘定	
当期発生額	（　△200　）	当期発生額	（　400　）
組替調整額	（　△800　）	組替調整額	（　0　）
税効果調整前	（　△1,000　）	税効果調整前	（　400　）
税効果額	（　300　）	税効果額	（　0　）
	（　△700　）		（　400　）

解説 ▶

1．その他の包括利益

(1) 連結包括利益計算書

連結包括利益計算書では，原則として，**税効果を控除した後の金額**で表示します。なお，その他の包括利益の金額は当期末残高から前期末残高を引いて計算します。

(2) その他の包括利益の内訳の注記表

本問では，**当期発生額及び組替調整額を税効果調整前の金額**で表示し，税効果額を控除する形式で記載します。

　当期発生額：当期の時価等の変動分

　組替調整額：当期及び過去の期間にその他の包括利益に含められていた項目が当期純利益に含められた金額（本問では，その他の包括利益から売却益相当分をマイナスする額）

　なお，**税効果調整後の金額**と，**連結包括利益計算書のその他の包括利益の金額は一致**します。

(3) 連結包括利益計算書の付記

　親会社株主に係る包括利益：親会社株主に係る当期純利益＋親会社株主に係るその他の包括利益

　非支配株主に係る包括利益：非支配株主に係る当期純利益＋非支配株主に係るその他の包括利益

計算解説

1 有価証券
2 固定資産
3 退職給付
4 社債
5 貸倒引当金
6 為替予約
7 純資産
8 ソフトウェア
9 現金預金
10 税効果会計
11 商品の評価
12 成果連結
13 包括利益・資本連結
14 企業結合・事業分離
15 持分法
16 商品売買

2. その他有価証券評価差額金

C社株式（S1社保有）

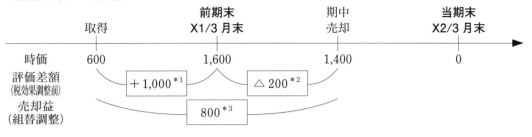

* 1　前期発生額：1,600 － 600 ＝＋1,000

* 2　当期発生額：1,400 － 1,600 ＝△200

* 3　売　却　益：1,400 － 600 ＝＋800

* 4　前期末その他有価証券評価差額金：1,000 ×（1 － 30％）＝ 700
　　　当期末その他有価証券評価差額金：0
　　　連結包括利益計算書　　0 － 700 ＝△700（減少）

* 5　1,000 × 30％ ＝ 300

連結包括利益計算書
その他有価証券評価差額金　△700 * 4

注 記
当期発生額　　　　　△200
組替調整額　　　　　△800
税効果調整前　　　△1,000
税効果額　　　　　　300 * 5
　　　　　　　　　　△700

　なお，P社はS1社株式の80％を取得しているため，非支配株主が存在します。連結包括利益計算書の包括利益の付記において，親会社持分と非支配株主持分に分けることに注意します。
　　親会社株主に係るその他の包括利益：△700 × 80％ ＝△560
　　非支配株主に係るその他の包括利益：△700 × 20％ ＝△140

3. 為替換算調整勘定

　為替換算調整勘定については，通常，税効果会計を適用しません。

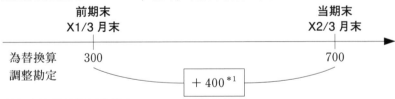

* 1　前期末為替換算調整勘定：300
　　　当期末為替換算調整勘定：700
　　　連結包括利益計算書　700 － 300 ＝＋400（増加）（当期発生）

　P社はS2社の株式の100％を取得しており非支配株主はいないため，包括利益の付記では全額親会社株主に計上します。

解 答 ▶ 問題1 企業結合・事業分離 （第117回本試験改題） ➡ 問題84ページ

（単位：円）

借方科目	金　額	貸方科目	金　額
諸　資　産	1,230,000	諸　負　債	550,000
の　れ　ん	120,000	資　本　金	264,000
		資 本 準 備 金	264,000
		自 己 株 式	272,000

解 説 ▶ （単位：円）

(1) 諸資産の金額
　　被取得企業（B社）の時価：1,230,000 円
(2) 諸負債の金額
　　被取得企業（B社）の時価：550,000 円
(3) 自己株式の帳簿価額
　　@ 680 円× 400 株＝ 272,000 円
(4) 資本金の金額
　　{（A社株式の時価@ 800 円× 1,000 株）－ 272,000 円} ÷ 2 ＝ 264,000 円
(5) のれんの金額
　　貸借差額：120,000 円

（注意）企業結合における自己株式の交付

　合併などの企業結合では、交付株式の時価から自己株式の簿価を引いた額を資本増加額とします。通常の新株発行のように処分差額をその他資本剰余金とはしません。

資産・負債の時価の純額 680,000 円	自己株式　272,000 円	800,000 円
	資本金 264,000 円	
のれん 120,000 円	資本準備金 264,000 円	

解 答 ▶ 問題2 企業結合・事業分離 （第120回本試験改題） ➡ 問題85ページ

日商（分割会社） （単位：千円）

借方科目	金　額	貸方科目	金　額
A 事 業 負 債	17,000	A 事 業 資 産	28,000
その他有価証券	18,000	事 業 移 転 利 益	7,000

北京化学 （承継会社）

A 事 業 資 産	34,000	A 事 業 負 債	17,000
の　れ　ん	1,000	資　本　金	9,000
		資 本 準 備 金	9,000

計算解説

1 有価証券

2 固定資産

3 退職給付

4 社債

5 貸倒引当金

6 為替予約

7 純資産

8 ソフトウェア

9 現金預金

10 税効果会計

11 商品の評価

12 成果連結

13 包括利益・資本連結・

14 事業分離・企業結合

15 持分法

16 商品売買

解説 ▶ （単位：千円）

1．事業分離（分割会社側）の会計処理

(1) 投資の清算と継続の判断基準

　分割会社が移転した事業の対価として現金等を受け取った場合には，事業を売却したと考え投資が清算されたと判断します。また，受取対価が承継会社の株式のみであっても，承継会社が子会社や関連会社に該当しない場合は，投資が清算されたとみなされます。

(2) 投資の清算の処理

　本問の場合，受取対価が承継会社（北京化学㈱）の株式のみで，承継会社（北京化学㈱）が，子会社にも関連会社にもあたらないため，投資が清算されたと判断されます。そのため，受け取った株式を時価で計上し，事業移転損益を認識することになります。

① A事業資産の金額
　分割会社の適正な帳簿価額：28,000
② A事業負債の金額
　分割会社の適正な帳簿価額：17,000
③ その他有価証券
　@2,000円×9,000株＝18,000
④ 事業移転利益
　貸借差額：7,000

2．承継会社側の処理

　承継会社が取得企業となるため，パーチェス法により処理します。

(1) 分割会社の取得原価の算定

　承継会社が分割会社の取得原価を算定するさいには，本問の場合，株式の時価となります。なお，対価のうち株式を交付した部分については，問題文の指示により資本金，資本準備金とします。

(2) 分割会社の資産・負債の評価

　承継会社は，分割会社の資産・負債を企業結合日時点における公正価値（時価）で受け入れることになります。

① A事業資産の金額
　分割会社の公正な評価額：34,000
② A事業負債の金額
　分割会社の公正な評価額：17,000
③ 資本金・資本準備金の金額
　$@2,000円×9,000株×\dfrac{1}{2}＝9,000$
④ のれんの金額
　2,000円×9,000株－（34,000－17,000）＝1,000
　なお、問題文の事業価値18,000は、A事業の公正な評価額（34,000－17,000）に超過収益力（のれん1,000）を加えた金額となります。

移転した事業の対価		投資の清算・継続	会計処理
現　金　等		投資の清算	事業移転損益を認識する。
株式のみ	子会社株式・関連会社株式	投資の継続	事業移転損益を認識しない。
	子会社株式・関連会社株式以外	投資の清算	事業移転損益を認識する。

	設　問		
1	B社の純資産と収益還元価値の平均額	248,600	千円
2	A社の1株当たり企業評価額	153	円
3	A社株式の1株当たりのB社株式交換比率	0.81	株
4	A社の新株発行に伴う資本金の増加額	259,200	千円
5	「のれん」計上額	33,200	千円

解 説 ▶ （単位：千円）

1．企業評価額の算定

（1） A社の企業評価額

① 純資産額法（時価）による企業評価額

諸資産 3,000,000 千円 － 諸負債 1,300,000 千円
＝ 1,700,000 千円

② 収益還元価値法による企業評価額

1,700,000 千円 × 4 ％ ÷ 5 ％ ＝ 1,360,000 千円
　　　　　　　　自己資本利益率　資本還元率

③ ①と②の平均額による企業評価額

$$\frac{1,700,000 千円 + 1,360,000 千円}{2} = 1,530,000 千円$$

（2） B社の企業評価額

① 純資産額法（時価）による企業評価額

B社諸資産の時価：

500,000 千円 ＋ （36,000 千円 － 30,000 千円）
＋ （40,000 千円 － 20,000 千円） ＝ 526,000 千円

B社諸負債の時価：帳簿価額と同額

諸資産 526,000 千円 － 諸負債 300,000 千円
＝ 226,000 千円

② 収益還元価値法による企業評価額*

226,000 千円 × 6 ％ ÷ 5 ％ ＝ 271,200 千円
　　　　　　　　自己資本利益率　資本還元率

③ ①と②の平均額による企業評価額

$$\frac{226,000 千円 + 271,200 千円}{2} = 248,600 千円$$

* 問題文より、収益還元価値の自己資本は簿価ではなく時価を用います。

2．株式交換比率の算定

（1） A社の1株当たり企業評価額

$$\frac{1,530,000 千円}{10,000 千株} = 153 円$$

（2） B社の1株当たり企業評価額

$$\frac{248,600 千円}{2,000 千株} = 124.3 円$$

（3） 株式交換比率の算定

1株当たり企業評価額をもとに株式交換比率を算定します。

$$\frac{124.3 円}{153 円} = 0.8124\cdots \to 0.81$$

（小数点以下第3位を四捨五入）

3．会計処理

（1） A社の株式交換時の処理（個別上の会計処理）

（借）B 社 株 式 259,200*1 （貸）資 本 金 259,200

*1 交付株式総数：2,000 千株 × 0.81 ＝ 1,620 千株
　　B社株式の取得原価：@160 円 × 1,620 千株 ＝ 259,200 千円

（2） 連結財務諸表作成に係る会計処理

① B社諸資産の時価評価

（借）棚 卸 資 産 6,000*2 （貸）評 価 差 額 26,000
　　土　　　　地 20,000*3

*2 36,000 － 30,000 ＝ 6,000
*3 40,000 － 20,000 ＝ 20,000

② 連結修正仕訳（財務諸表合算後）

（借）資 本 金 100,000 （貸）B 社 株 式 259,200
　　資 本 剰 余 金 10,000
　　利 益 剰 余 金 90,000
　　評 価 差 額 26,000
　　の れ ん 33,200*4

*4 貸借差額

計算解説

1 有価証券

2 固定資産

3 退職給付

4 社債

5 貸倒引当金

6 為替予約

7 純資産

8 ソフトウェア

9 現金預金

10 税効果会計

11 商品の評価

12 成果連結

13 包括利益・資本連結・

14 事業分離・企業結合・

15 持分法

16 商品売買

解答 ▶ **問題4　企業結合・事業分離** （第137回本試験改題） ➡ 問題87ページ

設問1

	A社株主	B社株主
P社に対する議決権比率	25　%	75　%

設問2

取 得 会 社 名	B　　社

設問3

A社株式の取得原価	6,000	千円
B社株式の取得原価	18,000	千円

解説 ▶ （単位：千円）

設問1　議決権比率の算定

本問では，株式移転によって新たに完全親会社となるP社が新設され，完全子会社となるA社とB社の株主に対してはそれぞれP社株式が交付されます。このときの議決権比率については，企業評価額を基準にした株式移転比率によって決定されます。

(1) A社株主に交付されるP社株式
5,000株×0.6＝3,000株

(2) B社株主に交付されるP社株式
9,000株×1.0＝9,000株

(3) P社に対するA社株主の議決権比率
$$\frac{3{,}000株}{3{,}000株＋9{,}000株}＝25\%$$

(4) P社に対するB社株主の議決権比率
$$\frac{9{,}000株}{3{,}000株＋9{,}000株}＝75\%$$

設問2　取得企業の判定

株式移転によって完全親会社が新設された場合，いずれかの完全子会社による他の完全子会社の取得と考えて処理します。設問1より，B社株主は議決権比率が過半数を超えているため，B社が取得企業と判定されます。

設問3　取得原価の算定

(1) A社株式の取得原価

A社は被取得企業にあたるため，A社株式の取得原価はパーチェス法により処理します。ただし，これから設立するP社株式には時価がありません。そこで，A社（被取得企業）の株主がP社に対する議決権比率を維持できるように，B社（取得企業）がA社株主にB社株式を交付したとみなして算定します。

5,000株×0.6×@2,000円＝6,000千円

(2) B社株式の取得原価

B社は取得企業にあたるため，適正な帳簿価額による株主資本の額にもとづいて算定します。

30,000千円－12,000千円＝18,000千円

（借）A 社 株 式	6,000	（貸）資　　本　　金	12,000 *1
B 社 株 式	18,000	資 本 剰 余 金	12,000 *1

＊1　（6,000千円＋18,000千円）÷2＝12,000千円

株式移転後のP社の個別貸借対照表

貸 借 対 照 表

P社　　　　　　　　平成X年3月31日　　　　　（単位：千円）

A 社 株 式	6,000	資　　本　　金	12,000
B 社 株 式	18,000	資 本 剰 余 金	12,000
	24,000		24,000

❶ 15,000 − 2,000 = 13,000

❷ 7,000 + 13,000 × 40% = 12,200

❸ 30,000 + 10,000 + 1,000 = 41,000

❹ 親会社の資本金

❺ 2,000 + 8,400 − 600 − 7,800 + 500 = 2,500

❻ 1,000 + 400 − 400 = 1,000

❼ 3,600 + 5,200 = 8,800

設問1　P社個別貸借対照表におけるS社株式　　13,000❶ 千円

設問2　S社個別貸借対照表における資本金　　12,200❷ 千円

設問3　連結貸借対照表

連 結 貸 借 対 照 表
P社　　　　　　　　　20X1年3月31日　　　　　　　（単位：千円）

資　産	金　額	負債・純資産	金　額
諸　資　産	(41,000❸)	諸　負　債	(12,000)
甲 事 業 資 産	(15,000)	甲 事 業 負 債	(2,000)
の　れ　ん	(300)	資　本　金	(30,000❹)
		資 本 剰 余 金	(2,500❺)
		利 益 剰 余 金	(1,000❻)
		非 支 配 株 主 持 分	(8,800❼)
	(56,300)		(56,300)

解説 ▶ （単位：千円）

設問1・2　個別貸借対照表上の金額

1．P社の個別貸借対照表

　事業分離によりS社（分離先企業）はP社（分離元企業）の子会社となります。よって，投資が継続していると考え，**S社株式の取得原価は移転事業に係る株主資本相当額**となり，移転損益は認識しません。

(借)甲 事 業 負 債 2,000*1 (貸)甲 事 業 資 産 15,000
　　S 社 株 式 13,000*2

*1　簿価
*2　貸借差額

親会社持分比率：$\dfrac{150\,株}{100\,株 + 150\,株} = 60\%$

P社　　　　　　　　　貸 借 対 照 表　　　　（単位：千円）

諸　資　産	30,000	諸　負　債	10,000
S 社 株 式	13,000	資　本　金	30,000
		資 本 剰 余 金	2,000
		利 益 剰 余 金	1,000
	43,000		43,000

2．S社の個別貸借対照表

　甲事業を取得したにもかかわらずS社が子会社となるため，「**逆取得**」に該当します。よって，S社の増加資本の金額はP社の**資産および負債の移転前の適正な帳簿価額**により計上します。なお，増加資本のうち**資本金**としなかった部分は**資本剰余金**として計上します。

(借)甲 事 業 資 産 15,000*1 (貸)甲 事 業 負 債 2,000*1
　　　　　　　　　　　　　　　資　本　金 5,200*2
　　　　　　　　　　　　　　　資 本 剰 余 金 7,800*3

*1　簿価
*2　(15,000 − 2,000) × 40% = 5,200
*3　(15,000 − 2,000) − 5,200 = 7,800

計算解説

1 有価証券
2 固定資産
3 退職給付
4 社債
5 貸倒引当金
6 為替予約
7 純資産
8 ソフトウェア
9 現金預金
10 税効果会計
11 商品の評価
12 成果連結
13 包括利益・資本連結
14 事業分離企業結合
15 持分法
16 商品売買

	S社	貸借対照表		（単位：千円）
甲事業資産	15,000	甲事業負債		2,000
諸　資　産	10,000	諸　負　債		2,000
		資　本　金		12,200
		資本剰余金		8,400
		利益剰余金		400
	25,000			25,000

設問3　連結貸借対照表上の金額

子会社（S社）の事業取得前の既存の事業に係る仕訳と，移転した事業の仕訳を分けて考えます。

1．既存の事業に係る連結修正仕訳

（1）資産・負債の時価評価

（借）諸　資　産 1,000* （貸）評　価　差　額 1,000

＊　11,000 － 10,000 ＝ 1,000

（2）既存の事業に係る資本連結

取得したS社株式13,000千円のうち，**既存の事業に投資したとみなす額**（みなし投資額）を計算します。みなし投資額は，通常，既存の事業の価値に親会社持分比率を掛けてします。

なお，問題文に既存の事業の価値が無いときは，**事業分離時のS社株式の時価（95千円）に事業分離前S社発行済株式総数（100株）を掛けて事業全体の時価を計算**します。

（借）資　本　金 7,000 （貸）S　社　株　式 5,700*1
　　　資本剰余金 600 　　　 非支配株主持分 3,600*2
　　　利益剰余金 400
　　　評　価　差　額 1,000
　　　の　れ　ん 300*3

＊1　@95 × 100株 ＝ 9,500　9,500 × 60% ＝ 5,700
＊2　（7,000 ＋ 600 ＋ 400 ＋ 1,000）× 40% ＝ 3,600
＊3　5,700 －（7,000 ＋ 600 ＋ 400 ＋ 1,000）× 60% ＝ 300

2．移転した事業に係る連結修正仕訳

P社がS社に移転した事業のうち，60%はP社持分が継続し，40%は非支配株主持分となります。

移転した事業の価値に売却比率を掛けた額（時価）と，移転した事業の簿価に**売却比率を掛けた額（簿価）**との差額を，**資本剰余金**とします。

なお，P社の甲事業の価値14,250千円と，対価として取得したP社株式（@95千円 × 150株 ＝ 14,250千円）は等しくなります。

（借）資　本　金 5,200*1 （貸）S　社　株　式 7,300*2
　　　資本剰余金 7,800*1 　　　 非支配株主持分 5,200*3
　　　 　　　 資本剰余金 500*4

＊1　事業分離による増加資本
＊2　連結上，S社株式をすべて消去するため，上記1で相殺されずに残ったS社株式を相殺します。13,000 － 5,700 ＝ 7,300
＊3　（5,200 ＋ 7,800）× 40% ＝ 5,200
＊4　移転した事業の40%を時価で非支配株主に売却したと考えます。
　　　時価：14,250 × 40% ＝ 5,700
　　　　　移転事業の時価
　　　（または@95千円 × 150株 × 40%）
　　　簿価：13,000 × 40% ＝ 5,200
　　　　　移転事業簿価
　　　資本剰余金：5,700 － 5,200 ＝ 500

［補足］S社の企業価値と甲事業の価値

本試験では，S社の企業価値と甲事業の価値の記載がなく，S社株式の時価（@95千円）から計算する問題であったため，計算できるようにしておきましょう。

S社の企業価値：@95 × 100株 ＝ 9,500
甲事業の事業価値：@95 × 150株 ＝ 14,250

甲事業を引き渡す対価として、S社株式を取得しているため，甲事業の事業価値と取得したS社株式の価値は等しくなります。

本問のポイント

事業分離の連結は非常に難しい論点ですが，要するに資本剰余金の増減額とのれんの金額が求められれば十分です。

資本剰余金

甲事業の40%分を非支配株主に引き渡すことで，事業価値の売却分と簿価の売却分の差額を資本剰余金として計上します。

$$\underset{\text{甲事業の価値の売却分}}{14,250 \times 40\%} - \underset{\text{甲事業の簿価の売却分}}{13,000 \times 40\%} = 500$$

のれん

S社の企業価値と，資産負債の時価（純額）との差額が超過収益力（のれん）となり，会計上は，超過収益力のうち親会社持分のみをのれんとして認識します。

$$\underset{\text{S社価値}}{9,500} - \underset{\text{S社資本}}{(7,000 + 600 + 400 + 1,000)} = \underset{\text{超過収益力}}{500}$$
$$500 \times \underset{\text{親持分}}{60\%} = \underset{\text{のれん}}{300}$$

（イメージ図）

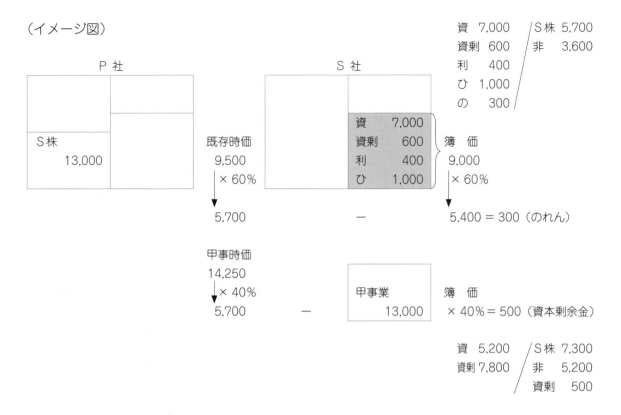

（参 考）既存の事業に係る処理と、移転した事業に係る処理を分ける理由

　本問では、P社からS社に移転した甲事業が、P社にとって「投資の継続」だと判定されています。

　したがって、甲事業の資産・負債はS社のものとなっているものの、会計上は「P社がそのまま持ち続けているもの同然」と考えます。

　そのような考え方を前提にしてS社を連結する訳ですが、S社の個別B／Sに載っている資産・負債の中には、「P社がそのまま持ち続けているものと同然」の甲事業の資産・負債と、「S社を支配することになって、初めてコントロールできるようになった」（S社の）既存事業にかかる資産・負債が混在しています。

　このうちS社の既存事業の資産・負債は、「S社を支配することになって、初めてコントロールできるようになった」ものですから、普段のよくある連結子会社の支配獲得と同じです。

　したがって、普段の連結と同じように処理し、評価差額やのれんが登場することになります。

　対して、「P社がそのまま持ち続けているものと同然」の甲事業・資産については、「そのまま持ち続けている」訳です。

　固定資産をそのまま持ち続けていても時価評価しないのに、連結だからといって時価評価して評価差額を出してしまうと、処理の整合性が取れません。

　また、超過収益力を表す「のれん」は企業結合などで新たに会社や事業を取得した場合にのみ計上されるべきとされており、今持っている土地などに仮に超過収益力があったとしても、その事実だけで「のれん」の計上は認められていないのに、事業分離と連結会計を挟むことでのれんが計上できてしまうと、これも処理の整合性が取れません。

　このように、「すでに持っているもの」と「新たに取得したもの」で会計上の取り扱いが異なるのが基本となっていることから、その基本を守るために、P社にとって「すでに持っているもの」と「新たに取得したもの」で処理を分けなければならないのです。

解答 ▶ 問題1 持分法 （第122回本試験改題）　　➡ 問題90ページ

A	株式取得時ののれん	*3,100*	千円
B	×2年3月末　A社株式	*12,810* ❶	千円
	×3年3月末　A社株式	*12,704* ❷	千円
C	×1年度 持分法による投資損益（㉒または 貸）	*10* ❸	千円
	×2年度 持分法による投資損益（ 借 または ㉒）	*230* ❹	千円

❶ $\underset{個別F/S計}{13,000} - 310 - 180 + 300$
　　$= 12,810$

❷ $\underset{個別F/S計}{13,000} - 190 - 310 - 240 + 540 - 96$
　　$= 12,704$

❸ $\triangle 310 + 300 = \triangle 10$

❹ $\triangle 310 + 540 = 230$

解説 ▶ （単位：千円）

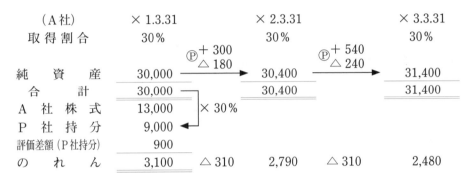

（A社）	×1.3.31		×2.3.31		×3.3.31
取得割合	30%		30%		30%
純資産	30,000	ⓟ +300 △180	30,400	ⓟ +540 △240	31,400
合計	30,000		30,400		31,400
A社株式	13,000	×30%			
P社持分	9,000				
評価差額（P社持分）	900				
のれん	3,100	△310	2,790	△310	2,480

1．持分法

(1) のれんの計算

① 土地の時価評価

持分法適用会社の財務諸表は連結財務諸表上合算しません。

（借）土　　地　900*¹ （貸）評　価　差　額　900

*1　3,000 × 30% = 900

② のれん

13,000千円 − （30,000千円 × 30% + 900千円）
= 3,100千円

(2) ×1年度の処理

① のれんの償却

（借）持分法による投資損益　310*² （貸）A　社　株　式　310

*2　3,100 ÷ 10年 = 310

② 剰余金の配当

（借）受　取　配　当　金　180*³ （貸）A　社　株　式　180

*3　600 × 30% = 180

③ 当期純利益の計上

（借）A　社　株　式　300*⁴ （貸）持分法による投資損益　300

*4　1,000 × 30% = 300

(3) ×2年度の処理

① 開始仕訳

（借）利益剰余金当期首残高　190*⁵ （貸）A　社　株　式　190

*5　310 + 180 − 300 = 190

② のれんの償却

（借）持分法による投資損益　310*⁶ （貸）A　社　株　式　310

*6　3,100 ÷ 10年 = 310

③ 剰余金の配当

（借）受　取　配　当　金　240*⁷ （貸）A　社　株　式　240

*7　800 × 30% = 240

④ 当期純利益の計上

（借）A　社　株　式　540*⁸ （貸）持分法による投資損益　540

*8　1,800 × 30% = 540

⑤ 未実現利益の消去

（借）売　　上　　高　96*⁹ （貸）A　社　株　式　96

*9　800 × 40%（利益率）× 30% = 96

決算整理後残高試算表 （単位：千円）

繰 越 商 品	(303,400)	買 掛 金	(68,276 ❸)
未 着 品	(24,120)	一 般 売 上	3,800,000
前 払 費 用	(504 ❶)	未 着 品 売 上	720,000
仕 入	(3,168,000 ❷)	為 替 差 損 益	(2,348 ❹)
棚 卸 減 耗 損	(2,000)		

❶ $600 - 200 + 156 - 52 = 504$

❷ $2,728,000 + 313,400 - 305,400$
　$+ 456,120 - 24,120 = 3,168,000$

❸ $61,400 + 5,720 + 1,000 + 156 = 68,276$

❹ $3,000 - 400 - 200 - 52 = 2,348$

解 説 ▶ （単位：千円）

1．未着品売買

3月1日の直物為替相場を用いて記帳します。

52 千ドル$× @ 110$ 円$= 5,720$

(借) 未 着 品 5,720	(貸) 買 掛 金 5,720

2．為替予約

(1) 2月1日取引分

直先差額のうち当期分を為替差損益に振り替えます。

直々差額：$(@ 110$ 円$- @ 108$ 円$) × 200$ 千ドル$= 400$

直先差額：$(@ 113$ 円$- @ 110$ 円$) × 200$ 千ドル$= 600$

①為替予約時（未処理）

(借) 為 替 差 損 益 400	(貸) 買 掛 金 1,000*
前 払 費 用 600	

* （@ 113 円－@ 108 円）× 200 千ドル＝ 1,000

②決算時（直先差額の配分）

(借) 為 替 差 損 益 200*	(貸) 前 払 費 用 200

* 当期分：$600 × \dfrac{1 \text{カ月}}{3 \text{カ月}} = 200$

(2) 3月1日取引分

取引日と同日に為替予約を行っているため、直々差額は生じません。直先差額を期間配分します。

直先差額：52 千ドル$×(@ 113$ 円$- @ 110$ 円$) = 156$

当期分：$156 × \dfrac{1 \text{カ月}}{3 \text{カ月}} = 52$

①為替予約時（未処理）

(借) 前 払 費 用 156	(貸) 買 掛 金 156

②決算時（直先差額の配分）

(借) 為 替 差 損 益 52	(貸) 前 払 費 用 52

(1) 2月1日取引分

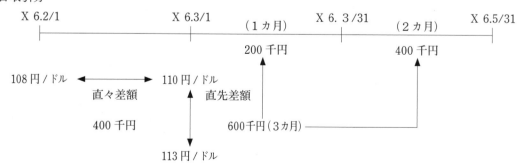

(2) 3月1日取引分

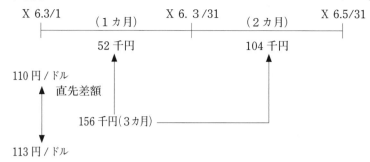

3．売上原価の算定

(1) 一般商品売買

(借)	仕		入313,400	(貸)	繰 越 商 品313,400
(借)	繰 越 商 品305,400			(貸)	仕 入305,400
(借)	棚 卸 減 耗 損 2,000*			(貸)	繰 越 商 品 2,000

* 305,400 － 303,400 ＝ 2,000

(2) 未着品売買

　期末未着品の金額が不明です。未着品売上と原価率を用いて未着品売上原価を計算しボックス図の差額で、期末未着品を計算します。

(借)	仕		入456,120*	(貸)	未 着 品456,120
(借)	未 着 品 24,120			(貸)	仕 入 24,120

* 450,400 ＋ 5,720 ＝ 456,120

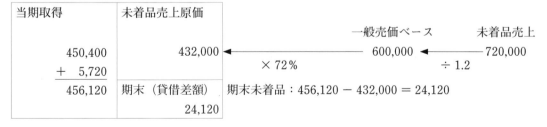

計算解説

1 有価証券
2 固定資産
3 退職給付
4 社債
5 貸倒引当金
6 為替予約
7 純資産
8 ソフトウェア
9 現金預金
10 税効果会計
11 商品の評価
12 成果連結
13 包括利益・資本連結
14 事業分離・企業結合・
15 持分法
16 商品売買

損　益　計　算　書

自×5年4月1日　至×6年3月31日　（単位：千円）

Ⅰ	売　上　高		（　1,233,576 ❶ ）
Ⅱ	売　上　原　価		
1	期首商品棚卸高	（　33,600 ❷ ）	
2	当期商品仕入高	（　972,200 ❸ ）	
	合　　計	（　1,005,800 ）	
3	期末商品棚卸高	（　103,860 ❹ ）	
	差　　引	（　901,940 ）	
4	棚卸減耗損	（　6,000 ）	
5	商品評価損	（　1,650 ）	（　909,590 ）
	売上総利益		（　323,986 ）

❶ $\underset{\text{A売上}}{786,780} + \underset{\text{B売上}}{446,796} = 1,233,576$

❷ $\underset{\text{A単価}}{@ 42} \times \underset{\text{A数量}}{800} = 33,600$

❸ $\underset{\text{A仕入}}{621,200} + \underset{\text{B仕入}}{351,000} = 972,200$

❹ $\underset{\text{A商品}}{72,000} + \underset{\text{B商品}}{31,860} = 103,860$

解説 ▶ （単位：千円）

1．B商品の仕入単価

B商品の第1回目の仕入単価をYとします。B商品売上高と付加率（40％、円ベース）からB商品の仕入単価を計算します。

B商品

期首		売上原価		売上
	0 個	12 月		
第1回目仕入			4,110 個	2,898 千ドル×@ 102 円＝ 295,596 千円
@Y千円	3,600 個	2 月		売上
第2回目仕入			2,000 個	1,400 千ドル×@ 108 円＝ 151,200 千円
				売上合計　　446,796 千円
@（Y＋3）千円	3,100 個	期末		（前T／B　海外輸出売上）
			590 個	

売上原価：$Y \times 3{,}600 + (Y+3) \times (3{,}100 - 590) = 446{,}796 \div 1.4$

$$3{,}600 Y + 2{,}510 Y + 7{,}530 = 319{,}140$$
$$3{,}600 Y + 2{,}510 Y = 319{,}140 - 7{,}530$$
$$6{,}110 Y = 311{,}610$$
$$Y = 51$$

B商品仕入高：@ 51 千円× 3,600 個＋@ 54 千円× 3,100 個＝ 351,000 千円

期末商品の評価：棚卸減耗はなく、正味売却価額（@ 55 千円）が簿価（@ 54 千円）を上回っているため、棚卸減耗損と商品評価損を計上しません。期末B商品：@ 54 千円× 590 個＝ 31,860 千円

2．A商品の仕入単価

A商品の第1回目の仕入単価をXとし、A商品売上高と付加率（35％）からA商品の仕入単価を計算します。

A商品

期首 @X千円	800個	売上原価 14,200個（差額）
第1回目仕入 @X千円	6,600個	@X×7,400*1
第2回目仕入 @（X−2）千円	8,600個	@（X−2）×6,800*2
		期末 1,800個

一般売上 786,780千円

*1　800個＋6,600個＝7,400個
*2　8,600個−1,800個＝6,800個

$$売上原価：X×7,400＋（X−2）×6,800＝786,780÷1.35$$
$$7,400X＋6,800X−13,600＝582,800$$
$$7,400X＋6,800X＝582,800＋13,600$$
$$14,200X＝596,400 \qquad X＝42$$

A商品仕入高：@42千円×6,600個＋@40千円×8,600個＝621,200千円
前T／B　繰越商品：@42千円×800個＝33,600千円
前T／B　仕　入：351,000千円＋621,200千円＝972,200千円

期末商品帳簿棚卸高 72,000*1

原価@40円	商品評価損　1,650*3
正味売却価額@39円	A商品のB／S価額 64,350
	棚卸減耗損 6,000*2

実地数量 1,650個　　帳簿数量 1,800個

*1　@40円×1,800個＝72,000
*2　棚卸減耗損：（1,800個−1,650個）×@40円＝6,000　　*3　商品評価損：（@40円−@39円）×1,650個＝1,650

（借）仕　　　　入	33,600	（貸）繰 越 商 品	33,600
（借）繰 越 商 品	103,860*	（貸）仕　　　　入	103,860

*　$\underset{B商品}{31,860}＋\underset{A商品}{72,000}＝103,860$

（借）棚 卸 減 耗 損	6,000	（貸）繰 越 商 品	7,650
商 品 評 価 損	1,650		

計算解説
1 有価証券
2 固定資産
3 退職給付
4 社債
5 貸倒引当金
6 為替予約
7 純資産
8 ソフトウェア
9 現金預金
10 税効果会計
11 商品の評価
12 成果連結
13 包括利益・資本連結
14 事業分離・企業結合
15 持分法
16 商品売買

➡ 問題94ページ

a	売 上 原 価	b	特 別 損 失	c	トレーディング
d	破産更生債権等	e	償 却 原 価 法	f	評価・換算差額等
g	負　　債				

解説

1．棚卸資産の期末評価

棚卸資産の評価に関する会計基準 17

通常の販売目的で保有する棚卸資産について，収益性が低下した場合の簿価切下額は，損益計算書上，売上原価に計上します。

ただし，この簿価切下額が臨時の事象に起因し，かつ多額であるときには，特別損失に計上します。

	売上原価の内訳項目	販売費	営業外費用	特別損失
商品評価損	○	－	－	△

2．トレーディング目的で保有する棚卸資産

棚卸資産の評価に関する会計基準 15、60

当初から加工や販売の努力を行うことなく単に市場価格の変動により利益を得る目的で保有する棚卸資産をトレーディング目的で保有する棚卸資産といいます。

トレーディング目的で保有する棚卸資産については，時価をもって貸借対照表価額とし，帳簿価額との差額（評価差額）は，当期の損益として処理します。

3．債権の貸倒見積高

金融商品に関する会計基準 27.(3)・28.(3)

破産更生債権等とは，経営破綻又は実質的に経営破綻に陥っている債務者に対する債権をいいます。破産更生債権等については，債権額から担保の処分見込額及び保証による回収見込額を減額し，その残額を貸倒見積高とします。

4．償却原価法

金融商品に関する会計基準 14

受取手形、売掛金、貸付金その他の債権の貸借対照表価額は、取得価額から貸倒見積高に基づいて算定された貸倒引当金を控除した金額とします。

ただし、債権を債権金額より低い価額又は高い価額で取得した場合において、取得価額と債権金額との差額の性格が金利の調整と認められるときは、償却原価法に基づいて算定された価額から貸倒見積高に基づいて算定された貸倒引当金を控除した金額としなければなりません。

5．その他有価証券評価差額金

貸借対照表の純資産の部の表示に関する会計基準 8

個別貸借対照表上、その他有価証券評価差額金は、「評価・換算差額等」の区分に計上します。

6．引当金の分類

引当金を分類すると以下のようになります。

(1)　評価性引当金：

資産からの控除を意味する評価勘定としての引当金をいい、貸倒引当金があります。

(2)　負債性引当金：

評価性引当金以外の引当金で負債として計上されるものをいいます。

①　債務性引当金：

法律上の債務としての性格を有している引当金をいい、賞与引当金や退職給付引当金などがあります。

②　非債務性引当金：

債務性がなく、費用または損失を見越し計上するにあたって計上される引当金をいい、修繕引当金などがあります。

➡ 問題95ページ

1	2	3	4	5
×	×	×	×	×

理論解説

1 その他有価証券・商品・引当金・

2 固定資産

3 資産除去債務・退職給付・

4 繰延資産・純資産・

5 デリバティブ外貨・

6 税効果・税金

7 ・賃貸等不動産セグメント情報

8 フロー計算書キャッシュ・

9 ・事業分離連結・企業結合

10 企業会計原則

11 その他

解 説

1．棚卸資産の評価

棚卸資産の評価に関する会計基準 7、10

棚卸資産の正味売却価額が帳簿価額を下回っている場合には帳簿価額を正味売却価額まで切り下げ、正味売却価額が帳簿価額を上回っている場合には、帳簿価額をもって貸借対照表価額とします。

なお、製造業における原材料等のように再調達原価の方が把握しやすく、正味売却価額が再調達原価に歩調を合わせて動くと想定される場合には、継続して適用することを条件として、正味売却価額に代えて再調達原価によることができます。

2．棚卸資産の評価

棚卸資産の評価に関する会計基準15, 17, 19

通常の販売目的で保有する棚卸資産の評価差額は，原則として売上原価として処理します。また、トレーディング目的で保有する棚卸資産については、時価をもって貸借対照表価額とし、評価差額は、原則として純額で売上高に表示します。

3．その他有価証券の減損

金融商品に関する会計基準 20

その他有価証券について時価が著しく下落したときは、回復する見込があると認められる場合を除き、時価をもって貸借対照表価額とし、評価差額は当期の損失として処理しなければなりません。

そのため、回復する見込があると認められるときは、評価損を計上する必要はありません。

4．その他有価証券

金融商品に関する会計基準 18

売買目的有価証券，満期保有目的の債券，子会社株式及び関連会社株式以外の有価証券（その他有価証券）は，時価をもって貸借対照表価額とし、評価差額は洗い替え方式に基づき処理します。

5．債権の貸倒見積高の算定方法

金融商品に関する会計基準 28

一般債権については、貸倒実績率法により、貸倒懸念債権については、財務内容評価法またはキャッシュ・フロー見積法により、破産更生債権等については、財務内容評価法により、それぞれ貸倒見積高を算定します。

問題3　固定資産

➡ 問題96ページ

a	取　替　法	b	圧　縮　記　帳	c	割引前将来キャッシュ・フロー
d	使　用　価　値	e	総　合　償　却	f	共　用　資　産

解 説

1．取替法

企業会計原則と関係諸法令との調整に関する連続意見書第三　第一　七

同種の物品が多数集まって１つの全体を構成し，老朽品の部分的取替を繰り返すことにより全体が維持されるような固定資産に対しては，取替法を適用することができます。

取替法は，減価償却とはまったく異なり，減価償却の代わりに部分的取替に要する取替費用を収益的支出として処理する方法です。

2．圧縮記帳

企業会計原則【注24】

国庫補助金等で取得した資産については、国庫補助金等に相当する金額をその取得原価から控除することができます。この処理のことを圧縮記帳と呼んでいます。

3．減損会計

固定資産の減損に係る会計基準　二　2　(1)

減損の兆候がある資産または資産グループについての減損損失を認識するかどうかの判定は、資産または資産グループから得られる割引前将来キャッシュ・フローの総額と帳簿価額を比較することによって行います。

そして、資産または資産グループから得られる割引前将来キャッシュ・フローの総額が帳簿価額を下回る場合には、減損損失を認識します。

4．固定資産の減損

固定資産の減損に係る会計基準注解　（注1）　1

減損損失を認識すべきであると判定された資産又は資産グループについては、帳簿価額を回収可能価額まで減額し、当該減少額を減損損失として当期の損失とします。

回収可能価額とは、資産又は資産グループの正味売却価額と使用価値のいずれか高い方の金額をいいます。これは企業が資産又は資産グループに対する投資を売却と使用のいずれか高い方を選択して回収するためです。

5．総合償却

連続意見書第三　第一　十

　耐用年数を異にする多数の多種資産につき平均耐用年数を用いて一括的に減価償却計算および記帳を行う方法、または耐用年数の等しい同種資産または、耐用年数は異なるが、物質的性質ないし用途等において共通性を有する数種類の資産を1グループとし、各グループにつき平均耐用年数を用いて一括的に減価償却計算および記帳を行う方法を総合償却といいます。

6．固定資産の減損

固定資産の減損に係る会計基準注解　注1　5

　共用資産とは、複数の資産又は資産グループの将来キャッシュ・フローの生成に寄与する資産をいい、のれんを除きます。

問題4　退職給付・資産除去債務①

➡ 問題97ページ

a	数理計算上の差異	b	未認識過去勤務費用	c	減 価 償 却 費

解説

1．数理計算上の差異

退職給付に関する会計基準　11

　数理計算上の差異とは，年金資産の期待運用収益と実際の運用成果との差異，退職給付債務の数理計算に用いた見積数値と実績との差異及び見積数値の変更等により発生した差異をいいます。

2．未認識過去勤務費用

退職給付に関する会計基準　12

　「過去勤務費用」とは，退職給付水準の改訂等に起因して発生した退職給付債務の増加又は減少部分をいいます。

　なお，このうち当期純利益を構成する項目として費用処理されていないものを「未認識過去勤務費用」といいます。

3．資産除去債務

資産除去債務に関する会計基準　13

　資産計上された資産除去債務に対応する除去費用に係る費用配分額は，損益計算書上，資産除去債務に関連する有形固定資産の減価償却費と同じ区分に含めて計上します。

問題5　退職給付・資産除去債務②

➡ 問題97ページ

1	2
○	○

解説

1．資産除去債務に関する出題である。

資産除去債務に関する会計基準　7　9　13　14

　資産計上された資産除去債務に対応する除去費用は，減価償却を通じて，当該有形固定資産の残存耐用年数にわたり，各期に費用配分し，時の経過による資産除去債務の調整額は，その発生時の費用とします。

2．資産除去債務（利息費用）

資産除去債務に関する会計基準　14

　資産除去債務に係る利息費用は、損益計算書上、その資産除去債務に関連する有形固定資産の減価償却費と同じ区分に含めて計上します。

　すなわち、その有形固定資産の減価償却費を販売費及び一般管理費に計上する場合には、利息費用も販売費及び一般管理費に計上し、減価償却費を製造原価（売上原価）に計上する場合には、利息費用も製造原価（売上原価）に計上します。

問題6　純資産・繰延資産①

➡ 問題98ページ

a	新株予約権	b	株主資本等変動計算書	c	株 式 交 付 費
d	自 己 株 式	e	区　分　法		

解説

1．ストック・オプション

> ストック・オプション等に関する会計基準　4

ストック・オプションを付与し，これに応じて企業が従業員等から取得するサービスは，その取得に応じて費用として計上します。また，対応する金額をストック・オプションの権利の行使又は失効が確定するまでの間，貸借対照表の純資産の部に新株予約権として計上します。

2．株主資本等変動計算書

> 株主資本等変動計算書に関する会計基準　1

株主資本等変動計算書は，貸借対照表の純資産の部の一会計期間における変動額のうち，主として，株主に帰属する部分である株主資本の各項目の変動事由を報告するために作成するものです。

3．4．株式交付費

> 繰延資産の会計処理に関する当面の取扱い　3(1)

新株の発行又は自己株式の処分に係る費用は，株式交付費として原則，支出時に費用処理します。ただし，企業規模の拡大のためにする資金調達などの財務活動に係る株式交付費については，繰延資産に計上することができます。

5．新株予約権付社債

> 金融商品に関する会計基準　38

転換社債型新株予約権付社債以外の新株予約権付社債の発行に伴う払込金額は，社債の対価部分と新株予約権の対価部分とに区分します。この方法を区分法といいます。

問題7　純資産・繰延資産②

➡ 問題99ページ

1	2	3	4	5
×	×	×	×	○

解説

1．自己株式の処分

> 自己株式及び準備金の額の減少等に関する会計基準　9　10

自己株式処分差益は，資本準備金ではなくその他資本剰余金に計上し，また，自己株式処分差損も，その他資本剰余金から減額します。

2．自己株式の本質

> 自己株式及び準備金の額の減少等に関する会計基準　7　9

現行の会計基準では，「自己株式は，…純資産の部の株主資本から控除」とされていることから，資本控除説の立場に立っていることがわかります。また，自己株式処分差益は，その他資本剰余金に表示されます。

3．株主資本等変動計算書

> 株主資本等変動計算書に関する会計基準　6、8

株主資本の各項目については，当期変動額は変動事由ごとにその金額を表示し，純額で表示することはできません。なお，株主資本以外の各項目については，当期変動額は純額で表示します。

4．新株予約権付社債（区分法）

> 金融商品に関する会計基準　38　(2)

新株予約権付社債について区分法により会計処理する場合，新株予約権は純資産の部に計上されます。

5．新株予約権戻入益

> 払込資本を増加させる可能性のある部分を含む複合金融商品に関する会計処理　6

新株予約権が行使されずに権利行使期間が満了し，その新株予約権が失効したときは，失効に対応する額を失効が確定した会計期間の利益（原則として特別利益）として処理します。

そして，新株予約権戻入益の計上により繰越利益剰余金が増加し，株主資本が大きくなります。

理論解説

1　商品・引当金・その他有価証券

2　固定資産

3　資産除去債務・退職給付・

4　繰延資産・純資産・

5　デリバティブ・外貨・

6　税効果・税金

7　セグメント情報・賃貸等不動産

8　フロー計算書・キャッシュ・

9　連結・企業結合・事業分離

10　企業会計原則

11　その他

問題8　外貨・デリバティブ

➡ 問題100ページ

a	為替換算調整	b	デリバティブ	c	オプション
d	時　　　　価	e	独 立 処 理	f	振 当 処 理 *
g	時 価 ヘ ッ ジ	h	繰 延 ヘ ッ ジ	i	時 価 ヘ ッ ジ

※　振当でも可。

解説

1．在外子会社等の財務諸表項目の換算

外貨建取引等会計処理基準　三　4

在外子会社・在外関連会社の貸借対照表の換算によって生じた換算差額については，為替換算調整勘定として，連結貸借対照表の純資産の部におけるその他の包括利益累計額の内訳項目として表示します。

なお，在外子会社・在外関連会社の損益計算書の換算によって生じた換算差額については，為替差損益として処理します。

2．デリバティブ取引

金融商品に関する会計基準　4、25

デリバティブ取引とは、先物取引、先渡取引、オプション取引、スワップ取引及びこれらに類似する取引をいいます。

デリバティブ取引により生じる正味の債権及び債務は、時価をもって貸借対照表価額とし、評価差額は、原則として、当期の損益として処理します。

3．為替予約

外貨建取引等の会計処理に関する実務指針　I　3

金融商品に関する会計基準　25

為替予約はデリバティブ取引に該当します。デリバティブ取引は、原則として期末に時価評価を行い、評価差額は損益として処理します。このように外貨建取引と為替予約とを別々の取引とみなし、それぞれについて会計処理を行う方法を独立処理といいます。

なお、為替予約については容認処理として振当処理が認められています。

4．為替予約等の会計処理

外貨建取引等会計処理基準の改訂に関する意見書　二　2

外貨建取引等の会計処理に関する実務指針　I　3

為替予約等はデリバティブ取引にあたるため，原則として時価評価されますが，ヘッジ会計の要件を満たす場合にはヘッジ会計が適用されます。

また，ヘッジ会計を適用する場合には，金融商品会計基準におけるヘッジ会計によることが原則とされますが，当分の間，特例として振当処理によることができます。

5.6．ヘッジ会計

金融商品に関する会計基準　32

時価ヘッジとは，ヘッジ対象である資産又は負債に係る相場変動等を損益に反映させることにより，その損益とヘッジ手段に係る損益とを同一の会計期間に認識する方法をいいます。

また，繰延ヘッジとは，時価評価されているヘッジ手段に係る損益又は評価差額を，ヘッジ対象に係る損益が認識されるまで純資産の部において繰り延べる方法をいいます。

理論解説

1 商品・引当金・その他有価証券

2 固定資産

3 退職給付・資産除去債務

4 繰延資産・純資産・

5 外貨・デリバティブ

6 税効果・税金

7 賃貸等不動産セグメント情報

8 フロー計算書キャッシュ・

9 連結・事業分割・企業結合

10 企業会計原則

11 その他

問題9　税効果・税金①

➡ 問題101ページ

a	回 収 可 能 性	b	将来加算一時差異	c	税 抜 方 式
d	税 込 方 式				

解説

1．繰延税金資産の回収可能性

税効果会計に係る会計基準・第二・二・1

　将来の会計期間において回収の見込みがない繰延税金資産は，繰延税金資産として計上することはできません。

2．将来加算一時差異

税効果会計に係る会計基準　第二　一　2・3

　将来加算一時差異とは，貸借対照表に計上されている資産及び負債の金額と課税所得計算上の資産及び負債の金額との差異のうち，将来，当該差異が解消するときにその期の課税所得を増額する効果を持つものをいいます。

3．消費税の会計処理方法

消費税の会計処理について（中間報告）第2

　消費税の会計処理方法には税抜方式と税込方式がある。このうち，税抜方式では仮払消費税と仮受消費税を用いて処理します。

問題10　税効果・税金②

➡ 問題101ページ

1	2
×	×

解説

1．税効果会計の対象となる税金

税効果会計に係る会計基準第一（注1）

　税効果会計の対象となる税金は「法人税等」であり，これに消費税は含まれません。

2．繰延税金資産の回収可能性の判断

個別財務諸表における税効果会計に関する実務指針　21

　繰延税金資産の回収可能性の判断は，(1)収益力に基づく課税所得の十分性，(2)タックスプランニングの存在，(3)将来加算一時差異の十分性の各要件のいずれかを満たしているかどうかにより判断します。

　各要件が要求される理由は次の通りです。

(1)　繰延税金資産は，将来の税金の減額効果（キャッシュアウトの減少）に対して資産計上します。そのため，将来に企業の主要活動による課税所得が十分に生じない（赤字）と見込まれる場合，将来減算一時差異の解消があっても，税金の減少の効果が現れません。

(2)　タックスプランニングの存在とは，含み益のある有価証券などの売却に伴う売却益により課税所得が発生する計画があることをいいます。

(3)　将来加算一時差異の解消（課税所得の加算）が見込まれる期に将来減算一時差異が解消（課税所得の減算）すれば，両者の相殺による税金の減額効果が生じます。

問題11　セグメント情報・賃貸等不動産①

➡ 問題102ページ

a	顧　　　　客	b	の　れ　ん	c	持　分　法
d	マネジメント	e	賃　貸　等	f	時　　　価

解説

1．セグメント情報

<u>セグメント情報等の開示に関する会計基準　21</u>

セグメント情報は、売上高、利益（または損失）、資産その他の財務情報を、事業の構成単位に分けた情報で、主に連結財務諸表の注記情報として作成します。

セグメント情報を作成するにあたっては各事業を一定の基準によって分類、集約します。この分類、集約された区分を報告セグメントといいます。

なお、企業が開示する報告セグメントの利益（または損失）の額の算定に次の項目が含まれている場合、開示しなければなりません。

(1)　外部顧客への売上高
(2)　事業セグメント間の内部売上高または振替高
(3)　減価償却費
(4)　のれんの償却額及び負ののれん発生益
(5)　受取利息及び支払利息
(6)　持分法投資利益（または損失）
(7)　特別利益及び特別損失　　(8)　税金費用
(9)　重要な非資金損益項目

2．セグメント情報

<u>セグメント情報等の開示に関する会計基準　45、47</u>

報告セグメントの決定において、経営上の意思決定を行い、業績を評価するために、経営者が企業を事業の構成単位に区分した方法を基礎として報告セグメントを決定する方法をマネジメント・アプローチといいます。

マネジメント・アプローチに基づくセグメント情報には、次の長所があります。

(1)　財務諸表利用者が経営者の視点で企業を見ることにより、経営者の行動を予測し、その予測を企業の将来キャッシュ・フローの評価に反映することが可能になる。
(2)　セグメント情報の基礎となる財務情報は、経営者が利用するために既に作成されており、企業が必要とする追加的費用が比較的少ない。
(3)　実際の企業の組織構造に基づく区分を行うため、その区分に際して恣意性が入りにくい。

3．賃貸等不動産

<u>賃貸等不動産の時価等の開示に関する会計基準　8</u>

「賃貸等不動産」とは、棚卸資産に分類されている不動産以外のものであって、賃貸収益またはキャピタル・ゲイン（売却益）の獲得を目的として保有されている不動産をいいます。

なお、物品の製造や販売、サービスの提供、経営管理に使用されている場合は賃貸等不動産には含まれません。

賃貸等不動産を保有している場合は、次の事項を注記します。

(1)　賃貸等不動産の概要
(2)　賃貸等不動産の貸借対照表計上額及び期中における主な変動
(3)　賃貸等不動産の当期末における時価及びその算定方法
(4)　賃貸等不動産に関する損益

理論解説

1 その他有価証券・商品・引当金・

2 固定資産

3 資産除去債務退職給付・

4 繰延資産・純資産・

5 デリバティブ外貨・

6 税効果・税金

7 賃貸等不動産セグメント情報・

8 フロー計算書キャッシュ・

9 連結・企業結合・事業分離

10 企業会計原則

11 その他

問題12　セグメント情報・賃貸等不動産②

➡ 問題102ページ

1	2
×	×

解説

1．セグメント情報（事業セグメントの集約）

セグメント情報等の開示に関する会計基準　11

複数の事業セグメントが次の要件のすべてを満たす場合、企業はその事業セグメントを1つの事業セグメントに集約することができます。

(1) その事業セグメントを集約することで、財務諸表利用者の意思決定に役立つこと。

(2) その事業セグメントの経済的特徴が概ね類似していること。

(3) その事業セグメントの製品及びサービスの内容等が概ね類似していること。

2．セグメント情報（負債の額の開示）

セグメント情報等の開示に関する会計基準　19、20

企業は、各報告セグメントの利益（または損失）及び資産の額を開示しなければなりません。

負債の額については、企業内における業績評価や意思決定においてセグメント別に負債の額が把握されている場合には、開示しなければなりません。

なお、米国会計基準では全社的な資金調達活動による借入金等は財務諸表利用者にとって情報価値が乏しいと考え、負債を開示していません。

一方、国際会計基準ではセグメント別に負債の額が把握されている場合には、開示しています。

問題13　キャッシュ・フロー計算書①

➡ 問題103ページ

a	財　　　　務	b	現 金 同 等 物	c	間　接　法
d	直　接　法				

解説

1．自己株式の取得の記載区分

連結キャッシュ・フロー計算書等の作成基準注解　注5

「財務活動によるキャッシュ・フロー」の区分には，次のようなものが記載されます。

(1)株式の発行による収入

(2)自己株式の取得による支出

(3)配当金の支払い

(4)社債の発行及び借入れによる収入

(5)社債の償還及び借入金の返済による支出

2．資金の範囲

連結キャッシュ・フロー計算書等の作成基準　第二　一

キャッシュ・フロー計算書が対象とする資金の範囲は，現金及び現金同等物です。

3．4．営業活動によるキャッシュ・フローの表示

連結キャッシュ・フロー計算書等の作成基準　第三　一

「営業活動によるキャッシュ・フロー」は、次のいずれかの方法により表示しなければなりません。

(1) 直接法

主要な取引ごとにキャッシュ・フローを総額表示する方法

(2) 間接法

税金等調整前当期純利益に非資金損益項目、営業活動に係る資産及び負債の増減、「投資活動によるキャッシュ・フロー」及び「財務活動によるキャッシュ・フロー」の区分に含まれる損益項目を加減して表示する方法

➡ 問題103ページ

1	2
○	○

解説

1．営業資産・営業負債の増減

連結キャッシュ・フロー計算書等の作成基準　注解　様式2

　キャッシュ・フロー計算書を間接法で作成した場合，売上債権・棚卸資産の増加，仕入債務の減少はキャッシュ・フローの減少要因となります。また，売上債権・棚卸資産の減少，仕入債務の増加はキャッシュ・フローの増加要因となります。

2．キャッシュ・フロー計算書の記載区分

連結キャッシュ・フロー計算書等の作成基準　第二　二　1

　連結キャッシュ・フロー計算書には，「営業活動によるキャッシュ・フロー」，「投資活動によるキャッシュ・フロー」及び「財務活動によるキャッシュ・フロー」の区分を設けなければなりません。

➡ 問題104ページ

a	持　分　法	b	未実現損失	c	経済的単一体
d	その他の包括利益	e	組替調整	f	資本連結

解説

1．持分法

持分法に関する会計基準　4

　持分法とは，投資会社が被投資会社の資本及び損益のうち投資会社に帰属する部分の変動に応じて，その投資の額を連結決算日ごとに修正する方法をいいます。

　持分法は連結と比較して，純額か総額かの違いこそあるが，純利益や純資産に与える影響は同一であるため，連結（完全連結）に対して一行連結と呼ばれることがあります。

2．未実現損失

連結財務諸表に関する会計基準　36

　連結会社相互間の取引によって取得した棚卸資産、固定資産その他の資産に含まれる未実現損益は、その全額を消去します。

　ただし、未実現損失については、売手側の帳簿価額のうち回収不能と認められる部分は、消去しません。

　（数値例）　未実現損失の控除（参考）

　親会社が原価10,000円の商品を、子会社に7,000円で販売した。子会社はこの商品を期末に保有しており、期末における正味売却価額は9,000円であった。

　回収不能額：10,000円－9,000円＝1,000円

　未実現損失のうち消去分：

$$\underset{\text{未実現損失}}{(10,000円－7,000円)} － \underset{\text{回収不能額}}{1,000円} ＝ \underset{\text{消去額}}{2,000円}$$

（借）商　　　　品　2,000　（貸）売　上　原　価　2,000

　もし、3,000円を消去すると商品は10,000円となり、正味売却価額を上回ってしまいます。そのため、回収不能部分は消去しません。

理論解説

1 その他有価証券・商品・引当金

2 固定資産

3 資産除去債務・退職給付・

4 繰延資産・純資産・

5 デリバティブ・外貨・

6 税効果・税金

7 賃貸等不動産・セグメント情報

8 フロー計算書・キャッシュ・

9 連結・企業結合・事業分離

10 企業会計原則

11 その他

3．連結財務諸表

連結財務諸表に関する会計基準 51

連結財務諸表の作成については、親会社説と経済的単一体説の2つの考え方があります。

(1) 親会社説

連結財務諸表を親会社の財務諸表の延長線上に位置づけて、親会社の株主の持分のみを反映させる考え方をいいます。

(2) 経済的単一体説

連結財務諸表を親会社とは区別される企業集団全体の財務諸表と位置づけて、企業集団を構成するすべての連結会社の株主の持分を反映させる考え方をいいます。

4．その他の包括利益

包括利益の表示に関する会計基準 4、5

「包括利益」とは、ある企業の特定期間の財務諸表において認識された純資産の変動額のうち、当該企業の純資産に対する持分所有者（非支配株主等も含む）との直接的な取引によらない部分をいいます。

そして、包括利益から当期純利益を差し引いた部分を「その他の包括利益」といいます。

5．包括利益の組替調整

包括利益の表示に関する会計基準 9・31

組替調整とは、当期純利益を構成する項目のうち、当期又は過去の期間にその他の包括利益に含まれていた部分をその他の包括利益の計算区分から減額することをいいます。

6．資本連結

連結財務諸表に関する会計基準 59

資本連結とは、親会社の子会社に対する投資とこれに対応する子会社の資本を相殺消去し、消去差額が生じた場合には当該差額をのれん（又は負ののれん）として計上するとともに、子会社の資本のうち親会社に帰属しない部分を非支配株主持分に振り替える一連の処理をいいます。

問題16　連結・企業結合・事業分離②

➡ 問題105ページ

| a | パーチェス法 | b | 共通支配下 | c | 移転損益 |
| d | 株主資本 | | | | |

解説

1．企業結合の処理

企業結合に関する会計基準 63

被結合企業から受け入れる資産及び負債の取得原価を、対価として交付する現金及び株式等の時価（公正価値）とする方法をパーチェス法といいます。

2．共通支配下の取引

企業結合に関する会計基準 16

「共通支配下の取引」とは、結合当事企業（又は事業）のすべてが、企業結合の前後で同一の株主により最終的に支配され、かつ、その支配が一時的ではない場合の企業結合をいいます。親会社と子会社の合併及び子会社同士の合併は、共通支配下の取引に含まれます。

3．事業分離における分離元企業の会計処理

事業分離に関する会計基準 10

移転した事業に関する投資が清算されたとみる場合には、移転損益を認識します。

現金など、移転した事業と明らかに異なる資産を対価として受け取る場合には、投資が清算されたとみなされます。

また、分離先企業の株式のみを受取対価とする事業分離により分離先企業が子会社や関連会社以外となる場合も同様に投資が清算されたと考え、移転損益を認識します。

4．事業分離

事業分離に関する会計基準 17・20

会社分割にあたって、分離元企業の受け取る対価が分離先企業の株式のみであり、事業分離によって分離先企業が新たに分離元企業の子会社や関連会社となる場合、分離した事業に対する投資が継続していると考え、分離元企業は、個別財務諸表上、分離先企業から受け取った株式の取得原価を移転した事業に係る株主資本相当額にもとづいて算定して処理します。

問題17　連結・企業結合・事業分離③

➡ 問題106ページ

1	2	3	4	5	6
○	×	○	×	×	×

解説

1．子会社の範囲

連結財務諸表に関する会計基準　6・7.(2)②
財務諸表等規則　第8条　4

議決権の40%以上50%以下を保有しており、かつ、役員もしくは使用人である者、又はこれらであった者が取締役会の過半数を占め、財務及び営業又は事業の方針の決定に関して影響を与えることができるケースにあたりますので、子会社に該当します。

2．負ののれん

企業結合に関する会計基準 47, 48

のれんは無形固定資産の区分に表示し、のれんの当期償却額は販売費及び一般管理費の区分に表示します。一方、負ののれんは、原則として、特別利益に表示します。

3．取得関連費用（連結）

連結財務諸表における資本連結手続に関する実務指針　8

子会社株式を取得した時に発生した取得関連費用は、親会社の個別財務諸表では子会社株式の取得原価に含めますが、連結財務諸表では発生した期間の費用として処理します。

4．子会社株式の一部売却（連結）

連結財務諸表に関する会計基準 29

子会社株式を一部売却した場合（親会社と子会社の支配関係が継続している場合に限る。）には、売却した株式に対応する持分を親会社の持分から減額し、非支配株主持分を増額します。

そして、売却による親会社の持分の減少額と売却価額との差額は、資本剰余金とします。

5．負ののれん発生益（企業結合、連結）

企業結合に関する会計基準　48

負ののれん発生益は、損益計算書上、原則として特別利益の区分に表示します。そのため、負ののれん発生益の計上により経常利益に変動はありません。

6．その他有価証券の売却（包括利益）

包括利益の表示に関する会計基準　31

その他有価証券の数値例を用いて示すと次のとおりです。
例）　取得原価：50円、前期末時価：150円、当期に
　　　150円で売却

（前期）

（借）その他有価証券	100	（貸）その他有価証券評価差額金 その他の包括利益	100

前期の包括利益：100円

（当期）

（借）その他有価証券評価差額金 その他の包括利益	100	（貸）その他有価証券	100

（借）現　金　預　金	150	（貸）その他有価証券	50
		投資有価証券売却益	100

当期

投資有価証券売却益	100 円
当期純利益	100 円
その他の包括利益	△100 円
包括利益	0 円

損益計算書上、投資有価証券売却益を計上しても、その分、その他の包括利益が減少（組替調整）するため、包括利益は大きくなりません。

問題18 企業会計原則

→ 問題107ページ

a	公 正 妥 当	b	正 規 の 簿 記	c	発生主義の原則
d	正 規 の 簿 記	e	投資その他の資産	f	秩 序 性
g	簿 外 資 産	h	簿 外 負 債	i	後 発 事 象

解説

1. 企業会計原則

企業会計原則の設定について・二・1

　企業会計原則は，企業会計の実務の中に慣習として発達したもののなかから，一般に公正妥当と認められたところを要約したものであり，会計処理に当たり法令によって強制されなくても遵守されなければならないものです。

2. 4. 正規の簿記の原則

企業会計原則　第一　一般原則　二

　企業会計は，すべての取引につき，正規の簿記の原則に従って，正確な会計帳簿を作成しなければなりません。

3. 発生主義の原則

企業会計原則　第二　一　A

　すべての費用及び収益は，その支出及び収入に基づいて計上し，その発生した期間に正しく割当てられるように処理しなければなりません。この原則のことを発生主義の原則といいます。

5. 長期前払費用の計上区分

企業会計原則注解　［注16］

　経過勘定項目のうち，前払費用だけは一年基準に従って表示区分を流動・固定分類します。

6. 正規の簿記の原則及び重要性の原則

企業会計原則 第一・二，企業会計原則注解 注1

　正規の簿記の3要件とは，網羅性，検証可能性，秩序性をいいます。また，重要性の原則において，重要性の乏しいものについては，本来の厳密な会計処理によらないで他の簡便な方法によることも正規の簿記の原則に従った処理として認められるため，簿外資産や簿外負債が生じます。

7. 後発事象

企業会計原則注解　注1－3

　後発事象とは，決算日後に発生した会社の財政状態，経営成績及びキャッシュ・フローの状況に影響を及ぼす会計事象をいいます。後発事象は，修正後発事象と開示後発事象に分けられます。

　修正後発事象とは，発生した実質的な原因が決算日現在において既に存在しているため，財務諸表の修正を行う必要がある事象をいいます。開示後発事象とは，発生した事象が翌事業年度以降の財務諸表に影響を及ぼす事象をいいます。重要な後発事象については，財務諸表に注記を行います。

1 その他有価証券 商品・引当金・

2 固定資産

3 退職給付・ 資産除去債務

4 繰延資産・ 純資産・

5 外貨・ デリバティブ

6 税効果・税金

7 セグメント情報 ・賃貸等不動産

8 キャッシュ・ フロー計算書

9 ・事業分離 連結・企業結合

10 企業会計原則

11 その他

➡ 問題108ページ

a	希　　薄　　化	b	実　績　主　義	c	修　正　再　表　示
d	組　　替　　え	e	有　　　　用	f	信　　　　頼
g	継続企業の前提				

解説

1．1株当たり当期純利益

1株当たり当期純利益に関する会計基準　12、20

(1) 1株当たり当期純利益

1株当たり当期純利益は、以下の式で計算し、一会計期間における企業の成果を示し、投資家の的確な投資判断に役立つ情報を提供するために、財務諸表に注記します。

$$1株当たり当期純利益 = \frac{普通株式に係る当期純利益}{普通株式の期中平均株式数}$$

(2) 潜在株式調整後1株当たり当期純利益

① 潜在株式とは

株式への転換請求権などをいい、新株予約権や新株予約権付社債などが該当します。

② 潜在株式調整後1株当たり当期純利益とは

期首に潜在株式に係る権利がすべて行使され、普通株式になったと仮定した場合の1株当たり当期純利益をいい、潜在株式調整後1株当たり当期純利益が、1株当たり当期純利益を下回る場合には、その潜在株式は希薄化（きはくか）効果を有するものとして、財務諸表に注記します。

希薄化とは、株式の発行などにより発行済株式総数が増加することより、1株当たりの利益や価値が低下することをいいます。

2．四半期財務諸表

四半期財務諸表に関する会計基準　39

四半期財務諸表の性格付けについては、中間財務諸表と同様、「実績主義」と「予測主義」という2つの異なる考え方があります。

(1) 実績主義

実績主義とは、四半期会計期間を年度と並ぶ一会計期間とみた上で、四半期財務諸表を、原則として年度の財務諸表と同じ会計方針を適用して作成することにより、当該四半期会計期間に係る企業集団又は企業の財政状態、経営成績及びキャッシュ・フローの状況に関する情報を提供するという考え方です。

(2) 予測主義

予測主義とは、四半期会計期間を年度の一構成部分と位置付けて、四半期財務諸表を、年度の財務諸表と部分的に異なる会計方針を適用して作成することにより、当該四半期会計期間を含む年度の業績予測に資する情報を提供するという考え方です。

「予測主義」によると会社の恣意性が入る可能性があり、また、会社ごとに会計方針が大きく異なると企業間比較が困難になるとの指摘が多かったことなどから、実績主義を採用しています。

3．誤謬の訂正

会計方針の開示、会計上の変更及び誤謬の訂正に関する会計基準　4　⑪

過去の財務諸表における誤謬の訂正を財務諸表に反映することを修正再表示といいます。

4．財務諸表の表示方法の変更

会計方針の開示、会計上の変更及び誤謬の訂正に関する会計基準　14

財務諸表の表示方法を変更した場合には、原則として表示する過去の財務諸表について、新たな表示方法に従い財務諸表の組替えを行います。

5．会計情報の意思決定有用性

財務会計の概念フレームワーク　第2章1、3、6

概念フレームワークでは、財務報告の目的を達成するために、会計情報の最も基本的な特性として「意思決定有用性」を挙げています。

そして、この「意思決定有用性」を支える特性として「意思決定との関連性」と「信頼性」の2つの特性を挙げています。

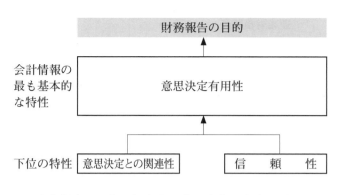

財務報告の目的：投資家の意思決定に資するディスク
　　　　　　　　ロージャー制度の一環として、投資
　　　　　　　　のポジションとその成果を測定して
　　　　　　　　開示すること。
意思決定有用性：会計情報が投資家の意思決定に有用
　　　　　　　　な情報であること。
意思決定との関連性：会計情報が投資家の意思決定に積極
　　　　　　　　的な影響を与えて貢献すること。
信　　頼　　性：会計情報が信頼できる情報であること。

6．継続企業の前提に関する注記

財務諸表等規則第8条の27，会社計算規則第100条

（1）　継続企業の公準

　　企業は解散などを予定せずに継続的に事業活動を行
うという前提をいい、会計を行う上での基本的な考え方
のことです。

　　この事業活動を継続するという前提があるからこそ、
例えば固定資産の取得原価は減価償却により各期に費
用配分されます。もし近いうち倒産する可能性が高い
場合には、取得原価を費用配分せず処分価値で評価す
べきです。

（2）　継続企業の前提の注記

　　企業が少なくとも決算日から1年間事業活動が継続す
ることについて重要な問題がある場合、その内容と、財
務諸表が継続企業を前提として作成されていることを、
財務諸表に「継続企業の前提に関する注記」として記載
しなければなりません。

　　重要な問題の例としては、債務超過や売上高の著し
い減少などがあります。

理論解説

1　その他有価証券　商品・引当金・
2　固定資産
3　資産除去債務　退職給付・
4　繰延資産・　純資産・
5　外貨・　デリバティブ
6　税効果・税金
7　・賃貸等不動産　セグメント情報
8　フロー計算書　キャッシュ・
9　・事業分離　連結・企業結合
10　企業会計原則
11　その他

問題20　その他②

➡ 問題109ページ

1	2	3	4	5
×	○	○	×	×

解説

1．四半期連結損益計算書

四半期財務諸表に関する会計基準　7

　四半期連結損益計算書の開示対象期間は、期首からの
累計期間です。なお、期首からの累計期間と合わせてそ
の四半期会計期間を開示することもできます。

　例えば、3月を期末とした場合の第三四半期では、4月か
ら12月までの累計期間の連結損益計算書を開示します。

　なお、4月から12月までの累計期間の連結損益計算書
と合わせて、10月から12月までの四半期会計期間の連結
損益計算書を開示することもできます。

2．四半期財務諸表

四半期財務諸表に関する会計基準　6

　四半期連結財務諸表を作成・開示する会社は、四半期
個別財務諸表を作成・開示する必要はありません。

3．連結キャッシュ・フロー計算書（会社法）

会社計算規則　第61条

　会社法における連結計算書類は、連結貸借対照表、連
結損益計算書、連結株主資本等変動計算書並びに連結注
記表であり、連結キャッシュ・フロー計算書は含まれません。

4．株主資本等変動計算書（金融商品取引法）

財務諸表等規則　第1条

　金融商品取引法上の個別財務諸表は、貸借対照表、損
益計算書、株主資本等変動計算書、キャッシュ・フロー
計算書、付属明細表（他注記含む）となります。

5．連結包括利益計算書

連結財務諸表規則　第1条

　金融商品取引法上の連結財務諸表は、連結貸借対照表、連結損益計算書、連結株主資本等変動計算書、連結キャッシュ・フロー計算書、連結包括利益計算書、連結付属明細表となります。

　なお、連結包括利益計算書について1計算書方式による場合には、連結損益及び連結包括利益計算書となります。

参考 | 計算書類と財務諸表

　規定する法律によって財務諸表の名称が異なります。金融商品取引法では「財務諸表」と規定していますが、会社法では「計算書類」と規定しています。

(1)　財務諸表（計算書類）を作成する会社

　金融商品取引法では主に証券取引所に上場している会社に財務諸表の作成義務がある一方、会社法ではすべての株式会社に計算書類の作成義務があります。

(2)　個別財務諸表

　連結財務諸表を作成しておらず個別財務諸表のみを作成している会社の財務諸表は次のとおりです。

会 社 法	金融商品取引法
計算書類等[※1]	財務諸表
貸借対照表	貸借対照表
損益計算書	損益計算書
株主資本等変動計算書	株主資本等変動計算書
—	キャッシュ・フロー計算書
個別注記表	注記
付属明細書	附属明細表

※1　付属明細書は計算書類に含まれないため、「等」を付けています。

(3)　連結財務諸表

　会社法における連結計算書類と、金融商品取引法における連結財務諸表は次のとおりです。

会 社 法	金融商品取引法
連結計算書類等[※2, 4]	連結財務諸表
連結貸借対照表	連結貸借対照表
連結損益計算書	連結損益計算書
連結株主資本等変動計算書	連結株主資本等変動計算書
—	連結包括利益計算書[※3]
—	連結キャッシュ・フロー計算書
連結注記表	連結注記
連結付属明細書[※4]	連結附属明細表

※2　連結計算書類は、主に証券取引所に上場している会社に作成義務があります。
※3　1計算書方式による場合、連結損益及び包括利益計算書となります。
※4　連結付属明細書は連結計算書類に含まれないため、「等」を付けています。

第2部 重要テーマ ステップアップ攻略！編

工業簿記・原価計算

まずは解いてみよう！ （制限時間 45 分）

問 題（25点満点）

　当社は修正パーシャル・プランの標準原価計算制度を採用している。直接材料費と直接労務費を標準単価と標準賃率でそれぞれ仕掛品勘定に振り替えている。次の [資料] にもとづいて、下記の問に答えなさい。差異分析については、答案用紙の有利差異、不利差異の適切な方を○で囲みなさい。なお、仕損は原価標準に含めず、すべて原価差異に含める。

[資料]

1．製品Xの原価標準

	標準消費量	標準単価	金額
直接材料費			
材料A	1個	1,000 円 / 個	1,000 円
材料B	2 kg	1,500 円 /kg	3,000 円
	標準作業時間	標準賃率・標準配賦率	
直接労務費	1時間	2,000 円 / 時間	2,000 円
製造間接費	1時間	5,000 円 / 時間	5,000 円
合　計			11,000 円

2．原価標準工程別標準消費量内訳

		第1工程	第2工程	第3工程
直接材料	材料A	1個	—	—
	材料B	1 kg	0.5 kg	0.5 kg
直接作業時間		0.5 時間	0.3 時間	0.2 時間

3．2017 年 1 月生産データ

　　月初仕掛品

　　　　第1工程完成品　　　　　120 個

　　　　第2工程完成品　　　　　110 個

　　製品完成量　　　　　　　　3,400 個

　　月末仕掛品

　　　　第1工程完成品　　　　　 80 個

　　　　第2工程完成品　　　　　 60 個

4．2017 年 1 月消費実績

材料A	3,345 個
材料B	6,753 kg
直接作業時間	3,390 時間

5．正常作業時間、製造間接費予算
    1か月当たりの正常作業時間　　　　　　　4,000 時間
    1か月当たりの製造間接費予算　　20,000,000 円（うち、8,000,000 円が変動費）

6．製造間接費実際発生額（2017 年 1 月）18,600,000 円

問 1　仕掛品勘定を完成しなさい。
問 2　直接材料消費量差異を計算しなさい。
問 3　直接作業時間差異を計算しなさい。
問 4　製造間接費総差異を計算しなさい。
問 5　製造間接費総差異を、予算差異、能率差異、操業度差異に分析しなさい。ただし、能率差異は、変動費のみで計算すること。
問 6　工程ごとの消費実績を調査したところ、以下のようになった。これをもとに、材料A第 1 工程消費量差異、材料B第 1 工程消費量差異、材料B第 3 工程消費量差異、前工程完成品第 2 工程消費量差異、前工程完成品第 3 工程消費量差異を計算しなさい。なお、各工程の標準消費量は、製品完成量、または次工程における「前工程完成品」の消費実績をふまえて逆算した各工程の完成量をもとに計算すること。この計算によれば、材料B第 2 工程消費量差異は、15,000 円の不利差異となる。

	第 1 工程	第 2 工程	第 3 工程
材料A	3,345 個	—	—
材料B	3,348 kg	1,690 kg	1,715 kg
前工程完成品	—	3,380 個	3,410 個

問 7　直接労務費について、工程ごとの直接作業時間実績を調査したところ、以下のようになった。これをもとに、第 1 工程作業時間差異、第 2 工程作業時間差異、第 3 工程作業時間差異を計算しなさい。なお、各工程の標準直接作業時間は、製品完成量、または問 6 に与えられている次工程における「前工程完成品」の消費実績をふまえて逆算した各工程の完成量をもとに計算すること。

第 1 工程	第 2 工程	第 3 工程
1,680 時間	1,010 時間	700 時間

1 標準原価計算

2 総合原価計算

3 業務執行的意思決定

4 設備投資意思決定

5 費目別計算

6 予算実績差異分析

問1

	仕　掛　品	（単位：円）
月 初 仕 掛 品 （　　　　　）	製　　　　　品 （　　　　　　　）
直 接 材 料 費 （　　　　　）	月 末 仕 掛 品 （　　　　　　　）
直 接 労 務 費 （　　　　　）	原 価 差 異 （　　　　　　　）
製 造 間 接 費　　18,600,000	
（　　　　　）	（　　　　　　　）

問2　直接材料消費量差異

円 （ 有 利 差 異 、 不 利 差 異 ）

問3　直接作業時間差異

円 （ 有 利 差 異 、 不 利 差 異 ）

問4　製造間接費総差異

円 （ 有 利 差 異 、 不 利 差 異 ）

問5

予　　算　　差　　異	円 （ 有 利 差 異 、 不 利 差 異 ）
能　　率　　差　　異	円 （ 有 利 差 異 、 不 利 差 異 ）
操　業　度　差　異	円 （ 有 利 差 異 、 不 利 差 異 ）

問6

材 料 A 第 1 工 程 消 費 量 差 異	円 （ 有 利 差 異 、 不 利 差 異 ）
材 料 B 第 1 工 程 消 費 量 差 異	円 （ 有 利 差 異 、 不 利 差 異 ）
材 料 B 第 3 工 程 消 費 量 差 異	円 （ 有 利 差 異 、 不 利 差 異 ）
前工程完成品第2工程消費量差異	円 （ 有 利 差 異 、 不 利 差 異 ）
前工程完成品第3工程消費量差異	円 （ 有 利 差 異 、 不 利 差 異 ）

問7

第 1 工 程 作 業 時 間 差 異	円 （ 有 利 差 異 、 不 利 差 異 ）
第 2 工 程 作 業 時 間 差 異	円 （ 有 利 差 異 、 不 利 差 異 ）
第 3 工 程 作 業 時 間 差 異	円 （ 有 利 差 異 、 不 利 差 異 ）

1 標準原価計算

2 総合原価計算

3 業務執行的意思決定

4 設備投資意思決定

5 費目別計算

6 予算実績差異分析

解答

問1

仕 掛 品　　　　　　　　　　　（単位：円）

月初仕掛品（ ☆	1,693,500 ）*5	製　　品（ ★	37,400,000 ）*4	
直接材料費（ ★	13,474,500 ）*6	月末仕掛品（ ☆	1,011,000 ）*5	
直接労務費（ ★	6,780,000 ）*6	原価差異（ ★	2,137,000 ）*7	
製造間接費	18,600,000			
（	40,548,000 ）	（	40,548,000 ）	

問2 直接材料消費量差異

☆ 137,000 円（ 有利差異、(不利差異) ）*8

問3 直接作業時間差異

☆ 100,000 円（ 有利差異、(不利差異) ）*9

問4 製造間接費総差異

☆ 1,900,000 円（ 有利差異、(不利差異) ）*10

問5

予　算　差　異	★	180,000	円（ (有利差異)　不利差異 ）	*11
能　率　差　異	★	100,000	円（ 有利差異、(不利差異) ）	*12
操　業　度　差　異	★	1,980,000	円（ 有利差異、(不利差異) ）	*13

問6

材料A第1工程消費量差異	★	5,000	円（ 有利差異、(不利差異) ）	*14
材料B第1工程消費量差異	★	12,000	円（ 有利差異、(不利差異) ）	*15
材料B第3工程消費量差異	★	22,500	円（ 有利差異、(不利差異) ）	*16
前工程完成品第2工程消費量差異	★	120,000	円（ 有利差異、(不利差異) ）	*17
前工程完成品第3工程消費量差異	★	88,500	円（ 有利差異、(不利差異) ）	*18

問7

第1工程作業時間差異	★	20,000	円（ 有利差異、(不利差異) ）	*19
第2工程作業時間差異	★	4,000	円（ 有利差異、(不利差異) ）	*20
第3工程作業時間差異	★	40,000	円（ 有利差異、(不利差異) ）	*21

☆2点、★1点　計25点

採点結果は？

□ 点 ➡ 20点以上？ YES ➡ 必要に応じて解説(注)を確認したら、次の問題へ **GO!** （P.234～）

NO ➡ ステップアップ問題1〜4（P.219〜）を順に解いてから再挑戦！

（注）各解答の*番号が、ステップアップ問題の解説での該当箇所を示しています。
　　例）上記問2の解答の*8 ➡ 226ページの*8に解説があります。

↑

Stage 1 原価標準 　…原価標準をしっかり確認します。1級では、問題資料から原価標
　　　　　　　　　　　　準を自ら設定しなくてはならないことも珍しくなく、この計算を
　　　　　　　　　　　　誤るとすべての問に影響します。この最初の重要なハードルを慎
　　　　　　　　　　　　重に超えましょう！

原価標準　→　製品1単位当たりの標準原価
　　⎰ 直接材料費標準 ＝ 材料の標準価格 × 製品1単位の標準消費量
　　⎱ 直接労務費標準 ＝ 　標準賃率　　 × 製品1単位の標準作業時間
　　　製造間接費標準 ＝ 　標準配賦率　 × 製品1単位の標準配賦基準値

Stage 2 仕掛品勘定の記入 　…標準原価計算の特徴の一つは帳簿記入が迅速に行えることです。
　　　　　　　　　　　　　　　よって、**Stage 1** の原価標準にもとづいて、比較的簡単に解答で
　　　　　　　　　　　　　　　きるはずです。

標準原価計算の勘定記入　→　3種類
　　　　　　　　　　　　　　　　　　　　　　仕掛品勘定の当月製造費用
　① シングル・プラン　　　…　標準原価
　② パーシャル・プラン　　…　実際発生額
　③ 修正パーシャル・プラン …　⎧ 標準価格×実際消費量（直接材料費）
　　　　　　　　　　　　　　　　⎨ 標準賃率×実際作業時間（直接労務費）
　　　　　　　　　　　　　　　　⎩ 実際発生額（製造間接費）

Stage 3 標準原価差異の分析…原価標準にもとづいて、当月投入に対する標準消費量（材料の標
　　　　　　　　　　　　　　　準消費量、標準直接作業時間など）を正確に計算しましょう！

標準原価差異　→　当月の生産量に対する標準原価と実際発生額の差額
　　　直接材料費差異 ＝ 価格差異、消費量差異
　　　直接労務費差異 ＝ 賃率差異、作業時間差異
　　　製造間接費差異 ＝ 予算差異、能率差異、操業度差異（3分法の場合）

ステップアップ問題

Stage 1　原価標準

問題1

当社は修正パーシャル・プランの標準原価計算制度を採用している。直接材料費と直接労務費を標準単価と標準賃率でそれぞれ仕掛品勘定に振り替えている。次の［資料］にもとづいて、下記の問に答えなさい。

[資料]

1. 製品Xの原価標準

	標準消費量	標準単価	金額
直接材料費			
材料A	1個	1,000円/個	1,000円
材料B	2kg	1,500円/kg	3,000円
	標準作業時間	標準賃率・標準配賦率	
直接労務費	1時間	2,000円/時間	2,000円
製造間接費	1時間	5,000円/時間	5,000円
合　計			11,000円

> これだけだったら、2級レベル…

2. 原価標準工程別標準消費量内訳

		第1工程	第2工程	第3工程
直接材料	材料A	1個	―	―
	材料B	1kg	0.5kg	0.5kg
直接作業時間		0.5時間	0.3時間	0.2時間

> ！ここで初めて3つの工程で製造していることが判明します。
>
> ！資料のタイトル'内訳'が重要
> →材料Bの標準2kg
> ＝第1工程で1kg
> ＋
> 第2工程で0.5kg
> ＋
> 第3工程で0.5kg

問0　第1工程完成品、第2工程完成品、製品Xの原価標準を計算しなさい。

> 本試験ではなかった設問ですが、まずはこの計算が必要です。

答案用紙

第1工程完成品	円
第2工程完成品	円
製品X	円

 資料2の第1工程のデータをベースに

 第1工程完成品の原価標準を含む！

 第2工程完成品の原価標準を含む！

1 標準原価計算

2 総合原価計算

3 業務執行的意思決定

4 設備投資意思決定

5 費目別計算

6 予算実績差異分析

第1工程完成品	**6,000** 円	＊1
第2工程完成品	**8,850** 円	＊2
製品X	**11,000** 円	＊3

工程ごとの完成品の原価標準が求められています。製造工程の流れを整理してから計算しましょう。

!材料Bは、すべての工程で投入されています。

(1) 第1工程完成品の原価標準 ＊1

材　　料　　A	： @ 1,000 円 × 1 個	＝	1,000 円
材　　料　　B	： @ 1,500 円 × 1 kg	＝	1,500 円
直 接 労 務 費	： @ 2,000 円 × 0.5 時間	＝	1,000 円
製 造 間 接 費	： @ 5,000 円 × 0.5 時間	＝	2,500 円
			6,000 円

(2) 第2工程完成品の原価標準 ＊2

前　工　程　費	： @ 6,000 円 × 1 個	＝	6,000 円
（第1工程完成品原価）			
材　　料　　B	： @ 1,500 円 × 0.5 kg	＝	750 円
直 接 労 務 費	： @ 2,000 円 × 0.3 時間	＝	600 円
製 造 間 接 費	： @ 5,000 円 × 0.3 時間	＝	1,500 円
			8,850 円

(3) 製品X（第3工程完成品）の原価標準 ＊3

前　工　程　費	： @ 8,850 円 × 1 個	＝	8,850 円
（第2工程完成品原価）			
材　　料　　B	： @ 1,500 円 × 0.5 kg	＝	750 円
直 接 労 務 費	： @ 2,000 円 × 0.2 時間	＝	400 円
製 造 間 接 費	： @ 5,000 円 × 0.2 時間	＝	1,000 円
			11,000 円

資料1の原価標準の金額と一致していることを確認しましょう！

当社は修正パーシャル・プランの標準原価計算制度を採用している。直接材料費と直接労務費を標準単価と標準賃率でそれぞれ仕掛品勘定に振り替えている。次の［資料］にもとづいて、下記の問に答えなさい。

> 問題1と同じように、第1工程完成品、第2工程完成品、製品Xの原価標準を計算します。（問題1を解答したばかりでも、ここで必ず再度計算してください！）

[資料]

1. 製品Xの原価標準

	標準消費量	標準単価	金額
直接材料費			
材料A	1個	1,000円/個	1,000円
材料B	2kg	1,500円/kg	3,000円
	標準作業時間	標準賃率・標準配賦率	
直接労務費	1時間	2,000円/時間	2,000円
製造間接費	1時間	5,000円/時間	5,000円
合計			11,000円

2. 原価標準工程別標準消費量内訳

		第1工程	第2工程	第3工程
直接材料	材料A	1個	—	—
	材料B	1kg	0.5kg	0.5kg
直接作業時間		0.5時間	0.3時間	0.2時間

資料追加

3. 2017年1月生産データ

月初仕掛品
第1工程完成品 120個
第2工程完成品 110個
製品完成量 3,400個
月末仕掛品
第1工程完成品 80個
第2工程完成品 60個

> 本問の最大のポイントです。「第1工程完成品が月初仕掛品」とはどういうことでしょうか？
>
> →そもそも仕掛品とは、'未完成品'のことですから、月初にあった第1工程完成品の在庫120個を月初仕掛品ととらえています。総合原価計算の問題でよくある、その工程での加工進捗度が100%未満という意味での仕掛品は本問では存在しません。

資料追加

4. 2017年1月消費実績

材料A	3,345個
材料B	6,753kg
直接作業時間	3,390時間

問1 答案用紙の仕掛品勘定を完成しなさい。

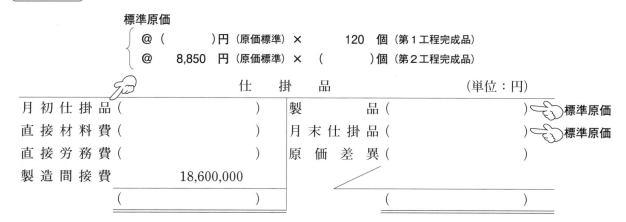

標準原価
@（　　　　）円（原価標準）×　　　120　個（第1工程完成品）
@　　8,850　円（原価標準）×（　　　　）個（第2工程完成品）

仕　掛　品	（単位：円）	
月 初 仕 掛 品（　　　　）	製　　　　　品（　　　　）標準原価	
直 接 材 料 費（　　　　）	月 末 仕 掛 品（　　　　）標準原価	
直 接 労 務 費（　　　　）	原 価 差 異（　　　　）	
製 造 間 接 費　　18,600,000		
（　　　　）	（　　　　）	

解答解説 ▶

仕　掛　品	（単位：円）	
月 初 仕 掛 品（　1,693,500　）*5	製　　　　品（　37,400,000　）*4	
直 接 材 料 費（　13,474,500　）*6	月 末 仕 掛 品（　1,011,000　）*5	
直 接 労 務 費（　6,780,000　）*6	原 価 差 異（　2,137,000　）*7	
製 造 間 接 費　　18,600,000		
（　40,548,000　）	（　40,548,000　）	

(1)　**製品（当月完成の製品X）の標準原価** *4

@ 11,000 円（原価標準）× 3,400 個＝ **37,400,000 円**

(2)　**仕掛品の標準原価** *5

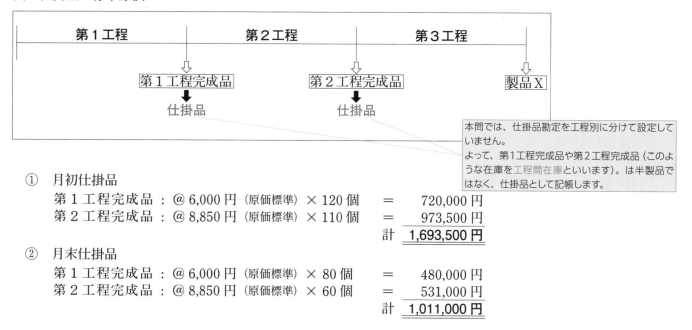

①　月初仕掛品
第 1 工程完成品：@ 6,000 円（原価標準）× 120 個　＝　720,000 円
第 2 工程完成品：@ 8,850 円（原価標準）× 110 個　＝　973,500 円
計　1,693,500 円

②　月末仕掛品
第 1 工程完成品：@ 6,000 円（原価標準）× 80 個　＝　480,000 円
第 2 工程完成品：@ 8,850 円（原価標準）× 60 個　＝　531,000 円
計　1,011,000 円

(3) **当月製造費用** *6

① 直接材料費

修正パーシャル・プランが採用されているため、「標準単価×実際消費量」の金額が記帳されます。

材　　料　　A ： @ 1,000 円（標準単価）× 3,345 個（実際消費量）＝ 3,345,000 円
材　　料　　B ： @ 1,500 円（標準単価）× 6,753kg（実際消費量）＝ 10,129,500 円
計 **13,474,500 円**

② 直接労務費

修正パーシャル・プランが採用されているため、「標準賃率×実際作業時間」の金額が記帳されます。

@ 2,000 円（標準賃率）× 3,390 時間（実際作業時間）＝ **6,780,000 円**

(4) **標準原価差異** *7

貸借差額により求めます。

1 標準原価計算

2 総合原価計算

3 業務執行的意思決定

4 設備投資意思決定

5 費目別計算

6 予算実績差異分析

当社は修正パーシャル・プランの標準原価計算制度を採用している。直接材料費と直接労務費を標準単価と標準賃率でそれぞれ仕掛品勘定に振り替えている。次の [資料] にもとづいて、下記の問に答えなさい。差異分析については、答案用紙の有利差異、不利差異の適切な方を○で囲みなさい。

[資料]

1．製品Xの原価標準

	標準消費量	標準単価	金額
直接材料費			
材料A	1個	1,000 円 / 個	1,000 円
材料B	2 kg	1,500 円 / kg	3,000 円
	標準作業時間	標準賃率・標準配賦率	
直接労務費	1 時間	2,000 円 / 時間	2,000 円
製造間接費	1 時間	5,000 円 / 時間	5,000 円
合　計			11,000 円

2．原価標準工程別標準消費量内訳

		第1工程	第2工程	第3工程
直接材料	材料A	1個	－	－
	材料B	1 kg	0.5 kg	0.5 kg
直接作業時間		0.5 時間	0.3 時間	0.2 時間

3．2017 年1月生産データ

```
月初仕掛品
    第1工程完成品        120 個
    第2工程完成品        110 個
製品完成量            3,400 個
月末仕掛品
    第1工程完成品         80 個
    第2工程完成品         60 個
```

1
標準原価計算

2
総合原価計算

3
業務執行的意思決定

4
設備投資意思決定

5
費目別計算

6
予算実績差異分析

4．2017 年 1 月消費実績

材料 A	3,345 個
材料 B	6,753 kg
直接作業時間	3,390 時間

資料追加

5．正常作業時間、製造間接費予算

　　1 か月当たりの正常作業時間　　　　　　4,000 時間

　　1 か月当たりの製造間接費予算　　　　20,000,000 円（うち、8,000,000 円が変動費）

資料追加

6．製造間接費実際発生額（2017 年 1 月）18,600,000 円

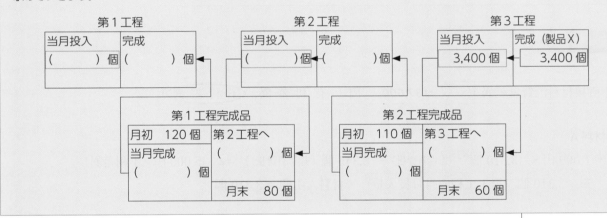

! 工程別のデータ（たとえば、材料 B 6,753kg のうち、何 kg が第 1 工程で消費されたか）が与えられていません。
　よって、本問での差異分析は、第 1 工程から第 3 工程までの全体についての標準消費量と実際消費量の比較によって行います。

各工程の標準消費量を求めるためのベースとなる当月投入量は、次のように完成品 3,400 個からスタートして、さかのぼって求めていきます。

問2　直接材料消費量差異を計算しなさい。

問3　直接作業時間差異を計算しなさい。

問4　製造間接費総差異を計算しなさい。

問5　製造間接費総差異を、予算差異、能率差異、操業度差異に分析しなさい。ただし、能率差異は、変動費のみで計算すること。

答案用紙　（カッコ内は適切な語句に○を付けること）

問2

直接材料消費量差異	円 （ 有 利 差 異、 不 利 差 異 ）

　材料 A は第 1 工程でのみ投入
　　　→標準消費量：3,310 個（第 1 の当月投入量）×材料 A 1 個
　材料 B はすべての工程で投入
　　　→標準消費量：3,310 個（第 1 の当月投入量）×材料 B 1 kg
　　　　　　　　　　3,350 個（第 2 の当月投入量）×材料 B 0.5 kg
　　　　　　　　　　3,400 個（第 3 の当月投入量）×材料 B 0.5 kg

問3

直接作業時間差異	円 （ 有 利 差 異、 不 利 差 異 ）

 直接作業はすべての工程で投入
ということは…
→標準作業時間 ： 3,310 個 （第 1 の当月投入量） × （　　）時間
3,350 個 （第 2 の当月投入量） × （　　）時間
3,400 個 （第 3 の当月投入量） × （　　）時間

問4

製造間接費総差異	円 （ 有 利 差 異、 不 利 差 異 ）

問5

予算差異	円 （ 有 利 差 異、 不 利 差 異 ）
能率差異	円 （ 有 利 差 異、 不 利 差 異 ）
操業度差異	円 （ 有 利 差 異、 不 利 差 異 ）

解答解説 ▶

問2

直接材料消費量差異	**137,000** 円 （ 有 利 差 異、 （不 利 差 異） ）[* 8]

⑴ **材料A**

@ 1,000 円× （3,310 個[※] （標準消費量） － 3,345 個 （実際消費量）） ＝△ 35,000 円 （不利差異）

　※　3,310 個 （第 1 工程の当月投入量） ×材料A 1 個＝ 3,310 個

⑵ **材料B**

@ 1,500 円× （6,685 kg[※] （標準消費量） － 6,753 kg （実際消費量）） ＝△ 102,000 円 （不利差異）

　※　3,310 個 （第 1 工程の当月投入量） ×材料B　1 kg　＝　3,310 kg
　　　3,350 個 （第 2 工程の当月投入量） ×材料B 0.5 kg　＝　1,675 kg
　　　3,400 個 （第 3 工程の当月投入量） ×材料B 0.5 kg　＝　1,700 kg
　　　　　　　　　　　　　　　　　　　　　　　　　計　　6,685 kg

合計：△ 35,000 円＋△ 102,000 円＝△ **137,000 円** （不利差異）

問3

直接作業時間差異	**100,000** 円 （ 有 利 差 異、 （不 利 差 異） ）[* 9]

@ 2,000 円× （3,340 時間[※] （標準時間） － 3,390 時間 （実際時間）） ＝△ **100,000 円** （不利差異）
　※　3,310 個 （第 1 工程の当月投入量） × 0.5 時間　＝　1,655 時間
　　　3,350 個 （第 2 工程の当月投入量） × 0.3 時間　＝　1,005 時間
　　　3,400 個 （第 3 工程の当月投入量） × 0.2 時間　＝　　680 時間
　　　　　　　　　　　　　　　　　　　　　　　　　計　　3,340 時間

問4

製造間接費総差異	*1,900,000*	円（　有利差異、（不利差異））

[*10]

@5,000円×3,340時間（標準操業度）－18,600,000円（実際発生額）＝△1,900,000円（不利差異）

問5

予算差異	*180,000*	円（（有利差異）不利差異））
能率差異	*100,000*	円（　有利差異、（不利差異））
操業度差異	*1,980,000*	円（　有利差異、（不利差異））

[*11]
[*12]
[*13]

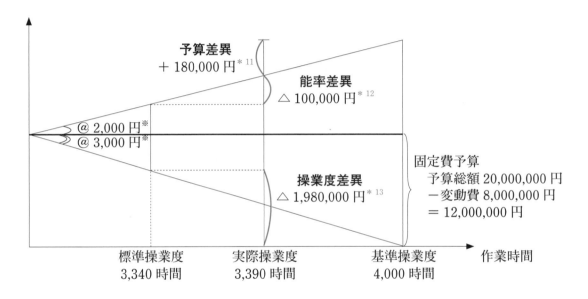

※　変動費率：変動費予算　8,000,000円÷4,000時間　＝　@2,000円
　　固定費率：固定費予算 12,000,000円÷4,000時間　＝　@3,000円
　　　　　　　または、@5,000円（標準配賦率）－@2,000円（変動費率）＝@3,000円

予算差異：@2,000円×3,390時間＋12,000,000円－18,600,000円（実際発生額）
　　　　　　　　　　　　　予算許容額

　　　　　　　　　　　　　　　　　＝＋180,000円（有利差異）[*11]

能率差異：@2,000円×（3,340時間（標準操業度）－3,390時間（実際操業度））

　　　　　　　　　　　　　　　　　＝△100,000円（不利差異）[*12]

操業度差異：@3,000円×（3,340時間（標準操業度）－4,000時間（基準操業度））

　　　　　　　　　　　　　　　　　＝△1,980,000円（不利差異）[*13]

以上の問2～問4で算定した差異を合計すると、2,137,000円（不利差異）となり、問1の
仕掛品勘定における原価差異の金額に一致することを確認しましょう。

1 標準原価計算

2 総合原価計算

3 業務執行的意思決定

4 設備投資意思決定

5 費目別計算

6 予算実績差異分析

当社は修正パーシャル・プランの標準原価計算制度を採用している。直接材料費と直接労務費を標準単価と標準賃率でそれぞれ仕掛品勘定に振り替えている。次の［資料］にもとづいて、下記の問に答えなさい。差異分析については、答案用紙の有利差異、不利差異の適切な方を○で囲みなさい。

[資料]

1．製品Xの原価標準

	標準消費量	標準単価	金額
直接材料費			
材料A	1個	1,000 円 / 個	1,000 円
材料B	2 kg	1,500 円 /kg	3,000 円
	標準作業時間	標準賃率・標準配賦率	
直接労務費	1時間	2,000 円 / 時間	2,000 円
製造間接費	1時間	5,000 円 / 時間	5,000 円
合　計			11,000 円

2．原価標準工程別標準消費量内訳

		第1工程	第2工程	第3工程
直接材料	材料A	1個	－	－
	材料B	1 kg	0.5 kg	0.5 kg
直接作業時間		0.5 時間	0.3 時間	0.2 時間

3．2017 年1月生産データ

月初仕掛品
　　第1工程完成品　　　　　120 個
　　第2工程完成品　　　　　110 個
製品完成量　　　　　　　3,400 個
月末仕掛品
　　第1工程完成品　　　　　 80 個
　　第2工程完成品　　　　　 60 個

4．2017年1月消費実績

材料A	3,345 個
材料B	6,753 kg
直接作業時間	3,390 時間

5．正常作業時間、製造間接費予算

1か月当たりの正常作業時間　　　　4,000 時間

1か月当たりの製造間接費予算　　20,000,000 円（うち、8,000,000 円が変動費）

6．製造間接費実際発生額（2017 年1月）18,600,000 円

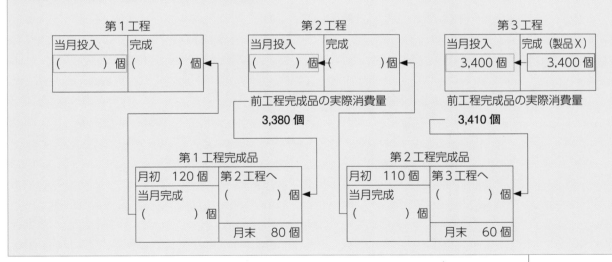

! 問題3では不明だった工程別のデータが次ページの各問の資料で与えられています（たとえば、材料B 6,753kgのうち、3,348 kgが第1工程で消費された）。

よって、本問での差異分析は、工程ごとの標準消費量と実際消費量の比較によって行います。

各工程の標準消費量を求めるためのベースとなる当月投入量は、次のように完成品 3,400 個からスタートして、さかのぼって求めていきます。

問題3のときと異なるのは、問の文章の下線部分のとおり、第1工程と第2工程の当月投入量は、次工程における「前工程完成品」の消費実績を踏まえて計算する点です。

1 標準原価計算

2 総合原価計算

3 業務執行的意思決定

4 設備投資意思決定

5 費目別計算

6 予算実績差異分析

問6 工程ごとの消費実績を調査したところ、以下のようになった。これをもとに、材料A第1工程消費量差異、材料B第1工程消費量差異、材料B第3工程消費量差異、前工程完成品第2工程消費量差異、前工程完成品第3工程消費量差異を計算しなさい。なお、各工程の標準消費量は、製品完成量、または次工程における「前工程完成品」の消費実績をふまえて逆算した各工程の完成量をもとに計算すること。この計算によれば、材料B第2工程消費量差異は、15,000円の不利差異となる。

	第1工程	第2工程	第3工程
材料A	3,345 個	—	—
材料B	3,348 kg	1,690 kg	1,715 kg
前工程完成品	—	3,380 個	3,410 個

問7 直接労務費について、工程ごとの直接作業時間実績を調査したところ、以下のようになった。これをもとに、第1工程作業時間差異、第2工程作業時間差異、第3工程作業時間差異を計算しなさい。なお、各工程の標準直接作業時間は、製品完成量、または**問6**に与えられている次工程における「前工程完成品」の消費実績をふまえて逆算した各工程の完成量をもとに計算すること。

第1工程	第2工程	第3工程
1,680 時間	1,010 時間	700 時間

1	標準原価計算
2	総合原価計算
3	業務執行的意思決定
4	設備投資意思決定
5	費目別計算
6	予算実績差異分析

答案用紙　（カッコ内は適切な語句に○を付けること）

問6

材料A第1工程消費量差異	円（ 有 利 差 異 、 不 利 差 異 ）

 標準消費量 ： 3,340個（第1の当月投入量）×材料A 1個

材料B第1工程消費量差異	円（ 有 利 差 異 、 不 利 差 異 ）

 標準消費量 ： 3,340個（第1の当月投入量）×材料B 1kg

材料B第3工程消費量差異	円（ 有 利 差 異 、 不 利 差 異 ）

 標準消費量 ： 3,400個（第3の当月投入量）×材料B 0.5kg

前工程完成品第2工程消費量差異	円（ 有 利 差 異 、 不 利 差 異 ）

 標準消費量 ： 3,360個（第2の当月投入量）×第1工程完成品1個

前工程完成品第3工程消費量差異	円（ 有 利 差 異 、 不 利 差 異 ）

 標準消費量 ： 3,400個（第3の当月投入量）×第2工程完成品1個

問7

第1工程作業時間差異	円（ 有 利 差 異 、 不 利 差 異 ）

 標準時間 ： 3,340個（第1の当月投入量）× 0.5時間

第2工程作業時間差異	円（ 有 利 差 異 、 不 利 差 異 ）

 標準時間 ： 3,360個（第2の当月投入量）× 0.3時間

第3工程作業時間差異	円（ 有 利 差 異 、 不 利 差 異 ）

 標準時間 ： 3,400個（第3の当月投入量）× 0.2時間

問6、問7では、工程ごとの消費実績にもとづいて、工程単位での原価差異の分析が問われています。

特に、第2工程と第3工程で、前工程完成品の消費量差異を把握することがポイントです（問題2では、把握していません）。

たとえば、第2工程は第3工程での第2工程完成品の実際消費量に見合うだけの完成品を生産しているはずですから、第2工程の原価差異を正確に把握するためには、第2工程の標準消費量はこの第3工程での消費実績を踏まえて計算すべきです。よって、問題文中の「各工程の標準消費量は、製品完成量、または次工程における「前工程完成品」の消費実績をふまえて逆算した各工程の完成量をもとに計算すること」という文言は、指示というよりヒントとして与えられているものです。

問6

材料A第1工程消費量差異	**5,000** 円（ 有 利 差 異、⦅不 利 差 異⦆）	[14]

@ 1,000 円×（3,340 個[※]（標準消費量）－ 3,345 個（実際消費量））＝△ 5,000 円 **（不利差異）**
　※　3,340 個（第1工程の当月投入量）×材料A 1個 ＝ 3,340 個

材料B第1工程消費量差異	**12,000** 円（ 有 利 差 異、⦅不 利 差 異⦆）	[15]

@ 1,500 円×（3,340 kg[※]（標準消費量）－ 3,348 kg（実際消費量））＝△ 12,000 円 **（不利差異）**
　※　3,340 個（第1工程の当月投入量）×材料B 1kg ＝ 3,340 kg

材料B第3工程消費量差異	**22,500** 円（ 有 利 差 異、⦅不 利 差 異⦆）	[16]

@ 1,500 円×（1,700 kg[※]（標準消費量）－ 1,715 kg（実際消費量））＝△ 22,500 円 **（不利差異）**
　※　3,400 個（第3工程の当月投入量）×材料B 0.5 kg ＝ 1,700 kg

前工程完成品第2工程消費量差異	**120,000** 円（ 有 利 差 異、⦅不 利 差 異⦆）	[17]

@ 6,000 円（第1工程完成品の原価標準）×（3,360 個[※]（標準消費量）－ 3,380 個（実際消費量））

＝△ **120,000 円 （不利差異）**
　※　3,360 個（第2工程の当月投入量）×第1工程完成品1個 ＝ 3,360 個

前工程完成品第3工程消費量差異	**88,500** 円（ 有 利 差 異、⦅不 利 差 異⦆）	[18]

@ 8,850 円（第2工程完成品の原価標準）×（3,400 個[※]（標準消費量）－ 3,410 個（実際消費量））

＝△ **88,500 円 （不利差異）**
　※　3,400 個（第3工程の当月投入量）×第2工程完成品1個 ＝ 3,400 個

問7

第1工程作業時間差異	**20,000**	円（ 有 利 差 異、(不 利 差 異)) [19]

@ 2,000 円×（1,670 時間[※]（標準時間）－ 1,680 時間（実際時間））＝△ **20,000 円**（**不利差異**）
　※　3,340 個（第1工程の当月投入量）× 0.5 時間 ＝ 1,670 時間

第2工程作業時間差異	**4,000**	円（ 有 利 差 異、(不 利 差 異)) [20]

@ 2,000 円×（1,008 時間[※]（標準時間）－ 1,010 時間（実際時間））＝△ **4,000 円**（**不利差異**）
　※　3,360 個（第2工程の当月投入量）× 0.3 時間 ＝ 1,008 時間

第3工程作業時間差異	**40,000**	円（ 有 利 差 異、(不 利 差 異)) [21]

@ 2,000 円×（680 時間[※]（標準時間）－ 700 時間（実際時間））＝△ **40,000 円**（**不利差異**）
　※　3,400 個（第3工程の当月投入量）× 0.2 時間 ＝ 680 時間

➡ P.214 に戻って、再チャレンジ！

1　標準原価計算

2　総合原価計算

3　業務執行的意思決定

4　設備投資意思決定

5　費目別計算

6　予算実績差異分析

まずは解いてみよう！ （制限時間 40 分）

問 題（19点満点）

製品Aを量産する当工場は、標準工程別総合原価計算を行っている。第1工程では工程の始点で原料Xと原料Yを投入し、中間生産物Aを製造している。第2工程では第1工程完成品（中間生産物A）の全量を工程の始点で投入し、それを加工して製品Aを製造している。次の［資料］にもとづき、下記の問に答えなさい。

［資料］

1．第1工程

(1) 中間生産物Aを9kg製造するために要する各原料の標準配合と標準単価

	標準配合	標準単価
原料X	6 kg	@ 600 円
原料Y	4 kg	@ 900 円
投入原料計	10kg	

(2) 上記10kgの投入原料を9kgの中間生産物Aに加工するための標準直接労務費と標準製造間接費

標準直接労務費　@ 2,700 円 / 時 × 2 時間…5,400 円
標準製造間接費　@ 1,800 円 / 時 × 2 時間…3,600 円
　（内訳：標準変動費率 @ 800 円 / 時　標準固定費率 @ 1,000 円 / 時）

ただし、製造間接費予算は7,200,000 円 / 月、正常直接作業時間は4,000 時間 / 月であり、変動予算を採用している。

(3) 当月の原料記録

	月初在庫量	購　入　量	月末在庫量	実際消費量	実際購入単価
原料X	500 kg	12,000 kg	1,000 kg	11,500 kg	@ 590 円 /kg
原料Y	1,000 kg	7,000 kg	500 kg	7,500 kg	@ 920 円 /kg
合計				19,000 kg	

なお、原料は標準単価で受入記帳を行う。

(4) 当月の実際直接作業時間、実際直接労務費および実際製造間接費

実際直接作業時間　　　3,950 時間
実際直接労務費　　10,680,000 円
実際製造間接費　　 7,400,000 円

(5) 当月完成品　中間生産物A　16,650 kg

なお、月初および月末仕掛品はなかった。

問1　中間生産物Aの原価標準はいくらか。

問2　当月の原料Xの購入原料価格差異はいくらか。

問3　当月の原料Xの原料配合差異はいくらか。

問4　当月の原料Xの原料歩留差異はいくらか。

問5　当月の第1工程の直接労務費差異を分析しなさい。

問6　当月の第1工程の製造間接費差異を分析しなさい。なお，能率差異は標準配賦率を用いて計算しなさい。

[答案用紙]　（カッコ内は適切な語句に○を付けること）

問1　中間生産物Aの原価標準

円 /kg

問2　購入原料価格差異

円（　有利差異、　不利差異　）

問3　原料配合差異

円（　有利差異、　不利差異　）

問4　原料歩留差異

円（　有利差異、　不利差異　）

問5

労 働 賃 率 差 異	円（　有利差異、　不利差異　）
労 働 能 率 差 異	円（　有利差異、　不利差異　）
労 働 歩 留 差 異	円（　有利差異、　不利差異　）

問6

予 算 差 異	円（　有利差異、　不利差異　）
能 率 差 異	円（　有利差異、　不利差異　）
不 働 能 力 差 異	円（　有利差異、　不利差異　）
歩 留 差 異	円（　有利差異、　不利差異　）

1 標準原価計算

2 総合原価計算

3 業務執行的意思決定

4 設備投資意思決定

5 費目別計算

6 予算実績差異分析

問1 中間生産物Aの原価標準

☆	**1,800** 円/kg

*1

問2 購入原料価格差異

☆	**120,000** 円 ((有利差異) 不利差異)

*2

問3 原料配合差異

☆	**60,000** 円 (有利差異、(不利差異))

*3

問4 原料歩留差異

☆	**180,000** 円 (有利差異、(不利差異))

*4

問5

労 働 賃 率 差 異	★	**15,000**	円 (有利差異、(不利差異))	*5
労 働 能 率 差 異	☆	**405,000**	円 (有利差異、(不利差異))	*6
労 働 歩 留 差 異	☆	**270,000**	円 (有利差異、(不利差異))	*7

問6

予 算 差 異	★	**240,000**	円 (有利差異、(不利差異))	*8
能 率 差 異	☆	**270,000**	円 (有利差異、(不利差異))	*9
不 働 能 力 差 異	★	**50,000**	円 (有利差異、(不利差異))	*10
歩 留 差 異	☆	**180,000**	円 (有利差異、(不利差異))	*11

☆2点、★1点　計19点

採点結果は？

☐ 点 ➡ 15点以上？ YES

➡ 必要に応じて解説を確認したら、次の問題へ **GO!** （P.246～）

NO ➡ ステップアップ問題1～3を順に解いてから再挑戦！

1
標準原価計算

2
総合原価計算

3
業務執行的意思決定

4
設備投資意思決定

5
費目別計算

6
予算実績差異分析

テーマ1-2 標準原価計算（歩留配合差異分析）**Stage** 分析

Stage 1 原価標準 … 原価標準をしっかり確認します。歩留配合差異分析を中心とする問題では、通常、原価標準に関する資料が完成品1個や完成品1kgあたりのデータではないことに気を付けましょう！

例）**製品4kg当たりの原価標準** → 製品4kgを1単位とした標準原価

原料甲の標準消費量 　3kg ← 標準配合
原料乙の標準消費量 　2kg ←
合　計 　　　　　　　5kg ── 標準歩留 → 完成品4kg

Stage 2 数量差異の細分析 … 直接材料費の消費量差異を歩留差異と配合差異に分解します。各原料の標準消費量、標準配合・実際歩留のもとでの標準消費量の算定がポイントです。

消費量差異 ⎰ **歩留差異** … 標準消費量 ⇔ ＜標準配合・実際歩留＞のもとでの標準消費量
　　　　　　⎱ **配合差異** … ＜標準配合・実際歩留＞のもとでの標準消費量 ⇔ 実際消費量

Stage 3 作業時間差異の細分析 … 直接労務費の作業時間差異を歩留差異と能率差異に分解します。同様に、製造間接費の能率差異（3分法）を歩留差異と能率差異に分解します。

作業時間差異 ⎰ **歩留差異** … 標準作業時間 ⇔ ＜実際歩留＞のもとでの標準作業時間
　　　　　　　⎱ **能率差異** … ＜実際歩留＞のもとでの標準作業時間 ⇔ 実際作業時間

Stage 1 原価標準

問題1 ▶

製品Aを量産する当工場は、標準工程別総合原価計算を行っている。第1工程では工程の始点で原料Xと原料Yを投入し、中間生産物Aを製造している。次の [資料] にもとづき、下記の問に答えなさい。

[資料]

(1) 中間生産物Aを<u>9kg製造するために</u>要する各原料の標準配合と標準単価

	標準配合	標準単価
原料X	6kg	@600円
原料Y	4kg	@900円
投入原料計	10kg	

(2) <u>上記10kgの投入原料を9kgの中間生産物Aに加工するための</u>標準直接労務費と標準製造間接費

標準直接労務費　@2,700円／時×2時間…5,400円

標準製造間接費　@1,800円／時×2時間…3,600円

問0　中間生産物A 9kgの標準原価はいくらか。 ‑‑‑‑‑‑‑‑‑‑‑

問1　中間生産物Aの原価標準（1kgあたりの標準原価）はいくらか。

> 本試験ではなかった設問ですが、まずはこの計算が必要です。

答案用紙

問0

中間生産物A 9kgの標準原価	円

☞ Aを9kg製造するには原料10kgと作業時間2時間が必要

問1

中間生産物Aの原価標準 （1kgあたりの標準原価）	円

☞ 9kgの標準原価÷9

解答解説 ▶

問0

中間生産物A9kgの標準原価	*16,200* 円

　問題資料は、中間生産物A9kgについてのデータです。中間生産物Aを9kg製造するためには、原料10kgと作業時間2時間を必要とします。

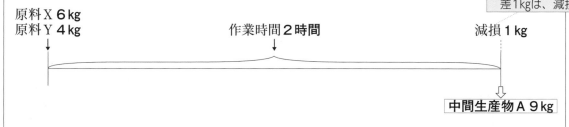

> !　原料投入量10kgと完成品9kgの差1kgは、減損と考えられます。

中間生産物A9kgあたりの標準原価

原　　料　　X	：	@600円×6kg	=	3,600円
原　　料　　Y	：	@900円×4kg	=	3,600円
直 接 労 務 費	：	@2,700円×2時間	=	5,400円
製 造 間 接 費	：	@1,800円×2時間	=	3,600円
				16,200円

問1

中間生産物Aの原価標準（1kgあたりの標準原価）	*1,800* 円	[*1]

16,200円（中間生産物A9kgの標準原価）÷9kg＝**1,800円**

問題2 ▶ → ここまで解ければ、必要最低ラインをクリア！

製品Aを量産する当工場は、標準工程別総合原価計算を行っている。第1工程では工程の始点で原料Xと原料Yを投入し、中間生産物Aを製造している。次の［資料］にもとづき、下記の問に答えなさい。

［資料］

(1) 中間生産物Aを9kg製造するために要する各原料の標準配合と標準単価

	標準配合	標準単価
原料X	6kg	@600円
原料Y	4kg	@900円
投入原料計	10kg	

> ！2種類の原料の標準配合が与えられていることから歩留差異・配合差異が問われると予想できます。問題文を一読して設問のある程度の内容が予想できるようになることが合格への通過点です。

資料追加

(2) 当月の原料記録

	月初在庫量	購入量	月末在庫量	実際消費量	実際購入単価
原料X	500kg	12,000kg	1,000kg	11,500kg	@590円/kg
原料Y	1,000kg	7,000kg	500kg	7,500kg	@920円/kg
合計				19,000kg	

なお、原料は標準単価で受入記帳を行う。

> ！ここから購入原料価格差異が問われると予想できます。

資料追加

(3) 当月完成品 中間生産物A 16,650kg

なお、月初および月末仕掛品はなかった。

問2 当月の原料Xの購入原料価格差異はいくらか。

問3 当月の原料Xの原料配合差異はいくらか。

問4 当月の原料Xの原料歩留差異はいくらか。

答案用紙 （カッコ内は適切な語句に○を付けること）

問2

原料Xの購入原料価格差異	円 （ 有利差異、 不利差異 ）

☞ 購入量を用いて計算

問3

原料Xの原料配合差異	円 （ 有利差異、 不利差異 ）

☞ @600円×（？－実際消費量）

1 標準原価計算

2 総合原価計算

3 業務執行的意思決定

4 設備投資意思決定

5 費目別計算

6 予算実績差異分析

問4

原料Xの原料歩留差異	円（ 有利差異、 不利差異 ）

☞ @600円×（標準消費量ー?）

解答解説

問2

原料Xの購入原料価格差異	*120,000* 円（(有利差異) 不利差異 ）[※2]

購入原料価格差異は、原料の購入時に把握する価格差異です。よって、購入量にもとづいて計算されます。

$$（@600円/kg（標準単価）－@590円/kg（実際購入単価））×12,000kg（購入量）$$
$$=120,000円（有利差異）$$

問3

原料Xの原料配合差異	*60,000* 円（ 有利差異、(不利差異)）[※3]

問4

原料Xの原料歩留差異	*180,000* 円（ 有利差異、(不利差異)）[※4]

標準価格@600円

原料歩留差異	原料配合差異
△180,000円	△60,000円

標準消費量　　　　　　　　　　　　　　　　　　実際消費量
11,100 kg　　　　　11,400 kg　　　　　　11,500 kg
（= 18,500 kg[※1] × 60%[※2]）　（= 19,000 kg[※3] × 60%[※2]）

↑　　　　　　　　　　　↑　　　　　　　　　　↑
＜標準歩留・標準配合＞　＜実際歩留・標準配合＞　＜実際歩留・実際配合＞

＜標準歩留・標準配合＞
完成品9kgあたりの投入原料は 10kg（標準歩留）、その 60%は原料X （標準配合）という本来の標準にもとづく計算です。

＜実際歩留・標準配合＞
完成品9kgあたりの投入原料は 10kg超でしたが（実際歩留）、その 60%は原料X （標準配合）だったとして…という計算です。

※1　原料Xと原料Yの標準消費量合計：

$$16,650 kg（当月完成品）× \frac{10}{9}（完成品9kgあたり標準消費量10kg）$$

$$= 18,500 kg（または、16,650 kg ÷ 90%（標準歩留率）= 18,500 kg）$$

※2　原料Xの標準配合割合：資料(1)より、$\frac{6}{10} = 60$%

※3　原料Xと原料Yの実際消費量合計：資料(3)より、19,000kg

原料配合差異：@600円×（11,400 kg － 11,500 kg）=△ 60,000円（不利差異）[※3]

原料歩留差異：@600円×（11,100 kg － 11,400 kg）=△180,000円（不利差異）[※4]

　製品Aを量産する当工場は、標準工程別総合原価計算を行っている。第1工程では工程の始点で原料Xと原料Yを投入し、中間生産物Aを製造している。次の [**資料**] にもとづき、下記の問に答えなさい。

> ！問題2と同じように、＜標準歩留＞の標準消費量を計算します。
> （問題2を解答したばかりでも、ここで必ず再度計算してください！同じ教材を使っても、受験生間に差が生まれるのは、このような努力の有無が一因です。）

[**資料**]

(1)　中間生産物Aを9kg製造するために要する各原料の標準配合と標準単価

	標準配合	標準単価
原料X	6 kg	@ 600 円
原料Y	4 kg	@ 900 円
投入原料計	10kg	

(2)　上記10kgの投入原料を9kgの中間生産物Aに加工するための標準直接労務費と標準製造間接費

　　　標準直接労務費　@ 2,700 円 / 時 × 2 時間…5,400 円

　　　標準製造間接費　@ 1,800 円 / 時 × 2 時間…3,600 円

資料追加

　　　（内訳：標準変動費率 @ 800 円 / 時　標準固定費率 @ 1,000 円 / 時）

　　　ただし、製造間接費予算は 7,200,000 円 / 月、正常直接作業時間は 4,000 時間 / 月であり、変動予算を採用している。

(3)　当月の原料記録

	月初在庫量	購　入　量	月末在庫量	実際消費量	実際購入単価
原料X	500 kg	12,000 kg	1,000 kg	11,500 kg	@ 590 円 /kg
原料Y	1,000 kg	7,000 kg	500 kg	7,500 kg	@ 920 円 /kg
合計				19,000 kg	

資料追加

(4)　当月の実際直接作業時間、実際直接労務費および実際製造間接費

　　　実際直接作業時間　　　3,950 時間

　　　実際直接労務費　　10,680,000 円

　　　実際製造間接費　　 7,400,000 円

> ！これと、＜標準歩留＞に対する標準作業時間との差が作業時間差異です。この作業時間を歩留差異と能率差異に分析することが求められています。

(5)　当月完成品　中間生産物A　16,650 kg

　　　なお、月初および月末仕掛品はなかった。

問5　当月の第1工程の直接労務費差異を分析しなさい。

問6　当月の第1工程の製造間接費差異を分析しなさい。なお、<u>能率差異は標準配賦率を用いて計算しなさい</u>。

1 標準原価計算

2 総合原価計算

3 業務執行的意思決定

4 設備投資意思決定

5 費目別計算

6 予算実績差異分析

答案用紙 （カッコ内は適切な語句に○を付けること）

問5

労働賃率差異	円 （ 有利差異、 不利差異 ）
労働能率差異	円 （ 有利差異、 不利差異 ）☞ @2,700円×（？－実際時間）
労働歩留差異	円 （ 有利差異、 不利差異 ）☞ @2,700円×（標準時間－？）

問6

予算差異	円 （ 有利差異、 不利差異 ）
能率差異	円 （ 有利差異、 不利差異 ）☞ @1,800円×（？－実際時間）
不働能力差異	円 （ 有利差異、 不利差異 ）☞ 操業度差異 @1,000円×（実際時間－正常時間）
歩留差異	円 （ 有利差異、 不利差異 ）☞ @1,800円×（標準時間－？）

解答解説

問5

労働賃率差異	**15,000** 円 （ 有利差異、⊘不利差異⊘） ＊5
労働能率差異	**405,000** 円 （ 有利差異、⊘不利差異⊘） ＊6
労働歩留差異	**270,000** 円 （ 有利差異、⊘不利差異⊘） ＊7

標準賃率@2,700円

労働賃率差異	△15,000円	
労働歩留差異 △270,000円	労働能率差異 △405,000円	

標準作業時間
3,700時間
（＝18,500 kg[※1]×0.2時間[※2]）
<標準歩留に対する標準時間>

3,800時間
（＝19,000 kg[※3]×0.2時間[※2]）
<実際歩留に対する標準時間>

実際作業時間
3,950時間

<実際時間>

<標準歩留に対する標準時間>
完成品9kgあたりの投入原料は10kg(標準歩留)、その作業時間が2時間という本来の標準にもとづく計算です。

<実際歩留に対する標準時間>
完成品9kgあたりの投入原料は10kg超でしたが（実際歩留）、投入原料10kgあたりの作業時間はあくまで2時間で済んだはず…という計算です。

※1 原料Xと原料Yの標準消費量合計

※2 $\dfrac{2}{10}$ （投入原料10 kgあたり標準作業時間2時間）＝0.2時間/kg

※3 原料Xと原料Yの実際消費量合計

労働賃率差異：＠ 2,700 円× 3,950 時間－ 10,680,000 円（実際）

$$=\triangle 15,000 円（不利差異）^{*5}$$

労働能率差異：＠ 2,700 円×（3,800 時間－ 3,950 時間）＝△ 405,000 円（不利差異）^{*6}
<u>工員の能率の低かったことが原因</u>

労働歩留差異：＠ 2,700 円×（3,700 時間－ 3,800 時間）＝△ 270,000 円（不利差異）^{*7}
<u>歩留が低かったことが原因</u>

問6

予算差異	**240,000**	円 （ 有 利 差 異、⃝不 利 差 異 ）^{*8}
能率差異	**270,000**	円 （ 有 利 差 異、⃝不 利 差 異 ）^{*9}
不働能力差異	**50,000**	円 （ 有 利 差 異、⃝不 利 差 異 ）^{*10}
歩留差異	**180,000**	円 （ 有 利 差 異、⃝不 利 差 異 ）^{*11}

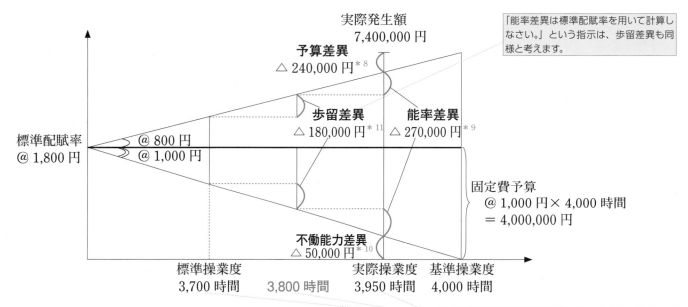

「能率差異は標準配賦率を用いて計算しなさい。」という指示は、歩留差異も同様と考えます。

製造間接費の配賦基準は直接作業時間であるため、問5の差異分析での作業時間データをそのまま利用します。

予算差異：＠ 800 円× 3,950 時間＋ 4,000,000 円－ 7,400,000 円（実際発生額）
<u>予算許容額</u>

$$=\triangle 240,000 円（不利差異）^{*8}$$

能率差異：＠ 1,800 円×（3,800 時間－ 3,950 時間（実際操業度））
<u>工員の能率の低かったことが原因</u>

$$=\triangle 270,000 円（不利差異）^{*9}$$

不働能力差異（操業度差異）：＠ 1,000 円×（3,950 時間（実際操業度）－ 4,000 時間（基準操業度））

$$=\triangle 50,000 円（不利差異）^{*10}$$

歩留差異：＠ 1,800 円×（3,700 時間（標準操業度）－ 3,800 時間）
<u>歩留が低かったことが原因</u>

$$=\triangle 180,000 円（不利差異）^{*11}$$

➡ P.234 に戻って、再チャレンジ！

1 標準原価計算

2 総合原価計算

3 業務執行的意思決定

4 設備投資意思決定

5 費目別計算

6 予算実績差異分析

コラム **配合差異・歩留差異をもっと身近に**

配合差異・歩留差異の考え方がいまいちイメージできないという受験生の方も多いようですが、実は身の回りのものにも応用できるもので、皆さんの日商簿記1級の勉強時間を振り返るときにも有効な考え方です。

例えば、工業簿記・原価計算を1週間あたり10時間勉強する予定を立てていたものの、実際には1週間で8時間しか勉強できなかったとしましょう。

どうして工業簿記・原価計算の勉強時間が予定よりも少なかったのか、この原因を考えると、大きく2つの要因に分解することができます。

まず考えられる要因が『学習時間の配分』です。

日商簿記1級は商業簿記・会計学と工業簿記・原価計算の内容を一緒に学ばなければならないため、学習時間の配分が問題になります。

当初の予定が1週間あたり20時間の学習時間を半分ずつに分けて、10時間を工業簿記・原価計算の勉強に充てるつもりだったものの、20時間のうち12時間を商業簿記・会計学の勉強に充ててしまった結果、工業簿記・原価計算の勉強時間が8時間に減った可能性が考えられます。

この差は学習時間の配分、つまり配合割合が当初の予定（＝標準）と違ったことで生じる差異ですから、配合差異的な要因で学習時間の差が生じたのだと考えることができます。

これとは別に、科目に関係なくそもそも1週間で16時間しか確保できず、そのうち予定通り半分を工業簿記・原価計算に充てた結果、1週間の工業簿記・原価計算の学習時間が8時間になった……といった具合に、『学習時間の全体量』も要因として考えられます。

この場合、学習時間が予定と違ったのは学習時間の配分（配合）ではなく、普段の中で勉強に使える時間がそれほど残らなかった訳ですから、歩留差異的な要因で学習時間の差が生じたのだと考えることができるはずです。

日商簿記1級のあちこちで登場する差異分析ですが、その考え方をマスターすると、ビジネスシーンだけでなく、身近な物事の分析にも役立ちます。

本質を見失わずに頑張って学習していきましょう。

まずは解いてみよう！ （制限時間 40 分）

問 題（20点満点）

　当工場では製品Aと製品Bを製造・販売しており、工程別組別実際総合原価計算を採用している。当工場の月初・月末仕掛品は、第1工程と第2工程の間にバッファーとしてある第1工程完成品在庫のことをいう。各工程内に月初・月末仕掛品は存在しない。材料の払出単価の計算、第1工程完成品の払出単価の計算、製品の払出単価の計算は先入先出法によるものとする。加工費は、直接作業時間を配賦基準として正常配賦している。次の [**資料**] をもとに、下記の問に答えなさい。

[**資料**]

1．直接材料

	月初有高		当月仕入高		当月払出高	月末有高
	数　　量	単　　価	数　　量	単　　価		
材料A	100 個	2,047 円	1,000 個	2,050 円	1,020 個	80 個
材料B	200 個	1,463 円	1,200 個	1,540 円	1,220 個	180 個

　なお、直接材料は第1工程のみで使用される。また、材料Aは製品Aの製造のみに使用され、材料Bは製品Bの製造のみに使用される。

2．直接作業時間と加工費正常配賦率

	第1工程	第2工程
製　　品　　A	1,050 時間	1,016 時間
製　　品　　B	1,815 時間	1,220 時間
加工費正常配賦率	7,070 円／時間	6,060 円／時間

3．各工程完成量

	第1工程	第2工程
製　　品　　A	1,010 個	1,010 個
製　　品　　B	1,210 個	1,212 個

なお、各工程では正常仕損が発生している。

4．第1工程完成品の月初・月末有高と第2工程月間投入量

	月初有高	月末有高	第2工程月間投入量
製　　品　　A	20 個	16 個	1,014 個
製　　品　　B	16 個	10 個	1,216 個

5．月初仕掛品（第1工程完成品）単価

製　品　A	9,556 円 / 個
製　品　B	12,366 円 / 個

6．加工費実際発生額　35,000,000 円

7．各製品の月初・月末有高と月間販売量

	月初有高	月末有高	月間販売量
製　品　A	8 個	6 個	1,012 個
製　品　B	15 個	12 個	1,215 個

8．月初製品有高

製　品　A	124,480 円
製　品　B	274,500 円

9．販売単価

製　品　A	28,000 円 / 個
製　品　B	35,000 円 / 個

問1　答案用紙の仕掛品勘定を完成しなさい。

問2　製品Aと製品Bの売上総利益を計算しなさい。なお、原価差異は考慮しなくてよい。

〔答案用紙〕

問1

仕　掛　品　（単位：円）

月初仕掛品（　　　　　）	製　　　品（　　　　　）
直接材料費（　　　　　）	月末仕掛品（　　　　　）
加　工　費（　　　　　）	
（　　　　　）	（　　　　　）

問2

製　品　A	製　品　B
円	円

1 標準原価計算

2 総合原価計算

3 業務執行的意思決定

4 設備投資意思決定

5 費目別計算

6 予算実績差異分析

問1

	仕　掛　品	（単位：円）
月初仕掛品（ ☆★ 388,976 ）*1	製　　品（ ☆ 37,876,616 ）*5	
直接材料費（ ☆☆ 3,954,100 ）*2	月末仕掛品（ ☆★ 272,170 ）*4	
加　工　費（ ☆☆ 33,805,710 ）*3		
（ 38,148,786 ）	（ 38,148,786 ）	

問2

製　品　A	製　品　B
☆　　12,593,296 円 *6	☆　　20,304,900 円 *7

☆2点、★1点　計20点

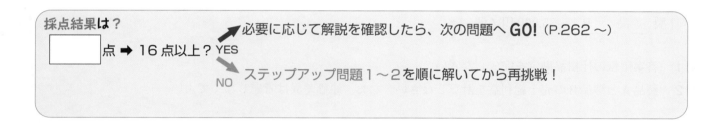

採点結果は？

□点 ➡ 16点以上？ YES　　必要に応じて解説を確認したら、次の問題へ **GO!**（P.262〜）

NO　　ステップアップ問題1〜2を順に解いてから再挑戦！

1 標準原価計算

2 総合原価計算

3 業務執行的意思決定

4 設備投資意思決定

5 費目別計算

6 予算実績差異分析

Stage 1 生産データの整理 … ボックス図を作成し、生産データを整理します。総合原価計算における月末仕掛品原価や当月完成品原価の計算では、まず、材料→仕掛品→完成品という流れについての当月のデータを正確に把握することが必須です。工程別総合原価計算では、特に、第1工程完成品の第2工程への投入に関する資料に注意が必要です。

一般的な例）**工程別組別総合原価計算**（2つの工程を経て、製品Nと製品Sを生産）

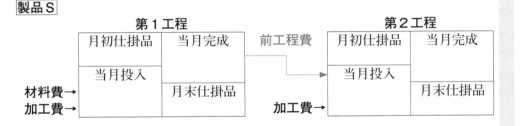

Stage 2 仕掛品勘定の記入 … Stage 1 で作成したボックス図をもとに、月末仕掛品原価や当月完成品原価を計算し、仕掛品勘定への記入を行います。工程別組別総合原価計算であっても、単一の仕掛品勘定への記入については、すべての工程・すべての製品の原価が一括して記帳される点に注意しましょう。

上記の例のもとで、**仕掛品勘定が単一のとき**

Stage 1　生産データの整理

問題1 ▶

　当工場では製品Aと製品Bを製造・販売しており、工程別組別実際総合原価計算を採用している。当工場の月初・月末仕掛品は、第1工程と第2工程の間にバッファーとしてある第1工程完成品在庫のことをいう。各工程内に月初・月末仕掛品は存在しない。次の［資料］をもとに、下記の問に答えなさい。

> テーマ1-1の標準原価計算の問題と同じ状況です（工程間在庫）。ピンとこなければ、戻って確認してみましょう。

［資料］

1．直接材料

	月初有高		当月仕入高		当月払出高	月末有高
	数　量	単　価	数　量	単　価		
材料A	100 個	2,047 円	1,000 個	2,050 円	1,020 個	80 個
材料B	200 個	1,463 円	1,200 個	1,540 円	1,220 個	180 個

　なお、直接材料は第1工程のみで使用される。また、材料Aは製品Aの製造のみに使用され、材料Bは製品Bの製造のみに使用される。

2．各工程完成量

> ！ 正常仕損の個数が与えられていない…と悩む前に生産データのボックス図を作り始めましょう！

		第1工程	第2工程
製　　品　　A		1,010 個	1,010 個
製　　品　　B		1,210 個	1,212 個

　なお、各工程では正常仕損が発生している。

3．第1工程完成品の月初・月末有高と第2工程月間投入量

		月初有高	月末有高	第2工程 月間投入量
製　　品　　A		20 個	16 個	1,014 個
製　　品　　B		16 個	10 個	1,216 個

4．各製品の月初・月末有高と月間販売量

		月初有高	月末有高	月間販売量
製　　品　　A		8 個	6 個	1,012 個
製　　品　　B		15 個	12 個	1,215 個

問0　答案用紙に示した当月の製品Aの生産販売データの（　　）内にあてはまる適切な数値を記入しなさい。

> 本試験ではなかった設問ですが、まずはこのデータ整理が必要です。

1 標準原価計算

2 総合原価計算

3 業務執行的意思決定

4 設備投資意思決定

5 費目別計算

6 予算実績差異分析

答案用紙

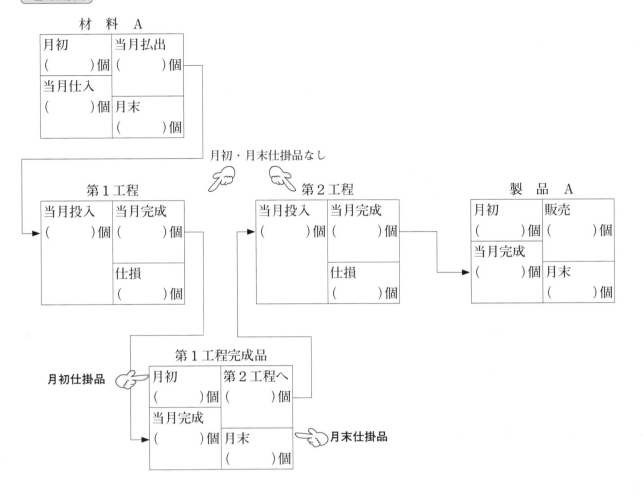

材　料　A

月初	当月払出
（　　　）個	（　　　）個
当月仕入	
（　　　）個	月末
	（　　　）個

月初・月末仕掛品なし

第1工程

当月投入	当月完成
（　　　）個	（　　　）個
	仕損
	（　　　）個

第2工程

当月投入	当月完成
（　　　）個	（　　　）個
	仕損
	（　　　）個

製　品　A

月初	販売
（　　　）個	（　　　）個
当月完成	
（　　　）個	月末
	（　　　）個

第1工程完成品

月初仕掛品

月初	第2工程へ
（　　　）個	（　　　）個
当月完成	
（　　　）個	月末
	（　　　）個

月末仕掛品

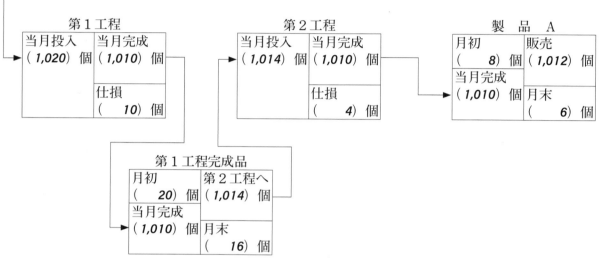

1．生産の流れ（製品A、製品B共通）

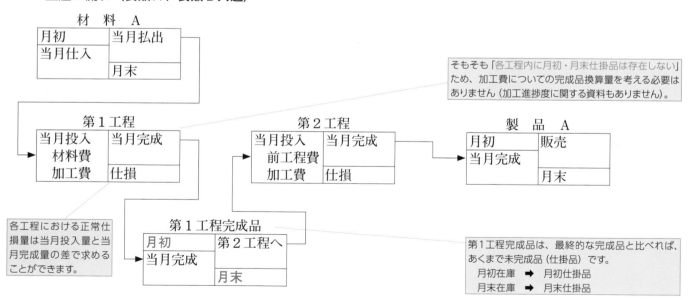

そもそも「各工程内に月初・月末仕掛品は存在しない」ため、加工費についての完成品換算量を考える必要はありません（加工進捗度に関する資料もありません）。

各工程における正常仕損量は当月投入量と当月完成量の差で求めることができます。

第1工程完成品は、最終的な完成品と比べれば、あくまで未完成品（仕掛品）です。
月初在庫 ➡ 月初仕掛品
月末在庫 ➡ 月末仕掛品

2．製品Bの生産販売データ

同様に、製品Bの生産販売データは次のようになります。

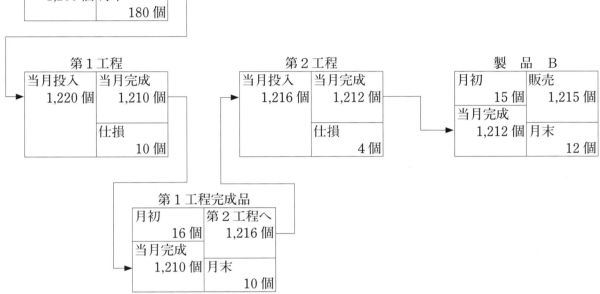

材　料　B

月初	当月払出
200 個	1,220 個
当月仕入	
1,200 個	月末
	180 個

第1工程

当月投入	当月完成
1,220 個	1,210 個
	仕損
	10 個

第2工程

当月投入	当月完成
1,216 個	1,212 個
	仕損
	4 個

製　品　B

月初	販売
15 個	1,215 個
当月完成	
1,212 個	月末
	12 個

第1工程完成品

月初	第2工程へ
16 個	1,216 個
当月完成	
1,210 個	月末
	10 個

1 標準原価計算

2 総合原価計算

3 業務執行的意思決定

4 設備投資意思決定

5 費目別計算

6 予算実績差異分析

　当工場では製品Aと製品Bを製造・販売しており、工程別組別実際総合原価計算を採用している。当工場の月初・月末仕掛品は、第1工程と第2工程の間にバッファーとしてある第1工程完成品在庫のことをいう。各工程内に月初・月末仕掛品は存在しない。材料の払出単価の計算、第1工程完成品の払出単価の計算、製品の払出単価の計算は<u>先入先出法</u>によるものとする。<u>加工費は、直接作業時間を配賦基準として正常配賦している。</u>次の［**資料**］をもとに、下記の問に答えなさい。

［**資料**］

1．直接材料

	月初有高		当月仕入高		当月払出高	月末有高
	数　　量	単　　価	数　　量	単　　価		
材料A	100 個	2,047 円	1,000 個	2,050 円	1,020 個	80 個
材料B	200 個	1,463 円	1,200 個	1,540 円	1,220 個	180 個

　なお、直接材料は第1工程のみで使用される。また、材料Aは製品Aの製造のみに使用され、材料Bは製品Bの製造のみに使用される。

資料追加

2．直接作業時間と加工費正常配賦率　・・・・・・・・・・・・・・・・・・・・　この資料のみから仕掛品勘定の加工費が解答できます。

	第1工程	第2工程
製　　品　　A	1,050 時間	1,016 時間
製　　品　　B	1,815 時間	1,220 時間
加工費正常配賦率	7,070 円／時間	6,060 円／時間

3．各工程完成量

	第1工程	第2工程
製　　品　　A	1,010 個	1,010 個
製　　品　　B	1,210 個	1,212 個

なお、各工程では正常仕損が発生している。

4．第1工程完成品の月初・月末有高と第2工程月間投入量

	月初有高	月末有高	第2工程 月間投入量
製　　品　　A	20 個	16 個	1,014 個
製　　品　　B	16 個	10 個	1,216 個

1 標準原価計算

2 総合原価計算

3 業務執行的意思決定

4 設備投資意思決定

5 費目別計算

6 予算実績差異分析

5. 各製品の月初・月末有高と月間販売量

	月初有高	月末有高	月間販売量
製　品　A	8 個	6 個	1,012 個
製　品　B	15 個	12 個	1,215 個

資料追加

6. 加工費実際発生額　35,000,000 円

資料追加

7. 月初仕掛品（第1工程完成品）単価

製　品　A	9,556 円 / 個
製　品　B	12,366 円 / 個

資料追加

8. 月初製品有高

製　品　A	124,480 円
製　品　B	274,500 円

資料追加

9. 販売単価

製　品　A	28,000 円 / 個
製　品　B	35,000 円 / 個

問1　答案用紙の仕掛品勘定を完成しなさい。

問2　製品Aと製品Bの売上総利益を計算しなさい。なお、原価差異は考慮しなくてよい。

答案用紙

問1

すべての工程・すべての製品について一括記帳

第1工程完成品月初在庫

仕　掛　品　（単位：円）

月初仕掛品（　　　　）	製　　　品（　　　　）
直接材料費（　　　　）	月末仕掛品（　　　　）
加　工　費（　　　　）	
（　　　　）	（　　　　）

正常配賦額

第1工程完成品月末在庫

問2

製　品　A	製　品　B
円	円

問1

仕　掛　品　　　　　　　（単位：円）

月 初 仕 掛 品 (	388,976) *1	製　　　　品 (	37,876,616) *5
直 接 材 料 費 (	3,954,100) *2	月 末 仕 掛 品 (	272,170) *4
加　　工　　費 (	33,805,710) *3		
(	38,148,786)	(	38,148,786)

1．生産データと仕掛品勘定の対応関係

　本問では工程別組別総合原価計算が採用されていますが、仕掛品勘定は単一です（仕掛品勘定を工程別や製品別に分けて設定していません）。よって、生産データと仕掛品勘定の対応関係は次のようになります。

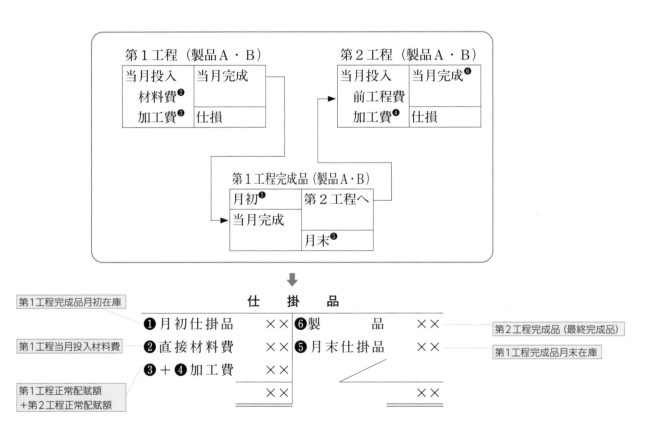

2．仕掛品勘定の借方

(1) 月初仕掛品 *1

本問での月初・月末仕掛品は、製品Aおよび製品Bのそれぞれの第1工程完成品在庫（工程間在庫）です。仕掛品勘定にはその合計額が記入されます。

@9,556円（資料7）×20個＋@12,366円（資料7）×16個＝ **388,976円**
製品A　　　　　　　　　　　　　　製品B

(2) 直接材料費 *2

製品Aおよび製品Bの当月の直接材料費の合計額が記入されます。

① 製品Aの直接材料費（材料Aの消費額）

材　料　A			
月初　　100個	当月払出		
（@2,047円）	1,020個	2,090,700円	
当月			
1,000個	月末　　80個		
（@2,050円）	（@2,050円）	164,000円	

204,700円
2,050,000円
2,254,700円

当月消費額：@2,047円×100個＋@2,050円×1,000個−@2,050円×80個
　　　　　　＝2,090,700円

② 製品Bの直接材料費（材料Bの消費額）

材　料　B			
月初　　200個	当月払出		
（@1,463円）	1,220個	1,863,400円	
当月			
1,200個	月末　180個		
（@1,540円）	（@1,540円）	277,200円	

292,600円
1,848,000円
2,140,600円

当月消費額：@1,463円×200個＋@1,540円×1,200個−@1,540円×180個
　　　　　　＝1,863,400円

③ 合計

2,090,700円（製品A）＋1,863,400円（製品B）＝ **3,954,100円**

1 標準原価計算

2 総合原価計算

3 業務執行的意思決定

4 設備投資意思決定

5 費目別計算

6 予算実績差異分析

(3) **加工費** *3

　製品Aおよび製品Bの当月の正常配賦額の合計額が記入されます。資料6に加工費の実際発生額が与えられていますが、仕掛品勘定に記入されるのは資料2より計算される正常配賦額です。

① 製品Aに対する正常配賦額
　　第　1　工　程：@ 7,070 円（第1工程の正常配賦率）× 1,050 時間　＝　　7,423,500 円
　　第　2　工　程：@ 6,060 円（第2工程の正常配賦率）× 1,016 時間　＝　　6,156,960 円
　　　　　　　　　　　　　　　　　　　　　　　　　　　　　　　　　　　　13,580,460 円

② 製品Bに対する正常配賦額
　　第　1　工　程：@ 7,070 円× 1,815 時間　　　　　　　　　　　　　＝　12,832,050 円
　　第　2　工　程：@ 6,060 円× 1,220 時間　　　　　　　　　　　　　＝　　7,393,200 円
　　　　　　　　　　　　　　　　　　　　　　　　　　　　　　　　　　　　20,225,250 円

③ 合計
　　13,580,460 円（製品A）＋ 20,225,250 円（製品B）＝ **33,805,710 円**

3．仕掛品勘定の貸方

(1) 製品Ａの月末仕掛品原価と完成品（第２工程完成品）原価

本問では、各工程内に月末仕掛品が存在しないことから、正常仕損費の負担関係を考慮する必要はなく、完成品のみ負担となるため、当月投入原価がそのまま当月の第１工程完成品原価になります。

第１工程（製品Ａ）

当月投入		当月完成	
	1,020 個		1,010 個
		仕損	10 個

材料費　2,090,700 円
加工費　7,423,500 円
　　　　9,514,200 円

9,514,200 円

第１工程完成品（製品Ａ）

月初	20 個	第２工程へ	
（@ 9,556 円）			1,014 個
当月完成			
	1,010 個	月末	16 個
（@ 9,420 円）		（@ 9,420 円）	

191,120 円

9,514,200 円
9,705,320 円

9,554,600 円

製品Ａの月末仕掛品原価

150,720 円

月初仕掛品原価：@ 9,556 円 × 20 個 ＝ 191,120 円

当月完成単価：9,514,200 円 ÷ 1,010 個 ＝ @ 9,420 円

月末仕掛品原価：@ 9,420 円 × 16 個 ＝ 150,720 円

第２工程へ投入した第１工程完成品の原価：

　191,120 円 ＋ 9,514,200 円 － 150,720 円 ＝ 9,554,600 円

第２工程（製品Ａ）

当月投入		当月完成	
	1,014 個		1,010 個
		仕損	4 個

前工程費　9,554,600 円
加工費　　6,156,960 円
　　　　　15,711,560 円

15,711,560 円

製品Ａの完成品原価
（製品勘定へ振替）

1 標準原価計算

2 総合原価計算

3 業務執行的意思決定

4 設備投資意思決定

5 費目別計算

6 予算実績差異分析

(2) **製品Bの月末仕掛品原価と完成品（第2工程完成品）原価**

計算の流れは製品Aと同様です。

第1工程（製品B）

当月投入		当月完成		14,695,450 円
	1,220 個		1,210 個	
		仕損	10 個	

材料費　1,863,400 円
加工費　12,832,050 円

14,695,450 円

第1工程完成品（製品B）

月初	16 個	第2工程へ		14,771,856 円
（@ 12,366 円）			1,216 個	
当月完成		月末	10 個	
	1,210 個	（@ 12,145 円）		121,450 円
（@ 12,145 円）				

197,856 円

14,695,450 円

14,893,306 円

製品Bの月末仕掛品原価

月初仕掛品原価：@ 12,366 円× 16 個＝ 197,856 円

当月完成単価：14,695,450 円÷ 1,210 個＝@ 12,145 円

月末仕掛品原価：@ 12,145 円× 10 個＝ 121,450 円

第2工程へ投入した第1工程完成品の原価：

197,856 円＋ 14,695,450 円－ 121,450 円＝ 14,771,856 円

第2工程（製品B）

当月投入		当月完成		22,165,056 円
	1,216 個		1,212 個	
		仕損	4 個	

前工程費　14,771,856 円
加工費　7,393,200 円

22,165,056 円

製品Bの完成品原価
（製品勘定へ振替）

(3) **仕掛品勘定貸方の月末仕掛品** * 4

150,720 円（製品A）＋ 121,450 円（製品B）＝ **272,170 円**

(4) **仕掛品勘定貸方の製品（製品勘定への振替額）** * 5

15,711,560 円（製品A）＋ 22,165,056 円（製品B）＝ **37,876,616 円**

問2

製品A	製品B
12,593,296 円 [*6]	***20,304,900*** 円 [*7]

1．売上原価

(1) 製品A

製品A

124,480円	月初 8個	販売 1,012個	15,742,704円
15,711,560円	当月完成 1,010個 (@15,556円)	月末 6個 (@15,556円)	93,336円
15,836,040円			

当月完成単価：15,711,560円÷1,010個＝@15,556円

月末製品有高：@15,556円×6個＝93,336円

売　上　原　価：124,480円＋15,711,560円－93,336円＝15,742,704円

(2) 製品B

製品B

274,500円	月初 15個	販売 1,215個	22,220,100円
22,165,056円	当月完成 1,212個 (@18,288円)	月末 12個 (@18,288円)	219,456円
22,439,556円			

当月完成単価：22,165,056円÷1,212個＝@18,288円

月末製品有高：@18,288円×12個＝219,456円

売　上　原　価：274,500円＋22,165,056円－219,456円＝22,220,100円

2．売上総利益

売上高から上記で計算した売上原価を差し引いて、売上総利益を求めます。

製　品　A：@28,000円（販売単価）×1,012個－15,742,704円　＝　**12,593,296円** [*6]

製　品　B：@35,000円（販売単価）×1,215個－22,220,100円　＝　**20,304,900円** [*7]

➡ P.246に戻って、再チャレンジ！

まずは解いてみよう！ （制限時間 45 分）

問 題（20点満点）

　当工場では製品Ｘと製品Ｙを量産し、累加法による工程別組別総合原価計算を採用している。両製品とも、第1工程と第2工程を経て完成する。第1工程では、工程の始点で原料Ａを投入し加工する。第2工程では、工程の始点で第1工程の完成品と追加原料Ｂを投入し加工する。次の［資料］にもとづいて、下記の問に答えなさい。

［資料］
1．製品Ｘと製品Ｙの生産実績データ

	第 1 工 程			第 2 工 程	
	製 品 Ｘ	製 品 Ｙ		製 品 Ｘ	製 品 Ｙ
月初仕掛品	5,000 kg (1/2)	3,000 kg (1/2)		0 kg	0 kg
当 月 投 入	20,000	21,000	（前工程）	20,000	21,000
			（当工程）	4,000	4,000
計	25,000 kg	24,000 kg		24,000 kg	25,000 kg
月末仕掛品	4,000 (1/2)	1,000 (3/5)		500 (3/5)	1,500 (2/3)
正常仕損品	1,000 (2/5)	2,000 (2/5)		1,500 (4/5)	500 (4/5)
副 産 物	—	—		—	1,000
完 成 品	20,000 kg	21,000 kg		22,000 kg	22,000 kg

　（注）（　）内の数値は、仕掛品と正常仕損品の加工進捗度を示している。正常仕損は
　　　　それぞれの加工進捗度の点で発生し、それ以後には発生しなかった。

2．月初仕掛品原価の原価データ

	第 1 工 程	
	製 品 Ｘ	製 品 Ｙ
原 料 費	15,192,000 円	8,580,000 円
加 工 費	6,489,600 円	3,224,000 円

3．原料の払出単価と消費量
　　原料Ａ　@ 3,000 円 /kg　　　　原料Ｂ　@ 5,000 円 /kg
　　　　　　41,000kg　　　　　　　　　　　　8,000kg

4．直接工平均賃率
　　第1工程　@ 800 円 / 時間　　　　第2工程　@ 945 円 / 時間

5. 実際直接作業時間データ

	製 品 X	製 品 Y
第1工程	12,000 時間	10,000 時間
第2工程	1,000 時間	1,200 時間

6. 実際機械稼働時間データ

	製 品 X	製 品 Y
第1工程	8,000 時間	9,000 時間
第2工程	9,000 時間	12,502 時間

7. その他の資料

(1) 製造間接費は2つのコストプールに分け、コストプールごとに工程別予定配賦率を用いて配賦している。各コストプールの当年度の予算、配賦基準と配賦基準総量は次のとおりである。

コストプール1	製造間接費予算（年額）	配賦基準	配賦基準総量
第1工程	318,000,000 円	直接作業時間	265,000 時間
第2工程	40,500,000 円		27,000 時間
コストプール2	製造間接費予算（年額）	配賦基準	配賦基準総量
第1工程	369,000,000 円	機械稼働時間	205,000 時間
第2工程	518,000,000 円		259,000 時間

(2) 各工程の完成品と月末仕掛品への原価配分は平均法を用いている。

(3) 正常仕損費の処理は、いずれの工程も非度外視法によること。なお、第1工程の仕損品は再溶解の後、翌月の原料として利用される。その評価額は払出単価の60％である。第2工程の仕損品の処分価値はない。

(4) 副産物は工程の終点で発生した。評価額は1kg当たり1,000円である。副産物の評価額は製品Yの完成品総合原価から控除する。

(5) 計算結果に端数が生じる場合は、円未満を四捨五入すること。

問1 答案用紙の仕掛品勘定を完成させなさい。
問2 第2工程の製品Xと製品Yの完成品総合原価を計算しなさい。
問3 第2工程の製品Xと製品Yの月末仕掛品原価を計算しなさい。

1 標準原価計算

2 総合原価計算

3 業務執行的意思決定

4 設備投資意思決定

5 費目別計算

6 予算実績差異分析

問1

第1工程－製品X

月初仕掛品原価		完成品原価	
原 料 費 （　　　　　　）		原 料 費 （　　　　　　　　）	
加 工 費 （　　　　　　）		加 工 費 （　　　　　　　　）	
当月製造費用		月末仕掛品原価	
原 料 費 （　　　　　　）		原 料 費 （　　　　　　　　）	
直接労務費 （　　　　　　）		加 工 費 （　　　　　　　　）	
製造間接費 （　　　　　　）		仕損品（原料） 1,800,000	
（　　　　　　）		（　　　　　　　　）	

問2

製品X	円	製品Y	円

問3

製品X	円	製品Y	円

解 答

問1

第1工程－製品X

月初仕掛品原価		完成品原価	
原 料 費 （ 15,192,000 ）＊1		原 料 費 （ ☆ 61,160,000 ）＊6	
加 工 費 （ 6,489,600 ）＊2		加 工 費 （ ★ 40,748,000 ）＊7	
当月製造費用		月末仕掛品原価	
原 料 費 （ 60,000,000 ）＊3		原 料 費 （ ★ 12,232,000 ）＊8	
直接労務費 （ 9,600,000 ）＊4		加 工 費 （ ☆ 4,141,600 ）＊9	
製造間接費 （ ☆ 28,800,000 ）＊5		仕損品（原料） 1,800,000	
（ 120,081,600 ）		（ 120,081,600 ）	

問2

製品X ☆★ 139,552,250 円 ＊10	製品Y ☆★ 141,595,360 円 ＊11

問3

製品X ☆★ 2,800,750 円 ＊12	製品Y ☆★ 8,536,640 円 ＊13

☆2点、★1点　計20点

採点結果は？

□点 → 16点以上？ YES → 必要に応じて解説を確認したら、次の問題へ **GO!** (P.282 〜)

NO → ステップアップ問題1〜3を順に解いてから再挑戦！

テーマ2-2 **総合原価計算（工程別総合原価計算と仕損の処理）** Stage 分析

Stage 1 生産データと工程別の 当月投入原価データの整理

…ボックス図を作成し、生産データを整理します。また、当月投入原価を工程別にしっかり分けて把握します。組別総合原価計算の場合にはさらに、製品別にも分けて把握します。

Stage 2 第1工程の計算

… **Stage 1** での第1工程に関するデータをもとに、第1工程の月末仕掛品原価、完成品原価を計算します。特に正常仕損費の負担計算に注意しましょう！

★**正常仕損費の負担関係** → 正常仕損の発生点と月末仕掛品の加工進捗度により決定

完成品と月末仕掛品の両者負担 ← { 始点発生 / 途中点発生（**仕損の発生点 < 月末仕掛品の加工進捗度**）

完成品のみ負担 ← { 終点発生 / 途中点発生（**仕損の発生点 > 月末仕掛品の加工進捗度**）

★**仕損品の評価額を控除するタイミング**（度外視法の場合）
正常仕損費 **両者負担**のとき … 投入原価を完成品と月末仕掛品に**配分する前に控除**
正常仕損費 **完成品のみ負担**のとき … 投入原価を完成品と月末仕掛品に**配分した後に**完成品原価から控除

Stage 3 第2工程の計算

… **Stage 1** での第2工程に関するデータや **Stage 2** で計算した第1工程完成品原価（前工程費）をもとに、第2工程の月末仕掛品原価、完成品原価を計算します。

1 標準原価計算

2 総合原価計算

3 業務執行的意思決定

4 設備投資意思決定

5 費目別計算

6 予算実績差異分析

ステップアップ問題

Stage 1 生産データと工程別の当月投入原価データの整理

問題 1

　当工場では製品Xと製品Yを量産し、累加法による工程別組別総合原価計算を採用している。両製品とも、第1工程と第2工程を経て完成する。第1工程では、工程の始点で原料Aを投入し加工する。第2工程では、工程の始点で第1工程の完成品と追加原料Bを投入し加工する。次の [**資料**] にもとづいて、下記の問に答えなさい。

> ❗資料1の第2工程の当月投入に注目

[**資料**]

1．製品Xと製品Yの生産実績データ

	第 1 工 程			第 2 工 程	
	製 品 X	製 品 Y		製 品 X	製 品 Y
月初仕掛品	5,000 kg (1/2)	3,000 kg (1/2)		0 kg	0 kg
当 月 投 入	20,000	21,000	（前工程）	20,000	21,000
			（当工程）	4,000	4,000
計	25,000 kg	24,000 kg		24,000 kg	25,000 kg
月末仕掛品	4,000 (1/2)	1,000 (3/5)		500 (3/5)	1,500 (2/3)
正常仕損品	1,000 (2/5)	2,000 (2/5)		1,500 (4/5)	500 (4/5)
副 産 物	—	—		—	1,000
完 成 品	20,000 kg	21,000 kg		22,000 kg	22,000 kg

(注)　（　）内の数値は、仕掛品と正常仕損品の加工進捗度を示している。正常仕損はそれぞれの加工進捗度の点で発生し、それ以後には発生しなかった。また、副産物は工程の終点で発生した。

> このうち、製品Xの消費量は何kg、製品Yの消費量は何kg？

2．原料の払出単価と消費量
　　原料A　　@ 3,000 円 /kg　　41,000 kg

3．直接工平均賃率
　　第1工程　@ 800 円 / 時間

4．実際直接作業時間データ

	製 品 X	製 品 Y
第1工程	12,000 時間	10,000 時間

5．実際機械稼働時間データ

	製 品 X	製 品 Y
第1工程	8,000 時間	9,000 時間

1 標準原価計算

2 総合原価計算

3 業務執行的意思決定

4 設備投資意思決定

5 費目別計算

6 予算実績差異分析

6．その他の資料

製造間接費は２つのコストプールに分け、コストプールごとに工程別予定配賦率を用いて配賦している。

第１工程について、各コストプールの当年度の予算、配賦基準と配賦基準総量は次のとおりである。

コストプール１	製造間接費予算（年額）	配賦基準	配賦基準総量
第１工程	318,000,000 円	直接作業時間	265,000 時間
コストプール２	製造間接費予算（年額）	配賦基準	配賦基準総量
第１工程	369,000,000 円	機械稼働時間	205,000 時間

問O-a 答案用紙に示した当月の生産データの空欄にあてはまる適切な数値を記入しなさい。

問O-b 第１工程における製品別の当月原料投入額を求めなさい。

問O-c 第１工程における製品別の当月製造間接費配賦額を求めなさい。

> !コストプールとは何らかの基準にもとづく原価の集計単位のことで、本問では製造間接費を２つのプールに分類集計しています。
> ➡第1工程での予定配賦率を2種類計算

【答案用紙】

問O-a （＜ ＞内は、加工費についての完成品換算量を記入すること。）

・製品X

第１工程

月初	完成
（ ）kg	20,000 kg
＜ ＞kg	
当月投入	
（ ）kg	仕損
＜ ＞kg	（ ）kg
	＜ ＞kg
	月末
	（ ）kg
	＜ ＞kg

第２工程

月初	完成
（ ）kg	22,000 kg
＜ ＞kg	
当月投入	
前工程 20,000kg	仕損
当工程 4,000kg	（ ）kg
	＜ ＞kg
＜ ＞kg	月末
	（ ）kg
	＜ ＞kg

・製品Y

第１工程

月初	完成
（ ）kg	21,000 kg
＜ ＞kg	
当月投入	
（ ）kg	仕損
＜ ＞kg	（ ）kg
	＜ ＞kg
	月末
	（ ）kg
	＜ ＞kg

第２工程

月初	完成
（ ）kg	22,000 kg
＜ ＞kg	副産物
当月投入	（ ）kg
	＜ ＞kg
前工程（ ）kg	仕損
当工程 4,000kg	（ ）kg
	＜ ＞kg
＜ ＞kg	月末
	（ ）kg
	＜ ＞kg

問0- b

製　品　X	製　品　Y
円	円

問0- c

	製　品　X	製　品　Y
コストプール1	円	円
コストプール2	円	円

解答解説

問0- a

・製品X

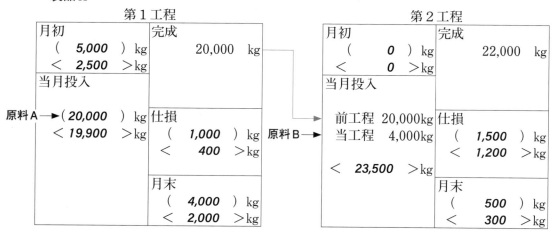

・製品Y

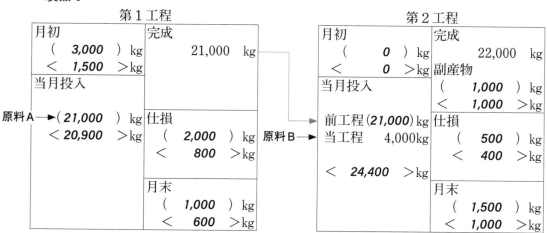

・生産の流れ

まず、どの工程でどの材料（原料）を投入しているのか、第1工程完成品はすべて第2工程へ投入されているのかを確認しましょう。

> ！原料Aは、第1工程の始点で投入
>
> ！第1工程完成品、原料Bは、第2工程の始点で投入

原料A	第1工程完成品、原料B

第1工程　　　　　　　　第2工程

第1工程完成品
（製品X、製品Yそれぞれの半製品）

最終完成品
（製品X、製品Y）

> ！資料1より、第1工程完成品数量と第2工程当月投入量（前工程）が等しいため、第1工程完成品はすべて第2工程へ投入（上記解答の→参照）していることがわかります。

問0-b

製 品 X	製 品 Y
60,000,000 円	**63,000,000** 円

製品Xへの原料Aの当月投入額　：@3,000円×20,000kg（第1工程製品X当月投入より）＝ **60,000,000円**
製品Yへの原料Aの当月投入額　：@3,000円×21,000kg（第1工程製品Y当月投入より）＝ **63,000,000円**

問0-c

	製 品 X	製 品 Y
コストプール1	**14,400,000** 円	**12,000,000** 円
コストプール2	**14,400,000** 円	**16,200,000** 円

1．第1工程における2種類の予定配賦率

(1)　**コストプール1**

318,000,000円（予算額）÷265,000時間＝1,200円／直接作業時間

(2)　**コストプール2**

369,000,000円（予算額）÷205,000時間＝1,800円／機械稼働時間

> ！コストプールによって、配賦基準が異なることに注意しましょう。

2．各製品への予定配賦額

(1)　**コストプール1の予定配賦額**

製品Xへの配賦額　：1,200円／時間×12,000直接作業時間（資料4）＝ **14,400,000円**
製品Yへの配賦額　：1,200円／時間×10,000直接稼働時間（資料4）＝ **12,000,000円**

(2)　**コストプール2の予定配賦額**

製品Xへの配賦額　：1,800円／時間×8,000機械作業時間（資料5）＝ **14,400,000円**
製品Yへの配賦額　：1,800円／時間×9,000機械稼働時間（資料5）＝ **16,200,000円**

1 標準原価計算

2 総合原価計算

3 業務執行的意思決定

4 設備投資意思決定

5 費目別計算

6 予算実績差異分析

問題2 ▶ → ここまで解ければ、必要最低ラインをクリア！

当工場では製品Xと製品Yを量産し、累加法による工程別組別総合原価計算を採用している。両製品とも、第1工程と第2工程を経て完成する。第1工程では、工程の始点で原料Aを投入し加工する。次の［資料］にもとづいて、下記の問に答えなさい。

［資料］

1．製品Xと製品Yの生産実績データ

	第 1 工 程	
	製 品 X	製 品 Y
月初仕掛品	5,000 kg（1/2）	3,000 kg（1/2）
当 月 投 入	20,000	21,000
計	25,000 kg	24,000 kg
月末仕掛品	4,000 （1/2）	1,000 （3/5）
正常仕損品	1,000 （2/5）	2,000 （2/5）
副 産 物	—	—
完 成 品	20,000 kg	21,000 kg

（注）（　）内の数値は、仕掛品と正常仕損品の加工進捗度を示している。正常仕損はそれぞれの加工進捗度の点で発生し、それ以後には発生しなかった。

資料追加

2．月初仕掛品原価の原価データ

	第 1 工 程	
	製 品 X	製 品 Y
原 料 費	15,192,000 円	8,580,000 円
加 工 費	6,489,600 円	3,224,000 円

3．原料の払出単価と消費量
　　原料A　　@3,000 円/kg　　41,000 kg

4．直接工平均賃率
　　第1工程　@800 円/時間

5．実際直接作業時間

	製 品 X	製 品 Y
第1工程	12,000 時間	10,000 時間

1 標準原価計算

2 総合原価計算

3 業務執行的意思決定

4 設備投資意思決定

5 費目別計算

6 予算実績差異分析

6．実際機械稼働時間データ

	製 品 X	製 品 Y
第 1 工程	8,000 時間	9,000 時間

7．その他の資料

(1) 製造間接費は 2 つのコストプールに分け、コストプールごとに工程別予定配賦率を用いて配賦している。

　　第 1 工程のコストプール 1 の予定配賦率：1,200 円／直接作業時間

　　第 1 工程のコストプール 2 の予定配賦率：1,800 円／機械稼働時間

> ！原価配分方法を確認

（資料追加）

(2) 完成品と月末仕掛品への原価配分は平均法を用いている。

> ！正常仕損費の処理方法を確認

（資料追加）

(3) 正常仕損費の処理は、非度外視法によること。なお、第 1 工程の仕損品は再溶解の後、翌月の原料として利用される。その評価額は払出単価の 60％である。

> 評価額を原価からマイナスするタイミングはいつ？
> 具体的に計算を始める前にイメージすることが大切です！

問1　答案用紙の仕掛品勘定（第 1 工程－製品 X 勘定）を完成させなさい。

> ！仕掛品勘定を工程別・製品別に分けて設定しています。
>
> 仕掛品勘定 → 第 1 工程－製品 X 勘定　←本問
> → 第 1 工程－製品 Y 勘定
> → 第 2 工程－製品 X 勘定
> → 第 2 工程－製品 Y 勘定

答案用紙

第 1 工程の製品 X についてのみ記入

第 1 工程－製品 X

月初仕掛品原価		完 成 品 原 価	
原料費	(　　　　)	原料費	(　　　　)
加工費	(　　　　)	加工費	(　　　　)
当 月 製 造 費 用		月末仕掛品原価	
原料費	(　　　　)	原料費	(　　　　)
直接労務費	(　　　　)	加工費	(　　　　)
製造間接費	(　　　　)	仕損品 (原料)	1,800,000
	(　　　　)		(　　　　)

> 仕損品の評価額

第1工程－製品X

月初仕掛品原価		完成品原価	
原料費	(**15,192,000**) *1	原料費	(**61,160,000**) *6
加工費	(**6,489,600**) *2	加工費	(**40,748,000**) *7
当月製造費用		月末仕掛品原価	
原料費	(**60,000,000**) *3	原料費	(**12,232,000**) *8
直接労務費	(**9,600,000**) *4	加工費	(**4,141,600**) *9
製造間接費	(**28,800,000**) *5	仕損品（原料）	1,800,000
	(**120,081,600**)		(**120,081,600**)

1．第1工程－製品X勘定の借方

(1) 月初仕掛品

原 料 費：資料2より、**15,192,000円** *1　　加 工 費：資料2より、**6,489,600円** *2

(2) 当月製造費用

原 料 費：@ 3,000円× 20,000 kg（当月投入）＝ **60,000,000円** *3
直接労務費：@ 800円（資料4）× 12,000時間（資料5）＝ **9,600,000円** *4
製造間接費：@ 1,200円（コストプール1）× 12,000直接作業時間 ＝ 14,400,000円
　　　　　　：@ 1,800円（コストプール2）× 8,000機械稼働時間 ＝ 14,400,000円
　　　　　　　　　　　　　　　　　　　　　　　　　　　　　　28,800,000円 *5

2．第1工程－製品X勘定の貸方

(1) 生産データにもとづく原価配分

原価配分方法は平均法、正常仕損費の処理方法は非度外視法です。

※ 当月加工費：9,600,000円（直接労務費）＋ 28,800,000円（製造間接費）＝ 38,400,000円

① 原料費の配分

平 均 単 価：75,192,000円÷ 25,000 kg＝@ 3,007.68円
月末仕掛品：@ 3,007.68円× 4,000 kg＝ 12,030,720円（正常仕損費配賦前）
正常仕損品：@ 3,007.68円× 1,000 kg＝ 3,007,680円
完 成 品：@ 3,007.68円× 20,000 kg＝ 60,153,600円（正常仕損費配賦前）

② 加工費の計算

平 均 単 価：44,889,600円÷ 22,400 kg＝@ 2,004円
月末仕掛品：@ 2,004円× 2,000 kg＝ 4,008,000円（正常仕損費配賦前）
正常仕損品：@ 2,004円× 400 kg＝ 801,600円
完 成 品：@ 2,004円× 20,000 kg＝ 40,080,000円（正常仕損費配賦前）

(2) 正常仕損費の配賦

　月末仕掛品の加工進捗度と正常仕損品の発生点を比較すると「月末仕掛品（1/2 ＝ 0.5）＞正常仕損品（2/5 ＝ 0.4）」であり、月末仕掛品が正常仕損の発生点を通過しているため、正常仕損費は完成品と月末仕掛品の両者負担になります。

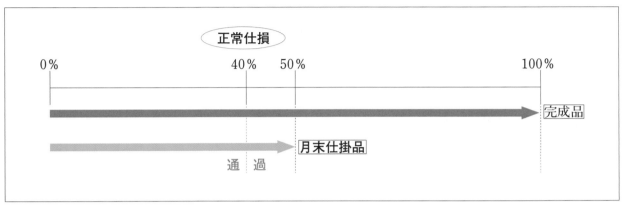

① 正常仕損費（原料費）の配賦

　仕損品は翌月の原料として利用されるため、仕損品評価額は正常仕損品の原料費分の原価から控除します。

　　仕損品評価額：@ 3,000 円× 60％× 1,000 kg ＝ 1,800,000 円（または答案用紙より）

　　正常仕損費（原料費）：3,007,680 円（仕損品の原料費分の原価）－ 1,800,000 円
　　　　　　　　　　　　　＝ 1,207,680 円

❗答案用紙を見ると、完成品原価や月末仕掛品原価について、原料費と加工費の内訳が求められています。よって、正常仕損費の配賦も、原料費と加工費に分けて行う必要があります。

　　　月末仕掛品への配賦額：

$$1{,}207{,}680 \text{ 円} \times \frac{4{,}000 \text{ kg}}{20{,}000 \text{ kg（完成品数量）} + 4{,}000 \text{ kg（月末仕掛品数量）}} = 201{,}280 \text{ 円}$$

　　　完成品への配賦額：$1{,}207{,}680 \text{ 円} \times \dfrac{20{,}000 \text{ kg}}{20{,}000 \text{ kg} + 4{,}000 \text{ kg}} = 1{,}006{,}400 \text{ 円}$

② 正常仕損費（加工費）の配賦

　　　月末仕掛品への配賦額：$801{,}600 \text{ 円} \times \dfrac{4{,}000 \text{ kg}}{20{,}000 \text{ kg} + 4{,}000 \text{ kg}} = 133{,}600 \text{ 円}$

　　　完成品への配賦額：$801{,}600 \text{ 円} \times \dfrac{20{,}000 \text{ kg}}{20{,}000 \text{ kg} + 4{,}000 \text{ kg}} = 668{,}000 \text{ 円}$

(3) 第1工程－製品X勘定の貸方

① 完成品原価
　　原 料 費：60,153,600 円＋ 1,006,400 円（正常仕損費配賦額）＝ **61,160,000 円** [*6]
　　加 工 費：40,080,000 円＋　668,000 円（正常仕損費配賦額）＝ **40,748,000 円** [*7]

② 月末仕掛品原価
　　原 料 費：12,030,720 円＋ 201,280 円（正常仕損費配賦額）＝ **12,232,000 円** [*8]
　　加 工 費：4,008,000 円＋ 133,600 円（正常仕損費配賦額）＝ **4,141,600 円** [*9]

1 標準原価計算

2 総合原価計算

3 業務執行的意思決定

4 設備投資意思決定

5 費目別計算

6 予算実績差異分析

問題3　→　ここまで解ければ、合格確実！

　当工場では製品Xと製品Yを量産し、累加法による工程別組別総合原価計算を採用している。両製品とも、第1工程と第2工程を経て完成する。第1工程では、工程の始点で原料Aを投入し加工する。第2工程では、工程の始点で第1工程の完成品と追加原料Bを投入し加工する。次の［資料］にもとづいて、下記の問に答えなさい。

［資料］

1．製品Xと製品Yの生産実績データ

	第　2　工　程	
	製　品　X	製　品　Y
月初仕掛品	0 kg	0 kg
当月投入（前工程）	20,000	21,000
（当工程）	4,000	4,000
計	24,000 kg	25,000 kg
月末仕掛品	500　（3/5）	1,500　（2/3）
正常仕損品	1,500　（4/5）	500　（4/5）
副産物	—	1,000
完成品	22,000 kg	22,000 kg

（注）（　　）内の数値は、仕掛品と正常仕損品の加工進捗度を示している。正常仕損はそれぞれの加工進捗度の点で発生し、それ以後には発生しなかった。

資料追加

! 前工程費です。

2．当月の第1工程完成品原価
　　製品X：101,908,000円（20,000 kg）　　製品Y：103,194,000円（21,000 kg）

3．原料の払出単価と消費量
　　原料B　　@ 5,000 円 /kg　　8,000 kg

4．直接工平均賃率
　　第2工程　@ 945 円 / 時間

5．実際直接作業時間データ

	製　品　X	製　品　Y
第2工程	1,000 時間	1,200 時間

6．実際機械稼働時間データ

	製　品　X	製　品　Y
第2工程	9,000 時間	12,502 時間

7．その他の資料

！問題1のときと同様です。今回は、第2工程での予定配賦率を2種類計算します。

(1) 製造間接費は2つのコストプールに分け、コストプールごとに工程別予定配賦率を用いて配賦している。各コストプールの当年度の予算、配賦基準と配賦基準総量は次のとおりである。

コストプール1	製造間接費予算（年額）	配賦基準	配賦基準総量
第2工程	40,500,000 円	直接作業時間	27,000 時間

コストプール2	製造間接費予算（年額）	配賦基準	配賦基準総量
第2工程	518,000,000 円	機械稼働時間	259,000 時間

(2) 完成品と月末仕掛品への原価配分は平均法を用いている。

(3) 正常仕損費の処理は、非度外視法によること。なお、第2工程の仕損品の処分価値はない。

(4) 副産物は工程の終点で発生した。評価額は1kg当たり1,000円である。副産物の評価額は製品Yの完成品総合原価から控除する。

評価額を原価からマイナスするタイミングはいつ？

(5) 計算結果に端数が生じる場合は、円未満を四捨五入すること。

問2 第2工程の製品Xと製品Yの完成品総合原価を計算しなさい。

問3 第2工程の製品Xと製品Yの月末仕掛品原価を計算しなさい。

答案用紙

問2

製品X		円	製品Y		円

問3

製品X		円	製品Y		円

1 標準原価計算

2 総合原価計算

3 業務執行的意思決定

4 設備投資意思決定

5 費目別計算

6 予算実績差異分析

問2

製品X	**139,552,250** 円 ＊10	製品Y	**141,595,360** 円 ＊11

問3

製品X	**2,800,750** 円 ＊12	製品Y	**8,536,640** 円 ＊13

1．製品X

(1) 第2工程の生産データにもとづく原価配分

原価配分方法は平均法、正常仕損費の処理方法は非度外視法です。

第1工程完成品（前工程費）と原料Bはともに始点投入であるため、まとめて計算すると効率的です。

第2工程－製品X

㊙…前工程費			完成
㊙ 101,908,000 円※1	当月投入		22,000 kg
Ⓑ 20,000,000 円※2	24,000 kg		
Ⓑ…原料B	(23,500 kg)	正常仕損 1,500 kg	
		(1,200 kg)	
㊙ 20,445,000 円※3		月末 500 kg	
		(300 kg)	

㊙Ⓑ 111,749,000 円
㊙ 19,140,000 円

㊙Ⓑ 7,619,250 円
㊙ 1,044,000 円

㊙Ⓑ 2,539,750 円
㊙ 261,000 円

㊙Ⓑ 121,908,000 円　　24,000 kg
㊙ 20,445,000 円　　(23,500 kg)

> ！非度外視法によるため、正常仕損品の原価を計算します。
> 評価額はないため、正常仕損品原価＝正常仕損費です。

※1 資料2より、製品Xの第1工程完成品原価 101,908,000 円

※2 ＠5,000 円×4,000 kg（当月投入）＝ 20,000,000 円

※3 直接労務費：＠945 円×1,000 時間＝ 945,000 円

製造間接費予定配賦率：コストプール1：40,500,000 円÷27,000 直接作業時間＝＠1,500 円
　　　　　　　　　　　コストプール2：518,000,000 円÷259,000 機械稼働時間＝＠2,000 円

製造間接費：＠1,500 円（コストプール1）×1,000 直接作業時間　＝　1,500,000 円
　　　　　：＠2,000 円（コストプール2）×9,000 機械稼働時間　＝ 18,000,000 円
　　　　　　　　　　　　　　　　　　　　　　　　　　　　　　　 19,500,000 円

当月加工費：945,000 円（直接労務費）＋19,500,000 円（製造間接費）　＝ 20,445,000 円

① 前工程費、原料Bの配分
　　平均単価：121,908,000 円÷ 24,000 kg ＝ @ 5,079.5 円
　　月末仕掛品：@ 5,079.5 円× 500 kg ＝ 2,539,750 円
　　正常仕損費：@ 5,079.5 円× 1,500 kg ＝ 7,619,250 円
　　完成品：@ 5,079.5 円× 22,000 kg ＝ 111,749,000 円
② 加工費の配分
　　平均単価：20,445,000 円÷ 23,500 kg ＝ @ 870 円
　　月末仕掛品：@ 870 円× 300 kg ＝ 261,000 円
　　正常仕損費：@ 870 円× 1,200 kg ＝ 1,044,000 円
　　完成品：@ 870 円× 22,000 kg ＝ 19,140,000 円

⑵ 正常仕損費の配賦
　　正常仕損費：7,619,250 円＋ 1,044,000 円 ＝ 8,663,250 円

　月末仕掛品の加工進捗度と正常仕損品の発生点を比較すると「月末仕掛品（3/5 ＝ 0.6）
＜正常仕損品（4/5 ＝ 0.8）」であり、月末仕掛品が正常仕損の発生点を通過していないため、
正常仕損費は完成品のみの負担になります。

　　完成品原価：111,749,000 円＋ 19,140,000 円＋ 8,663,250 円（正常仕損費配賦額）
　　　　　　　　＝ **139,552,250 円** [*10]

　　月末仕掛品原価：2,539,750 円＋ 261,000 円＝ **2,800,750 円** [*12]

1 標準原価計算
2 総合原価計算
3 業務執行的意思決定
4 設備投資意思決定
5 費目別計算
6 予算実績差異分析

2．製品Y（第1工程）

本問（問題3）では、資料2に当月の製品Yの第1工程完成品原価が与えられています（103,194,000円）が、本試験ではこれも自ら計算する必要がありました。この金額の計算過程は次のとおりです（関連する資料は、問題2または262ページの本試験問題を参照してください）。

(1) 第1工程の生産データにもとづく原価配分

原価配分方法は平均法、正常仕損費の処理方法は非度外視法です。

(原)…原料A

第1工程－製品Y

		月初 3,000 kg	完成			(原)	62,632,500 円
(原)	8,580,000 円	(1,500 kg)		21,000 kg		(加)	36,960,000 円
(加)	3,224,000 円	当月投入					

(加)…加工費

(原)	63,000,000 円※1		21,000 kg	正常仕損 2,000 kg	(原)	5,965,000 円
(加)	36,200,000 円※2		(20,900 kg)	(800 kg)	(加)	1,408,000 円
				月末 1,000 kg	(原)	2,982,500 円
合計				(600 kg)	(加)	1,056,000 円
(原)	71,580,000 円	合計	24,000 kg			
(加)	39,424,000 円		(22,400 kg)			

!非度外視法によるため、正常仕損品の原価を計算します。

※1 ＠3,000円×21,000 kg（当月投入）＝63,000,000円

※2 ＠800円×10,000時間＋＠1,200円×10,000直接作業時間
　　＋＠1,800円×9,000機械稼働時間＝36,200,000円

① 原料費の配分

平均単価：71,580,000円÷24,000 kg　＝＠2,982.5円
正常仕損品：＠2,982.5円×2,000 kg　＝5,965,000円
完成品：＠2,982.5円×21,000 kg　＝62,632,500円（正常仕損費配賦前）

② 加工費の計算

平均単価：39,424,000円÷22,400 kg　＝＠1,760円
正常仕損品：＠1,760円×800 kg　＝1,408,000円
完成品：＠1,760円×21,000 kg　＝36,960,000円（正常仕損費配賦前）

(2) 正常仕損費の配賦

月末仕掛品の加工進捗度と正常仕損品の発生点を比較すると「月末仕掛品（3/5 = 0.6）＞正常仕損品（2/5 = 0.4）」であり、月末仕掛品が正常仕損の発生点を通過しているため、正常仕損費は完成品と月末仕掛品の両者負担になります。

① 正常仕損費（原料費）の配賦

仕損品は翌月の原料として利用されるため、仕損品評価額は正常仕損品の原料費分の原価から控除します。

仕 損 品 評 価 額 ： @ 3,000 円 × 60％ × 2,000 kg ＝ 3,600,000 円

正常仕損費（原料費）： 5,965,000 円（仕損品の原料費分の原価）－ 3,600,000 円 ＝ 2,365,000 円

完成品への配賦額： $2,365,000 円 \times \dfrac{21,000\ kg}{21,000\ kg（完成品数量）＋ 1,000\ kg（月末仕掛品数量）}$ ＝ 2,257,500 円

② 正常仕損費（加工費）の配賦

完成品への配賦額： $1,408,000 円 \times \dfrac{21,000\ kg}{21,000\ kg ＋ 1,000\ kg}$ ＝ 1,344,000 円

(3) 製品Yの第1工程完成品原価

原 料 費 ： 62,632,500 円＋ 2,257,500 円（正常仕損費配賦額）＝ 64,890,000 円
加 工 費 ： 36,960,000 円＋ 1,344,000 円（正常仕損費配賦額）＝ 38,304,000 円
103,194,000 円

1 標準原価計算

2 総合原価計算

3 業務執行的意思決定

4 設備投資意思決定

5 費目別計算

6 予算実績差異分析

３．製品Ｙ（第２工程）

⑴　第２工程の生産データにもとづく原価配分

原価配分方法は平均法、正常仕損費の処理方法は非度外視法です。

第１工程完成品（前工程費）と原料Ｂはともに始点投入であるため、まとめて計算します。

第２工程－製品Ｙ

前…前工程費		完成　　22,000 kg	前 B } 113,338,480 円
前　103,194,000 円※1	当月投入	副産物　1,000 kg	加　26,335,000 円
B　20,000,000 円※2	25,000 kg		
B…原料B	(24,400 kg)	正常仕損　500 kg	前 B } 2,463,880 円
加　27,938,000 円※3		(400 kg)	加　458,000 円
		月末　　1,500 kg	前 B } 7,391,640 円
		(1,000 kg)	加　1,145,000 円

前 B } 123,194,000 円　　25,000 kg
加　27,938,000 円　　(24,400 kg)

> 非度外視法によるため、正常仕損品の原価を計算します。
> 評価額はないため、正常仕損原価＝正常仕損費です。

※1　資料２より、製品Ｙの第１工程完成品原価 103,194,000 円

※2　@ 5,000 円× 4,000 kg（当月投入）＝ 20,000,000 円

※3　直接労務費：@ 945 円× 1,200 時間＝ 1,134,000 円
　　　製造間接費：@ 1,500 円（コストプール１）× 1,200 直接作業時間　＝　　1,800,000 円
　　　　　　　　　@ 2,000 円（コストプール２）× 12,502 機械稼働時間　＝　25,004,000 円
　　　　　　　　　　　　　　　　　　　　　　　　　　　　　　　　　　　　26,804,000 円
　　　当月加工費　1,134,000 円（直接労務費）＋ 26,804,000 円（製造間接費）＝　27,938,000 円

①　前工程費、原料Ｂの配分

平 均 単 価：123,194,000 円÷ 25,000 kg　　　　　　　＝ @ 4,927.76 円
月 末 仕 掛 品：@ 4,927.76 円× 1,500 kg　　　　　　　＝ 7,391,640 円
正 常 仕 損 費：@ 4,927.76 円×　 500 kg　　　　　　　＝ 2,463,880 円
完成品と副産物：@ 4,927.76 円×（22,000 kg＋ 1,000 kg）＝ 113,338,480 円（正常仕損費配賦前）

②　加工費の配分

平 均 単 価：27,938,000 円÷ 24,400 kg　　　　　　　＝ @ 1,145 円
月 末 仕 掛 品：@ 1,145 円× 1,000 kg　　　　　　　＝ 1,145,000 円
正 常 仕 損 費：@ 1,145 円×　 400 kg　　　　　　　＝ 458,000 円
完成品と副産物：@ 1,145 円×（22,000 kg＋ 1,000 kg）＝ 26,335,000 円（正常仕損費配賦前）

> 完成品（主産物）と副産物をまとめて計算します。
> 後で、副産物の評価額を差し引くことによって、完成品の原価を計算します。

(2) 正常仕損費の配賦

正常仕損費：2,463,880 円＋ 458,000 円＝ 2,921,880 円

月末仕掛品の加工進捗度と正常仕損品の発生点を比較すると「月末仕掛品 (2/3 ≒ 0.67)
＜正常仕損品 (4/5 ＝ 0.8)」であり、月末仕掛品が正常仕損の発生点を通過していないため、
正常仕損費は完成品のみの負担になります。

完成品原価：113,338,480 円＋ 26,335,000 円＋ 2,921,880 円（正常仕損費配賦額）－@ 1,000 円× 1,000 kg
　　　　　　＝ 141,595,360 円[*11]

月末仕掛品原価：7,391,640 円＋ 1,145,000 円＝ 8,536,640 円[*13]

> ！最後に副産物の評価
> 額を差し引きます。

➡ P.262 に戻って、再チャレンジ！

1 標準原価計算

2 総合原価計算

3 業務執行的意思決定

4 設備投資意思決定

5 費目別計算

6 予算実績差異分析

テーマ3-1　新規注文引受可否　（第132回原価計算第1問（一部改題））

まずは解いてみよう！（制限時間 10 分）

問題（4点満点）

　材料Aは常備材料である。この材料は、2017年2月末までは1個1,000円で入手可能であったが、2017年3月1日からは、1個1,200円を支払う必要がある。

　2017年2月末現在、材料Aの在庫を2,000個かかえていた。製品在庫はない。

　材料Aを1個使って、製品Aが1個できる。直接労務費と製造間接費は固定費であり、A材料費のみ変動費である。

　3月になってから、製品Aを1個1,100円で、600個購入したいという引き合いがきた。十分な生産能力があるとして、この600個分の注文を引き受けることは、引き受けない場合よりどれだけ有利か、または不利か。

答案用紙

　600個分の注文を引き受けることは、（　　　　　　　）円（　　有利　　不利　　）。
　　　　　　　　　　　　　　　　　　いずれかを○で囲みなさい。

解答

　600個分の注文を引き受けることは、（　　**60,000**　　）円（　　有利　（不利））。[1]

　　　　　　　　　　　　　　　　　　　　　　　　　　　完答4点

採点結果は？

□ 点 ➡ 4点（正解）YES	➤ 必要に応じて解説を確認したら、次の問題へ **GO!**（P.287〜）
NO	ステップアップ問題を順に解いてから再挑戦！

1 標準原価計算

2 総合原価計算

3 業務執行的意思決定

4 設備投資意思決定

5 費目別計算

6 予算実績差異分析

テーマ3　業務執行的意思決定（差額原価収益分析）　Stage 分析

| Stage 1 意思決定の目的 | …意思決定の目的をしっかり確認します。意思決定の問題の多くは、2つの代替案（A案とB案）を比較します。そこで、まずはA案とB案の内容を自分の言葉で簡単にまとめてみましょう！ |

| Stage 2 差額収益・差額原価 | …各代替案の収益の差額（差額収益）、各代替案の原価の差額（差額原価）を把握します。これは同時に無関連原価（埋没原価）を把握することでもあります。 |

| Stage 3 有利な代替案の選択 | … Stage 2 の分析にもとづいて、差額利益を計算して、どちらの代替案が有利かを判断します。 |

ステップアップ問題

> 材料Aは常備材料である。この材料は、2017年2月末までは1個1,000円で入手可能であったが、2017年3月1日からは、1個1,200円を支払う必要がある。
>
> 2017年2月末現在、材料Aの在庫を2,000個かかえていた。製品在庫はない。
>
> 材料Aを1個使って、製品Aが1個できる。直接労務費と製造間接費は固定費であり、A材料費のみ変動費である。
>
> 3月になってから、製品Aを1個1,100円で、600個購入したいという引き合いがきた。十分な生産能力があるとして、下記の問に答えなさい。

！ 今回の意思決定にかかわらず、今後も継続的に購入し、消費する材料であることを意味しています。

Stage 1　意思決定の目的

問1　この意思決定は、2つの代替案を比較検討するものである。それぞれの代替案の内容を簡潔に示しなさい。

答案用紙

600個分の注文を　（　　　　　　　　　　）案

600個分の注文を　（　　　　　　　　　　）案

本問では、簡単すぎるかもしれませんが、この確認は非常に重要です。

$$
\begin{cases}
600\,個分の注文を\quad(\quad\textbf{引き受ける}\quad)\,案 \\
600\,個分の注文を\quad(\quad\textbf{引き受けない}\quad)\,案
\end{cases}
\quad※\quad順不同
$$

「600 個購入したいという引き合いがきた」ことから、本問の意思決定はこの注文を引き受けるべきか否か、言い換えると、この注文を引き受ける案と引き受けない案のどちらが有利かを判断するものです。

Stage 2　差額収益・差額原価

> **問2**　問1における2つの代替案についての差額収益及び差額原価について、答案用紙の表を完成しなさい。なお、当該意思決定に関して無関連ではないが金額がゼロとなる箇所については「0」を、また、当該意思決定に関して無関連な項目があればその行すべてに「－」を記入しなさい。

答案用紙

> ! 各項目が今回の意思決定に関連するかどうかを考えます。
> 関連する項目は、未来に生じ、かつどちらの案を選ぶかで発生額が異なるものです

第1案の金額－第2案の金額

	第1案(注文引受)	第2案	差額
収益			
注文引受による売上収入	(　　　　　)円	(　　　　　)円	(　　　　　)円
原価			
材料の在庫に関する支出	(　　　　　)円	(　　　　　)円	(　　　　　)円
注文引受による新たな材料支出	(　　　　　)円	(　　　　　)円	(　　　　　)円
直接労務費・製造間接費に関する支出	(　　　　　)円	(　　　　　)円	(　　　　　)円

解答解説

	第1案(注文引受)	第2案	差額
収益			
注文引受による売上収入	(　*660,000*　)円	(　*0*　)円	(　*660,000*　)円
原価			
材料の在庫に関する支出	(　－　)円	(　－　)円	(　－　)円
注文引受による新たな材料支出	(　*720,000*　)円	(　*0*　)円	(　*720,000*　)円
直接労務費・製造間接費に関する支出	(　－　)円	(　－　)円	(　－　)円

差額収益は、どちらの代替案を選択するかによって、未来での発生額が異なる収益によって計算します。

本問では、600個の注文を引き受ける場合（第1案）には660,000円（＝＠1,100円×600個）の売上収入が生じますが、引き受けない場合（第2案）には生じません。

よって、第1案を選択する場合の差額収益は**660,000円**（＝660,000円（第1案）－0円（第2案））となります。

差額原価は、どちらの代替案を選択するかによって、未来での発生額が異なる原価によって計算します。

(1) 材料の在庫に関する支出

材料Aの在庫2,000個については、過去の購入時に支出されています。つまり、この在庫の原価は過去原価であり、どちらの代替案を選択したとしても発生額は同じです。よって今回の意思決定に関しては**無関連原価**です。

(2) 注文引受による新たな材料支出

600個の注文を引き受ける場合（第1案）、720,000円（＝＠1,200円×600個）の材料支出が生じますが、引き受けない場合（第2案）には生じません。

よって、ここから第1案を選択する場合の差額原価**720,000円**（＝720,000円（第1案）－0円（第2案））が計算されます。

> ! 注文を引き受ける場合、「すぐに材料は購入せずにまずは在庫から消費するなら、解答は変わってくるのでは？」と考えた方はいませんか？
>
> → 在庫から消費すると考えても、解答は変わりません。
> 本問では、材料Aは常備材料として継続して消費されていくことが想定されており、今回の注文のためにまずは在庫から消費したとしても、やがては同量の新たな購入が必要となるからです。
> 注文を引き受けなければ、その分将来の購入量が少なくなると考えても同じです。

(3) 直接労務費・製造間接費に関する支出

直接労務費と製造間接費は固定費であり、また、十分な生産能力がある（追加的な固定費は生じない）ため、どちらの代替案を選択したとしても発生額は同じです。よって、今回の意思決定に関しては**無関連原価**です。

1 標準原価計算

2 総合原価計算

3 業務執行的意思決定

4 設備投資意思決定

5 費目別計算

6 予算実績差異分析

問3　この 600 個分の注文を引き受けることは、引き受けない場合よりどれだけ有利か、または不利か。

（答案用紙）

　　600 個分の注文を引き受けることは、（　　　　　　　　）円（　　有利　　不利　）である。

　　　　　　　　　　　　　　　　　　　　　　　　　　　いずれかを○で囲みなさい。

（解答解説）▶

　　600 個分の注文を引き受けることは、（　　**60,000**　）円（　　有利　　⟨不利⟩　）である。

　　問 2 の結果を用いて、差額利益を計算します。[*1]

　　660,000 円（差額収益）－ 720,000 円（差額原価）＝△ 60,000 円

　　よって、差額利益が△ 60,000 円（マイナス、差額損失が 60,000 円）であるため、600 個分の注文を引き受けることは、**60,000 円 不利**となります。

➡ P.282 に戻って、再チャレンジ！

まずは解いてみよう！ （制限時間 10分）

問題（4点満点）

製品Aを月間1,000個製造する能力がある工場がある。製品Aの売れ行きは好調で、現在その工場はフル稼働している。この工場は、製品Aのみならず製品Bも製造することができ、製品Aを1個製造する時間に製品Bは2個製造することができる。

製品Aの1個当たり貢献利益は1,000円であり、製品Bの1個当たり貢献利益は600円である。

製品Bは製品Aにくらべ需要が少ないが、月間100個は販売可能であると予想される。

現在は製品Aのみを製造販売しているが、製品Aの製造を減らして、製品Bを100個製造販売することは、製品Aのみを製造販売するより、どれだけ有利か、あるいは不利か。

答案用紙

製品Aの製造を減らして、製品Bを100個製造販売することは、
製品Aのみを製造販売するより、（　　　　　　　）円（　　有利　　不利　）。
いずれかを○で囲みなさい。

解答

製品Aの製造を減らして、製品Bを100個製造販売することは、
製品Aのみを製造販売するより、（　**10,000**　）円（　有利　不利　）。[*1]

完答4点

採点結果は？

□点 → 4点（正解）YES　→　必要に応じて解説を確認したら、次の問題へ **GO!** （P.292〜）

NO　ステップアップ問題を順に解いてから再挑戦！

1 標準原価計算

2 総合原価計算

3 業務執行的意思決定

4 設備投資意思決定

5 費目別計算

6 予算実績差異分析

ステップアップ問題

製品Aを月間1,000個製造する能力がある工場がある。製品Aの売れ行きは好調で、現在その工場はフル稼働して製品Aのみを製造している。この工場は、製品Aのみならず製品Bも製造することができ、製品Aを1個製造する時間に製品Bは2個製造することができる。

製品Aの1個当たり貢献利益は1,000円であり、製品Bの1個当たり貢献利益は600円である。

製品Bは製品Aにくらべ需要が少ないが、月間100個は販売可能であると予想される。

以上より、製品Aの製造を減らして、製品Bを100個製造販売することが検討されている。下記の問に答えなさい。

Stage 1 意思決定の目的

問1 この意思決定は、月間の製品の製造販売について**2つの代替案**を比較検討するものである。次のア～エのうち、代替案の組合せとして正しいものを選びなさい。

ア
- 製品Bのみを100個製造販売する案
- 製品Aのみを1,000個製造販売する案

イ
- 製品Aを1,000個、製品Bを100個それぞれ製造販売する案
- 製品Aのみを1,000個製造販売する案

ウ
- 製品Aを800個、製品Bを100個それぞれ製造販売する案
- 製品Aのみを1,000個製造販売する案

エ
- 製品Aを950個、製品Bを100個それぞれ製造販売する案
- 製品Aのみを1,000個製造販売する案

> ! 現在は、製品Aを1,000個製造して、フル稼働です。
>
> 製品Bを製造するにしても、フル稼働を維持することが最低条件です。

解答解説

正しい組合せ：**エ**

「フル稼働」とは、工場の設備などの製造能力の限界に達するまで製品を製造している状況のことです。通常、この"作れば売れる"という状況で製造能力を余らせることは、利益を最大化しないことを意味しますので、そもそも意思決定上の代替案になり得ません。

もちろん、製造能力の限界を超えてしまう案も代替案になり得ません。選択肢イにある「製品Aを1,000個、製品Bを100個それぞれ製造販売する案」がこれに該当します。

そこで、フル稼働を維持することを前提として、新たに製品Bを100個製造するためには、製品Aの製造をどれだけ減少させなければならないかを考えます。

これは、「製品Aを1個製造する時間に製品Bは2個製造することができる。」とあることから、

製品Bを2個製造　→　製品Aの製造を1個減少

したがって、

製品Bを100個製造　→　**製品Aの製造を50個減少**　となります。

以上より、本問における代替案は、現状の製品Aのみを1,000個製造販売する案と製品Aを950個（＝1,000個－50個）、製品Bを100個それぞれ製造販売する案の2つです。

Stage 2　差額収益・差額原価

> **問2**　製品Aの製造を減らして、製品Bを100個製造販売する案と製品Aのみを製造販売する案について、それぞれの貢献利益を計算しなさい。

答案用紙

	第1案	第2案	
製品Aの貢献利益	(　　　　) 円	(　　　　) 円	☞ 1個当たり貢献利益 1,000円
製品Bの貢献利益	(　　　　) 円	(　　　　) 円	☞ 1個当たり貢献利益 　600円
合計	(　　　　) 円	(　　　　) 円	

（注）第1案：製品Aの製造を減らして、製品Bを100個製造販売する案
　　　第2案：製品Aのみを製造販売する案

解答解説

	第1案	第2案
製品Aの貢献利益	(　**950,000**　) 円	(　**1,000,000**　) 円
製品Bの貢献利益	(　**60,000**　) 円	(　　　　) 円
合計	(　**1,010,000**　) 円	(　**1,000,000**　) 円

1 標準原価計算

2 総合原価計算

3 業務執行的意思決定

4 設備投資意思決定

5 費目別計算

6 予算実績差異分析

(1) 第1案の貢献利益

製品A：@ 1,000 円（1個当たり貢献利益）× 950 個＝ 950,000 円

製品B：@ 600 円（1個当たり貢献利益）× 100 個＝ 60,000 円

1,010,000 円

(2) 第2案の貢献利益

製品A：@ 1,000 円（1個当たり貢献利益）× 1,000 個＝ 1,000,000 円

Stage 3　有利な代替案の選択

> **問3**　製品Aの製造を減らして、製品Bを100個製造販売することは、製品Aのみを製造販売するより、どれだけ有利か、あるいは不利か。

答案用紙

製品Aの製造を減らして、製品Bを100個製造販売することは、（　　　　　　　）円
（　　有利　　不利　　）である。

※有利または不利については、いずれかを○で囲みなさい。

解答解説

製品Aの製造を減らして、製品Bを100個製造販売することは、（　　*10,000*　）円
（⃝有利　　不利　　）である。

問2で計算した貢献利益により、差額利益を計算します。[1]
1,010,000 円（第1案）－ 1,000,000 円（第2案）＝ **10,000 円**

よって、差額利益が 10,000 円（プラス）であるため、製品Aの製造を減らして、製品Bを100個製造販売することは、製品Aのみを製造販売するより、**10,000 円 有利**となります。

➡ P.287 に戻って、再チャレンジ！

この問題は、最適セールス・ミックスの決定の問題として解くこともできます。

最適セールス・ミックスとは、複数種類の製品を製造することができるときに、製造能力や市場の需要の条件のもとで利益を最大化する各製品の製造販売量の組合せです。

(1) 製造能力についての制約条件

仮に、製品A1個を製造するのにかかる時間を1時間とすると、この工場の製造能力（製造時間の上限）は月間1,000時間[1]です。

[1] 「製品Aを月間1,000個製造する能力がある」ことから、
@1時間×製品A1,000個＝1,000時間

また、「製品Aを1個製造する時間に製品Bは2個製造することができる」ことから、製品B1個を製造するのにかかる時間は0.5時間[2]です。

[2] 1時間（製品Aを1個製造するのにかかる時間）÷製品B2個＝@0.5時間

以上より、製造能力についての制約条件を式で示すと次のようになります（製品Aの製造販売量をA、製品Bの製造販売量をBとおきます）。

A＋0.5B≦1,000

(2) 優先的に製造販売すべき製品の決定

上記のように、製造能力についての制約条件は1つしかないため、その単位当たり（時間当たり）貢献利益が大きい製品を優先的に製造販売すべきです。

製品A：@1,000円（1個当たり貢献利益）÷1時間＝1,000円（1時間当たり貢献利益）

製品B：@600円（1個当たり貢献利益）÷0.5時間＝1,200円（1時間当たり貢献利益）

よって、製品Bを優先すべきです。

(3) 最適セールス・ミックスの決定

① 製品Bの製造販売量

2,000個[3]（製造可能量） ＞ 100個（販売可能量）より、**100個**

[3] 1,000時間（製造能力）÷@0.5時間＝2,000個

② 製品Aの製造販売量

製品B100個を製造して残る製造能力を用いて製造します。

（1,000時間－50時間[4]（製品B100個の製造時間））÷@1時間＝**950個**

[4] @0.5時間×100個＝50時間

以上より、製品Aの製造を減らして、製品Bを100個製造販売することは、製品Aのみを製造販売するより**有利**であることが判明します。

1 標準原価計算

2 総合原価計算

3 業務執行的意思決定

4 設備投資意思決定

5 費目別計算

6 予算実績差異分析

問題（15点満点）

　当社は、製品Aを製造販売している。製品Aは1個3,000円で販売されているが、その需要は非常に高い。当社の生産能力がさらに高ければ、まだまだ販売量を増やすことができると予想されている。製品Aを1個作るのに、歩留率100％ならば材料aは1個で済むのであるが、現在の歩留率は55％であるので、材料aを100個投入しても製品Aは55個しかできない。材料aは、1個当たり600円である。なお、材料aを使ったときの製品Aの月間最大生産量は11,000個である。

　最近、製造方法の研究の結果、材料の品質を上げることにより歩留率を飛躍的に向上させる方法が開発された。材料aに代えて材料bを使うことにより、歩留率が90％に向上することがわかった。機械作業時間は、投入材料の数量に比例すると仮定する。歩留率の向上は、1か月当たりの生産量の増加につながる。生産量の増加分はすべて販売できると予想されており、今後もフル操業を続ける。材料の変更に伴いとくに設備投資は必要ないものとする。なお、材料bの価格は1個当たり1,200円である。

　直接労務費はすべて固定費であり月間500万円である。月間固定製造間接費が500万円、フル操業時の月間変動製造間接費は300万円である。変動製造間接費は、機械作業時間と比例関係にあり、生産量が増えても機械作業時間が変化しなければ変動製造間接費の発生額は変わらないと考えられている。

　なお、税金の影響は一切考慮しない。

問1　材料bを使うと、材料aを使った場合に比べて、機械作業時間は増加または減少するか、あるいは変化しないか。

問2　材料bを使うと、材料aを使った場合に比べて、月間最大生産量をどれだけ増加させることができるか。

問3　材料aの在庫がない時、材料aを使う場合と材料bを使う場合とを比較すると、材料bを使う場合のほうが材料aを使う場合より、1か月間にいくら有利か。

問4　材料aの在庫が1,000個あるものとする。この材料は1個当たり600円で買ったものであるが、製品Aの製造に使わないとすると、材料aのまま何も加工せずに売却する以外に利用法がない。材料aは1個当たり300円で売却可能である。このとき、まず材料aの在庫を使用し、材料aの在庫がなくなってから、材料bを使用して製品Aの製造を行うべきか（第1案）、それとも材料a 1,000個を売却して、最初から材料bを使った製造をすべきか（第2案）検討している。第1案と第2案では、いずれが、いくら有利か。

1 標準原価計算

2 総合原価計算

3 業務執行的意思決定

4 設備投資意思決定

5 費目別計算

6 予算実績差異分析

答案用紙

問1	1）（ 増加 減少 ）する。 2）変化なし 1）か2）を○で囲みなさい。 1）の場合は、増加か減少を○で囲みなさい。
問2	個増加させることができる。
問3	材料bを使うほうが　　　　　　　万円有利
問4	（ 第1案 第2案 ）のほうが　　　　　　万円有利 第1案か第2案を○で囲みなさい。

解答

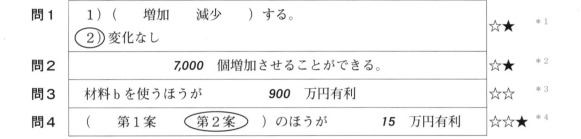

問1	1）（ 増加 減少 ）する。 ②）変化なし	☆★	＊1
問2	7,000　個増加させることができる。	☆★	＊2
問3	材料bを使うほうが　　　900　万円有利	☆☆	＊3
問4	（ 第1案 第2案 ）のほうが　　　15　万円有利	☆☆★	＊4

☆2点、★1点　計15点

採点結果は？

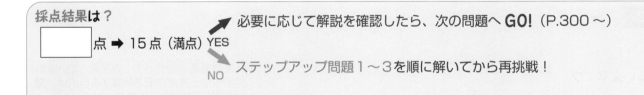

　　　点 ➡ 15点（満点）YES　　必要に応じて解説を確認したら、次の問題へ GO!（P.300～）

　　　　　　　　　　　　　　NO　　ステップアップ問題1～3を順に解いてから再挑戦！

Stage 1 意思決定の目的

問題1 ▶

当社は、材料aを使って製品Aを製造販売している。

最近、材料aに代えて材料bを使うことにより、月間材料費は増加するものの製品Aの月間最大生産量が増加することがわかった。

そこで、今後の製品Aの製造にあたっては、<u>材料aに代えて材料bを使うことが検討されている</u>。下記の問に答えなさい。

問0 この意思決定は、製品Aの製造のために、材料aを用いる案と材料bを用いる案という2つの代替案を比較検討するものである。次のア～ウの文章のうち、正しいものを選びなさい。

> 本試験ではなかった設問です。

ア 2つの代替案における製品Aの月間材料費を比較し、より低く済む案を採用すべきである。

イ 2つの代替案における製品Aの月間売上高を比較し、より高い案を採用すべきである。

ウ 2つの代替案における製品Aの月間利益を比較し、より高い案を採用すべきである。

解答解説 ▶

正しい文章：ウ

> ! 差額原価収益分析のことを言っています。差額収益と差額原価を計算する目的は、差額利益を計算することです。

意思決定会計では、代替案のうち、より高い利益を生み出す代替案を採用すべきと判断します。

「**利益＝収益－費用**」であるため、代替案によって収益額や費用額に違いがある場合には、それらすべてを比較して、どの代替案の利益がより高いかを計算しなくてはなりません。

本問では、どちらの材料を使用するかによって、材料費に差が生じ、売上高にも差が生じます。よって、材料費のみ、あるいは売上高のみの比較によって、どちらが有利かを判断することはできません。

> たとえば、材料bを使うことによって販売量が増加するため、材料bを使う案の方が売上高は高くなりますが、それ以上に材料費が高くなるケースも考えられます。

問題2 → 問2まで解ければ、必要最低ラインをクリア！

当社は、製品Aを製造販売している。製品Aは1個3,000円で販売されているが、その需要は非常に高い。当社の生産能力がさらに高ければ、まだまだ販売量を増やすことができると予想されている。製品Aを1個作るのに、<u>歩留率</u>100％ならば材料aは1個で済むのであるが、現在の歩留率は55％であるので、材料aを100個投入しても製品Aは55個しかできない。材料aは、1個当たり600円である。なお、材料aを使ったときの製品Aの月間最大生産量は11,000個である。

最近、製造方法の研究の結果、材料の品質を上げることにより歩留率を飛躍的に向上させる方法が開発された。材料aに代えて材料bを使うことにより、歩留率が90％に向上することがわかった。<u>機械作業時間は、投入材料の数量に比例する</u>と仮定する。歩留率の向上は、1か月当たりの生産量の増加につながる。生産量の増加分はすべて販売できると予想されており、<u>今後もフル操業を続ける</u>。材料の変更に伴いとくに設備投資は必要ないものとする。なお、材料bの価格は1個当たり1,200円である。

直接労務費はすべて固定費であり月間500万円である。月間固定製造間接費が500万円、フル操業時の月間変動製造間接費は300万円である。変動製造間接費は、機械作業時間と比例関係にあり、生産量が増えても機械作業時間が変化しなければ変動製造間接費の発生額は変わらないと考えられている。

以上より、下記の問に答えなさい。

問1 材料bを使うと、材料aを使った場合に比べて、機械作業時間は増加または減少するか、あるいは変化しないか。

問2－1 現在は材料aを使って、製品Aを月間11,000個製造している。現在の材料aの月間投入量を求めなさい。

問2－2 材料bを使うと、材料aを使った場合に比べて、月間最大生産量をどれだけ増加させることができるか。

問3 材料aの在庫がない時、材料aを使う場合と材料bを使う場合とを比較すると、材料bを使う場合のほうが材料aを使う場合より、1か月間にいくら有利か。

> ! 歩留率
> $$= \frac{製品完成量}{材料投入量}$$

> ! 材料の月間投入量は、材料aを使う場合も材料bを使う場合も同じであることを意味しています。
> 「フル操業」は、フル稼働（288ページ）と同じ意味です。

> 本試験ではなかった設問です。

1 標準原価計算

2 総合原価計算

3 業務執行的意思決定

4 設備投資意思決定

5 費目別計算

6 予算実績差異分析

問1

1）（　　増加　　減少　　）する。
2）変化なし
1）か2）を○で囲みなさい。
1）の場合は、増加か減少を○で囲みなさい。

☞「今後もフル操業」

問2－1

個

☞歩留率を用いて計算

問2－2

個増加させることができる。

☞材料の月間投入量は増加する？

問3

材料 b を使うほうが　　　　　　　　万円有利

解答解説 ▶

問1

1）（　　増加　　減少　　）する。
②）変化なし

*1

　製品Aの需要は非常に高く、材料 a を使っている現在も、材料 b を使う場合も、操業水準はフル操業です。

　よって、材料 b を使う場合、材料 a を使う場合に比べて、機械作業時間は**変化しません**。

問2－1

20,000　個

　材料 a を使って製品Aを生産する場合の歩留率は 55％です。

　材料 a の月間投入量×55％＝製品Aの生産量 11,000 個

よって、材料 a の月間投入量は、次の計算によって求めることができます。

　11,000 個÷55％＝**20,000 個**

問2－2

7,000　個増加させることができる。

*2

　機械作業時間は投入材料の数量に比例し、材料 b を使う場合も操業水準はフル操業であるため、材料 b を使う場合の材料月間投入量は材料 a を使う場合と同じ 20,000 個となります。

> 　問題文に、具体的な機械作業時間数のデータがないために難易度が高くなっています。
> 　例えば、材料投入1個に対する機械作業時間が5時間だったとしましょう。現在の材料aの月間投入量は 20,000 個ですから、月間機械作業時間は 100,000 時間であり、これがフル操業水準です。
> 　このとき、材料bに切り替えても、月間機械作業時間の上限は 100,000 時間、月間材料投入量の上限は 20,000 個であることは変わりません。
> 　このように、問題文にないデータを自分で補うことで解きやすくなることがあります。

よって、材料 b を使う場合の製品 A の月間最大生産量は、次の計算によって求めること
ができます。

　　20,000 個× 90％（材料 b を使う場合の歩留率）＝ 18,000 個

　　月間最大生産量の増加量：18,000 個（材料 b を使う場合）－ 11,000 個（材料 a を使う場合）

　　　　　　　　　　　　　＝ 7,000 個

問3　　| 材料 b を使うほうが | **900** | 万円有利 |[*3]

　　差額原価収益分析を行います。

	材料 b を使う案	材料 a を使う案	差額	
売上高	5,400　万円	3,300　万円	2,100　万円	差額収益
材料費	△ 2,400　万円	△ 1,200　万円	△ 1,200　万円	差額原価
利　益	3,000　万円	2,100　万円	**900**　万円	差額利益

1．無関連原価

　　固定費である直接労務費と固定製造間接費は、どちらの材料を使っても変化しないため、
意思決定上考慮する必要のない無関連原価です。また、変動製造間接費は、機械作業時間
と比例関係にありますが、どちらの材料を使っても機械作業時間は変化しないため、これ
も無関連原価です。

2．材料 b を使う案の関連収益と関連原価

　　売上高：@ 3,000 円（製品 A の販売単価）× 18,000 個＝ 5,400 万円

　　材料費：@ 1,200 円（材料 b の購入単価）× 20,000 個＝ 2,400 万円

3．材料 a を使う案の関連収益と関連原価

　　売上高：@ 3,000 円（製品 A の販売単価）× 11,000 個＝ 3,300 万円

　　材料費：@　 600 円（材料 a の購入単価）× 20,000 個＝ 1,200 万円

1 標準原価計算

2 総合原価計算

3 業務執行的意思決定

4 設備投資意思決定

5 費目別計算

6 予算実績差異分析

> 問題2 ▶ の問題文にもとづき、次の問に答えなさい。
>
> **問4** 材料aの在庫が1,000個あるものとする。この材料は1個当たり600円で買ったものであるが、製品Aの製造に使わないとすると、材料aのまま何も加工せずに売却する以外に利用法がない。材料aは1個当たり300円で売却可能である。このとき、まず材料aの在庫を使用し、材料aの在庫がなくなってから、材料bを使用して製品Aの製造を行うべきか（第1案）、それとも材料a 1,000個を売却して、最初から材料bを使った製造をすべきか（第2案）検討している。第1案と第2案では、いずれが、いくら有利か。

答案用紙

> （　　第1案　　　第2案　　）のほうが　　　　　　　万円有利
> 第1案か第2案を○で囲みなさい。

解答解説 ▶

> （　　第1案　　（第2案）　）のほうが　　**15**　　万円有利 * 4

差額原価収益分析を行います。

	第2案		第1案		差額	
売上高	5,400	万円	5,295	万円	105	万円
材料費	△2,400	万円	△2,280	万円	△120	万円
材料aの売却収入	30	万円	－		30	万円
利益	3,030	万円	3,015	万円	15	万円

1．無関連原価

　材料aの在庫1,000個の購入原価60万円（＝＠600円×1,000個）は無関連原価です。

　この60万円は、前月以前に支出した過去原価だからです。

> ！　意思決定では、将来の利益がより大きい代替案を採用します。
> 　過去に60万円の支出を行ったことは、第1案、第2案のどちらにとっても変わりないことです。

2．第2案（材料a 1,000個を売却して、最初から材料bを使った製造をする案）の関連収益と関連原価

　売上高：＠3,000円（製品Aの販売単価）×18,000個＝5,400万円

　材料費：＠1,200円（材料bの購入単価）×20,000個＝2,400万円

　材料aの売却収入：＠300円×1,000個＝30万円

3．第1案（まず材料 a の在庫を使用し、次に材料 b を使用して製品 A の製造を行う案）の関連収益と関連原価

売上高：@ 3,000 円（製品 A の販売単価）× 17,650 個※ = 5,295 万円

※　材料 a の在庫 1,000 個による生産量：1,000 個× 55％ = 550 個

材料 b による生産量：$\underset{\text{材料 b の投入量 19,000個}}{\underline{(20,000 個（材料投入量合計）- 1,000 個（材料 a））}} × 90％$
$= 17,100 個$

合計：17,650 個

材料費：@ 1,200 円（材料 b の購入単価）× 19,000 個 = 2,280 万円

1 標準原価計算

2 総合原価計算

3 業務執行的意思決定

4 設備投資意思決定

5 費目別計算

6 予算実績差異分析

まずは解いてみよう！　（制限時間45分）

問題(25点満点)

　当社では1種額の製品を現在1台の設備で製造して、販売している。この製品は1個当たり5,000円で販売可能である。現在の生産能力は年間10,000個である。もし生産能力が許せば、年間15,000個までの販売は可能であると予想される。現在の設備を使用した場合、製品1個当たり変動費（現金支出費用）は3,500円である。

　現有設備は2014年度末に30,000,000円にて取得したものであり、2020年度末まで利用可能である。残存価額は3,000,000円であり、耐用年数経過後に実際に3,000,000円にて売却可能と予想される。なお、この設備を2016年度末時点で売却すると、12,000,000円で売却可能である。

　今、年間12,000個の生産能力をもつ新しい設備を2016年度末に導入しようと計画をしている。この際、生産能力の増強に向け、現有設備を維持したまま新設備を導入する案と、現有設備を新設備に置き換える案が考えられる。この新設備を使用した場合、製品1個当たり変動費（現金支出費用）は3,000円となる。新設備の取得原価は24,000,000円、耐用年数4年、4年後には2,400,000円にて売却可能と予想される。

　現有設備も新設備も減価償却の方法は定額法であり、耐用年数経過後の売却可能価額を残存価額として計算する。新設備導入にともない追加される固定的な現金支出費用は存在しないし、現有設備を除却しても節約される固定的な現金支出費用も存在しない。

　キャッシュ・フローは年度末にまとめて生じると仮定する。法人税等は、その法人税等を負担すべき年度の末に支払われるものと仮定する。法人税等の税率は40％で、当社は順調に利益をあげている。

　加重平均資本コスト率は、5％である。5％の割引率の現価係数は以下のとおりとする。

> 5％の現価係数：
> 　1年　0.9524　　　2年　0.9070　　　3年　0.8638　　　4年　0.8227

　なお、この問題で、差額キャッシュ・フローとは、「現有設備のみを使い続けるという現状維持案」を基準にして、代替案を採用した場合に異なってくるキャッシュ・フローのことをいう。正味の差額キャッシュ・フローがキャッシュ・アウトフローになる場合には、数字の前に△をつけること。また「現有設備のみを使い続けるという現状維持案」を基準にして、代替案のほうが不利となる場合には、正味現在価値に△をつけなさい。キャッシュ・フローは税引き後で考えること。

問1 現有設備を維持したまま 2016 年度末に新設備を導入したときの 2016 年度末時点の差額キャッシュ・フローの合計はいくらになるか。

問2 現有設備を維持したまま 2016 年度末に新設備を導入した場合、2017 年度末から 2020 年度末までの年々の差額キャッシュ・フロー 1 年分はいくらになるか（2020 年度末のプロジェクト終了にともなう差額キャッシュ・フローは除く）。ただし，設備の利用は利益が最大になるように行うものとする（問 4 も同じ）。

問3 現有設備を維持したまま 2016 年度末に新設備を導入した場合、2020 年度末のプロジェクト終了にともなう差額キャッシュ・フローはいくらになるか。

問4 「現有設備を維持したまま 2016 年度末に新設備を導入する案」を採用した場合の差額キャッシュ・フローの正味現在価値を計算せよ。正味現在価値は，2016 年度末の時点を基準にして計算すること。

問5 現有設備を 2016 年度末時点で売却し，新設備を 2016 年度末に導入する場合，2016 年度末時点での差額キャッシュ・フローの合計はいくらになるか。

問6 現有設備を 2016 年度末時点で売却し，新設備を 2016 年度末に導入する場合、2017 年度末から 2020 年度末までの年々の差額キャッシュ・フロー 1 年分はいくらになるか。（2020 年度末のプロジェクト終了にともなう差額キャッシュ・フローは除く）

問7 「現有設備を 2016 年度末時点で売却し、新設備を 2016 年度末に導入する案」を採用した場合の、差額キャッシュ・フローの正味現在価値を計算せよ。正味現在価値は，2016 年度末の時点を基準にして計算すること。

[答案用紙]

問1

	円

問2

	円

問3

	円

問4

	円

問5

	円

問6

	円

問7

	円

問1

☆★　△ **24,000,000**　円 ＊1

問2

☆☆　**10,260,000**　円 ＊2

問3

☆☆　**2,400,000**　円 ＊3

問4

☆☆　**14,355,414**　円 ＊4

問5

☆★　△ **8,400,000**　円 ＊5

問6

☆★　**5,760,000**　円 ＊6

問7

☆☆　**11,530,764**　円 ＊7

☆2点、★1点　計25点

採点結果は？

　　　　点 ➡ 20点以上？ YES ➡ 必要に応じて解説を確認したら、次の問題へ **GO!** (P.318～)

NO ➡ ステップアップ問題1～7を順に解いてから再挑戦！

1 標準原価計算

2 総合原価計算

3 業務執行的意思決定

4 設備投資意思決定

5 費目別計算

6 予算実績差異分析

テーマ4 設備投資意思決定 Stage 分析

Stage 1 設備投資のタイプ　　　…設備投資のタイプ（特に新規投資なのか、取替投資なのか）をしっかり確認します。設備投資のタイプによって、次のキャッシュ・フロー分析の内容が大幅に変わってきます。この最初の重要なハードルを慎重に超えましょう！

1級で出題される主な設備投資のタイプ　→　3種類
① **新規投資**…例）新たに設備を導入して、新製品を製造販売する
② **拡張投資**…例）既存の設備はそのままに、同様の設備を追加導入して、製品の製造量を増やす
③ **取替投資**…例）既存の設備を売却して、新しい設備に取り替える

Stage 2 キャッシュ・フロー分析　　…投資時点、プロジェクト期間中、プロジェクト終了時点のそれぞれのキャッシュ・フローを分析し、正確に集計します。設備意思決定において最も重要な計算場面です。

キャッシュ・フロー分析の場面　…　3つ
① **設 備 導 入 時**…新設備の購入支出、既存設備の売却収入（取替投資のみ）など
② **投 資 期 間 中**…製品の売上収入、設備の稼働費用等の製造支出、減価償却によるタックスシールド　など
③ **取投資終了時**…設備の売却収入 など

Stage 3 正味現在価値の計算　　　…**Stage 2** でのキャッシュ・フローにもとづいて、正味現在価値を計算します。

（新規投資）

現　在	1年後	2年後	3年後

| | 売上収入など | 売上収入など | 設備の売却収入 売上収入など |

設備の購入支出

将来のキャッシュ・インフロー（純現金収入）

正味現在価値＝将来のキャッシュ・インフローの現在価値 ― 設備の購入支出（投資額の現在価値）

問題1

> 当社では1種額の製品を現在1台の設備で製造して、販売している。
>
> 今、年間 12,000 個の生産能力をもつ新しい設備を 2016 年度末に導入しようと計画をしている。この際、生産能力の増強に向け、<u>現有設備を維持したまま新設備を導入する案</u> (ア) と、<u>現有設備を新設備に置き換える案</u> (イ) が考えられる。
>
> 問0　下線部（ア）および下線部（イ）の各設備投資は、答案用紙に示す投資のタイプのいずれに該当するか。適切な語句に○を付しなさい。

> 本試験ではなかった設問ですが、まずはこの確認が重要です。

答案用紙

（ア）	新規投資 ・ 拡張投資 ・ 取替投資
（イ）	新規投資 ・ 拡張投資 ・ 取替投資

☞ "現有設備を維持したまま"

☞ "新設備に置き換える"

解答解説

（ア）	新規投資 ・ ⟨拡張投資⟩ ・ 取替投資
（イ）	新規投資 ・ 拡張投資 ・ ⟨取替投資⟩

投資前の状況と投資後の状況は次のとおりです。

（ア）現有設備を維持したまま新設備を導入する案	（イ）現有設備を新設備に置き換える案

投資前　➡　投資後　　　　　　投資前　➡　投資後

現有設備　　現有設備＋新設備　　　現有設備　　　新設備

　　　　　　拡張　　　　　　　　　　　取替（現有設備売却）

また、今回の意思決定での代替案は次の3つになります。
　①拡張投資案　　（上記（ア））
　②取替投資案　　（上記（イ））
　③現状維持案　　（拡張投資も取替投資も行わない案）

1 標準原価計算

2 総合原価計算

3 業務執行的意思決定

4 設備投資意思決定

5 費目別計算

6 予算実績差異分析

＜現有設備を維持したまま新設備を導入する案（拡張投資案）の採否＞

Stage 2　キャッシュ・フロー分析

問題2

当社では1種額の製品を現在1台の設備で製造して、販売している。

現有設備は2014年度末に30,000,000円にて取得したものであり、2020年度末まで利用可能である。残存価額は3,000,000円であり、耐用年数経過後に実際に3,000,000円にて売却可能と予想される。なお、この設備を2016年度末時点で売却すると、12,000,000円で売却可能である。

今、年間12,000個の生産能力をもつ新しい設備を2016年度末に導入しようと計画をしている。新設備の取得原価は24,000,000円、耐用年数4年、4年後には2,400,000円にて売却可能と予想される。

問1　現有設備を維持したまま2016年度末に新設備を導入したときの2016年度末時点の差額キャッシュ・フローの合計はいくらになるか。

> ！　拡張投資案（問0の（ア））と現状維持案の差額を考えます。

なお、この問題で、差額キャッシュ・フローとは、「現有設備のみを使い続けるという現状維持案」を基準にして、代替案を採用した場合に異なってくるキャッシュ・フローのことをいう。

> ！　拡張投資案のキャッシュ・フロー　—　現状維持案のキャッシュ・フロー
> （拡張投資案のキャッシュ・フローから現状維持案のキャッシュ・フローを差し引いて差額を求めることが要求されています。）

答案用紙

| | 円 |

👉　差額＝（　　　　　）円－（　　　　　）円

（注）正味の差額キャッシュ・フローがキャッシュ・アウトフローになる場合には、数字の前に△をつけること。

解答解説

| △ **24,000,000** 円 | *1

2016年度末に生じるキャッシュ・フローは、拡張投資案での新設備の取得のための支出のみです。

$$\boxed{拡張投資案のキャッシュ・フロー} - \boxed{現状維持案のキャッシュ・フロー} = 差額キャッシュ・フロー$$

$$\triangle 24,000,000 円 \quad - \quad 0 円 \quad = \triangle 24,000,000 円（キャッシュ・アウトフロー）$$

> 本問では、拡張投資を検討していますので、2016年度末に現有設備を売却しません。よって、問題文4行目の、現有設備を2016年度末時点で売却すると、12,000,000円で売却可能であることは無関係です。

問題3 ▶ → ここまで解ければ、必要最低ラインをクリア！

　当社では1種額の製品を現在1台の設備で製造して、販売している。この製品は1個当たり5,000円で販売可能である。現在の生産能力は年間10,000個である。もし生産能力が許せば、年間15,000個までの販売は可能であると予想される。現在の設備を使用した場合、製品1個当たり変動費（現金支出費用）は3,500円である。

> 現状維持案では10,000個、拡張投資案では15,000個を生産販売します。

　現有設備は2014年度末に30,000,000円にて取得したものであり、2020年度末まで利用可能である。残存価額は3,000,000円であり、耐用年数経過後に実際に3,000,000円にて売却可能と予想される。

　今、年間12,000個の生産能力をもつ新しい設備を2016年度末に導入しようと計画している。この新設備を使用した場合、製品1個当たり変動費（現金支出費用）は3,000円となる。新設備の取得原価は24,000,000円、耐用年数4年、4年後には2,400,000円にて売却可能と予想される。

　現有設備も新設備も減価償却の方法は定額法であり、耐用年数経過後の売却可能価額を残存価額として計算する。

　キャッシュ・フローは年度末にまとめて生じると仮定する。法人税等は、その法人税等を負担すべき年度の末に支払われるものと仮定する。法人税等の税率は40％で、当社は順調に利益をあげている。

　なお、この問題で、差額キャッシュ・フローとは、「現有設備のみを使い続けるという現状維持案」を基準にして、代替案を採用した場合に異なってくるキャッシュ・フローのことをいう。キャッシュ・フローは税引き後で考えること。

問2　現有設備を維持したまま2016年度末に新設備を導入した場合、2017年度末から2020年度末までの年々の差額キャッシュ・フロー1年分はいくらになるか（2020年度末のプロジェクト終了にともなう差額キャッシュ・フローは除く）。ただし、設備の利用は利益が最大になるように行うものとする。

> ！　拡張投資を行う場合、現有設備と新設備のどちらを優先して利用すべきかを考えます。

問3　現有設備を維持したまま2016年度末に新設備を導入した場合、2020年度末のプロジェクト終了にともなう差額キャッシュ・フローはいくらになるか。

> プロジェクト終了時に設備を売却します。現有設備も売却しますが、ここでその売却収入を考慮する必要はある？

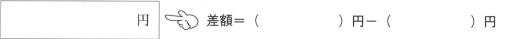

答案用紙

問2

| | 円 | ☞ | 差額＝（　　　　　　）円－（　　　　　　）円 |

（注）正味の差額キャッシュ・フローがキャッシュ・アウトフローになる場合には、数字の前に△をつけること。（問3も同様）

問3

| | 円 | ☞ | 差額＝（　　　　　　）円－（　　　　　　）円 |

解答解説

問2

| | **10,260,000** 円 |＊2

ここでの「2017年度末から2020年度末までの年々の差額キャッシュ・フロー1年分」とは、2017年度から2020年度までの4年間における1年あたりの差額キャッシュ・フロー（拡張投資案と現状維持案の差額）のことです。

1．現状維持案のキャッシュ・フロー

現状維持案での製品の年間生産販売量は、10,000個です。

> ！ 製品の需要量は年間15,000個ですが、現有設備の生産能力は年間10,000個しかありません。

売上収入：＠5,000円×10,000個	＝	50,000,000円
変動費支出：△＠3,500円×10,000個	＝	△ 35,000,000円
税引前のキャッシュ・フロー1年分		15,000,000円

税引後のキャッシュ・フロー1年分

$$15,000,000円×（1－40\%（税率））＋\underset{減価償却によるタックス・シールド}{4,500,000円^{※}×40\%（税率）}＝10,800,000円$$

※　現有設備の年間減価償却費：（30,000,000円（取得原価）－3,000,000円（残存価額））
÷6年（耐用年数）＝4,500,000円

2．拡張投資案のキャッシュ・フロー

(1) 各設備の生産量

> ！ 現有設備と新設備の生産能力合計は年間22,000個ですが、需要量は年間15,000個しかありません。

拡張投資案での製品の年間生産販売量は、15,000個です。

現有設備と新設備のどちらを優先して利用すべきかについては、製品1個当たりの変動費が現有設備よりも新設備の方が低いため、新設備を優先して利用します。

新設備による生産量：年間12,000個（新設備の生産能力をすべて利用）

現有設備による生産量：年間3,000個（＝15,000個（需要量）－12,000個）

(2) キャッシュ・フロー

売上収入：　＠5,000円×15,000個　　　　　　　　　　　　　　　＝ 75,000,000円
変動費支出：△＠3,000円×12,000個（新設備）＝ △ 36,000,000円
　　　　　　△＠3,500円×3,000個（現有設備）＝ △ 10,500,000円　△ 46,500,000円
税引前のキャッシュ・フロー1年分　　　　　　　　　　　　　　　　　28,500,000円

税引後のキャッシュ・フロー1年分
　　28,500,000円×（1－40%（税率））＋9,900,000円※×40%（税率）＝ 21,060,000円
　　　　　　　　　　　　　　　　　　　減価償却によるタックス・シールド

※　新設備の年間減価償却費：（24,000,000円（取得原価）－2,400,000円（残存価額））
　　　　　　　　　　　　÷4年（耐用年数）＝ 5,400,000円
　　年間減価償却費合計：5,400,000円（新設備）＋4,500,000円（現有設備）＝ 9,900,000円

3．差額キャッシュ・フロー

拡張投資案のキャッシュ・フロー	－	現状維持案のキャッシュ・フロー	＝ 差額キャッシュ・フロー
21,060,000円	－	10,800,000円	＝ **10,260,000円**
			（キャッシュ・インフロー）

4．差額法による計算

　上記1～3は総額法による計算ですが、次のように差額法によるとより効率的に計算できます。ただし、差額法は計算ミスをしやすい方法であるため、まずは総額法によって確実に正解を導けるようにしましょう。

> 15,000個 － 10,000個
> （拡張投資）（現状維持）

売上収入：　＠5,000円×5,000個　　　　　　　　　　　　　　　＝ 25,000,000円
変動費支出：△＠3,000円×12,000個（新設備）＝ △ 36,000,000円
　　　　　　＋＠3,500円×7,000個（現有設備）＝　24,500,000円　△ 11,500,000円
税引前の差額キャッシュ・フロー1年分　　　　　　　　　　　　　　　13,500,000円

> 3,000個 － 10,000個　＝△7,000個
> （拡張投資）（現状維持）
> 拡張投資の場合、現有設備による生産が7,000個減少し、その分の変動費支出が減少するため、キャッシュ・インフローとなります。

税引後の差額キャッシュ・フロー1年分
13,500,000円×（1－40%（税率））＋　5,400,000円×40%（税率）　＝ 10,260,000円

> 新設備のみから計算します。現有設備の減価償却によるタックス・シールドはどちらの案でも生じるため、意思決定上の無関連収益です。

1 標準原価計算

2 総合原価計算

3 業務執行的意思決定

4 設備投資意思決定

5 費目別計算

6 予算実績差異分析

問3

$$2,400,000 \text{ 円}$$ *3

ここでの「2020年度末のプロジェクト終了にともなう差額キャッシュ・フロー」とは、2020年度末における設備の売却に関する差額キャッシュ・フロー（拡張投資案と現状維持案の差額）のことです。

拡張投資案のキャッシュ・フロー	−	現状維持案のキャッシュ・フロー	=	差額キャッシュ・フロー

$$\begin{array}{ccccc}
2,400,000 \text{ 円} & - & 0 \text{ 円} & = & 2,400,000 \text{ 円} \\
\text{（新設備の売却収入）} & & & & \text{（キャッシュ・インフロー）}
\end{array}$$

> どちらの案でも、2020年度末に現有設備を売却するため、その売却収入について差額キャッシュ・フローは生じません（意思決定上の無関連収益）。

Stage3 正味現在価値の計算

問題4

当社では1種額の製品を現在1台の設備で製造して、販売している。

今、現有設備を維持したまま、新しい設備を2016年度末に導入しようと計画をしている。2020年度末のプロジェクト終了までの差額キャッシュ・フローは次のとおりである。

(1) 2016年度末時点の差額キャッシュ・フロー：△24,000,000円（キャッシュ・アウトフロー）

(2) 2016年度末から2020年度末までの年々の差額キャッシュ・フロー1年分：10,260,000円（(3)の差額キャッシュ・フローを含まない）

(3) 2020年度末のプロジェクト終了にともなう差額キャッシュ・フロー：2,400,000円

> 問1から問3の計算結果です。

加重平均資本コスト率は、5％である。5％の割引率の現価係数は以下のとおりとする。

5％の現価係数：			
1年 0.9524	2年 0.9070	3年 0.8638	4年 0.8227

なお、この問題で、差額キャッシュ・フローとは、「現有設備のみを使い続けるという現状維持案」を基準にして、代替案を採用した場合に異なってくるキャッシュ・フローのことをいう。また「現有設備のみを使い続けるという現状維持案」を基準にして、代替案のほうが不利となる場合には、正味現在価値に△をつけなさい。

問4 「現有設備を維持したまま2016年度末に新設備を導入する案」を採用した場合の、差額キャッシュ・フローの正味現在価値を計算せよ。正味現在価値は、2016年度末の時点を基準にして計算すること。

	円	☞	(1)の現在価値＝（　　　　　　　　）円
			(2)の現在価値＝（　　　　　　　　）円
			(3)の現在価値＝（　　　　　　　　）円

解答解説

14,355,414 円	＊4

　　各年度の差額キャッシュ・フローにもとづいて、正味現在価値を計算します。差額キャッシュ・フローが現状維持案を基準として計算されているため、正味現在価値がプラスであれば、拡張投資案の方が有利であることになります。

2016 年度末（現在）	2017 年度末	2018 年度末	2019 年度末	2020 年度末
				(3)　　2,400,000
C I F	(2)　10,260,000	(2)　10,260,000	(2)　10,260,000	(2)　10,260,000
C O F　(1) △24,000,000				

（注）　C I F … キャッシュ・インフロー、C O F … キャッシュ・アウトフロー

(1)の現在価値：△24,000,000 円

(2)の現在価値：10,260,000 円× $\underbrace{(0.9524 ＋ 0.9070 ＋ 0.8638 ＋ 0.8227)}_{\text{年金現価係数　3.5459}}$ ＝ 36,380,934 円

(3)の現在価値：2,400,000 円× 0.8227 ＝ 1,974,480 円

正味現在価値（(1)～(3)の合計）：**14,355,414 円**

＜現有設備を新設備に置き換える案（取替投資案）の採否＞

Stage 2　キャッシュ・フロー分析

問題5　　　→　　ここまで解ければ、合格ボーダーライン！

当社では1種額の製品を現在1台の設備で製造して、販売している。

現有設備は2014年度末に30,000,000円にて取得したものであり、2020年度末まで利用可能である。残存価額は3,000,000円であり、耐用年数経過後に実際に3,000,000円にて売却可能と予想される。なお、この設備を2016年度末時点で売却すると、12,000,000円で売却可能である。

今、年間12,000個の生産能力をもつ新しい設備を2016年度末に導入しようと計画をしている。新設備の取得原価は24,000,000円、耐用年数4年、4年後には2,400,000円にて売却可能と予想される。

現有設備も新設備も減価償却の方法は定額法であり、耐用年数経過後の売却可能価額を残存価額として計算する。

キャッシュ・フローは年度末にまとめて生じると仮定する。法人税等は、その法人税等を負担すべき年度の末に支払われるものと仮定する。法人税等の税率は40％で、当社は順調に利益をあげている。

問5　現有設備を2016年度末時点で売却し、新設備を2016年度末に導入する場合、2016年度末時点での差額キャッシュ・フローの合計はいくらになるか。

> ！　取替投資案（問0の（イ））と現状維持案の差額を考えます。

なお、この問題で、差額キャッシュ・フローとは、「現有設備のみを使い続けるという現状維持案」を基準にして、代替案を採用した場合に異なってくるキャッシュ・フローのことをいう。キャッシュ・フローは税引き後で考えること。

> ！　取替投資案のキャッシュ・フロー　―　現状維持案のキャッシュ・フロー
> （取替投資案のキャッシュ・フローから現状維持案のキャッシュ・フローを差し引いて差額を求めることが要求されています。）

答案用紙

　　　　　　　　　　　円　　　差額＝（　　　　　　）円－（　　　　　　）円

（注）正味の差額キャッシュ・フローがキャッシュ・アウトフローになる場合には、数字の前に△をつけること。

1　標準原価計算

2　総合原価計算

3　業務執行的意思決定

4　設備投資意思決定

5　費目別計算

6　予算実績差異分析

$$\boxed{\triangle\ 8,400,000\ 円} \quad *5$$

　　2016 年度末に生じるキャッシュ・フローは、(1)新設備の取得のための支出、(2)現有設備の売却収入、(3)現有設備の売却損によるタックス・シールドの 3 つです。これらはすべて、取替投資案のときに生じるキャッシュ・フローです。

1．現状維持案のキャッシュ・フロー

　　現状維持案では、2016 年度末に生じるキャッシュ・フローはありません。

2．取替投資案のキャッシュ・フロー

(1)　**新設備の取得のための支出**：△ 24,000,000 円

(2)　**現有設備の売却収入**：12,000,000 円

(3)　**現有設備の売却損によるタックス・シールド**
　　売却損：21,000,000 円※（現有設備の 2016 年度末簿価）－ 12,000,000 円（売却価額）
　　　　　＝ 9,000,000 円

　　※　2016 年末の減価償却累計額：$(30,000,000\ 円-3,000,000\ 円)\times\dfrac{2\ 年}{6\ 年}$
　　　　　　　　　　　　　　　　＝ 9,000,000 円
　　　2016 年度末簿価：30,000,000 円－ 9,000,000 円＝ 21,000,000 円

　　タックス・シールド：9,000,000 円（売却損）× 40 ％（税率）　＝ 3,600,000 円
(1)～(3)の合計：△ 8,400,000 円

3．差額キャッシュ・フロー

$$\boxed{取替投資案のキャッシュ・フロー} - \boxed{現状維持案のキャッシュ・フロー} = 差額キャッシュ・フロー$$

$$\triangle\ 8,400,000\ 円 \quad - \quad 0\ 円 \quad =\triangle\ 8,400,000\ 円$$
$$（キャッシュ・アウトフロー）$$

当社では1種額の製品を現在1台の設備で製造して、販売している。この製品は1個当たり5,000円で販売可能である。現在の生産能力は年間10,000個である。もし生産能力が許せば、年間15,000個までの販売は可能であると予想される。現在の設備を使用した場合、製品1個当たり変動費（現金支出費用）は3,500円である。

現有設備は2014年度末に30,000,000円にて取得したものであり、2020年度末まで利用可能である。残存価額は3,000,000円であり、耐用年数経過後に実際に3,000,000円にて売却可能と予想される。

今、年間12,000個の生産能力をもつ新しい設備を2016年度末に導入しようと計画をしている。この新設備を使用した場合、製品1個当たり変動費（現金支出費用）は3,000円となる。新設備の取得原価は24,000,000円、耐用年数4年、4年後には2,400,000円にて売却可能と予想される。

現有設備も新設備も減価償却の方法は定額法であり、耐用年数経過後の売却可能価額を残存価額として計算する。

キャッシュ・フローは年度末にまとめて生じると仮定する。法人税等は、その法人税等を負担すべき年度の末に支払われるものと仮定する。法人税等の税率は40％で、当社は順調に利益をあげている。

なお、この問題で、差額キャッシュ・フローとは、「現有設備のみを使い続けるという現状維持案」を基準にして、代替案を採用した場合に異なってくるキャッシュ・フローのことをいう。キャッシュ・フローは税引き後で考えること。

問6 現有設備を2016年度末時点で売却し、新設備を2016年度末に導入する場合、2017年度末から2020年度末までの年々の差額キャッシュ・フロー1年分はいくらになるか（2020年度末のプロジェクト終了にともなう差額キャッシュ・フローは除く）。

> 現状維持案では10,000個、取替投資案では12,000個を生産販売します。

> 現有設備と新設備のどちらか一方のみを利用することになるため、問2よりも単純です。

答案用紙

| □□□□□□ 円 | ☞ 差額＝（ ）円−（ ）円 |

（注）正味の差額キャッシュ・フローがキャッシュ・アウトフローになる場合には、数字の前に△をつけること。

1 標準原価計算

2 総合原価計算

3 業務執行的意思決定

4 設備投資意思決定

5 費目別計算

6 予算実績差異分析

5,760,000 円	*6

　ここでの「2017年度末から2020年度末までの年々の差額キャッシュ・フロー1年分」とは、2017年度から2020年度までの4年間における1年あたりの差額キャッシュ・フロー（取替投資案と現状維持案の差額）のことです。

1. 現状維持案のキャッシュ・フロー（問2と同じ）

　現状維持案での製品の年間生産販売量は、10,000個です。

> ！ 製品の需要量は年間15,000個ですが、現有設備の生産能力は年間10,000個しかありません。

売 上 収 入：＠5,000円×10,000個		50,000,000 円
変動費支出：△＠3,500円×10,000個	＝	△ 35,000,000 円
税引前のキャッシュ・フロー1年分		15,000,000 円

税引後のキャッシュ・フロー1年分

$15,000,000 円 \times (1 - 40\%（税率）) + \underset{\text{減価償却によるタックス・シールド}}{4,500,000 円 \times 40\%（税率）} = 10,800,000 円$

2. 取替投資案のキャッシュ・フロー

(1) 各設備の生産量

　取替投資案での製品の年間生産販売量は、12,000個です。

(2) キャッシュ・フロー

売 上 収 入：＠5,000円×12,000個		60,000,000 円
変動費支出：△＠3,000円×12,000個（新設備）	＝	△ 36,000,000 円
税引前のキャッシュ・フロー1年分		24,000,000 円

税引後のキャッシュ・フロー1年分

$24,000,000 円 \times (1 - 40\%（税率）) + \underset{\text{減価償却によるタックス・シールド}}{5,400,000 円 \times 40\%（税率）} = 16,560,000 円$

3. 差額キャッシュ・フロー

取替投資案のキャッシュ・フロー	－	現状維持案のキャッシュ・フロー	＝ 差額キャッシュ・フロー
16,560,000 円	－	10,800,000 円	＝ 5,760,000 円
			（キャッシュ・インフロー）

4. 差額法による計算

　上記1〜3は総額法による計算ですが、次のように差額法によるとより効率的に計算できます。ただし、差額法は計算ミスをしやすい方法であるため、まずは総額法によって確実に正解を導けるようにしましょう。

売 上 収 入：＠5,000円×2,000個		10,000,000 円
変動費支出：△＠3,000円×12,000個（新設備）－△＠3,500円×10,000個（現有設備）	＝	△ 1,000,000 円
税引前の差額キャッシュ・フロー1年分		9,000,000 円

税引後の差額キャッシュ・フロー1年分

$9,000,000 円 \times (1 - 40\%（税率）) + \underset{\text{新設備と現有設備の減価償却費の差額}}{(5,400,000 円 - 4,500,000 円) \times 40\%（税率）}$

$= 5,760,000 円$

問題7

当社では１種額の製品を現在１台の設備で製造して、販売している。

今、現有設備を売却し、新しい設備を 2016 年度末に導入しようと計画をしている。

2020 年度末のプロジェクト終了までの差額キャッシュ・フローは次のとおりである。

    (1) 2016 年度末時点の差額キャッシュ・フロー：△ 8,400,000 円（キャッシュ・アウトフロー）

    (2) 2016 年度末から 2020 年度末までの年々の差額キャッシュ・フロー１年分：5,760,000 円

    ((3)の差額キャッシュ・フローを含まない)

> 問5、問6
> の計算結果です。

    (3) 2020 年度末のプロジェクト終了にともなうキャッシュ・フロー

      2020 年度末に、現有設備は 3,000,000 円で、新設備は 2,400,000 円でそれぞれ売却可能である（売却損益は生じない）。

加重平均資本コスト率は、５％である。５％の割引率の現価係数は以下のとおりとする。

    ５％の現価係数：

      1 年　0.9524　　　2 年　0.9070　　　3 年　0.8638　　　4 年　0.8227

なお、この問題で、差額キャッシュ・フローとは、「現有設備のみを使い続けるという現状維持案」を基準にして、代替案を採用した場合に異なってくるキャッシュ・フローのことをいう。また「現有設備のみを使い続けるという現状維持案」を基準にして、代替案のほうが不利となる場合には、正味現在価値に△をつけなさい。

問7　「現有設備を 2016 年度末時点で売却し、新設備を 2016 年度末に導入する案」を採用した場合の、差額キャッシュ・フローの正味現在価値を計算せよ。正味現在価値は、2016 年度末の時点を基準にして計算すること。

答案用紙

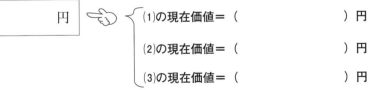

    |　　　　　　　　　　|　円

    (1)の現在価値＝（　　　　　　　　　）円

    (2)の現在価値＝（　　　　　　　　　）円

    (3)の現在価値＝（　　　　　　　　　）円

1 標準原価計算

2 総合原価計算

3 業務執行的意思決定

4 設備投資意思決定

5 費目別計算

6 予算実績差異分析

$$\boxed{11,530,764 \text{ 円}} \quad *7$$

　各年度の差額キャッシュ・フローにもとづいて、正味現在価値を計算します。差額キャッシュ・フローが現状維持案を基準として計算されているため、正味現在価値がプラスであれば、取替投資案の方が有利であることになります。

	2016 年度末（現在）	2017 年度末	2018 年度末	2019 年度末	2020 年度末
C I F		(2) 5,760,000	(2) 5,760,000	(2) 5,760,000	(2) 5,760,000
C O F	(1) △ 8,400,000				(3) 600,000

1．プロジェクト終了時の差額キャッシュ・フロー

　(3)の「2020 年度末のプロジェクト終了にともなう差額キャッシュ・フロー」とは、2020 年度末における設備の売却に関する差額キャッシュ・フロー（取替投資案と現状維持案の差額）のことです。

$$\boxed{\text{取替投資案のキャッシュ・フロー}} - \boxed{\text{現状維持案のキャッシュ・フロー}} = \text{差額キャッシュ・フロー}$$

$$\begin{array}{ccc} 2,400,000 \text{ 円} & - & 3,000,000 \text{ 円} & = & △ 600,000 \text{ 円} \\ (\text{新設備の売却収入}) & & (\text{現有設備の売却収入}) & & (\text{キャッシュ・アウトフロー}) \end{array}$$

2．正味現在価値

(1)の現在価値：△ 8,400,000 円

(2)の現在価値：5,760,000 円 × (0.9524 ＋ 0.9070 ＋ 0.8638 ＋ 0.8227) ＝ 20,424,384 円
　　　　　　　　　　　　　　　　　　年金現価係数 3.5459

(3)の現在価値：△ 600,000 円 × 0.8227 ＝△ 493,620 円

正味現在価値（(1)～(3)の合計）：**11,530,764 円**

➡ P.300 に戻って、再チャレンジ！

1 標準原価計算

2 総合原価計算

3 業務執行的意思決定

4 設備投資意思決定

5 費目別計算

6 予算実績差異分析

コラム 意思決定会計の過去問題との付き合い方

　意思決定会計の問題は、日商簿記1級の問題の中でもとりわけ「過去のパターンが通用しないケース」が多く、その点が多くの1級受験生に苦手意識を植え付けている原因にもなっているのではないかと思います。

　ただ、実際のビジネスシーンで意思決定会計の力が最も発揮されるのも「過去のパターンが通用しないケース」です。

　「過去のパターンが通用するケース」、すなわち「いつものパターン」であれば、わざわざ1級合格者に頼るまでもなく「この前と同じ」という判断で構いませんし、金額などの数字だけが変わる場合、現代では、パソコンが得意な人が表計算ソフトに関数などを打ち込んでおけば、数字だけを入れ替えることで誰でも的確な意思決定が可能です。

　作問者もおそらくその点を認識されているのでしょう。だからこそ、過去のパターンにとらわれずに問題の文章や資料を的確に読み取り、情報を整理し、必要な判断を正しく行える人に合格してもらうために、初出の問題を作っているのではないかとも考えられます。

　ですから、意思決定会計の過去問題の解き方やパターンをそのまま覚えても、そのまま皆さんの受験する回で使えるかといえば、その可能性は残念ながら低いでしょう。

　「だったら、過去問題を解く意味なんてないじゃないか」と思われそうですが、そうでもありません。

　皆さんの周りに、突然のトラブルなどでも冷静に的確な判断が下せる"頼れる上司"のような方はいませんか？
　そういう方の判断がすべてその場で新たに考えられたものかといえば、意外とそうではなく、過去の様々な経験からヒントになりそうな知識や考え方をたくさんストックしているそうです。
　「あのときはこうだったから、今回はこの部分だけを変えたら対応できそう」といったストックが多い分、慌てず冷静に、的確な判断ができるそうです。

　意思決定会計の問題も同様で、過去問題と全く同じパターンは出題される可能性が低いとしても、ここで解いた経験が実際の試験で役立つという可能性は十分にあります。
　ただ漫然と過去問題を解いたり、パターンで覚えたりするのではなく、『経験』を積み重ねていくイメージで、過去問題に取り組んでいきましょう。

まずは解いてみよう！　（制限時間 20 分）

問題（10点満点）

　ＮＳ製作所では、Ａ材料とＢ材料を用いて、甲製品と乙製品を製造販売している。材料の種類ごとに、１原価計算期間における実際消費量に予定消費価格を乗じて材料費を計算している。なお、材料元帳においては、月次総平均法にもとづいて実際消費価格を計算し、外部副費の予定配賦率を用いた材料の実際消費額を計算している。ただし、当製作所では、勘定外で材料別に外部副費のみを購入代価に加えた実際購入原価を計算し、材料副費配賦差異を分析している。内部副費に関しては、その実際発生額を間接経費として処理している。当月における次の [資料] にもとづいて、下記の問に答えなさい。

[資料]

1．予定消費価格

　Ａ材料　　6,150 円／個

　Ｂ材料　　9,500 円／個

2．外部副費の予定配賦率

　Ａ材料　　購入代価の 8 ％

　Ｂ材料　　購入代価の 10 ％

3．実際購入代価（括弧内は購入量）

　Ａ材料送状価額　　5,125,000 円（900 個）

　Ｂ材料送状価額　　5,200,000 円（600 個）

4．Ａ材料とＢ材料に共通して発生した実際材料副費

　引取運賃　　　405,000 円（購入量の比でそれぞれの材料に按分する）

　関　　税　　　206,500 円（購入代価の比でそれぞれの材料に按分する）

5．4．以外の材料副費実際発生額

	検収費	保険料	手入費	保管費
Ａ材料	41,000 円	97,000 円	30,000 円	120,000 円
Ｂ材料	43,000 円	186,000 円	30,000 円	190,000 円

6．製品別材料実際出庫量

	Ａ材料	Ｂ材料
甲製品	600 個	250 個
乙製品	400 個	400 個

7．月初材料棚卸高（括弧内は在庫量）

　Ａ材料　　1,809,000 円（300 個）

　Ｂ材料　　1,916,000 円（200 個）

問1　実際購入原価を材料別に計算しなさい。

問2　A材料の材料副費配賦差異を計算しなさい。

問3　甲製品の直接材料費を計算しなさい。

問4　消費価格差異総額（A材料とB材料の差異合計）を計算しなさい。

[答案用紙]

問1　A材料　＿＿＿＿＿＿＿＿＿＿＿円

　　　B材料　＿＿＿＿＿＿＿＿＿＿＿円

問2　＿＿＿＿＿＿＿＿＿＿＿円　（　不利　・　有利　）差異

　　　（注）（　　）内「不利」か「有利」のいずれかを○で囲みなさい。

問3　＿＿＿＿＿＿＿＿＿＿＿円

問4　＿＿＿＿＿＿＿＿＿＿＿円　（　不利　・　有利　）差異

　　　（注）（　　）内「不利」か「有利」のいずれかを○で囲みなさい。

1　標準原価計算

2　総合原価計算

3　業務執行的意思決定

4　設備投資意思決定

5　費目別計算

6　予算実績差異分析

問1　A材料　　★ _____5,535,000 _____ 円*1

　　　B材料　　★ _____5,720,000 _____ 円*2

問2　☆★ _____32,500 _____ 円　（ ⟨不利⟩ ・ 有利 ）差異*3

　　　（注）　（　　）内「不利」か「有利」のいずれかを○で囲みなさい。

問3　☆ _____6,065,000 _____ 円　*4

問4　☆★ _____750 _____ 円　（ 不利 ・ ⟨有利⟩ ）差異*5

　　　（注）　（　　）内「不利」か「有利」のいずれかを○で囲みなさい。

☆2点、★1点　計10点

採点結果は？

_____ 点 ➡ 7点以上？　YES ➡ 必要に応じて解説を確認したら、次の問題へ **GO!**（P.328 〜）

NO ➡ ステップアップ問題1〜3を順に解いてから再挑戦！

1 標準原価計算

2 総合原価計算

3 業務執行的意思決定

4 設備投資意思決定

5 費目別計算

6 予算実績差異分析

テーマ 5-1　費目別計算（材料費の計算）Stage 分析

Stage 1　材料費・材料副費の処理方法の確認　…本問は予定消費価格を用いて材料費を計算することになっていますが、予定消費価格はすでに[資料]に与えられています。一方、実際消費価格（実際購入原価）の計算に関連して考慮しなくてはならない材料副費について確認すると、外部副費は予定配賦によって材料の実際消費額に加えるのに対し、内部副費は間接経費として処理する（＝材料費には加えない）ことが指示されています。

Stage 2　実際購入原価・副費配賦差異の計算　…実際購入原価に加える材料副費の予定配賦を行い、外部副費の実際発生額と比較して、材料副費配賦差異を計算します。

Stage 3　材料消費額・消費価格差異の計算　…予定価格に基づいて材料消費額を計算し、消費価格差異を計算します。

ステップアップ問題

問題1

　ＮＳ製作所では、Ａ材料とＢ材料を用いて、甲製品と乙製品を製造販売している。材料の種類ごとに、１原価計算期間における実際消費量に予定消費価格を乗じて材料費を計算している。なお、材料元帳においては、月次総平均法にもとづいて実際消費価格を計算し、外部副費の予定配賦率を用いた材料の実際消費額を計算している。ただし、当製作所では、勘定外で材料別に外部副費のみを購入代価に加えた実際購入原価を計算し、材料副費配賦差異を分析している。内部副費に関しては、その実際発生額を間接経費として処理している。当月における次の［資料］にもとづいて、下記の問に答えなさい。

> ！　材料副費は材料の取得原価に算入するのが原則ですが、本問は問題文の指示により、内部副費は材料の取得原価には算入せず、間接経費として処理します。

［資料］

４．Ａ材料とＢ材料に共通して発生した実際材料副費

　　引取運賃　　　405,000 円（購入量の比でそれぞれの材料に按分する）

　　関　　税　　　206,500 円（購入代価の比でそれぞれの材料に按分する）

５．４．以外の材料副費実際発生額

	検収費	保険料	手入費	保管費
Ａ材料	41,000 円	97,000 円	30,000 円	120,000 円
Ｂ材料	43,000 円	186,000 円	30,000 円	190,000 円

> 本試験ではなかった設問です。

問0　当月の材料副費のうち間接経費として処理される金額を計算しなさい。

> （本問では）内部副費のこと

1 標準原価計算

2 総合原価計算

3 業務執行的意思決定

4 設備投資意思決定

5 費目別計算

6 予算実績差異分析

答案用紙

問0 ＿＿＿＿＿＿＿＿＿ 円　👉 問題文の指示より、内部副費は
　　　　　　　　　　　　　間接経費として処理される。

解　答　▶

問0 ＿＿＿＿ 454,000 円＿＿＿＿

　本問で発生している材料副費が外部副費・内部副費のどちらに該当するかを分類すると、
以下のとおりとなります。

外 部 副 費	内 部 副 費
引 取 運 賃	検 収 費
関 　 税	手 入 費
保 険 料	保 管 費

❗ 材料副費の分類の際、内部副費は主に「社内で発生するもの」「材料が会社に到着してから発生するもの」というイメージで考えてみましょう。

　原価計算基準では、「材料副費の一部を材料の購入原価に算入しない場合には、これを間接経費に属する項目とし又は材料費に配賦する。」という規定があり（原価計算基準11（四））、本問ではこの規定に沿って、内部副費を材料の購入原価に算入せず、間接経費として処理することを求めています。

　したがって、上記の分類に基づいて、間接経費処理される内部副費の実際発生額を集計したものが、解答となります。

検収費	41,000 円＋	43,000 円＝	84,000 円
手入費	30,000 円＋	30,000 円＝	60,000 円
保管費	120,000 円＋	190,000 円＝	310,000 円
			454,000 円

問題2

　　ＮＳ製作所では、Ａ材料とＢ材料を用いて、甲製品と乙製品を製造販売している。材料の種類ごとに、１原価計算期間における実際消費量に予定消費価格を乗じて材料費を計算している。なお、材料元帳においては、月次総平均法にもとづいて実際消費価格を計算し、外部副費の予定配賦率を用いた材料の実際消費額を計算している。ただし、当製作所では、勘定外で材料別に外部副費のみを購入代価に加えた実際購入原価を計算し、材料副費配賦差異を分析している。内部副費に関しては、その実際発生額を間接経費として処理している。当月における次の［資料］にもとづいて、下記の問に答えなさい。

> ！　外部副費は予定配賦した金額を実際消費額に加算するよう指示されているので、実際購入原価に加算する外部副費も予定配賦率を用います。

［資料］

２．外部副費の予定配賦率

　Ａ材料　　購入代価の８％

　Ｂ材料　　購入代価の10％

３．実際購入代価（括弧内は購入量）

　Ａ材料送状価額　　5,125,000円（900個）

　Ｂ材料送状価額　　5,200,000円（600個）

４．Ａ材料とＢ材料に共通して発生した実際材料副費

　引取運賃　　405,000円（購入量の比でそれぞれの材料に按分する）

　関　　税　　206,500円（購入代価の比でそれぞれの材料に按分する）

５．４．以外の材料副費実際発生額

	検収費	保険料	手入費	保管費
Ａ材料	41,000円	97,000円	30,000円	120,000円
Ｂ材料	43,000円	186,000円	30,000円	190,000円

> 文字通り、当月に"購入"した材料の原価を計算します。

問1　実際購入原価を材料別に計算しなさい。

問2　材料副費配賦差異を材料別に計算しなさい。

> 本試験の設問はＡ材料の配賦差異のみが問われていましたが、ステップアップ問題では材料ごとに計算してみましょう。

答案用紙

問1　Ａ材料 ＿＿＿＿＿＿＿＿＿＿ 円 ⎫
　　　Ｂ材料 ＿＿＿＿＿＿＿＿＿＿ 円 ⎬ 👉 購入代価＋外部副費（予定配賦）

問2　Ａ材料 ＿＿＿＿＿＿＿＿＿＿ 円　（　不利　・　有利　）差異
　　　Ｂ材料 ＿＿＿＿＿＿＿＿＿＿ 円　（　不利　・　有利　）差異

　　　（注）（　　）内「不利」か「有利」のいずれかを○で囲みなさい。

1 標準原価計算

2 総合原価計算

3 業務執行的意思決定

4 設備投資意思決定

5 費目別計算

6 予算実績差異分析

解 答

問1 A材料　　　　　　　　**5,535,000** 円

　　　B材料　　　　　　　　**5,720,000** 円

問2 A材料　　　　　　　**32,500** 円　（ ⦅不利⦆ ・ 有利 ） 差異

　　　B材料　　　　　　　**68,000** 円　（ 不利 ・ ⦅有利⦆ ） 差異

（注）（　　）内「不利」か「有利」のいずれかを○で囲みなさい。

　問0で計算した内部副費は間接経費で処理するため、外部副費（引取費用）のみを購入代価に加算して、購入原価や材料副費配賦差異を計算します。

問1　材料別の実際購入原価

　　A材料：5,125,000円（実際購入代価）＋410,000円[※1]（外部副費の予定配賦額）＝5,535,000円[※1]

　　　　※1　5,125,000円×8％（予定配賦率）＝410,000円

　　B材料：5,200,000円＋520,000円[※2]＝5,720,000円[※2]

　　　　※2　5,200,000円×10％（予定配賦率）＝520,000円

> ! 予定配賦した金額を用いて計算しますので、実際購入原価の計算では外部副費の実際発生額の資料は用いません。

問2　材料別の材料副費配賦差異

　　外部副費の予定配賦額と実際発生額の差額により、配賦差異を計算します。

(1) A材料

　① 予定配賦額：問1の計算過程より、410,000円

　② 実際発生額

　　引取運賃：$405,000 円 \times \dfrac{900 \text{個（A材料の当月購入量）}}{1,500 \text{個（A材料とB材料の当月購入量合計）}} = 243,000$ 円

　　関　税：$206,500 円 \times \dfrac{5,125,000 \text{円（A材料の当月購入代価）}}{10,325,000 \text{円（A材料とB材料の当月購入代価合計）}} = 102,500$ 円

　　保険料：97,000円（資料5より）

> ! 資料5の副費のうち、保険料以外は内部副費です。

　　　計：243,000円＋102,500円＋97,000円＝442,500円

　③ 配賦差異：410,000円－442,500円＝△ **32,500円**（**不利差異**）[※3]

> 材料副費配賦差異＝予定配賦額－実際発生額

(2) B材料

　① 予定配賦額：問1の計算過程より、520,000円

　② 実際発生額

　　引取運賃：$405,000 円 \times \dfrac{600 \text{個（B材料の当月購入量）}}{1,500 \text{個（A材料とB材料の当月購入量合計）}} = 162,000$ 円

　　関　税：$206,500 円 \times \dfrac{5,200,000 \text{円（A材料の当月購入代価）}}{10,325,000 \text{円（A材料とB材料の当月購入代価合計）}} = 104,000$ 円

　　保険料：186,000円（資料5より）

　　　計：162,000円＋104,000円＋186,000円＝452,000円

　③ 配賦差異：520,000円－452,000円＝**68,000円**（**有利差異**）

(3) 配賦差異合計

$$\underset{\text{A材料}}{\triangle 32{,}500 \text{円（不利差異）}} + \underset{\text{B材料}}{68{,}000 \text{円（有利差異）}} = 35{,}500 \text{円（有利差異）}$$

Stage 3 材料消費額・消費価格差異の計算

問題3

　　ＮＳ製作所では、Ａ材料とＢ材料を用いて、甲製品と乙製品を製造販売している。材料の種類ごとに、１原価計算期間における実際消費量に予定消費価格を乗じて材料費を計算している。なお、材料元帳においては、月次総平均法にもとづいて実際消費価格を計算し、外部副費の予定配賦率を用いた材料の実際消費額を計算している。ただし、当製作所では、勘定外で材料別に外部副費のみを購入代価に加えた実際購入原価を計算し、材料副費配賦差異を分析している。内部副費に関しては、その実際発生額を間接経費として処理している。当月における次の［資料］にもとづいて、下記の問に答えなさい。

月次総平均法の平均単価＝$\dfrac{\text{月初棚卸高＋当月購入原価}}{\text{月初在庫量＋当月購入量}}$

［資料］

1．予定消費価格

　Ａ材料　　6,150 円／個

　Ｂ材料　　9,500 円／個

3．実際購入代価（括弧内は購入量）

　Ａ材料送状価額　　5,125,000 円（900 個）

　Ｂ材料送状価額　　5,200,000 円（600 個）

6．製品別材料実際出庫量

	Ａ材料	Ｂ材料
甲製品	600 個	250 個
乙製品	400 個	400 個

7．月初材料棚卸高（括弧内は在庫量）

　Ａ材料　　1,809,000 円（300 個）

　Ｂ材料　　1,916,000 円（200 個）

問3　甲製品の直接材料費を計算しなさい。

問4　消費価格差異を材料別に計算しなさい。

本試験の設問は総額で問われていましたが、ここは材料別に計算してみましょう。

答案用紙

問3 ＿＿＿＿＿＿＿＿＿ 円　　👉予定消費価格×甲製品の材料消費量

問4　A材料 _____ 円 （ 不利 ・ 有利 ） 差異

　　　B材料 _____ 円 （ 不利 ・ 有利 ） 差異

　　　(注)　（　　）内「不利」か「有利」のいずれかを○で囲みなさい。

✎ 解答 ▷

問3 **6,065,000** 円　☞ 予定消費価格×甲製品の材料消費量

問4　A材料 **30,000** 円 （ 不利 ・ (有利) ） 差異

　　　B材料 **29,250** 円 （ (不利) ・ 有利 ） 差異

　　　(注)　（　　）内「不利」か「有利」のいずれかを○で囲みなさい。

問3　甲製品の直接材料費の計算

　直接材料費を予定消費価格で計算するよう指示されているときは、予定消費価格に実際消費量を掛けて計算します。

　　A材料　@6,150円（予定消費価格）× 600個＝　3,690,000円
　　B材料　@9,500円（予定消費価格）× 250個＝　2,375,000円
　　　　　　　　　　　　　　　　　　　　　　　　6,065,000円[*4]

問4　材料消費価格の計算

　実際購入原価の中に外部副費の予定配賦額を含める点に注意しましょう。

> ❗ 実際消費価格の計算の際には、問1で求めた実際購入原価を用います。

⑴　A材料
　①　月次総平均法による実際消費価格：$\dfrac{1,809,000\text{円（月初棚卸高）}+5,535,000\text{円（当月購入原価）}}{300\text{個（月初在庫量）}+900\text{個（当月購入量）}}$＝@6,120円

　②　実際消費額：@6,120円×（600個＋400個）＝6,120,000円

> ❗ 資料6より、甲製品・乙製品のために出庫された材料の合計をもとに実際消費額を計算します。

　③　予定消費額（予定消費価格による消費額）：@6,150円×1,000個＝6,150,000円

　④　消費価格差異：6,150,000円－6,120,000円＝**30,000円**（有利差異）

> 消費価格差異＝予定消費額－実際消費額

⑵　B材料
　①　月次総平均法による実際消費価格：$\dfrac{1,916,000\text{円（月初棚卸高）}+5,720,000\text{円（当月購入原価）}}{200\text{個（月初在庫量）}+600\text{個（当月購入量）}}$＝@9,545円

　②　実際消費額：@9,545円×（250個＋400個）＝6,204,250円

　③　予定消費額（予定消費価格による消費額）：@9,500円×650個＝6,175,000円

　④　消費価格差異：6,175,000円－6,204,250円＝△29,250円（**不利差異**）

⑶　差異総額

　$\underbrace{30,000\text{円}}_{\text{A材料}}$（有利差異）＋$\underbrace{△29,250\text{円}}_{\text{B材料}}$（不利差異）＝**750円**（有利差異）[*5]

➡ P.318 に戻って、再チャレンジ！

1 標準原価計算
2 総合原価計算
3 業務執行的意思決定
4 設備投資意思決定
5 費目別計算
6 予算実績差異分析

まずは解いてみよう！ （制限時間 30 分）

問題（14点満点）

次の［資料］にもとづき、下記の問に答えなさい。

［資料］

(1) 10 月 1 日現在の棚卸資産諸勘定の残高

　　　材　　料 31,400 千円　　　仕 掛 品 12,400 千円　　　製　　品 64,640 千円

(2) 10 月中の材料仕入

　　　買掛債務 63,000 千円　　　その他仕入債務 4,600 千円

(3) 10 月中の材料消費

　　　主要材料　　？　千円　　　補助材料　　2,500 千円　　　消耗工具器具備品 300 千円

　　　買入部品 17,400 千円　　　工場消耗品　2,000 千円

(4) 10 月中の消費賃金・給料

　　　直接工賃金　　　　　　　27,600 千円

　　　　実際作業時間：加工時間　6,000 時間　　　間接作業時間　400 時間

　　　　　　　　　　　段取時間　2,000 時間　　　手待時間　　　800 時間

　　　間接工賃金　　　　　　　1,200 千円

　　　監督者給料　　　　　　　1,600 千円

　　　事務職員給料　　　　　　2,400 千円

(5) 10 月中の給与支払

　　　現金預金支出額（前月未払給与を含む）　　27,600 千円

　　　預り金発生額　　　　　　　　　　　　　　 5,100 千円

(6) 10 月中の支払間接経費

　　　現金預金支出額　28,000 千円　　　未　払　額　4,000 千円

(7) 減価償却費月額

　　　工場建物　13,500 千円　　　機械装置　25,600 千円

(8) 10 月中の損害保険料発生額（10 月 1 日現在の前払保険料残高 52,000 千円）

　　　工場建物　2,300 千円　　　機械装置　3,000 千円

(9) 製造間接費予定配賦率の計算基礎：

　　　年間予定直接作業時間数　　100,000 時間

　　　年間間接費予定額　　　　　1,100,000 千円

(10) 10月31日現在の棚卸資産残高

	帳簿残高	実際有高
材　　　　料	31,800 千円	31,700 千円
仕　掛　品	？　千円	？　千円
製　　　　品	68,800 千円	68,800 千円

なお、仕掛品勘定の帳簿残高と実際
有高は等しかった。

(11) 10月中の売上高など

売　上　高　427,100 千円　　売上総利益率　60％

原価差異は会計期末（3月末）まで繰り延べる。

問1　答案用紙の仕掛品勘定を完成しなさい。

問2　製造間接費配賦差異はいくらか。

答案用紙

問1

仕　掛　品　　　　　　（単位：千円）

前 月 繰 越	12,400	製　　　　品（　　　　　）
材　　　料（　　　　　）		次 月 繰 越（　　　　　）
賃 金・給 料（　　　　　）		
製 造 間 接 費（　　　　　）		
（　　　　　）		（　　　　　）

問2

製造間接費配賦差異	千円（　借方差異　、　貸方差異　）

（　　）内はいずれかを○で囲みなさい。

問1

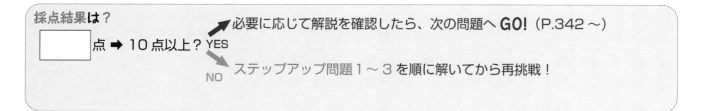

仕　掛　品			（単位：千円）		
前 月 繰 越		12,400	製　　　　品（	★　　175,000 ）	*4
材　　　　料（	☆★　62,400 ） *1		次 月 繰 越（	11,800 ）	*5
賃 金・給 料（	☆★　24,000 ） *2				
製 造 間 接 費（	☆★　88,000 ） *3				
	（	186,800 ）		（　186,800　）	

問2

製造間接費配賦差異	☆☆	**2,100** 千円 （ 借方差異 、　貸方差異 ）	*6

☆2点、★1点　計14点

採点結果は？

[　　] 点 ➡ 10点以上？　YES → 必要に応じて解説を確認したら、次の問題へ **GO!**（P.342～）

NO → ステップアップ問題1～3を順に解いてから再挑戦！

テーマ5-2　**費目別計算（費目別の原価集計から仕掛品勘定の記入まで）**　**Stage**　分析

Stage 1　費目別の原価集計　…問題資料の材料費、労務費、経費に関するデータにもとづいて、当月の製造直接費（直接材料費、直接労務費、直接経費）、製造間接費（間接材料費、間接労務費、間接経費）を集計します。細かい資料も多くなりますので、慎重に集計しましょう！

製造原価
- 材料費
  - 直接材料費　… 主要材料や買入部品の消費額
  - 間接材料費
- 労務費
  - 直接労務費　… 直接工の直接作業時間に対する賃金の消費額
  - 間接労務費
- 経　費
  - 直接経費
  - 間接経費

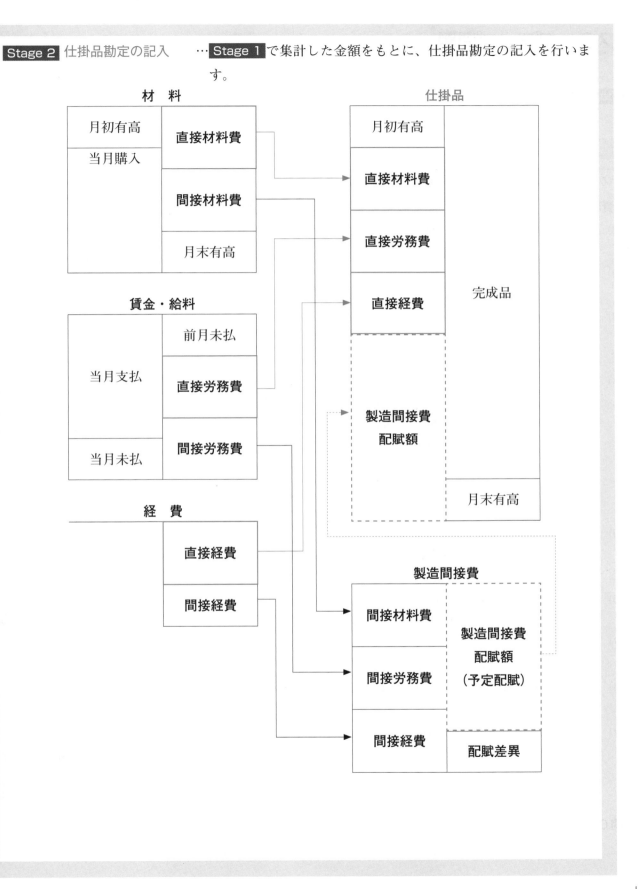

Stage 2 仕掛品勘定の記入 …**Stage 1** で集計した金額をもとに、仕掛品勘定の記入を行います。

材　料

月初有高	直接材料費
当月購入	
	間接材料費
	月末有高

賃金・給料

	前月未払
当月支払	直接労務費
	間接労務費
当月未払	

経　費

| 直接経費 |
| 間接経費 |

仕掛品

月初有高	
直接材料費	
直接労務費	
直接経費	完成品
製造間接費配賦額	
	月末有高

製造間接費

間接材料費	製造間接費配賦額（予定配賦）
間接労務費	
間接経費	配賦差異

1 標準原価計算

2 総合原価計算

3 業務執行的意思決定

4 設備投資意思決定

5 費目別計算

6 予算実績差異分析

Stage 1 費目別の原価集計

問題1

次の ［資料］ にもとづき、下記の問に答えなさい。

［資料］

(1) 10月1日現在の棚卸資産諸勘定の残高

材　　料　31,400 千円

(2) 10月中の材料仕入

買掛債務　63,000 千円　　　その他仕入債務　4,600 千円

(3) 10月中の材料消費 ┈┈┈┈┈┈┈┈┈┈┈┈┈┈┈┈┈┈ このうち直接材料費になるのは？

主要材料　　？　千円　　　補助材料　　2,500 千円　　　消耗工具器具備品 300 千円

買入部品　17,400 千円　　　工場消耗品　2,000 千円

(4) 10月中の消費賃金・給料

直接工賃金　　　　　　　27,600 千円

| ！ 直接工の消費賃率 = 直接工賃金÷就業時間 |

実際作業時間：加工時間　6,000 時間　　　間接作業時間　400 時間

段取時間　2,000 時間　　　手待時間　800 時間

このうち直接労務費になるのは？

間接工賃金　　　　　　　1,200 千円

監督者給料　　　　　　　1,600 千円

事務職員給料　　　　　　2,400 千円

(5) 10月中の給与支払

現金預金支出額（前月未払給与を含む）　27,600 千円

預り金発生額　　　　　　　　　　　　　　5,100 千円

(6) 10月中の支払間接経費

現金預金支出額　28,000 千円　　　未　払　額　4,000 千円

直接経費は発生していません。答案用紙からも明らかです。

(7) 減価償却費月額

工場建物　13,500 千円　　　　機械装置　25,600 千円

(8) 10月中の損害保険料発生額（10月1日現在の前払保険料残高 52,000 千円）

工場建物　2,300 千円　　　　機械装置　3,000 千円

(9) 10月31日現在の棚卸資産残高

	帳簿残高	実際有高
材　　料	31,800 千円	31,700 千円

！ 差額 ➡ 材料費？経費？

本試験ではなかった設問ですが、これらの記入内容に関する計算が必要です。

問0　答案用紙の材料勘定、賃金・給料勘定、経費勘定、製造間接費勘定に記入しなさい。

材　料　(単位：千円)

前 月 繰 越 (	)	直 接 材 料 費 (	)	
当 月 仕 入 (	)	間 接 材 料 費 (	)	
		棚 卸 減 耗 損 (	)	
		次 月 繰 越 (	)	☞ 実際有高
(	)	(	)	

賃金・給料　(単位：千円)

当 月 支 払 (	)	前 月 未 払	?	
当 月 未 払	?	直 接 労 務 費 (	)	☞ 直接工の 直接作業賃金
		間 接 労 務 費 (	)	
	?	(	?	)

経　費　(単位：千円)

支 払 間 接 経 費 (	)	間 接 経 費 (	)
減 価 償 却 費 (	)		
損 害 保 険 料 (	)		
(	)(	)	
(	)	(	)

製造間接費　(単位：千円)

材　　　　　料 (	)
賃 金・給 料 (	)
経　　　　　費 (	)

1 標準原価計算

2 総合原価計算

3 業務執行的意思決定

4 設備投資意思決定

5 費目別計算

6 予算実績差異分析

材　　料[*7]　　　　　　（単位：千円）

前 月 繰 越（	31,400 ）	直 接 材 料 費（	62,400 ）
当 月 仕 入（	67,600 ）	間 接 材 料 費（	4,800 ）
		棚 卸 減 耗 損（	100 ）
		次 月 繰 越（	31,700 ）
（	99,000 ）	（	99,000 ）

賃金・給料[*8]　　　　　　（単位：千円）

当 月 支 払（	32,700 ）	前 月 未 払	？
当 月 未 払	？	直 接 労 務 費（	24,000 ）
		間 接 労 務 費（	8,800 ）
	？	（	？ ）

経　　費[*9]　　　　　　（単位：千円）

支払間接経費（	32,000 ）	間 接 経 費（	76,500 ）
減 価 償 却 費（	39,100 ）		
損 害 保 険 料（	5,300 ）		
（棚卸減耗損）（	100 ）		
（	76,500 ）	（	76,500 ）

製造間接費[*10]　　　　　　（単位：千円）

材　　　　料（	4,800 ）	
賃 金・給 料（	8,800 ）	
経　　　　費（	76,500 ）	

1．材料費

1 標準原価計算

2 総合原価計算

3 業務執行的意思決定

4 設備投資意思決定

5 費目別計算

6 予算実績差異分析

材　　料[7]　　　（単位：千円）

前月繰越		当月消費	
	31,400	直接材料費	
当月仕入		主要材料	45,000[1]
買掛債務	63,000	買入部品	17,400
その他仕入債務	4,600	間接材料費	
	67,600	補助材料	2,500
		消耗工具器具備品	300
		工場消耗品	2,000
		棚卸減耗損	100[2]
		次月繰越（実際有高）	
			31,700
	99,000		99,000

仕掛品勘定へ
62,400千円[1]

製造間接費勘定へ
4,800千円

経費勘定へ
100千円

> 棚卸減耗損は製造過程における物品の消費ではないため、経費（間接経費）となります。

※1　主要材料の消費額は、貸借差額で求めます。

※2　棚卸減耗損：31,800千円（帳簿残高）－31,700千円（実際有高）＝100千円

2．労務費

　消費賃金・給料のうち直接労務費となるのは、直接工の直接作業時間に対する消費賃金のみです。それ以外のものはすべて間接労務費となります。

直接工の就業時間			
実　働　時　間			手待時間
直接作業時間		間接作業時間	
加工時間	段取時間		
直接労務費		**間接労務費**	

> 就業時間が賃金の支払対象となるため、消費賃率を算定する基礎になります。

賃金・給料[8]　　　（単位：千円）

当月支払[1]		前月未払	?
現金預金支出	27,600	当月消費	
従業員預り金	5,100	直接労務費	
	32,700	直接工直接作業賃金	24,000[2]
		間接労務費	
		直接工間接作業等賃金	3,600[3]
		間接工賃金	1,200
		監督者給料	1,600
当月未払	?	事務職員給料	2,400
	?		?

仕掛品勘定へ
24,000千円[2]

製造間接費勘定へ
8,800千円

※1　賃金・給料支払時の仕訳

（借）賃 金・給 料　32,700　（貸）現 金 預 金　27,600

従 業 員 預 り 金　5,100

> 同額ですが、偶然の一致です。

※2　直接工直接作業賃金

① 直接工の実際賃率

27,600 千円（直接工賃金、資料(4)より）÷ 9,200 時間（就業時間）＝＠3 千円

> 6,000 時間（加工時間）＋ 2,000 時間（段取時間）
> ＋ 400 時間（間接作業時間）＋ 800 時間（手待時間）
> ＝ 9,200 時間

② 直接工直接作業賃金

＠3 千円 × 8,000 時間（直接作業時間）＝ 24,000 千円

> 6,000 時間（加工時間）＋ 2,000 時間（段取時間）
> ＝ 8,000 時間

※3　直接工間接作業等賃金

＠3 千円 × 1,200 時間＝ 3,600 千円

> 400 時間（間接作業時間）＋ 800 時間（手待時間）
> ＝ 1,200 時間

3. 経費

経 費 [9]　（単位：千円）

支 払 間 接 経 費	32,000 [1]	当 月 消 費	
減 価 償 却 費	39,100 [2]	間 接 経 費	76,500
損 害 保 険 料	5,300 [3]		
棚 卸 減 耗 損	**100** [4]		
	76,500		**76,500**

→ 製造間接費勘定へ
76,500 千円

※1　28,000 千円（現金預金支出額）＋ 4,000 千円（未払額）＝ 32,000 千円

※2　13,500 千円（工場建物）＋ 25,600 千円（機械装置）＝ 39,100 千円

※3　2,300 千円（工場建物）＋ 3,000 千円（機械装置）＝ 5,300 千円

※4　材料勘定からの振替

> 支払間接経費
>
> | 当月支払 | 前月未払 |
> |---|---|
> | 28,000 | 0 |
> | 当月未払 | 当月消費 |
> | 4,000 | 32,000 |
> | | （貸借差額）|

> 問題文に、「損害保険料発生額」とあります。よっ
> て、この金額は 10 月 1 日現在の前払保険料残高
> 52,000 千円のうちの当月への配分額と考える
> ことがきます。

4. 製造間接費

製造間接費勘定の借方には、間接材料費、間接労務費、間接経費のそれぞれの実際発生額が記入されます。

製造間接費 [10]　（単位：千円）

材　　　　料（	**4,800** ）[1]	
賃 金・ 給 料（	**8,800** ）[2]	
経　　　　費（	**76,500** ）[3]	

※1　間接材料費（上記1.より）

※2　間接労務費（上記2.より）

※3　間接経費（上記3.より）

問題2　→　ここまで解ければ、合格ボーダーライン！

次の [資料] にもとづき、下記の問に答えなさい。

[資料]

(資料追加)

(1)　10月1日現在の棚卸資産勘定の残高

製　　品　64,640 千円

(2)　10月中の材料消費

直接材料費　62,400 千円　　間接材料費　4,800 千円

(3)　10月中の消費賃金・給料

直接労務費　24,000 千円（直接作業時間　8,000 時間）　　間接労務費　8,800 千円

(4)　10月中の消費経費

間接経費　76,500 千円

(資料追加)

(5)　製造間接費予定配賦率の計算基礎：

年間予定直接作業時間数　　　　100,000 時間

年間間接費予算額　　　　　　1,100,000 千円

(資料追加)

(6)　10月31日現在の棚卸資産残高

	帳簿残高
製　　　　品	68,800 千円

> 仕掛品の残高つまり月末仕掛品原価が与えられていません。売上原価→当月完成品原価→月末仕掛品原価 の順に推定します。

(資料追加)

(7)　10月中の売上高など

売上高　427,100 千円　　売上総利益率　60 %

原価差異は会計期末（3月末）まで繰り延べる。

問1　答案用紙の仕掛品勘定を完成しなさい。

答案用紙

<table>
<tr><td colspan="4" align="center">仕　　掛　　品</td><td align="right">（単位：千円）</td></tr>
<tr><td></td><td>前 月 繰 越</td><td align="right">12,400</td><td>製　　　　品（</td><td>　　　　）</td></tr>
<tr><td>直接材料費☞</td><td>材　　　料（</td><td>　　　）</td><td>次 月 繰 越（</td><td>　　　　）</td></tr>
<tr><td>直接労務費☞</td><td>賃 金・給 料（</td><td>　　　）</td><td></td><td></td></tr>
<tr><td>予定配賦額☞</td><td>製 造 間 接 費（</td><td>　　　）</td><td></td><td></td></tr>
<tr><td></td><td>（</td><td>　　　）</td><td>（</td><td>　　　　）</td></tr>
</table>

1 標準原価計算

2 総合原価計算

3 業務執行的意思決定

4 設備投資意思決定

5 費目別計算

6 予算実績差異分析

		仕　掛　品		（単位：千円）		
前　月　繰　越	12,400		製　　　　　品（	**175,000**	）*4	
材　　　　　料（	**62,400**	）*1	次　月　繰　越（	**11,800**	）*5	
賃　金・給　料（	**24,000**	）*2				
製　造　間　接　費（	**88,000**	）*3				
（	**186,800**	）	（	186,800	）	

1．仕掛品勘定の借方

(1) 材料

直接材料費 62,400 千円（資料(2)より）が材料勘定から振り替えられます。*1

(2) 賃金・給料

直接労務費 24,000 千円（資料(3)より）が賃金・給料勘定から振り替えられます。*2

(3) 製造間接費

製造間接費の予定配賦額が製造間接費勘定から振り替えられます。

＜資料(5)より、製造間接費を予定配賦していると判断します。＞

製造間接費予定配賦率：<u>1,100,000 千円</u>÷<u>100,000 時間</u> ＝＠ 11 千円
　　　　　　　　　　製造間接費予算額　　年間予定直接作業時間数

製造間接費予定配賦額：＠ 11 千円×<u>8,000 時間</u>＝ **88,000 千円** *3
　　　　　　　　　　　　　　　　当月実際直接作業時間

2．仕掛品勘定の貸方

(1) 製品

貸方の「製品」は、当月の完成品原価の製品勘定への振替を意味しています。そこで、次のように製品勘定を分析します。

		製　　　品		（単位：千円）
前　月　繰　越	64,640	売　上　原　価	170,840	
当　月　完　成　品	175,000	次　月　繰　越	68,800	
	239,640		239,640	

前月繰越：資料(1)より、月初製品原価 64,640 千円

売上原価：資料(7)より、<u>427,100 千円</u>×（1－60%（売上総利益率））＝ 170,840 千円
　　　　　　　　　　　　売上高　　　　　　　　原価率40%

＜問題文に「原価差異は会計期末（3月末）まで繰り延べる。」とあります。これは、ここでの売上原価の算定においては、原価差異を考慮する必要はないことを意味しています。＞

次月繰越：資料(6)より、月末製品原価 68,800 円

当月完成品：貸借差額により、**175,000 千円** *4

➡仕掛品勘定貸方の製品の金額

(2) 次月繰越（月末仕掛品原価）

仕掛品勘定の貸借差額により、11,800 千円 *5

1 標準原価計算

2 総合原価計算

3 業務執行的意思決定

4 設備投資意思決定

5 費目別計算

6 予算実績差異分析

次の［資料］にもとづき、下記の問に答えなさい。

［資料］

(1)　10月中の材料消費

　　　直接材料費　62,400千円　　　間接材料費　4,800千円

(2)　10月中の消費賃金・給料

　　　直接労務費　24,000千円　　　間接労務費　8,800千円

(3)　10月中の消費経費

　　　間接経費　76,500千円

(4)　製造間接費の予定配賦

　　　予定配賦率　直接作業時間1時間当たり11千円

　　　10月の直接作業時間　8,000時間

問2　製造間接費配賦差異を算定し、答案用紙の製造間接費勘定を完成しなさい。

答案用紙

製造間接費配賦差異	千円（　借方差異　、　貸方差異　）

（　　）内はいずれかを○で囲みなさい。

製造間接費^(注)　　　　　　　　　（単位：千円）

材　　　　料	（　　　　　）	（　　　　　）	（　　　　　）
賃 金・給 料	（　　　　　）	（　　　　　）	（　　　　　）
経　　　　費	（　　　　　）		
（　　　　　）	（　　　　　）		
	（　　　　　）	（　　　　　）	

（注）すべてのカッコに記入されるとは限らない。

製造間接費配賦差異	2,100 千円 (借方差異 、 貸方差異)[*6]

製造間接費 （単位：千円）

材　　　料	(4,800)	(仕　掛　品)	(88,000)
賃 金・給 料	(8,800)	(製造間接費配賦差異)	(2,100)
経　　　費	(76,500)		
(　　　　)	(　　　　)		
	(90,100)		(90,100)

1．製造間接費配賦差異

製造間接費を予定配賦しているため、製造間接費配賦差異が生じます。

(1) 製造間接費勘定の借方 … 実際発生額

(2) 製造間接費勘定の貸方

貸方の「仕掛品」は、予定配賦額の仕掛品勘定への振替を意味しています。

@ 11 千円 × 8,000 時間 ＝ **88,000 千円**

製造間接費配賦差異

88,000 千円 － (4,800 千円 ＋ 8,800 千円 ＋ 76,500 千円) ＝△ **2,100 千円（借方差異）**[*6]
　予定配賦額　　　　　　　　　　実際発生額

＜参考＞　勘定連絡図

　費目別計算の問題を正確かつ効率的に解答するには、勘定間の振替の流れ、つまり勘定連絡を理解していることが必須です。

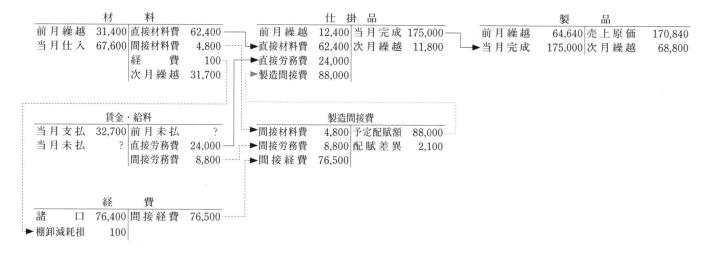

➡ P.328 に戻って、再チャレンジ！

1 標準原価計算

2 総合原価計算

3 業務執行的意思決定

4 設備投資意思決定

5 費目別計算

6 予算実績差異分析

まずは解いてみよう！　（制限時間 30 分）

問題（25点満点）

　当社は製品Xと製品Yを製造・販売している。[**資料**] にもとづき、次に示す社長、営業部長、製造部長の会話の（　　　　）内に入る適切な数字を計算しなさい。また、⬚ 内に入る最も適切な言葉を次の語群から選択しなさい。

（語群）

高　　　　い	貢 献 利 益 率	売上高営業利益率	経営レバレッジ係数
低　　　　い	市 場 占 有 率	市 場 占 有 率 差 異	セールス・ミックス差異
安　全　率	販 売 価 格 差 異	市 場 総 需 要 量	市場総需要量差異

社　　　長：先月の業績検討会を始めることにしよう。まず営業部長から発表してくれたまえ。

営業部長：5月の実績は予算に比べて売上高が（　①　）千円上回りました。これは営業部員が製品の販売に努力をしてくれたおかげです。しかも、単位当たり変動販売費と販売固定費は予算どおりでした。

社　　　長：しかし君、貢献利益も、営業利益も、予算より実績の方が低いではないか。これをどう説明するのかね。

営業部長：変動売上原価の計算では単位当たり実際変動製造原価を使って計算しているからだと思います。製造原価の責任は製造部門にありますから、単位当たり予算変動製造原価を使うことにすれば貢献利益は（　②　）千円となり、予算よりも実績の方が高くなります。

社　　　長：そうか。製造部門が責任を負う原価が増加したせいで、予算貢献利益よりも実績貢献利益の方が悪くなったのだね。

製造部長：社長、確かに製造部門は製造原価に責任があります。しかし、われわれは営業部門が ③ の ④ 製品Yの営業に力を注ぐであろうと思っていたので、その製造原価の低減に集中したのです。その結果製品Yについては単位当たり（　⑤　）円の変動製造原価の低減に成功しました。

営業部長：しかし、君たちは製品Xの変動製造原価の低減には失敗しました。予算よりも多くの製品を売ることができたから単位当たり原価はもっと下げられたのではないでしょうか。

製造部長：原材料費が高騰したことと、月末近くに予定外の急な大量注文が営業部門から入ったから、残業が続いて労務費がかさんだのです。それより、営業部門の販売価格の設定に問題はなかったのでしょうか。

社　　　長：そうか。製造部長の言い分ももっともだね。予算でみると、製品Xの ③ よりも製品Yの ③ の方が17.5ポイントも高い。しかも、製品Yの ⑥ は

1 標準原価計算

2 総合原価計算

3 業務執行的意思決定

4 設備投資意思決定

5 費目別計算

6 予算実績差異分析

予算と比べて数量ベースで実績が（　⑦　）個増えている。販売数量総差異は 1,862 千円の有利差異であり、これを分析すると製品 Y の ⑧ は（　⑨　）千円の有利差異が出ている。そうした背景のもとで、なぜ ⑩ を落とすことになったのだね。製品 X の ⑪ は 3,000 千円の有利差異だが、製品 Y は（　⑫　）千円の不利差異が出ているじゃないか。販売価格総差異（　⑬　）千円の原因も製品 X にあるようだ。製品 X からは（　⑭　）千円の不利差異が出ている。

営業部長：激しい価格競争の中で ⑩ をとりにいくために製品 X の販売価格を下げ、市場からの評価が比較的高いと思われる製品 Y については販売価格を引き上げたことに、確かに問題があったかもしれません。 ⑮ は予算に比べて実績が約 2.6 ポイント下がり、 ⑯ はわずかですが上がってしまいました。今月は挽回できるよう、市場調査を十分に行って、製造部門にも迷惑をかけないよう、努力します。

[資料]

5 月の予算および実績は、次のとおりであった。

1．損益計算書

（単位：千円）

	予算		実績	
	製品 X	製品 Y	製品 X	製品 Y
売上高	40,000	24,000	43,200	24,354
変動費				
変動売上原価	20,000	10,000	25,200	8,712
変動販売費	4,000	200	4,500	198
貢献利益	16,000	13,800	13,500	15,444
固定費				
製造固定費	5,000	4,400	5,000	4,400
販売固定費	1,400		1,400	
一般管理費	2,400		2,400	
営業利益	16,600		15,744	

2．諸データ

	予算		実績	
	製品 X	製品 Y	製品 X	製品 Y
生産・販売数量	80,000 個	20,000 個	90,000 個	19,800 個
市場占有率	50 %	50 %	60 %	40 %

なお、製品および仕掛品の在庫はない。

①		千円
②		千円
③		
④		
⑤		円
⑥		
⑦		個
⑧		
⑨		千円
⑩		
⑪		
⑫		千円
⑬		千円
⑭		千円
⑮		
⑯		

解 答

①	☆	3,554	千円	*5
②	☆	30,456	千円	*6
③	★	貢 献 利 益 率		*7
④	★	高 い		*8
⑤	☆	60	円	*9
⑥	★	市 場 総 需 要 量		*10
⑦	☆	9,500	個	*11
⑧	★	市場総需要量差異		*12
⑨	☆	3,277.5	千円	*13
⑩	★	市 場 占 有 率		*14
⑪	★	市 場 占 有 率 差 異		*15
⑫	☆	3,415.5	千円	*16
⑬	☆	1,206	千円	*17
⑭	☆	1,800	千円	*18
⑮	☆	売上高営業利益率		*19
⑯	★	経営レバレッジ係数		*20

☆2点、★1点　計25点

採点結果は？

□ 点 → 16点以上？ YES ➡ 必要に応じて解説を確認したら、この調子で模擬試験などに挑戦しよう！

NO ➡ ステップアップ問題1〜3を順に解いてから再挑戦！

テーマ6　予算実績差異分析　Stage　分析

Stage 1　基礎データの整理　…具体的な差異分析に備えて、製品の販売単価や1個あたりの貢献利益など差異分析の基礎となるデータのうち、問題資料に直接与えられていないデータをあらかじめ整理しておきます。
これらの計算を誤ると、大きな失点につながるため、慎重に行いましょう！

整理すべきデータの例（予算と実績にわけて整理する）
→　**製品の販売単価、変動費（製造原価、販売費）の単価、1個あたり貢献利益、貢献利益率、市場占有率、市場総需要量、セールス・ミックス など**

Stage 2　差異分析方法の確認　…予算実績差異分析の方法として、総額分析（項目別分析）と純額分析（要因別分析）のいずれが問われているかを確認します。問題資料や答案用紙から必ず判明します！

直接原価計算のもとでの予算実績差異分析の方法　→　2種類
① **総額分析（項目別分析）**　…損益計算書の貢献利益計算の項目ごとに分析する方法
② **純額分析（要因別分析）**　…貢献利益に影響を及ぼす3つの要因について分析する方法

次のページへ

1 標準原価計算

2 総合原価計算

3 業務執行的意思決定

4 設備投資意思決定

5 費目別計算

6 予算実績差異分析

…**Stage 2** の分析方法にもとづいて、具体的に差異の金額を計算します。完全にマスターするまでは、ボックス図を用いて計算しましょう！

・総額分析（項目別分析）の場合

① 売上高差異

② 変動売上原価差異、変動販売費差異

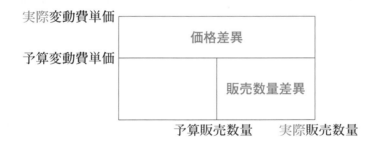

・純額分析（要因別分析）の場合

貢献利益差異

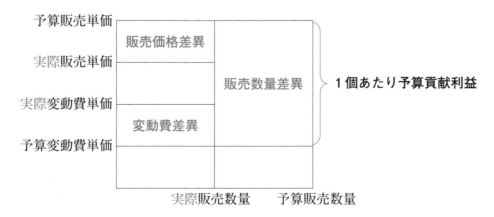

ステップアップ問題

基礎データの整理

問題1

当社は製品Xと製品Yを製造・販売している。

問1 [**資料**]にもとづき、答案用紙の（　　　）内に入る適切な数字を計算しなさい。なお、貢献利益率（%）の計算上割り切れない場合には、小数点以下第3位を四捨五入すること。

[**資料**]

5月の予算および実績は、次のとおりであった。

1．損益計算書

（単位：千円）

	予　算		実　績	
	製品X	製品Y	製品X	製品Y
売上高	40,000	24,000	43,200	24,354
変動費				
変動売上原価	20,000	10,000	25,200	8,712
変動販売費	4,000	200	4,500	198
貢献利益	16,000	13,800	13,500	15,444
固定費				
製造固定費	5,000	4,400	5,000	4,400
販売固定費	1,400		1,400	
一般管理費	2,400		2,400	
営業利益	16,600		15,744	

> 直接原価計算による損益計算書であることがわかります。

2．諸データ

	予　算		実　績	
	製品X	製品Y	製品X	製品Y
生産・販売数量	80,000 個	20,000 個	90,000 個	19,800 個
市場占有率	50 %	50 %	60 %	40 %

なお、製品および仕掛品の在庫はない。

	予　算		実　績	
	製品X	製品Y	製品X	製品Y
販売単価	@（　　　　　）円	@（　　　　　）円	@（　　　　　）円	@（　　　　　）円
変動費単価				
変動売上原価	@（　　　　　）円	@（　　　　　）円	@（　　　　　）円	@（　　　　　）円
変動販売費	@（　　　　　）円	@（　　　　　）円	@（　　　　　）円	@（　　　　　）円
1個あたり貢献利益	@（　　　　　）円	@（　　　　　）円	@（　　　　　）円	@（　　　　　）円
貢献利益率	（　　　　）%	（　　　　）%	（　　　　）%	（　　　　）%
市場総需要量	（　　　　）個	（　　　　）個	（　　　　）個	（　　　　）個

☞ 販売数量 ÷ 市場占有率

解答解説

	予　算		実　績	
	製品X[*1]	製品Y[*2]	製品X[*3]	製品Y[*4]
販売単価	@（　500）円	@（　1,200）円	@（　480）円	@（　1,230）円
変動費単価				
変動売上原価	@（　250）円	@（　500）円	@（　280）円	@（　440）円
変動販売費	@（　50）円	@（　10）円	@（　50）円	@（　10）円
1個あたり貢献利益	@（　200）円	@（　690）円	@（　150）円	@（　780）円
貢献利益率	（　40）%	（　57.5）%	（　31.25）%	（　63.41）%
市場総需要量	（　160,000）個	（　40,000）個	（　150,000）個	（　49,500）個

(1)　製品Xの予算データ[*1]

販　売　単　価：40,000千円（予算売上高）÷ 80,000個（予算販売数量）＝@ 500円

変動売上原価：20,000千円（予算変動売上原価）÷ 80,000個（予算販売数量）＝@ 250円

変動販売費：4,000千円（予算変動販売費）÷ 80,000個（予算販売数量）＝@ 50円

1個あたり貢献利益：@ 500円 − @ 250円 − @ 50円 ＝ @ 200円

貢献利益率：@ 200円（貢献利益）÷ @ 500円（販売単価）＝ 40%

市場総需要量：80,000個（予算販売数量）÷ 50%（予算市場占有率）＝ 160,000個

> 貢献利益＝売上高−変動費
> ↓
> @貢献利益＝@販売単価−@変動費

> 予算販売数量＝予算市場総需要量×予算市場占有率
> ↓
> 予算市場総需要量＝予算販売数量÷予算市場占有率

(2) 製品Yの予算データ^{*2}

　販　売　単　価：24,000 千円（予算売上高）÷ 20,000 個（予算販売数量）＝＠ 1,200 円

　変 動 売 上 原 価：10,000 千円（予算変動売上原価）÷ 20,000 個（予算販売数量）＝＠ 500 円

　変 動 販 売 費：200 千円（予算変動販売費）÷ 20,000 個（予算販売数量）＝＠ 10 円

　1個あたり貢献利益：＠ 1,200 円－＠ 500 円－＠ 10 円＝＠ 690 円

　貢 献 利 益 率：＠ 690 円（貢献利益）÷＠ 1,200 円（販売単価）＝ 57.5 ％

　市 場 総 需 要 量：20,000 個（予算販売数量）÷ 50 ％（予算市場占有率）＝ 40,000 個

(3) 製品Xの実績データ^{*3}

　販　売　単　価：43,200 千円（実際売上高）÷ 90,000 個（実際販売数量）＝＠ 480 円

　変 動 売 上 原 価：25,200 千円（実際変動売上原価）÷ 90,000 個（実際販売数量）＝＠ 280 円

　変 動 販 売 費：4,500 千円（実際変動販売費）÷ 90,000 個（実際販売数量）＝＠ 50 円

　1個あたり貢献利益：＠ 480 円－＠ 280 円－＠ 50 円＝＠ 150 円

　貢 献 利 益 率：＠ 150 円（貢献利益）÷＠ 480 円（販売単価）＝ 31.25 ％

　市 場 総 需 要 量：90,000 個（実際販売数量）÷ 60 ％（実際市場占有率）＝ 150,000 個

(4) 製品Yの実績データ^{*4}

　販　売　単　価：24,354 千円（実際売上高）÷ 19,800 個（実際販売数量）＝＠ 1,230 円

　変 動 売 上 原 価：8,712 千円（実際変動売上原価）÷ 19,800 個（実際販売数量）＝＠ 440 円

　変 動 販 売 費：198 千円（実際変動販売費）÷ 19,800 個（実際販売数量）＝＠ 10 円

　1個あたり貢献利益：＠ 1,230 円－＠ 440 円－＠ 10 円＝＠ 780 円

　貢 献 利 益 率：＠ 780 円（貢献利益）÷＠ 1,230 円（販売単価）＝ 63.414…％ ≒ 63.41 ％

　市 場 総 需 要 量：19,800 個（実際販売数量）÷ 40 ％（実際市場占有率）＝ 49,500 個

1 標準原価計算

2 総合原価計算

3 業務執行的意思決定

4 設備投資意思決定

5 費目別計算

6 予算実績差異分析

当社は製品Xと製品Yを製造・販売している。

問2　[資料] にもとづき、次に示す社長、営業部長、製造部長の会話の（　　　）内に入る適切な数字を計算しなさい。また、□□□内に入る最も適切な言葉を次の語群から選択しなさい。

（語群）

高　　い　　低　　い　　貢献利益率　　売上高営業利益率　　市場総需要量

社　　　長：先月の業績検討会を始めることにしよう。まず営業部長から発表してくれたまえ。

営業部長：5月の実績は予算に比べて売上高が（　①　）千円上回りました。これは営業部員が製品の販売に努力をしてくれたおかげです。しかも、単位当たり変動販売費と販売固定費は予算どおりでした。

社　　　長：しかし君、貢献利益も、営業利益も、予算より実績の方が低いではないか。これをどう説明するのかね。

営業部長：変動売上原価の計算では単位当たり実際変動製造原価を使って計算しているからだと思います。製造原価の責任は製造部門にありますから、<u>単位当たり予算変動製造原価</u>を使うことにすれば貢献利益は（　②　）千円となり、予算よりも実績の方が高くなります。

> 営業部長の身になって考えましょう！

社　　　長：そうか。製造部門が責任を負う原価が増加したせいで、予算貢献利益よりも実績貢献利益の方が悪くなったのだね。

製造部長：社長、確かに製造部門は製造原価に責任があります。しかし、われわれは営業部門が　③　の　④　製品Yの営業に力を注ぐであろうと思っていたので、その製造原価の低減に集中したのです。その結果製品Yについては単位当たり（　⑤　）円の変動製造原価の低減に成功しました。

> 今度は、製造部長の身になって考えましょう！

社　　　長：そうか。予算でみると、製品Xの　③　よりも製品Yの　③　の方が17.5ポイントも高い。しかも、製品Yの　⑥　は予算と比べて数量ベースで実績が（　⑦　）個増えている。

1 標準原価計算

2 総合原価計算

3 業務執行的意思決定

4 設備投資意思決定

5 費目別計算

6 予算実績差異分析

[資料]

5月の予算および実績は、次のとおりであった。

問題1と同じように基礎データを準備します。

1. 損益計算書

（単位：千円）

	予　算		実　績	
	製品X	製品Y	製品X	製品Y
売上高	40,000	24,000	43,200	24,354
変動費				
変動売上原価	20,000	10,000	25,200	8,712
変動販売費	4,000	200	4,500	198
貢献利益	16,000	13,800	13,500	15,444
固定費	13,200		13,200	
営業利益	16,600		15,744	

2. 諸データ

	予　算		実　績	
	製品X	製品Y	製品X	製品Y
生産・販売数量	80,000個	20,000個	90,000個	19,800個
市場占有率	50%	50%	60%	40%

なお、製品および仕掛品の在庫はない。

答案用紙

①		千円
②		千円
③		
④		
⑤		円
⑥		
⑦		個

①	*3,554*	千円	*5

① 売上高差異

実際売上高合計：43,200 千円（製品X）＋ 24,354 千円（製品Y）＝ 67,554 千円

予算売上高合計：40,000 千円（製品X）＋ 24,000 千円（製品Y）＝ <u>64,000 千円</u>

売上高差異： <u>**3,554 千円**</u>（有利差異）

> 総額分析（項目別分析）

②	*30,456*	千円	*6

② 営業部長の業績評価のための貢献利益

営業部長が主張するように製造原価の責任は製造部門にあるため、営業部長の業績を正しく評価するには、実際の貢献利益を 1 個あたりの予算変動製造原価（予算変動売上原価）にもとづいて計算すべきです。一方、変動販売費の責任は営業部にあるため、1 個あたりの実際変動販売費を用いて計算すべきです。

営業部長の業績評価のための損益計算書

売上高		67,554 千円
変動費		
変動売上原価：@ 250 円（製品Xの予算変動製造原価）× 90,000 個		
＋@ 500 円（製品Yの予算変動製造原価）× 19,800 個＝	32,400 千円	
変 動 販 売 費：　@ 50 円（製品Xの実際変動販売費）× 90,000 個		
＋@ 10 円（製品Yの実際変動販売費）× 19,800 個＝	4,698 千円	
貢献利益	<u>**30,456 千円**</u>	

③	貢 献 利 益 率	*7
④	高　　　　い	*8

③・④ 製品Xと製品Yの比較

「われわれは営業部門が ③ の ④ 製品Yの営業に力を注ぐであろうと思っていた」という製造部長の発言と「予算でみると、製品Xの ③ よりも製品Yの ③ の方が 17.5 ポイントも高い。」という社長の発言より、各製品の予算上の**貢献利益率**の差を確認します（売上高営業利益率は、固定費の配賦基準が不明のため、計算不能です）。

製品X：40　% ⎫
製品Y：57.5 % ⎭ → 製品Yの予算貢献利益率の方が 17.5 ポイント**高い**

⑤	*60*	円	*9

⑤ 製品Yの変動製造原価の低減額

@ 500 円（予算）－@ 440 円（実際）＝@ 60 円

1 標準原価計算

2 総合原価計算

3 業務執行的意思決定

4 設備投資意思決定

5 費目別計算

6 予算実績差異分析

| ⑥ | 市 場 総 需 要 量 | | *10 |
| ⑦ | *9,500* | 個 | *11 |

⑥・⑦　製品Yの市場総需要量差異（数量ベース）

　　語群の中で個数を単位とするものは、**市場総需要量**のみです。

　　49,500 個（実際総需要量）－ 40,000 個（予算総需要量）＝ 9,500 個

　以上より、問題文の空欄を埋めると、次のようになります。

社　　　長：先月の業績検討会を始めることにしよう。まず営業部長から発表してくれたまえ。

営業部長：5月の実績は予算に比べて売上高が **3,554** 千円上回りました。これは営業部員が製品の販売に努力をしてくれたおかげです。しかも、単位当たり変動販売費と販売固定費は予算どおりでした。

社　　　長：しかし君、貢献利益も、営業利益も、予算より実績の方が低いではないか。これをどう説明するのかね。

営業部長：変動売上原価の計算では単位当たり実際変動製造原価を使って計算しているからだと思います。製造原価の責任は製造部門にありますから、単位当たり予算変動製造原価を使うことにすれば貢献利益は **30,456** 千円となり、予算よりも実績の方が高くなります。

社　　　長：そうか。製造部門が責任を負う原価が増加したせいで、予算貢献利益よりも実績貢献利益の方が悪くなったのだね。

製造部長：社長、確かに製造部門は製造原価に責任があります。しかし、われわれは営業部門が **貢献利益率** の 高い 製品Yの営業に力を注ぐであろうと思っていたので、その製造原価の低減に集中したのです。その結果製品Yについては単位当たり **60** 円の変動製造原価の低減に成功しました。

社　　　長：そうか。予算でみると、製品Xの **貢献利益率** よりも製品Yの **貢献利益率** の方が 17.5 ポイントも高い。しかも、製品Yの **市場総需要量** は予算と比べて数量ベースで実績が **9,500** 個増えている。

問題3　▶

> 営業部長の最初の発言での売上高差異は総額分析による金額ですが…

当社は製品Xと製品Yを製造・販売している。

問3　下線部（ア）の差異は、答案用紙のいずれの金額か、適切な方を○で囲みなさい。

問4　［資料］にもとづき、次に示す社長，営業部長，製造部長の会話の（　　　）内に入る適切な数字を計算しなさい。また、□□□内に入る最も適切な言葉を次の語群から選択しなさい。

（語群）

市場占有率	市場占有率差異	セールス・ミックス差異	経営レバレッジ係数
安　全　率	売上高営業利益率	市 場 総 需 要 量	市場総需要量差異

社　　　長：先月の業績検討会を始めることにしよう。まず営業部長から発表してくれたまえ。

営業部長：5月の実績は予算に比べて売上高が 3,554 千円上回りました。これは営業部員が製品の販売に努力をしてくれたおかげです。しかも、単位当たり変動販売費と販売固定費は予算どおりでした。

社　　　長：しかし君、貢献利益も、営業利益も、予算より実績の方が低いではないか。これをどう説明するのかね。

営業部長：変動売上原価の計算では単位当たり実際変動製造原価を使って計算しているからだと思います。製造原価の責任は製造部門にありますから、単位当たり予算変動製造原価を使うことにすれば貢献利益は 30,456 千円となり、予算よりも実績の方が高くなります。

社　　　長：そうか。製造部門が責任を負う原価が増加したせいで、予算貢献利益よりも実績貢献利益の方が悪くなったのだね。

製造部長：社長、確かに製造部門は製造原価に責任があります。しかし、われわれは営業部門が貢献利益率の高い製品Yの営業に力を注ぐであろうと思っていたので、その製造原価の低減に集中したのです。その結果製品Yについては単位当たり 60 円の変動製造原価の低減に成功しました。

社　　　長：そうか。製造部長の言い分ももっともだね。予算でみると、製品Xの 貢献利益率 よりも製品Yの 貢献利益率 の方が 17.5 ポイントも高い。しかも、製品Yの市場総需要量は予算と比べて数量ベースで実績が 9,500 個増えている。販売数量総差異は 1,862 千円の有利差異（ア）であり、これを分析すると製品Yの ⑧ は（　⑨　）千円の有利差異が出ている。そうした背景のもとで、なぜ ⑩

> ！まずは市場占有率差異などを計算したうえで、あてはめてみましょう。

を落とすことになったのだね。製品Xの ⑪ は 3,000 千円の有利差異だが、製品Yは（ ⑫ ）千円の不利差異が出ているじゃないか。販売価格総差異（ ⑬ ）千円の原因も製品Xにあるようだ。製品Xからは（ ⑭ ）千円の不利差異が出ている。

営業部長：激しい価格競争の中で ⑩ をとりにいくために製品Xの販売価格を下げ、市場からの評価が比較的高いと思われる製品Yについては販売価格を引き上げたことに、確かに問題があったかもしれません。 ⑮ は予算に比べて実績が約 2.6 ポイント下がり、 ⑯ はわずかですが上がってしまいました。今月は挽回できるよう、市場調査を十分に行って、製造部門にも迷惑をかけないよう、努力します。

語群のうち残っているのは？

[資料]

5月の予算および実績は、次のとおりであった。

1．損益計算書

（単位：千円）

	予　　算		実　　績	
	製品X	製品Y	製品X	製品Y
売上高	40,000	24,000	43,200	24,354
変動費				
変動売上原価	20,000	10,000	25,200	8,712
変動販売費	4,000	200	4,500	198
貢献利益	16,000	13,800	13,500	15,444
固定費	13,200		13,200	
営業利益	16,600		15,744	

2．諸データ

	予　　算		実　　績	
	製品X	製品Y	製品X	製品Y
生産・販売数量	80,000 個	20,000 個	90,000 個	19,800 個
市場占有率	50 %	50 %	60 %	40 %

なお、製品および仕掛品の在庫はない。

1 標準原価計算

2 総合原価計算

3 業務執行的意思決定

4 設備投資意思決定

5 費目別計算

6 予算実績差異分析

問3

(総額分析による売上高差異の一部 ・ 純額分析による貢献利益差異の一部)

問4

⑧		
⑨		千円
⑩		
⑪		
⑫		千円
⑬		千円
⑭		千円
⑮		
⑯		

→ ここまで解ければ、合格確実！

解答解説

問3

(総額分析による売上高差異の一部 ・ ⟨純額分析による貢献利益差異の一部⟩)

　製品Xの販売数量差異と製品Yの販売数量差異の合計である販売数量総差異1,862千円（有利差異）が、総額分析と純額分析のいずれによる金額であるかが問われています。

　そこで、それぞれの分析方法による販売数量総差異を計算してみます。

・総額分析による場合

＜製品Xの売上高差異＞

予算販売単価
@ 500 円

実際販売単価

販売価格差異	
	販売数量差異 5,000 千円

実際販売数量　　予算販売数量
90,000 個　　　80,000 個

＜製品Yの売上高差異＞

予算販売単価
@ 1,200 円

実際販売単価

販売価格差異	
	販売数量差異 △ 240 千円

実際販売数量　　予算販売数量
19,800 個　　　20,000 個

製品X:@ 500 円（予算）×（90,000 個（実際）－80,000 個（予算））＝ 5,000 千円（有利差異）
製品Y:@1,200 円（予算）×（19,800 個（実際）－20,000 個（予算））＝ △ 240 千円（不利差異）
　　　　　　　　　　　　　　　　　　　　　　　　　　　　　4,760 千円（有利差異）

・純額分析による場合

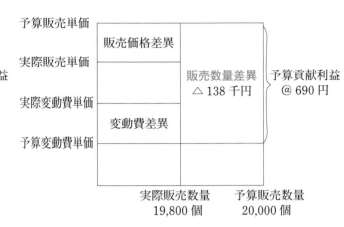

<製品Xの貢献利益差異>　　　　　　　　<製品Yの貢献利益差異>

製品X：@ 200円（予算）×（90,000個（実際）－80,000個（予算））＝ 2,000千円（有利差異）
製品Y：@ 690円（予算）×（19,800個（実際）－20,000個（予算））＝ △138千円（不利差異）
　　　　　　　　　　　　　　　　　　　　　　　　　　　　　　1,862千円（有利差異）

　以上より、問題文の販売数量総差異 1,862千円（有利差異）は、**純額分析**による**貢献利益差異の一部**であることがわかります。

問4

⑧	**市　場　総　需　要　量　差　異**		*12
⑨	***3,277.5***	**千円**	*13
⑩	**市　場　占　有　率**		*14
⑪	**市　場　占　有　率　差　異**		*15
⑫	***3,415.5***	**千円**	*16

⑧〜⑫　販売数量総差異の細分析

　販売数量総差異を市場占有率差異と市場総需要量差異に分析します（セールス・ミックス差異は、セールス・ミックスについての予算や実績のデータがないため、分析不能です）。

予算貢献利益　　　　　　　　　　　　　　　　予算貢献利益
@ 200円　　　　　　　　　　　　　　　　　　@ 690円

市場占有率差異	市場総需要量差異
3,000千円	△1,000千円

実際販売数量　　　　75,000個　　予算販売数量
90,000個　　　　　　↑　　　　　80,000個

150,000個（実際市場総需要量）× 50%（予算市場占有率）

市場占有率差異	市場総需要量差異
△3,415.5千円	3,277.5千円

実際販売数量　　　　24,750個　　予算販売数量
19,800個　　　　　　↑　　　　　20,000個

49,500個（実際市場総需要量）× 50%（予算市場占有率）

＜製品Ｘ＞

市場占有率差異：＠ 200 円×（90,000 個（実際）− 75,000 個）＝　　3,000 千円（有利差異）

市場総需要量差異：＠ 200 円×（75,000 個− 80,000 個（予算））＝△ 1,000 千円（不利差異）

＜製品Ｙ＞

市場占有率差異：＠ 690 円×（19,800 個（実際）− 24,750 個）＝　△ 3,415.5 千円（不利差異）

市場総需要量差異：＠ 690 円×（24,750 個− 20,000 個（予算））＝　　3,277.5 千円（有利差異）

| ⑬ | | *1,206* | 千円 | *17 |
| ⑭ | | *1,800* | 千円 | *18 |

⑬、⑭　販売価格総差異

135 ページのボックス図にもとづいて、販売価格総差異とそのうちの製品Ｘの

販売価格差異を計算します。

製品Ｘ：（＠　480 円（実際）−＠　500 円（予算））× 90,000 個（実際）＝△ **1,800 千円（不利差異）**

製品Ｙ：（＠ 1,230 円（実際）−＠ 1,200 円（予算））× 19,800 個（実際）＝　　594 千円（有利差異）

△ **1,206 千円（不利差異）**

| ⑮ | 売上高営業利益率 | *19 |
| ⑯ | 経営レバレッジ係数 | *20 |

> 40,000 千円（製品Ａ）
> ＋24,000 千円（製品Ｂ）

⑮、⑯　売上高営業利益率と経営レバレッジ係数

予算売上高営業利益率：16,600 千円（予算営業利益）÷ 64,000 千円（予算売上高）＝ 25.9375 ％

実際売上高営業利益率：15,744 千円（実際営業利益）÷ 67,554 千円（実際売上高）＝ 23.30… ％

➡　予算に比べて実際が約 2.6 ポイント低い

> 16,000 千円（製品Ａ）
> ＋13,800 千円（製品Ｂ）

予算経営レバレッジ係数：$\dfrac{29,800 \text{ 千円 （予算貢献利益）}}{16,600 \text{ 千円 （予算営業利益）}}$ ＝ 1.79…

実際経営レバレッジ係数：$\dfrac{28,944 \text{ 千円 （実際貢献利益）}}{15,744 \text{ 千円 （実際営業利益）}}$ ＝ 1.83…

➡　予算に比べて実際が約 0.04 ポイント高い

なお、**安全率は経営レバレッジ係数の逆数**なので、予算より実際が低くなります。

（参考）

> Ａの逆数 ＝ $\dfrac{1}{A}$

予算安全率：$\dfrac{1}{1.79\cdots \text{（予算経営レバレッジ係数）}}$ ＝ 55.70…％

実際安全率：$\dfrac{1}{1.83\cdots \text{（実際経営レバレッジ係数）}}$ ＝ 54.39…％

➡ 予算に比べて実際が約 1.31 ポイント低い

➡ P.342 に戻って、再チャレンジ！

"講師がちゃんと教える" だから学びやすい！分かりやすい！

ネットスクールの税理士WEB講座

【開講科目】簿記論、財務諸表論、法人税法、消費税法、相続税法、国税徴収法

ネットスクールの税理士WEB講座の特長

◆自宅で学べる！ オンライン受講システム

臨場感のある講義をご自宅で受講できます。しかも、生配信の際には、チャットやアンケート機能を使った講師とのコミュニケーションをとりながらの授業となります。もちろん、講義は受講期間内であればお好きな時に何度でも講義を見直すことも可能です。

▲講義画面イメージ▲

★講義はダウンロード可能です★

オンデマンド配信されている講義は、お使いのスマートフォン・タブレット端末にダウンロードして受講することができます。事前にWi-Fi環境のある場所でダウンロードしておけば、通信料や通信速度を気にせず、外出先のスキマ時間の学習も可能です。

※講義をダウンロードできるのはスマートフォン・タブレット端末のみです。
※一度ダウンロードした講義の保存期間は1か月間ですが、受講期間内であれば、再度ダウンロードして頂くことは可能です。

ネットスクール税理士WEB講座の満足度

◆受講生からも高い評価をいただいております

WEB講座 71.3%

- ▶ネットスクールは時間のとれない社会人にはありがたいです。受講料が割安なのも助かっております。これからもネットスクールで学びたいです。（簿財／標準コース）
- ▶コロナの影響もあまり受けずに自宅でライブ講義が受講できるのがありがたいです。（簿財／標準コース）
- ▶質問事項や添削のレスポンスも早く対応して下さり、大変感謝しております。（相続／上級コース）
- ▶講義が1コマ30分程度と短かったので、空き時間等を利用して自分のペースで効率よく学習を進めることができました。（国徴／標準コース）

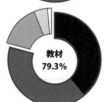

教材 79.3%

- ▶初めて受講しましたが、テキストがとてもわかりやすかったです。（国徴／標準コース）
- ▶テキストが読みやすく、側注による補足説明があって理解しやすかったです。（全科目共通）

講師 91.1%

- ▶穂坂先生の講義を受けて、財務諸表論の理解が深まりました。財務諸表論は暗記ではなく理解でいけたことがよかったと思います。（簿財／標準コース）
- ▶講師の説明が非常に分かりやすいです。（相続・消費／標準コース）
- ▶教材や講義の内容は試験勉強に役立つだけでなく、日常やその後の実務にも役立つことがたくさん身につきました。（相続／上級コース）
- ▶田中先生はとても親身になって対応してくださり、とても感謝しています。（法人／標準コース）

※2019・2020年度試験向け税理士WEB講座受講生アンケート結果より

各項目について5段階評価

不満 ← | 1 | 2 | 3 | 4 | 5 | → 満足

日商簿記1級

簿記検定の最高峰、日商簿記1級の WEB 講座では、実務的な話も織り交ぜながら、誰もが納得できるよう分かりやすく講義を進めていきます。

また、WEB 講座であれば、自宅にいながら受講できる上、受講期間内であれば何度でも繰り返し納得いくまで受講できるため、範囲が広くて1つひとつの内容が高度な日商簿記1級の学習を無理なく進めることが可能です。

ネットスクールと一緒に、日商簿記1級に挑戦してみませんか？

標準コース　学習期間（約1年）

じっくり学習したい方向けのコースです。初学者の方や、実務経験のない方でも、わかり易く取引をイメージして学習していきます。お仕事が忙しくても1級にチャレンジされる方向きです。

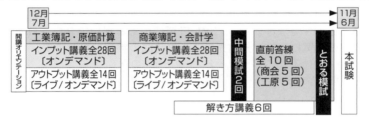

速修コース　学習期間（約6カ月）

短期間で集中して1級合格を目指すコースです。　比較的残業が少ない等、一定の時間が取れる方向きです。また、税理士試験の受験資格が必要な方にもオススメのコースです。

※1級標準・速修コースをお申し込みいただくと、特典として**2級インプット講義が本試験の前日まで学習いただけます。**
　2級の内容に少し不安が…という場合でも安心してご受講いただけます。

Point ## 日商簿記1級WEB講座で採用『反転学習』とは？

【従　来】　INPUT（集合授業）　→　OUTPUT（各自の復習）

簿記の授業でも、これまでは上記のように問題演習を授業後の各自の復習に委ねられ、学習到達度の大きな差が生まれる原因を作っていました。そこで、ネットスクールの日商簿記対策 WEB 講座では、このスタイルを見直し、反転学習スタイルで講義を進めています。

【反転学習】　INPUT（オンデマンド講義）　→　OUTPUT（ライブ講義）

各自、オンデマンド講義でまずは必要な知識のインプットを行っていただき、その後のライブ講義で、インプットの復習とともに具体的な問題演習を行っていきます。ライブ講義とオンデマンド講義、それぞれの良い点を組み合わせた「反転学習」のスタイルを採用することにより、学習時間を有効活用しながら、早い段階で本試験レベルの問題にも対応できる実力が身につきます。

講義中は、先生がリアルタイムで質問に回答してくれます。対面式の授業だと、むしろここまで質問できない場合が多いと思います。

（loloさん）

ネットスクールが良かったことの1番は講義がよかったこと、これに尽きます。講師と生徒の距離がとても近く感じました。ライブに参加すると同じ時間を先生と全国の生徒が共有できる為、必然的に勉強する習慣が身につきました。

（みきさん）

試験の前日に桑原先生から激励の電話を直接いただきました。ほんとうにうれしかったです。WEB講座の端々に先生の人柄がでており、めげずに再試験を受ける気持ちにさせてくれたのは、先生の言葉が大きかったと思います。

（りんさん）

合格出来たのは、ネットスクールに出会えたからだと思います。
40代、2児の母です。小さな会社の経理をしています。勉強できる時間は1日1時間がせいぜいでしたが、能率のよい講座のおかげで3回目の受験でやっと合格できました！

（M.Kさん）

WEB講座受講生の声

合格された皆様の喜びの声をお届けします！

本試験直前まで新しい予想問題を作って解説していただくなど、非常に充実したすばらしい講座でした。WEB講座を受講してなければ合格は無理だったと思います。

（としくんさん）

無事合格しました!!
平日休んで学校に通うわけにもいかず困っていましたが、WEB講座を知り、即申し込みました。桑原先生の解説は本当に解りやすく、テキストの独学だけでは合格出来なかったと思います。本当に申し込んで良かったと思っています。

（匿名希望さん）

専門学校に通うことを検討しましたが、仕事の関係で週末しか通えないこと、せっかくの休日が専門学校での勉強だけの時間になる事に不満を感じ断念しました。
WEB講座を選んだ事は、素晴らしい講師の授業を、自分の好きな時間に早朝でも深夜でも繰り返し受講できるので、大正解でした！

（ラナさん）

予想が面白いくらい的中して、試験中に「ニヤリ」としてしまいました。更なるステップアップを目指したいと思います。

（NMさん）

建設業経理士

建設業経理士とは…

建設業は特殊な会計処理が多いため、その経理には高い専門性が求められます。また、公共工事との関連性も強いことから、公共工事を入札する企業では、専門知識に基づく適正な会計処理・原価計算が望まれます。

そうした背景から、建設業の経理に関する知識を測る目的で実施されるのが、建設業経理士試験です。1級・2級建設業経理士の合格者の数は、公共工事の入札可否の判断資料となる経営事項審査（経審）の評価対象となっています。

勤務先の建設会社の評価 UP

- 1級・2級建設業経理士の在籍に人数が経営事項審査の加点対象に
- 1級建設業経理士が自己監査を実施することで経営事項審査の加点対象に
- 建設業界特有の事情を踏まえたコスト管理や会計知識が学べる

- 建設業界への就転職の強力な武器になるほか、公共工事の入札に有利なことから、資格手当などがあるケースも。
- 利益改善やコスト管理に必要な知識の習得のため、職種に関わらず取得を推奨するケースも。

試験概要

試 験 日	毎年3月・9月の年2回
受験資格	どなたでも希望の級を受験可能※
配点・合格ライン	100点満点中70点で合格

★1級の科目合格制について

1級のみ、『財務諸表』・『財務分析』・『原価計算』の3科目に分かれており、**3科目すべて合格することで1級合格者**となります。ただし、3科目を一度にすべて合格する必要はなく、**1科目ずつ受験、合格していくことも可能**です。（各科目の合格の有効期限は5年間となっています。）

※ ただし、1級と他の級の同日受験はできません。

詳しい最新情報は、建設業振興基金の試験公式サイトへ→ https://www.keiri-kentei.jp/

建設業経理士の試験対策は…？

一部で特殊な会計処理や計算方法、勘定科目がある建設業ですが、簿記の原理的な仕組みに関してはその他の業種と共通する内容も多いため、日商簿記検定などその他の簿記検定で学んだ知識の大半が活かせます。

建設業特有の会計処理はもちろんのこと、建設業経理の試験でよく出題される内容を中心に学んでいきましょう。

★日商簿記受験レベル別おススメ建設業経理士受験級

| 日商簿記3級受験 |
| 日商簿記2級受験 |
| 日商簿記1級受験 |

建設会社にお勤めの方はまずは2級に合格を → 建設業経理士2級

建設会社にお勤めでない方は、レベル的には1級を目指す選択肢もアリ → 建設業経理士1級

出題パターンと解き方 過去問題集＆テキスト

- ✔ テキストと過去問題が合体しているため、この1冊で試験対策はバッチリ
- ✔ よく似た形式の出題が多い建設業経理士試験の対策に有効なパターン学習対応

建設業経理士試験対策・WEB 講座

- ✔ 建設業や経理に馴染みのない方でも 分かりやすい解説が魅力の講座
- ✔ 第1問の論述問題対策に有効な「理論添削サービス」付き（1級のみ）